法律离我们有多远

——法律基础十五讲

王森波　著

同濟大學出版社
TONGJI UNIVERSITY PRESS

内容提要

本书以"我"为中心，以"我与……的关系"为线索，系统梳理了围绕"我"而发生的各种法律关系。全书共分十五讲：前三讲是法的基础性理论，第四至七讲是"我"与他人的关系，第八至十讲是"我"与家庭、国家和社会的关系，第十一至十四讲是关于刑法、诉讼法和国际法的内容，第十五讲是法律的理解与适用。全书突出的是"我"的视角，强调的是法律之于"我"的意义。在内容安排上，不强调具体法律知识的介绍，而是着力于阐明法律的精神理念及其内在逻辑。

本书可作为非法学专业"法律基础"和"法学概论"课程的教材，也可作为一般大众普法读物，而对于法学专业的学生而言，本书则提供了一个新的视角，有助于他们获取重新思考理解法律的方式。

图书在版编目(CIP)数据

法律离我们有多远：法律基础十五讲 / 王森波著
.--上海：同济大学出版社，2019.10
ISBN 978-7-5608-8791-3

Ⅰ.①法… Ⅱ.①王… Ⅲ.①法律—中国—高等学校—教材 Ⅳ.①D92

中国版本图书馆 CIP 数据核字(2019)第 233302 号

法律离我们有多远——法律基础十五讲

王森波 **著**

责任编辑 张 莉 **助理编辑** 任学敏 **责任校对** 徐春莲 **封面设计** 陈益平

出版发行 同济大学出版社 www.tongjipress.com.cn
(地址：上海市四平路 1239 号 邮编：200092 电话：021-65985622)
经 销 全国各地新华书店
排 版 南京月叶图文制作有限公司
印 刷 常熟市华顺印刷有限公司
开 本 787 mm×1092 mm 1/16
印 张 17.5
字 数 437 000
版 次 2019 年 10 月第 1 版 2019 年 10 月第 1 次印刷
书 号 ISBN 978-7-5608-8791-3

定 价 68.00 元

前　言

“法律基础”是我国高校非法学专业普遍开设的一门基础性或通识性法律课程，同时也是公务员考试和高等教育自学考试的基本考试科目。课程开设的目的在于使非法学专业的大学生以及从事公务活动的工作人员能够对我国当前的法律体系及其主要内容有一个基本的了解，从而为其正确理解和运用工作过程中所可能接触到的专业法律知识打下基础。

当前，有关“法律基础”的教材和考试辅导资料几乎毫无例外地均是根据法律部门和单行法来编写的，一般是一个法律部门设为一编，一部单行法编写为一章或一节。对于非法学专业的人而言，这样的编写方式的优点是清晰明了，看起来一目了然。但是，由于这种编写方式难以体现各单行法之间内在的逻辑关系，因而对非法学专业的人而言，这样的法律不过是一些零星而琐碎的法律知识，无法形成对法律系统整体性的理解与认识。

长期以来，我们对非法学专业的法律基础课程的教学目标在认识上存在一定的偏差，之所以要对非法学专业的学生开设法律基础课程，在很多人看来，是为了使他们通过对法律基本知识的学习，有效地预防违法犯罪并能够保护自己的合法权益。但是，一般情况下，我们仅凭一般性的社会观念或生活常识已能对一个行为是否构成违法犯罪作出基本的评判，无须进行专业的法律学习。同时，对于非法学专业的学生而言，一两门法律课虽然能让他们掌握一些零星的法律知识，但这些知识远不能满足他们在处理法律实务方面的需求。在遇到较为复杂的法律问题的时候，他们仍需要寻求专业的法律帮助。

实际上，非法学专业的学生学习法律基础课程，最为重要的目标在于形成对法律的正确理解方式，在此基础上能正确认识其所遇到的法律问题，并且能够理性地选择适当的行为方式。为达此目标，最为重要的问题不在于学生能掌握多少具体的法律知识，而在于他们是否能够对法律的基本理念和原则，以及法律的功能和局限形成正确的理解和认识。当他们面对争议甚至不公正对待时，是否能够理性地判断哪些是可以通过法律途径来解决的，哪些则是法律自身的局限。只有对此作出明确的判断，他们才有可能选择理性的行为方式。

如果将教学目标定位于对法律理念的理解和理性行为方式的选择，那么我们在教学内容的设计上需要更加侧重于法律的理念与精神的层面，而不是具体的法律知识层面；要更加关注对法律的整体理解，而不是对具体法律条文的介绍。立足于这样的定位，“法律基础”虽然是法律的基础教育，但这种基础不应仅流于表面化，反而应深入到更为深层次的法律精神层面。

本书的撰写正是立足于这样的教学目标定位，在内容上完全打破了各单行法的限制，共设置了十五个专题。这十五个专题基本上是以“我”为中心，以“我与……的关系”为线索来设计，突出的是“我”的视角，强调的是法律之于“我”的意义。在内容上不强调具体法律知识的介绍，而是着力于阐述各种法律的一般精神与理念。

相对于当前的各种教材，本书的这种编排方式应当说尚属一种没有前例的尝试，不足之处在所难免。同时，由于笔者是民商法专业的，受自身的专业方向限制，对民商法专业以外的法律的理解也难免会有不足甚至偏差。然而，笔者认为对于非法学专业的人而言，这种写法并不会影响他们对法律的理解；而对于法学专业人士而言，这种写法则可能会提供一个新的视角，或许有助于他们获取重新思考理解法律的方式。

这是笔者写作这本书的初衷，不足之处恳请业内同仁给予批评指导。

王森波

2019年8月

目　录

预备课

为什么要学习法律

在很多人眼里，法律意味着惩罚、意味着制裁，因而总是与违法犯罪联系在一起。对于普通人而言，只要没有违法犯罪，法律似乎只是一个与自己毫不相干的相当遥远的影像，它只存在于法庭上、高墙内，只要我们不做违法犯罪的事，我们也许一辈子都不可能与法律打上交道。

事实是不是如此呢？如果是这样的话，对于我们非法学专业的人而言，还有必要学习法律吗？我们学习法律又有何用呢？

一、法律离我们有多远

（一）法律与人的主体地位

美国内战前夕，所罗门·诺瑟普（Solomon Northup）本是一个生活在纽约的自由黑人，受过教育，以演奏小提琴为生，有一个妻子和两个孩子，生活其乐融融。不料他却被两个白人诱骗绑架并被卖为黑奴。不久，他又被转卖给了素有"黑奴终结者"之称的埃普斯（Epps）。在种植园里，他目睹并遭遇了当时黑奴共同的悲剧。12 年过去了，他始终没有放弃重回自由人的希望。后来，在痛恨农奴制度的巴斯（Bass）的帮助下，所罗门最终重获自由。这个故事被导演史蒂夫·麦奎因（Steve McQueen）改编拍摄成电影《为奴十二年》，2013 年该片获得第 86 届奥斯卡最佳影片奖。

所罗门为什么会被贩卖为奴隶，在长达 12 年的时间里他为什么不能获得自由？我们当然可以说他受到了坏人的诱骗绑架，我们也可以说他很不幸遇到了一个残忍的种植园主。但从根本上说，所罗门的遭遇与当时美国的法律制度是紧密相关的。当时美国的大多数南方州没有赋予黑奴在法律上的主体资格，不是法律上的主体意味着不享有法律上的任何权利，因此也不存在对他们的权利保护。所罗门被贩卖为埃普斯的奴隶，也就成为埃普斯的财产。尽管奴隶因不是法律上的主体不存在任何受保护的权利，但因"私有财产神圣不可侵犯"，埃普斯对所罗门的所有权却是受法律保护的。在这种情况下，奴隶连逃跑的权利都没有，更遑论会有成为自由人的机会。

拓展阅读

南非的种族隔离法

南非的种族隔离法将人分为四类：白人、有色人种、印度人与黑人。其中有色人种为早年白人移民与黑人结合所生的混血子女的后代；印度人包括所有来自印度次大陆的印度教徒、锡克教徒、穆斯林（含巴基斯坦人）和其他教徒；自 1966—1967 年起，日本人被视为"荣誉白人"（Honorary Whites）。从 20 世纪 80 年代起，来自民国政府管辖下的中国台湾华人在种族隔离场所也可以享受与白人相同的待遇。

与种族隔离有关的法律主要有：

1911年《矿业及工人法》(The Mines and Work Act)；1913年《原住民土地法》(The Natives Land Act)，《移民调节法》(The Immigrations Regulation Act)，1944年《公民身份法》(The South African Citizenship Act)。

1949年《禁止跨族婚姻法》(The Prohibition of Mixed Marriages Act)禁止不同人种的男女结婚，《背德法》(The Immorality Act)对于跨种族的恋爱行为进行限制与惩罚。

1950年《人口登记法》(The Population Registration Act)规定所有人口都要按种族登记，《集团地区法》(The Group Areas Act)将全国分为不同区域，划出禁止黑人居住的地区。

1951年《班图人管理机构法》(Bantu Authorities Act)为黑人建立了单独的管理机构，《防止非法定居法》(Prevention of Illegal Squatting Act)规定政府有权拆除黑人贫民区，《土著建筑工人和土著服务法》(Native Building Workers Act and Native Services Levy)规定白人雇主有义务在白人区为其黑人雇工修建必要的住房。

1953年《隔离设施法》(The Reservation of Separate Amenities Act)禁止不同种族的人混用公共服务设施，如盥洗室、候车室等，《班图人教育法》(The Bantu Education Act)将所有黑人学校收归政府管辖，终止了教会学校的存在。

1954年《班图人城市区域法》(Bantu Urban Areas Act)禁止黑人在城市定居。

1956年《矿业和工作法》(The Mines and Work Act)将劳工领域中的种族隔离正式化。

从1971年开始，南非政府将大批的黑人移居到分散于南非共和国边陲地带(占该国总面积13%)的10个"黑人家园"，并给予这些家园以自治权，目标是使其独立。移居到这些"黑人家园"的黑人会失去南非共和国的公民身份，但是这些"黑人家园"中的白人仍然具有政治和经济上的优越地位。南非共和国在1976—1981年先后扶植文达(Venda)、西斯凯(Ciskei)、川斯凯(Transkei)与博普塔茨瓦纳(Bophuthatswana)等四个"国家"独立，但没有被国际所承认。

南非的种族隔离政策不但引发国内的反弹与抗争，更引发国际社会的攻击与经济制裁。在国内斗争与国际舆论的压力下，南非逐渐废除了种族隔离制度。到1986年，南非政府废除了限制非洲人在白人的领域内移动、居住的法律，以及在工作场所保护白人的相关劳动法规。1989年，戴克拉克担任南非总统后，释放了因反对种族隔离政策而入狱的曼德拉，并且于1990年解除戒严。至1991年相继废止了人口登记法、原住民土地法与集团地区法，在法律上取消了种族隔离政策，废除了依据种族区别进行教育的法规。1993年12月，暂定的宪法废除了剥夺非白人参与政治权利的法规，1994年4月，实施了所有人种都能够参与的议会选举。

(参见贾仲益《南非共和国民族政策与实践的社会考察》，载于《广西大学学报(哲学社会科学版)》，2013年第2期)

各个国家历史上都曾出现过剥夺一部分人，比如奴隶的法律主体地位的现象，也都不同程度地出现过各式各样的等级制度。尽管这些制度背后有复杂的政治斗争或种族冲突的背景，但它们最终都毫无例外地是以法律的形式确认下来并得到执行的，南非的种族隔离法就是一个典型的例证。在此意义上，可以说，有什么样的法律规定，人就享有什么样的主体地位，所有的人是否能够被平等对待不仅仅是一种单纯的社会现实，同样也被深深地镌刻在法律条文上。

(二) 法律与人的生存状态

法律不仅决定着人的法律主体地位，在很大程度上还决定着一个人的生存状态。

在印度电影《摔跤吧，爸爸》中，导演借片中一名14岁的新娘之口，描述了印度一个普通女孩的生活。在当代印度，一名刚满14岁的少女可能就会被父母安排"赠予"一个她也许从未谋面的男人，除非这个男人因犯罪被关进监狱，她不能基于任何其他的理由提出离婚。印度女性之所以不能自由选择自己的婚姻和生活，同样与印度的婚姻法律制度有着密切的联系。

对于一个同性恋者，如果出生在瑞典，他可以与同性结婚，并且这种婚姻可以得到法律的保护。如果出生在中国，他与同性的关系并不受到法律的禁止，但也不会得到法律的承认。如果出生在伊朗，他甚至可能会因同性性行为而被判处死刑。不同的法律制度为个体行为划定了不同的边界，从而也就影响着个体生存方式的选择。

如果说美国和南非的种族制度、印度的婚姻制度都是国外的现象，同性恋者只是少数人面临的问题，离我们都过于遥远，那么我们也可以举一些身边的例子。在我国，即使你在北京或上海这样的一线城市工作和生活，但如果你没有京沪的户籍，你的子女仍可能没有资格在这里参加高考，你可能在购房资格上也面临着很多的限制。如果你是一个农村人，你会发现你所能参加的社会养老和医疗保险与城里人有很大的差距。甚至，农村人和城里人对于相同的人身伤害，有时候仍可能面临着不同的赔偿。我国目前仍保留着户籍制度，户籍在很多时候意味着身份或资格，这种身份或资格给很多人的日常生活带来了难以克服的障碍。由于历史上的种种原因，目前取消户籍制度还面临着诸多困难，但政府已充分认识到户籍制度所存在的问题，并且已经开始着手通过各种途径来消减其对个人生活所带来的负面影响，关于户籍制度的改革措施目前也正在稳步推进。

政策链接

国务院进一步推进户籍制度改革的意见（节录）

（2014年7月24日）

为深入贯彻落实党的十八大、十八届三中全会和中央城镇化工作会议关于进一步推进户籍制度改革的要求，促进有能力在城镇稳定就业和生活的常住人口有序实现市民化，稳步推进城镇基本公共服务常住人口全覆盖，现提出以下意见。

……

（四）全面放开建制镇和小城市落户限制。在县级市市区、县人民政府驻地镇和其他建制镇有合法稳定住所（含租赁）的人员，本人及其共同居住生活的配偶、未成年子女、父母等，可以在当地申请登记常住户口。

（五）有序放开中等城市落户限制。在城区人口50万至100万的城市合法稳定就业并有合法稳定住所（含租赁），同时按照国家规定参加城镇社会保险达到一定年限的人员，本人及其共同居住生活的配偶、未成年子女、父母等，可以在当地申请登记常住户口。城市综合承载能力压力小的地方，可以参照建制镇和小城市标准，全面放开落户限制；城市综合承载能力压力大的地方，可以对合法稳定就业的范围、年限和合法稳定住所（含租赁）的范围、条件等作出具体规定，但对合法稳定住所（含租赁）不得设置住房面积、金额等要求，对参加城镇社会保险年限的要求不得超过3年。

（六）合理确定大城市落户条件。在城区人口100万至300万的城市合法稳定就业达到一定年限并有合法稳定住所（含租赁），同时按照国家规定参加城镇社会保险达到一定年限的人员，本人及其共同居住生活的配偶、未成年子女、父母等，可以在当地申请登记常住户口。城区人口300万至500万的城市，要适度控制落户规模和节奏，可以对合法稳定就业的范围、年限和合法稳定住所（含租赁）的范围、条件等作出较严格的规定，也可结合本地实际，建立积分落户制度。大城市对参加城镇社会保险年限的要求不得超过5年。

（七）严格控制特大城市人口规模。改进城区人口500万以上的城市现行落户政策，建立完善积分落户制度。根据综合承载能力和经济社会发展需要，以具有合法稳定就业和合法稳定住所（含租赁）、参加城镇社会保险年限、连续居住年限等为主要指标，合理设置积分分值。按照总量控制、公开透明、有序办理、公平公正的原则，达到规定分值的流动人口本人及其共同居住生活的配偶、未成年子女、父母等，可以在当地申请登记常住户口。

……

（九）建立城乡统一的户口登记制度。取消农业户口与非农业户口性质区分和由此衍生的蓝印户口等户口类型，统一登记为居民户口，体现户籍制度的人口登记管理功能。建立与统一城乡户口登记制度相适应的教育、卫生计生、就业、社保、住房、土地及人口统计制度。

（十）建立居住证制度。公民离开常住户口所在地到其他设区的市级以上城市居住半年以上的，在居住地申领居住证。符合条件的居住证持有人，可以在居住地申请登记常住户口。以居住证为载体，建立健全与居住年限等条件相挂钩的基本公共服务提供机制。居住证持有人享有与当地户籍人口同等的劳动就业、基本公共教育、基本医疗卫生服务、计划生育服务、公共文化服务、证照办理服务等权利；以连续居住年限和参加社会保险年限等为条件，逐步享有与当地户籍人口同等的中等职业教育资助、就业扶持、住房保障、养老服务、社会福利、社会救助等权利，同时结合随迁子女在当地连续就学年限等情况，逐步享有随迁子女在当地参加中考和高考的资格。各地要积极创造条件，不断扩大向居住证持有人提供公共服务的范围。按照权责对等的原则，居住证持有人应当履行服兵役和参加民兵组织等国家和地方规定的公民义务。

……

法律对个体日常生活的影响远不止此，刑法和行政处罚法决定着个体日常行为的边界，宪法和经济法律制度决定着社会分配方式并影响着个体的经济行为，合同法与侵权法决定着人的日常交往方式，婚姻家庭法规范着家庭内部关系，等等。在日常生活中，一个人可以做什么、不可以做什么要受到法律的约束；工作、教育、社保等问题也依赖法律来保障。可以说，人无时无刻不是生活在法律规范的世界里，没有法律，就没有我们现实的社会。

具体而言，个体在法律上的主体地位、社会分配制度、人与人之间的关系模式以及个体的基本权利和义务都是通过法律来确定的，而这些事项反映的是一个人的生存状态或者说生存方式。在此意义上完全可以说，有什么样的法律制度，就有什么样的社会状态，就有什么样的个体生存方式（图0-1）。因此，法律并不仅仅与违法犯罪相关，它并不遥远，它时时就在我们身边。

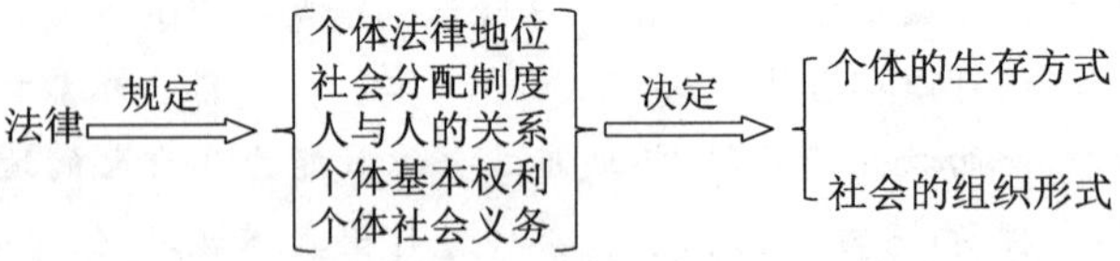

图0-1　法律与个体的关系

二、为什么要学习法律

（一）法律学习与犯罪预防

大多数贪腐官员在被追究法律责任时常常忏悔声称自己不懂法，我们应该如何看待他们的这些"忏悔"呢？他们走向贪腐之路与"不懂法"有关系吗？对于普通人而言，法律是行为规范，它规定哪些行为合法因而是可以做的，哪些行为违法因而是不可以做的。在这一意义上，有人认为，学习法律在很大程度上是为了使我们能够更加明了合法行为和违法行为的边界，从而避免违法犯罪。一般来说，这样的认识并没有问题。但是，如果我们不学习法律是不是就不知道什么行为是违法的，从而在不知不觉间就可能会触犯法律呢？

早在两千多年前，古代罗马皇帝优士丁尼曾说法律是关于正义的科学，而公平正义的观念来源于人们的社会生活经验。由此，即使对于社会上的普通人而言，不需接受什么专业的法律训练，他们也基本上能够判断什么样的行为是合法的，什么样的行为是违法的。对于社会上绝大多数人都认为是合法的行为，法律基本上不可能会对此做出否定的评价；相反，对于绝大多数人都认为是违法的行为，也不可能得到法律的支持和保护。如果法律规定与人们的一般社会观念相背离，那肯定是法律本身出了问题。

立足于这样的角度，在大多数情况下，我们无须专门学习法律也可以对一个行为是否会触犯法律做出大致准确的判断。我们不需要学习《刑法》，也知道故意杀人以及贪污受贿等行为都是要判刑的。我们不需要学习《民法》，也明白侵犯他人权利和违约等行为都是要承担赔偿责任的。也许我们不知道贪污5万元可以判几年，不知道违约责任具体应该怎么承担；或者我们也许不清楚在不同的情况下为什么有的"杀人犯"被判了死刑，而有的只判了三至五年。但是，对于这些行为是不是应当受到法律的追究，绝大多数情况下，我们并不需要经过专门的法律培训就能了然。那些贪腐官员关于不懂法的"忏悔"与他们最终"摊上事儿"并没有直接的和必然的联系。由此可以说，对于普通人而言，没有必要纯粹是为了避免"摊上事儿"来学习法律，我们只要学会"做人"就足够了。

（二）法律学习与权利保护

对于什么样的行为会"摊上事儿"，凭借日常生活经验，我们基本上能够做出明确的判断。但是否"摊上事儿"往往并不取决于我们自己的选择，即使我们不想"惹事儿"，"事儿"也可能会找上门来。比如一起交通事故，一段不幸福的婚姻，一份因故未能依约履行的合同，都可能是"事儿"。而且在这种情况下，"摊上事儿"常常并不是"事儿"的结束，而只是"事儿"的开始。如何"处理事儿"，相对于如何避免"惹上事儿"要复杂得多。即使对于一起简单的民事案件，它也会涉及多方面的法律知识：不仅包括请求权基础的选择、责任的认定、抗辩事由、时效与期限等实体法问题，还会涉及诉讼管辖、证明责任、证据的认定、审判程序等各种复杂的诉讼法问题。这些问题涉及的是专门的法律知识，已无法仅凭日常生活经验就能做出恰当的应对。

这样看来，"摊上事儿"的时候是需要学点法律的，否则"事儿"很难顺利地得到解决。一般来说，学习法律的确有助于我们更好地防范从而更有效地避免自己的合法权益受到侵犯。但一旦我们遇到稍微复杂一些的问题，或者已经"摊上事儿"的时候，对于从未接受过专业而系统的法律训练的人而言，想搞明白一个"事儿"所涉及的全部法律问题并没有那么容易。

北京大学法学院教授贺卫方在一次法学讲座中说法律已形成了其自身系统的法律语言和知识传统，这使法律成为一门很难普及的学科，他讲道：

> (法律)是特殊的知识，是一个很难普及的学科。请看我们所使用的语言，……比如说无罪推定，老百姓不理解，有人写文章，称："林彪、'四人帮'对人民实行法西斯专政，大搞无罪推定！"他理解错

了。还有善意买受人，大一的同学问我什么叫善意买受人、恶意买受人。一个人在自行车市场上花30元钱买了一辆崭新的自行车，我们说这是恶意买受，为什么呢？因为依据常识，30元钱是不可能买到一辆新车的，你居然买到了，这是你有意识地买赃物，这肯定是在帮助销赃嘛。你这种财产权也是不受保护的，这里的善意、恶意跟道德家讲得很不一样。还有不当得利、无因管理、禁治产人，老百姓都不知道……正是因为对这样一套语言、对这样一套知识及其背后的制度和理念的把握，使得我们成为一个法律人。法律人因此可以交流，而且交流的成本降低了，交流的准确性提高了。大家一见面，"我看你的要约有问题，你那里边有点诈欺的意思，所以可能很难得到法律上的救济。"我们说得很清楚，都没有什么误解，可要是有个外行人在旁边听了，就会丈二和尚摸不着头脑……这一套语言是我们的饭碗，也是我们的学问得以精确化的一个很重要的前提。无论是法官、律师、检察官，都要到法庭上去辩论或做出决策。如果法官、律师、检察官没有受过共同背景的训练，那法庭就乱了，就会相互之间"秀才遇到兵，有理说不清"了。要是法官听不懂什么是善意买受人，那就很可怕了。所以，这是我们法律人必须领悟把握的一套知识传统。

（摘自贺卫方《怎样学习法律——对北大法学院学生的演讲》，资料来源：爱思想网 http://www.aisixiang.com/data/5616.html，访问日期：2017年9月30日）

不仅法律专业语言由于其特定的含义一般人很难把握其准确的含义，而且法律的内容也极为庞杂。目前，我国每年新颁布的各种法律、法规和规章均有数百万字之多。尽管单个的案件并不会涉及所有的法律问题，但哪怕是一个极为简单的案件，它所涉及的法律知识也是综合性的，不仅包括实体法，还包括程序法；不仅包括法律，还包括相关的各种司法解释。让一个没有接受过法学专门教育的人短时间内搞明白这些问题几乎是不可能的。

因此，对于大多数非法律专业的人来说，在"摊上事儿"的时候，他们通常并不是选择自修法律，而是寻求专业的法律帮助。在现代社会条件下，尤其是在地市级以上的城市中，获取专业的法律服务非常方便。即使对于没有钱聘请律师的人而言，如符合一定的条件，他们也可以获得免费的法律援助。

法条链接

《法律援助条例》（节录）

（2003年7月16日）

第一条 为了保障经济困难的公民获得必要的法律服务，促进和规范法律援助工作，制定本条例。

第二条 符合本条例规定的公民，可以依照本条例获得法律咨询、代理、刑事辩护等无偿法律服务。

……

第五条 直辖市、设区的市或者县级人民政府司法行政部门根据需要确定本行政区域的法律援助机构。

法律援助机构负责受理、审查法律援助申请，指派或者安排人员为符合本条例规定的公民提供法律援助。

……

第十条 公民对下列需要代理的事项，因经济困难没有委托代理人的，可以向法律援助机构申请法律援助：

（一）依法请求国家赔偿的；

（二）请求给予社会保险待遇或者最低生活保障待遇的；

（三）请求发给抚恤金、救济金的；

（四）请求给付赡养费、抚养费、扶养费的；

（五）请求支付劳动报酬的；

（六）主张因见义勇为行为产生的民事权益的。

省、自治区、直辖市人民政府可以对前款规定以外的法律援助事项作出补充规定。

公民可以就本条第一款、第二款规定的事项向法律援助机构申请法律咨询。

第十一条　刑事诉讼中有下列情形之一的，公民可以向法律援助机构申请法律援助：

（一）犯罪嫌疑人在被侦查机关第一次讯问后或者采取强制措施之日起，因经济困难没有聘请律师的；

（二）公诉案件中的被害人及其法定代理人或者近亲属，自案件移送审查起诉之日起，因经济困难没有委托诉讼代理人的；

（三）自诉案件的自诉人及其法定代理人，自案件被人民法院受理之日起，因经济困难没有委托诉讼代理人的。

第十二条　公诉人出庭公诉的案件，被告人因经济困难或者其他原因没有委托辩护人，人民法院为被告人指定辩护时，法律援助机构应当提供法律援助。

被告人是盲、聋、哑人或者未成年人而没有委托辩护人的，或者被告人可能被判处死刑而没有委托辩护人的，人民法院为被告人指定辩护时，法律援助机构应当提供法律援助，无须对被告人进行经济状况的审查。

可以说，我们没有必要单单为避免“摊上事儿”而学习法律，而在“摊上事儿”的时候，大多数人几乎又不可能在短时间内掌握所需要的法律知识。如何解决“摊上事儿”的问题，是那些从事法律工作，至少是与法律相关的工作的专业人员的事情，他们可以为非法律专业人士如何避免并解决“事儿”提供更为专业的服务。那么，对于非法学专业的人而言，我们还需要学习法律吗？对于非法学专业的大学生来说，为什么还要学习法律呢？

（三）法律学习与行为选择

前文中说到，法律在很大程度上决定着人的法律地位并影响着个体的生存方式，但法律的作用绝不限于此。由于法律影响着个体的生存方式，由此其还进一步影响着个体的思维方式，并进而影响着个体的行为方式。

《水浒传》里的武松为我们提供了一个很好的例证。武松作为官府衙门里的一个都头，本身就是一个执法者，因而也应是个懂法者，这一点通过其解决问题的思路和娴熟的取证手段得到了清晰的体现。对于长兄武大郎的被害，他也曾试图通过法律的途径来解决问题，但法律的大门因为非法律的因素被关闭了，他只能通过私人暴力手段来使正义得以伸张。因此，武松犯罪的根源，主要不是个人因素，而是社会没有为他提供一个有效解决问题的法律途径。

从某种意义上，法律保护是个体损害救济手段的国家化方式。在没有法律介入的情况下，个体受到的伤害是通过家族之间的暴力手段来解决的。这种方式不仅残酷，而且最终靠双方力量的大小来决定救济能否实现，遵循的是一种弱肉强食的“丛林法则”。出于对秩序的维护，国家将损害救济的执行权收归国家，由国家通过国家强制力量来实现损害救济，由此将纠纷的解决纳入法律解决的轨道上来，从而可以避免私力救济的各种弊病。现代各国几乎都毫无例外地采取公力救济的方式来补偿损害,私力救济被限制在极为有限的范围之内。

然而,当公力救济方式运行不畅,或者法律执行不力,人们无法通过公力救济途径实现损害救济时,人们便会像武松那样重新回到暴力型的私力救济方式上来。由此可以说,法律及其运行方式影响甚至决定着人们在面临纠纷时的行为选择方式。

然而,法律本身也有其局限性,即使在现代社会,法律也不是在任何情况下都能够确保公平正义的实现。在这种情况下,我们又该如何选择呢?

案例

甲向乙借了10万元钱,并出具了欠条,上写:"今欠10万元整,×年×月×日。"后甲还了7万元,在欠条上补写了一句:"还欠款7万元,×年×月×日。"后乙称甲"还(hai)欠款"7万元,并提起诉讼。

如果你是甲,因为你无法证明你实际上已还了7万元,结果法院判决你向乙支付7万元,这样的判决你能接受吗?你会质疑法院的公正性而寻求上访、网络攻击等其他非法律途径吗?

这一案例虽是假想的案例,但典型地反映出法律解决纠纷途径所经常面临的尴尬。如果乙恶意诉讼并获得了法律的支持,我们可以说法律本身还存在一定的问题。但我们也应认识到,法律并不是万能的,它本身不可避免地会存在局限。当通过法律的途径不能查清事实时,法院如果拒绝裁判,将会鼓励人们像武松那样去寻求私力救济手段来解决纠纷,这不是法治社会的追求。所以法院必须做出判决,哪怕判决所认定的事实与客观事实并不相符。但这样一来,就又引发了一个新的问题,如果法院判决所依赖的事实与客观事实不符,这样的判决的正当性又何在呢?

法律不仅有裁判功能,同时也有预防和引导功能。当法律无法准确地判断客观事实时,就应当考虑如何通过法律规则引导个体通过合法的方式来维护自己的权益,避免可能给自己造成的不利。在本案中,案件事实不能查清,源于甲补充说明时的轻率,他应当认识到语句的歧义对自己不利,如果法院支持他的主张,无疑是对其轻率行为的放纵。而且,在这样的纠纷中,对于避免纠纷的产生,基本上是由甲来决定的,让甲承担不利的后果,有助于提醒其更加谨慎地行为,并避免纠纷的产生。

从法律的角度说,法律程序只能尽可能地接近客观事实,却无法百分之百地保证在任何情况下都能符合客观事实。因而,至少在民事诉讼中,"冤枉"是不可能绝对避免的。即使如此,我们仍然应当依赖法律,因为我们直到今天也没有发现更好的解决纠纷的方式。尽管对于某些个案,正义似乎未能通过法律的手段来实现,但法律指出了通向正义的途径。如果为追求某一个案的正义而违背法律原则,将会使人们失去对法律的信任,反而会关闭正义实现的正常途径,受到损害的恰恰是法治的精神和理念。英国学者罗素说,司法是社会正义的最后一道屏障;美国学者伯尔曼则进一步说,法律应当被信仰。法律不能被信仰,不仅意味着人们失去了对法律的信任,也意味着社会正义的最后一道屏障的崩塌。

如果我们不依赖法律,最后用以确定正义标准的"东西"会是什么呢?还有更好的途径来实现社会的公平正义吗?我们会寄希望于某一个"包青天"吗?我们是否真的相信"包青天"比法律的制度设计更有利于正义的实现呢?

当然,对法律的信仰不是盲目的,我们常常批评说我国的法律不健全,执法人员的素质不高因而还存在枉法裁判的情况,因此并不是人们不想去相信法律,而是现实没有提供充分的信赖法律的基础。我们并不否认这些情况的确存在，我国的法律在适用过程中也的确存在这样那样的问题，这些问题也的确需要我们去进一步的完善。但是我们也要弄清楚，现在所暴露的问题都是法律本身的问题吗？对于那些因不服法院判决，或者因不相信法律干脆不寻求法律解决而艰难信访的人而言，他们的要求都符合法律的规定吗？

法律在任何情况下都不可能完全避免缺陷和不足，这是在任何社会条件下都不可能完全避免的事实。在指责法律不健全的同时，也许我们首先要区分的是：在所面临的问题中，哪些情况是法律自身的不足而需要进一步完善的，哪些问题并不是源于法律本身，而是源于法治理念的缺失，并由此进一步导致人们对法律的不信任。如果我们没有对此做出明确的区分，如果我们对此缺乏清晰的理性判断，那么，我们所做的可能不仅不会推动法治的进程，反而会成为法治前进道路上的障碍。

因此，对于非法学专业的人而言，学习法律并不在于掌握多少具体的法律条文，我们需要培养的是法律的理性思维方式，需要了解的是法律的一般原则以及法律运作的一般程序及其内在的法治要求。这样，我们才能理性地看待现实所存在的问题，才能避免因缺乏理性而成为“乌合之众”当中的一员。“乌合之众”是非理性的、是随大溜的，因而是缺乏自我道德约束的。纳粹式的非理性狂欢是法治的灾难，当前因理性缺失而不负责任的一切起哄、煽动与欺骗是法治的羁绊。

虽然我们不是法学专业的，但也要搞清楚，法治也许并不能确保百分之百地实现正义，但至今并没有发现更好地实现正义的方式。非法学专业的人学习法律，并不是要求每个人都成为法律专家，而是应明白法治精神的原则及法律的运作方式，从而在此基础上，选择符合现代文明社会法治要求的行为方式。

三、学什么以及怎么学

前文中提到，法学已经演变成为一门复杂的科学，即使是法学专业人员，也不可能精通所有的法律，而只能是精通某个法律部门的某个领域而已。作为非法学专业的人，我们更加没有可能去了解所有的法律知识，甚至仅仅是对其中的某一领域，要想达到精通的程度也殊为不易。在这种情况下，对于非法学专业的人而言，学习法律应该学些什么呢？

（一）不同学习目标的内容选择

立足于不同的学习目标，我们可以将法律学习分为三个不同的层次：

第一层次是入门层次。在这一层次，学习的目标是认识法律。要了解什么是法律？法律的功能和作用有哪些？不同的法律分别是用来解决什么问题的？这些问题基本上可以说是法律的常识性问题，了解这些常识性问题的目的不是为了适用法律，而是为了能够立足于法律的角度，选择正确的行为方式以及恰当的救济手段。

这一层次的法律学习属于普法层次，也属于高校中所谓的通识教育所应包含的基本内容。但这一方面我们当前做得很不够，普法仍局限于预防违法犯罪的说教式普法，通识教育也常常是简单地介绍一下具体的法律制度。所以，大多数人对法律的认识还停留在违法犯罪的感性认识层面，即使是受过高等教育的学习过法律课程的大学生，也仅仅是了解了一些碎片式的法律知识，不仅不能形成对法律的整体认识，也无法形成正确的法律思维与法律理念。

第二层次是应用层次。在这一层次，学习的目标是适用法律。在这一层次，要根据不同的法律部门来学习法律的具体规定，要掌握法律的解释和适用方法，并能够运用法律来解决现实的纠纷与争议。所有的法律执业人员都应当接受这一层次的专业训练。由于法律内容庞杂，一个人很难精通全部的法律，因而原则上只能精通其中一到两个法律部门。因此，这一层次有了专业分工，比如有人是学习刑法的，有人是学习民法的。甚至在同一法律部门内还可以有更为细致的分工，比如有人专门从事婚姻法业务，有人专门从事合同业务，有人专门从事侵权业务，等等。

这一层次的学习目标是适用法律。法律的适用是一项复杂严肃的工程，娴熟地适用法律需要专业而系统的法律培训，否则常常会因对法律理解的偏差而机械地适用法律，甚至是歪曲法律，从而产生一系列问题。专业而系统的法律培训还有助于形成一个职业化的法律共同体，从而形成一股共同推动法治进步的合力。

拓展阅读

法律职业共同体是指以法官、检察官、律师、法学家为核心的法律职业人员所组成的特殊的社会群体。它必须经过专门法律教育和职业训练，是具有统一的法律知识背景、模式化思维方式、共同法律语言的知识共同体；它以从事法律事务为本，是有着共同的职业利益和范围，并努力维护职业共同利益的利益共同体；其成员间通过长期对法治事业的参与和投入，达成了职业伦理共识，是精神上高度统一的信仰共同体。在西方，法学家和社会学家都极为重视对法律职业及其共同体现象的研究。国内对法律职业共同体的研究开始于20世纪90年代，现在学界基本达成了共识：法律职业共同体的形成与发展是一个法治国家赖以存在的基础。正如强世功所说，法律只有成为一门稳定的专业化的知识体系，才能独立于大众感知的道德和变动不居的政治意识形态获得自主性，只有具备与众不同的思维逻辑和法律技艺，才能掌握在法律共同体的手中。

当代中国的法治走向强烈地呼唤法律职业共同体的统一和强大，以回应法治的需求。但由于观念、历史传统、经济基础以及体制等多方面的因素制约，导致了中国法律职业群体目前仍处于一种离散和冲突的状态，未能真正形成严格意义上的法律职业共同体。这种法律职业的内在冲突和隔阂，主要体现在以下几个方面：

第一，非法律专业人员，即未经专门法律训练的人员在法律职业中仍占相当大的比例。到目前为止，仍有大批非法律专业人员进入法律职业系统，而那些经过专门法律训练的人员却由于种种原因没有或者不能进入本专业系统。这种现象危害之大，正如方流芳先生所说的："一个没有学过法律的人从事法律职业，比一个没有学过医的人上手术台给病人开刀更加危险。"由于我国特定的社会文化背景，专业不对口现象呈铺天盖地之势，这种不完善、不合理、不理想的现象严重阻碍了法律职业共同体的形成。

第二，作为法律职业重要组成部分的法律教育的非职业化和过分政治意识形态化，割裂了法律职业与法律教育的联系，并使法律职业群体缺乏共同的话语基础和知识背景。从20世纪80年代开始，法律教育就形成了大学本科教育、专科教育和司法人员培训三分天下的局面。法官的培训机构是各级人民法院的"业余大学"，培训目标主要是为了让那些没有受过法律教育的法官获得一个与职业相称的学历。而大学法学教育却不能成为法律职业的资格，接受过大学法学教育的学生未必能进入法律职业。这种现象的存在与法律教育和法律职业相结合的理性要求是背道而驰的。

第三，法律职业群体内部的观念和价值目标存在一定程度的分裂态势，"同质化"进程受到影响，导致法律职业共同体的形成困难重重。其一，法律职业群体内部的理论工作者与实务工作者对法治的理解和解释存在差异，而这种差异使他们赋予法治以不同的意义。其二，法律职业群体尚未发现共同的利益目标，甚至对于已有的共同利益也难以察觉。法律职业共同体的共同利益奠基于法治事业之上，实现法治、达到法律的价值目标应是法律职业共同体的利益所在。然而对于这些利益，法律职业群体内成员的理解和认识却存在很大的偏差和不同。其三，法律职业群体尚未形成共同的职业意识和共同的事业意识。法学教师将自身的职业视为一种教育事业，这种事业的目标是人类知识的进步和文明的促进；而法官将自己的职业视为一种法律治理的事业，目的是通过法律实现对社会秩序的控制，是一种维护政权和法律秩序的工作；而律师将自身的职业往往视为一种维持生计和生存的手段。法律职业群体内部这种矛盾、冲突及离散的现象，不利于法律职业群体成为整个社会法治精神的塑造者和传播者，妨碍了中国法律职业共同体的发展。

建立共同的法律职业共同体，需要的是共同的专业教育背景与大致相同的职业准入制度。目前，我国的统一司法考试实际上已经对律师、法官和检察官建立了共同的职业准入制度，在专业教育背景方面，统一司法考试从 2018 年起，对没有受过专业的法律教育或没有法律工作经历的人，其报名资格将受到严格限制。之所以如此限制，是因为在很多人看来，法律职业所从事的法律事务相当专业化和复杂化。要胜任法律职业，必须掌握一系列法学理论知识和职业技能。而要掌握这些知识和技能，不能靠边干边学式的自我摸索，必须靠系统的法律教育。从理论上说，没有法律教育，就不可能有真正意义上的法律职业。

法律职业共同体的建立是一个社会法治文明和法治化程度的重要标志，法律职业共同体的发展与成熟相应地也是一个国家法治建设的深入和完善的具体体现。现代法治社会的发展和建构固然需要完美的实体性和程序性的法律规范，但与之相辅的法律职业及其共同体的发展与建构必须同步进行。法律职业共同体是依法治国、建设社会主义法治国家、推进社会全面进步的精神力量、人力资源和制度保障。季卫东教授说："一套学识性很强的法典体系，一套合理的操作性很强的理论体系，再加上一大批资质精良、训练有素的法律专业人才，这些是高效率的法治秩序所必不可少的前提。"

（参见申敏《构建我国法律职业共同体的思考》，载于《铁道警官高等专科学校学报》2006 年第 2 期）

第三层次是学术层次。这一层次的学习的目标是研究法律的内在逻辑及其一般规律，从而为如何完善法律提供理论根据和具体建议。这一层次不仅要考虑法律是什么的问题，而且还要考虑法律"应当是什么?"的问题，研究的是当下法律所存在的问题，以及应当如何完善。

（二）本书的内容安排与学习目标

对于非法学专业的人而言，只需要学习第一层次就够了，第二层次是法律专业人员的学习内容，而第三层次则是法学研究人员的任务。

本书是针对非法学专业的人员并围绕着第一层次的学习目标而编写的。第一层次的学习目标虽然是入门级，但越是基础，越需要专业的引导，否则不仅无法帮助个体做出正确的行为选择，而且还可能会使其误入歧途。第一层次的学习目标虽是入门级，但绝不等于道德说教或以法律威慑为主的"普法教育"，入门级也不意味着表面和肤浅。它虽不以法律的具体运用为目标，但同样也会深入到法律的理念与精神；它虽不要求掌握具体的法律条文与解释方法，但却要求理解条文背后所立足的法律原则与社会基础。

从内容选择上，本书几乎囊括了当前各法律部门的所有内容，但在编写思路上打破了部门法的界限，章节的安排也不受法律部门和任何单行法律的限制。全书的内容编排基本上以"我"为中心，立足于"我"的视角来讨论"我"所可能涉及的法律。之所以这样编排，是因为对于非法学专业的学生而言，以部门法或单行法为章节的安排，使他们只能看到各单行的法律，而无法体会并理解各法律之间内的逻辑联系，从而对法律难以形成整体的清晰印象。立足于"我"的角度来讨论法律，这样的法律不是单纯的印在法典上的文字，而是"我眼中"的法律，日常生活中的法律；这样的法律也不再是僵死的条文，而是现实的活的生命。

本书是作为非法学专业的高校法律通识教育教材而编写的，但也可以作为一般的法律基础读物，还可作为高校"法律基础"或"法学概论"课程的通用教材。一些专业虽非法律专业，但常常会涉及专业的法律问题，因而需要开设相应的专业法律课程，如工程管理专业需学习建筑方面的法律，物流管理需学习物流法律法规，人力资源管理需学习劳动法等。但是，由于这些专业的学生从未受过任何基础性的法律培训，因而所谓的专业法律课程教学难以单独开设。针对这种情况，本书也可以作为上述专业法律课程的基础课程教材来使用。

1. 思考与讨论

(1) 你幸福吗？请列举你幸福或不幸福的原因，并思考它们分别与哪些法律问题相联系。

(2) 你对"法律应当被信仰"是如何理解的？

2. 课外阅读

(1)《法律援助条例》；

(2)《法学的故事》，蒋来用著；

(3)《法律的故事》，[美]赞恩著。

第一讲

法律是什么

学习法律，我们首先要明白，法律是什么？这个问题看似简单，实际上却是一个非常复杂的问题。几千年来无数的法学家和思想家就此提出了各种观点，直到今天，人们仍然没有对这一问题在认识上达成一致。对于非法学专业的人而言，我们也许没有必要过多地探讨法律理论，但至少要大概地了解一下学者们看待问题的角度及其所涉及的一些基本问题。这也是我们据以讨论一些具体法律问题的基础。

在这一讲中，我们会接触到历史上一些法学家的不同观点，但我们只是简单地来了解一下他们争论的问题是什么，分歧点在哪里。这些不同的认识在解决同样的法律问题时会出现什么不同的结果。对于各种不同的观点，我们也不需要去区分对错，实际上法学家的分歧在很大程度上是由于观察角度的不同而形成的，并不存在真正意义上的对与错。

从某种意义上说，法律是头大象，只是这头大象太大了，谁也没有真正看清过它的整体面目。不同的人站在不同的方位描述了这头大象的不同特征，将这些不同的描述综合到一起，也许才是大象的真实模样。

一、法的外在形式

（一）法的一般特征

我们曾见到某些超市里张贴着“偷窃重罚”告示，也曾在一些图书馆看到过“损坏图书罚款”的警示，还看到过单位制定的各式各样的规章制度。在某些公共活动中，组织者为维持秩序还可能会对参加活动的人提出各种临时性的行动约束。上述告示、警示、规章制度以及临时性行动约束都体现着对个体行为的规范和约束，甚至还具有一定的强制性。这些具有约束性的规范是不是法律呢？相信绝大多数的人都能够不假思索地判断出它们都不是法律。因为它们都不是官方制定的，在人们的一般意识当中，只有官方制定的约束性、强制性文件才可能是法律。

这种认识反映出，一项具有约束力的规定能不能称为法律，人们常常并不是通过其自身的内容来判断，而是通过其制定者来判断。法律必须是由国家制定的规范，是国家立法机关制定并颁布的命令。这一定义可以说是依据我们对法律的直观感觉而得出的结论，但这种直观感觉并没有问题，它准确地涵括了法律最基本的形式特征，即国家意志性、普遍适用性和国家强制性。

1. 法的国家意志性

所谓法的国家意志性表达的是法律的正式性与官方性，指法律是由特定的国家机关——立法机关或经立法机关授权的机关，制定和认可的规范，体现的是通过特定机关而形成的国家意志。任何非经特定的国家机关制定认可并公开发布的规范都不能称其为法律。

不同的政治体制下立法权可能是由不同的国家机关行使的。我国的立法机关是全国人民代表大会及其常务委员会。因此，严格说来，只有经全国人大及其常务委员会制定发布的规范性文件才是法律，但我国政府机关也可以在法律授权的范围内制定具有普遍约束力的规范性文件，这些规范性文件虽不属于严格意义上的法律，但因为其也具有普遍约束性，因而也属于广义的法律的范畴。

2. 法的普遍适用性

所谓法的普遍适用性是指法律适用的普遍性或者说法的效力的普遍性，但这里的普遍性并不是说法在任何情况下、在任何地域对所有人都适用，而是指在特定时间或空间范围内的普遍性。法的效力一般可以从以下三个方面来讨论：

（1）对人的效力

法对人的效力，解决的是法律对谁有效的问题，它明确的是法律可以适用于哪些人，或者说哪些人应当遵守法律。世界各国的法律实践中曾先后采用过四种对人的效力的原则，即属人主义、属地主义、保护主义和以属地主义为主并与属人主义和保护主义相结合的原则。所谓属人主义，指法律只适用于本国公民，不论其身在国内还是国外，非本国公民即使身在该国领域内也不适用。属地主义指法律适用于该国管辖地区内的所有人，不论是否是本国公民，都受法律约束和法律保护，本国公民不在本国，则不受本国法律的约束和保护。保护主义指以维护本国利益作为是否适用本国法律的依据，任何侵害了本国利益的人，不论其国籍和所在地域，都要受该国法律的追究。而对于以属地主义为主并与属人主义和保护主义相结合的原则，是针对不同情况采取不同原则的做法，在此为表述的方便，称之为混合原则。

根据我国法律，对人的效力包括对中国公民的效力、对外国人和无国籍人的效力两个方面，我国采取的是混合原则。对在中国领域内的中国公民，一律适用中国法律；在中国境外的中国公民，也应遵守中国法律并受中国法律保护，但是对于刑法的适用，我国刑法认为是犯罪但犯罪地不认为是犯罪的除外。对在中国境内的外国人和无国籍人，除法律另有规定者外，其行为均适用中国法律。

（2）空间效力

法的空间效力，也即法律发生效力的地域范围，是指法律在哪些地域有效，适用于哪些地区。法的空间效力范围主要由国情和法的形式、效力等级、调整对象或内容等因素决定，通常有三种空间效力范围。

第一，在全国范围内有效，即在一国主权所及全部领域有效，包括属于主权范围的全部领陆、领空、领水，也包括该国驻外使馆和在境外航行的飞机或停泊在境外的船舶。这种法一般是一国最高立法机关制定的宪法和法律，最高国家行政机关制定的行政法规一般也在全国范围有效。

第二，在一定区域内有效。有两种情况：一是地方性法规，仅在一定行政区域有效；二是一些法律法规虽然是由最高国家立法机关或最高国家行政机关制定的，但法律本身规定只在某一地区生效，因而也只在该地区发生法的效力。如全国人大常委会关于经济特区的立法就只适用于该经济特区。

第三，具有域外效力，如涉及民事、贸易和婚姻家庭的法律。一国法的域外效力范围，由国家之间的条约加以确定，或由法本身明文规定。

(3) 时间效力

法的时间效力，指法律何时生效、何时终止效力以及法律对其生效以前的事件和行为有无溯及力。法律的生效时间主要有两种：一是自法律公布之日起生效；二是法律条文中明确规定具体生效时间。法律效力的消灭指法律的废止，一般分为明示的废止和默示的废止两类。明示的废止指立法机关明确对外公布废止，而默示的废止主要指旧法因新法的颁布而不再适用的情形。

3. 法的国家强制性

法的国家强制性指法律依赖于国家强制力来保障实施。任何一种社会规范都具有某种程度的强制性，比如道德规范依靠舆论力量来保证其实施，图书馆的规范靠管理员的管理与监督来保证执行。法的强制性是以国家强制力为后盾，由国家强制力保证实施的。这种强制性既表现为国家对违法行为的否定和制裁，也表现为国家对合法行为的肯定和保护；既表现为国家机关依法行使权力，也表现为个体可以依法请求国家保护其合法权益。

(二) 法的渊源

不同机关制定的规范有着不同的表现形式，并反映着法的不同效力来源，所以不同机关制定的法意味着法的不同渊源。我国法律的渊源主要有以下几类：

1. 法律

法律是由全国人大及其常务委员会制定并颁布的规范性法律文件，主要包括宪法和法律两类。其中：宪法是由全国人大制定，是我国的根本大法，规定国家的基本制度、公民的权利与义务以及国家机构的设置等内容。法律是由全国人大及其常务委员会制定的，涉及的是刑事、民事、诉讼等基本法律制度。我国所有的法律都冠以“中华人民共和国××法”字样。

根据《立法法》的规定，以下事项只能由法律作出规定：

(1) 国家主权的事项；

(2) 各级人民代表大会、人民政府、人民法院和人民检察院的产生、组织和职权；

(3) 民族区域自治制度、特别行政区制度、基层群众自治制度；

(4) 犯罪和刑罚；

(5) 对公民政治权利的剥夺、限制人身自由的强制措施和处罚；

(6) 税种的设立、税率的确定和税收征收管理等税收基本制度；

(7) 对非国有财产的征收、征用；

(8) 民事基本制度；

(9) 基本经济制度以及财政、海关、金融和外贸的基本制度；

(10) 诉讼和仲裁制度；

(11) 必须由全国人民代表大会及其常务委员会制定法律的其他事项。

上述事项尚未制定法律的，全国人民代表大会及其常务委员会有权作出决定，授权国务院根据实际需要，对其中的部分事项先制定行政法规，但是有关犯罪和刑罚、对公民政治权利的剥夺和限制人身自由的强制措施和处罚、司法制度等事项不能授权。

2. 法规

法规是由国务院和地方人大及其常委会制定的规范性文件，包括行政法规和地方性法规两种。国务院制定的称行政法规，是由国务院根据宪法和法律的规定制定，主要是有关国务院行政管理职能范围内所涉及的事项，以及为执行法律而需要制定行政法规的事项，多以条例、规定、办法等形式出现。

省级人大及其常委会制定的称为地方性法规，是由省、自治区、直辖市的人民代表大会及其常务委员会根据本行政区域的具体情况和实际需要制定，仅在本省、自治区和直辖市适用的规范性文件。较大的市的人民代表大会及其常务委员会根据本市的具体情况和实际需要，也可以制定地方性法规，报省、自治区的人民代表大会常务委员会批准后施行。此外，经济特区所在地的省、市的人民代表大会及其常务委员会根据全国人民代表大会的授权，可以制定法规，在经济特区范围内实施。

3. 规章

规章又称行政规章，包括部门规章和地方政府规章。部门规章是由国务院各部委、中国人民银行、审计署和具有行政管理职能的直属机构制定的，根据法律和国务院的行政法规、决定、命令，上述机构可以在本部门的权限范围内，制定部门规章。部门规章规定的事项应当属于执行法律或者国务院的行政法规、决定、命令的事项。没有法律或者国务院的行政法规、决定、命令的依据，部门规章不得设定减损公民、法人和其他组织权利或者增加其义务的规范，不得增加本部门的权力或者减少本部门的法定职责。

地方政府规章，是由省、自治区、直辖市和较大的市的人民政府制定的，它们可以根据法律、行政法规和本省、自治区、直辖市的地方性法规，制定地方政府规章。

4. 其他

除法律、法规和规章外，法律一般还有以下渊源形式：

(1) 自治条例和单行条例。民族自治地方的人民代表大会有权依照当地民族的政治、经济和文化的特点，制定自治条例和单行条例。自治区的自治条例和单行条例，报全国人民代表大会常务委员会批准后生效。自治州、自治县的自治条例和单行条例，报省、自治区、直辖市的人民代表大会常务委员会批准后生效。

(2) 法律解释。包括立法解释和行政解释。其中立法解释权由全国人大常委会行使，具有与法律同等的效力。行政解释是行政机关对行政法规和规章进行的解释。

应当注意的是，司法解释是最高人民法院和最高人民检察院就法律在具体适用过程中遇到的问题进行的解释，它对促进法律在全国范围内的统一适用起着重要的作用，它虽然不是严格意义上的法律渊源形式，但在我国的司法实践中，其作用和影响不容忽视。

(3) 国际条约和国际协定。我国签署认可的条约和国际协定，在处理相关的问题时是应当适用的，因此其也是我国的法律渊源形式之一。

(三) 法的形式要求

不同机关制定的规范性文件反映着法律的不同外在形式，但是，对法律的形式要求并不限于立法机关本身的确定性与权威性，在形式上还有一些特殊的原则要求。关于这一问题，美国法哲学家朗·富勒(Lon Fuller)在其《法律的道德性》一书中通过雷克斯变法的故事作了生动的描述。

雷克斯是富勒虚构的寓言故事中的主角，他怀着改革家的热情登上王位，决心作为一个伟大的立法者对法律进行全面的改革。

他的第一项措施是宣布废除所有的现行法律，并开始着手制定一部新法典。但很快他发现立法是一个非常复杂的系统工程，将各种现实问题概括为具体而清晰的规则使他面临严峻的考验。他认识到自己的局限，于是放弃了制定一部法典的计划。但他对自己裁断具体争议的能力充满自信，于是他向臣民宣布，他将亲自裁断臣民之间的纠纷。

雷克斯的裁断很快引起了臣民的极大反感，因为人们发现国王并没有按照统一的规则来裁断案件，同样类型的案件常常得出的是不同的结果。他们抗议说，国王并不是依照法律，而是依照自己的一时心血来潮来裁判案件。为此，臣民们爆发了一场抗议游行。

雷克斯认识到他必须重新开始，为避免矛盾，他决定当年所有的案件全部推迟到第二年集中裁判。这样，他可以对所有的纠纷进行整体上的考虑和权衡，将类似的纠纷归类后再确定具体的裁判规则。这一决定实施后再次引发了民众的不满，因为人们发现，国王的裁判虽然不再相互矛盾，但他所适用的规则从来没有向民众事先公布，而是依后制定的规则来处理先前的行为。人们抱怨说，这种做法对国王是后见之明，却要求臣民们具有先见之明的能力，需要臣民们去揣测国王将怎样制定法律，没有人能做到这一点。

意见反馈到雷克斯那里，雷克斯不得不再次调整方案，他重新恢复了制定法典的计划。法典制定出来了，但臣民们发现新制定的法典简直就是一部杂乱无章的“天书”，没有人能够真正理解规则的目的，也没有人能梳理出法律适用的一般原则。雷克斯不得不委托一个专门的小组来负责法典的修订与解释。解释的篇幅很快远远超过了法典的篇幅，不仅没有使法典更清晰，反而更加复杂，而且频繁的修改和解释同样使臣民们无所适从，不满情绪再次高涨起来。最后，雷克斯在极度失望中死去。

（根据富勒《法律的道德性》一书中的雷克斯寓言整理，整理时有较大改动）

雷克斯是一个雄心勃勃而又非常勤政的国王，但他的变法遭到了惨痛的失败。我们现在来总结一下他每次变法失败的原因：第一次失败是因为他的裁断缺乏统一的规则，不同判决之间充满冲突和矛盾，而且他所适用的规则并没有向公众公布，这使人们在行为时并无明确的依据；第二次失败是用事后的规则来裁判先前的案件，臣民不知道该如何调整自己的行为；第三次失败是法律规则的不清晰和不稳定，很难使臣民们准确把握法律的内涵。

可以说，雷克斯的三次失败都与法律规则的不公开、不明晰有关。法律必须具备一定的形式要求，必须清晰而明确，法律的心思不能让人猜。

法律的形式要求主要包括统一原则、公开原则、不溯及既往原则和稳定原则。

1. 统一原则

统一原则指一个国家原则上应当有统一的法律体系。从立法角度说，立法权应统一设置，层次清晰；从法律的内容上说，构成法体系的法律内容协调、结构严谨、互不抵触；从法律的适用角度说，同样的事情应当同等对待，法律适用的标准一致。

法律统一原则并不排除地方立法权的设置，在我国，宪法和法律由全国人民代表大会及其常务委员会统一行使。除此之外，国务院及其各部委、地方人大和地方政府可以在法律规定的职权范围内或由人大授权制定行政法规、部门规章和地方性法规，它们均属于广义上的法律范畴。

法律统一原则也不排除根据具体情况在一国的特殊地区实行特别的法律制度。我国为解决香港、澳门和台湾问题，创造性地提出“一国两制”的构想。“一国两制”以一个中国和一个中央政府为前提，在此基础上，港澳作为特别行政区，享有高度的自治权。它拥有独立的行政管理权、立法权、司法权和终审权；可以同外国签订商务、文化等协定，享有一定的外事权。这是在特殊历史条件下为解决特殊问题而做的特殊规定，并没有改变我国法制统一的基本格局。

拓展阅读

“一国两制”的历史回顾

中华人民共和国建立之初实际上也实行过“一国两制”，1959年以前没有触及西藏地方施行的农奴制度。

1961年6月，毛泽东在与印尼总统苏加诺会谈时，首次谈及容许台湾保持原来的社会制度。他说“如果台湾归还祖国，中国就可以进联合国。如果台湾不作为一个国家，没有中央政府，它归还祖国，那么台湾的社会制度也可以留待以后谈。我们容许台湾保持原来的社会制度，等台湾人民自己来解决这个问题。”这就是“一国两制”的最早雏形。之后在1963年，国务院总理周恩来将中国政府对台政策归纳为“一纲四目”，其中已经隐含后来“一国两制”的意思。

1978年11月14日，国务院副总理邓小平在结束了对泰国、马来西亚和新加坡的访问，途经缅甸回国时，同缅甸总统吴奈温的会谈中谈到台湾问题。他说：“在解决台湾问题时，我们会尊重台湾的现实。比如，台湾的某些制度可以不动，那边的生活方式可以不动，但是要统一。”这里，邓小平初步表述了“一国两制”的构想。

1981年9月底，全国人大常委会委员长叶剑英在向新华社记者发表的谈话中说，“国家实现统一后，台湾可作为特别行政区，享有高度的自治权，并可保留军队”“台湾现行社会、经济制度不变，生活方式不变，同外国的经济、文化关系不变。私人财产、房屋、土地、企业所有权、合法继承权和外国投资不受侵犯”。

1982年1月，邓小平表示：“‘一个国家，两种制度’，两制是可以允许的，他们不要破坏大陆的制度，我们也不要破坏他那个制度。”自此，关于“一国两制”的概念，正式出台。1983年7月，邓小平说：“祖国统一后，台湾可以有自己的独立性，可以实行同大陆不同的制度。司法独立，终审权不需到北京。台湾还可以有自己的军队，只是不能构成对大陆的威胁。大陆不派人驻台，不仅军队不去，行政人员也不去。台湾的党政军等系统，都由台湾自己来管。中央政府还要给台湾留出名额。”

邓小平表示：“实行‘一国两制’的构想，香港几个不变：社会制度不变、法律基本不变，生活方式不变，保持国际金融中心地位、自由港地位。除了派军队以外，不向香港特区政府派出干部。派军队是为了维护国家的安全，而不是去干预香港的内部事务。我们说话是算数的，不搞小动作。不但九七年时不变，我们讲五十年不变。五十年不变，影响不了大陆的社会主义。我很有信心，‘一国两制’是行得过的。”他以“马照跑、舞照跳”来形容五十年不变的情形。邓小平还表示，说“五十年不变”是因为一代人只能管五十年，再长的时间要由下一代管了。

1984年，中英签署关于香港问题的《中英联合声明》；1987年，中葡签署关于澳门问题的《中葡联合声明》，均实施了“一国两制”的构想。

（根据王颖《“一国两制”科学构想形成的历史考察》，载于《广东教育学院学报》1997年第5期，黄修荣与中共中央党史研究室第一研究部编写的《国共关系的历史回顾与“一国两制”理论研究》，中共党史出版社2005年出版等材料编写）

2. 公开原则

公开原则指任何法律制定后，必须向公众公布后才能生效。一般情况下，法律从正式颁布到生效有一个缓冲期，以便人们学习掌握法律规定的内容，从而依照新的法律来调整自己的行为方式。比如《中华人民共和国合同法》于1999年3月15日颁布，1999年10月1日实施。又如《德国民法典》于 1896 年 8 月 18 日由德国皇帝威廉二世签署，1896 年 8 月 24 日公布，自 1900 年 1 月 1 日起实施。

根据《中华人民共和国立法法》规定，我国不同层级的法律、法规、规章及地方性法规和规章的公布方式如下：

(1) 全国人民代表大会通过的法律由国家主席签署主席令予以公布；

(2) 行政法规由总理签署国务院令公布；

(3) 省、自治区、直辖市的人民代表大会制定的地方性法规由大会主席团发布公告予以公布；

(4) 省、自治区、直辖市的人民代表大会常务委员会制定的地方性法规由常务委员会发布公告予以公布；

(5) 较大的市的人民代表大会及其常务委员会制定的地方性法规报经批准后，由较大的市的人民代表大会常务委员会发布公告予以公布；

(6) 自治条例和单行条例报经批准后，分别由自治区、自治州、自治县的人民代表大会常务委员会发布公告予以公布；

(7) 部门规章由部门首长签署命令予以公布；

(8) 地方政府规章由省长或者自治区主席或者市长签署命令予以公布。

3. 不溯及既往原则

不溯及既往是一项基本的法律原则。法律只适用于生效后的行为，从个体的角度出发，法律没有禁止的行为即是允许的。法律禁止一种行为，只有在法律生效后，这种行为才被纳入法律追究的范围。我国法律同样遵循不溯及既往的原则，但在《刑法》适用问题上做了一些有益的变通。《刑法》的适用以不溯及既往为原则，但如果新颁布的法律不认为是犯罪或处罚较轻的，应适用新法，亦即具有溯及力。这是一种从旧兼从轻的原则。

拓展阅读

纽伦堡审判的法律适用争议

二战后期，苏、美、英、法四国政府在伦敦正式缔结了关于控诉和惩处欧洲轴心国主要战犯的协定，通过了国际军事法庭宪章。宪章共 30 条，对设置法庭的目的、任务及法庭的机构、管辖权等一系列问题作出明确规定。苏、美、英、法四国签署的《伦敦协定》和《欧洲国际军事法庭宪章》进一步规定，由四国各指派一名法官和一名预备法官组成国际军事法庭，对纳粹德国首要战犯进行统一审判。从 1945 年 11 月 21 日至 1946 年 10 月 1 日间，在德国纽伦堡共对 22 名纳粹战犯进行了审判，总称为纽伦堡审判。

纽伦堡审判虽然已过去 70 余年，但关于这次审判是否违背法律原则的问题，至今仍存在争议。美国最高法院首席大法官哈伦·菲斯克·斯通称纽伦堡审判是在纽伦堡举行的是一场高档私刑舞会。最高法院法官助理威廉·道格拉斯指责说，同盟国在纽伦堡以大国代替法理，为了迎合当时的激进情绪，法院适用的法律违背了禁止追溯原则。

参与纽伦堡审判的杰克逊法官也认识到审理中所面临的困难，他解释说："必须承认，此次审判可能未经过充分的调查，很可能在以后的国际诉讼中不会成为任何国家所接受的法制先例。但对于此次审判来说，这是一个十分严谨的诉讼。至于将来，我们不得不留给历史学家来完成……对这些人进行审判，是因他们有罪。被告人没有受到不公正地对待……如果说他们是第一批被以法律的名义起诉的战败国战争领导人，那么他们也是第一批以法律的名义被给予免除死刑的申辩机会的人。”

二战后，战犯被指控的罪名主要是危害人类罪、战争罪和破坏和平罪。战争罪和反人类罪尽管在1907年的《海牙公约》中已有规定，但它是否可视为国际法惯例以及是否适用于非签署国一直存在争议。审判所适用的程序和法律依据实际上主要是二战后期及战后美、英、苏等国签署的一系列公约。但是，对战犯的审判无论在法理上面临怎样的尴尬，在道义上却得到了较为普遍的认同。

（参见朱淑丽《纽伦堡审判面临的困境及其解决》，载于《华东政法大学学报》，2006年第3期）

4. 稳定原则

法律的稳定性要求法律不能“朝令夕改”，同时还指法律的连续性，法律不能单纯因掌权者的更替而变化，而是应保持前后的一致。目前，违反法律稳定原则的问题在全国人大的立法工作中基本不存在。但个别地方领导为显示任期内的“政绩”所做的“面子工程”却常常存在这种情况。陈四益《种树》一文生动地反映了未受约束的权力执行者单纯以一己之好恶而“朝令夕改”所导致的后果。兹录其文如下：

某公爱柳，尝谓人曰：“江上柳如烟，雁飞残月天。此何等景致！”及为县令，遍伐杂树，以柳易之。任满秩迁，继任者恶柳而好梅，曰：“柳无风骨，岂若梅之耐寒也。况‘疏影横斜水清浅，暗香浮动月黄昏’，更胜似‘江上柳如烟’。”乃伐柳易梅。又三年，新官莅任，曰：“梅固耐寒，未若竹之长青也。坡公有言：‘可使食无肉，不可居无竹。无肉令人瘦，无竹令人俗。’”又令伐梅种竹。

民苦于屡更，作《天净沙》咏之：“前官种柳平沙，后官换了梅花，新竹这官种下，心惊胆怕，怕再来的他偏爱枇杷。”

（引自陈四益文、丁聪画《绘图双百喻》之《种树》，湖南文艺出版社，2010年）

二、法的正当性标准

德国作家本哈德·施林克的《朗读者》是一部畅销全球的小说，2008年被英国导演史蒂芬·戴德利搬上荧幕。汉娜是这部小说（电影）中的女主人公，二战期间她是德国纳粹集中营的一名看守。在一次转移三百多名犹太人途中，临时关押犹太人的一座教堂被炮火击中燃起大火，为防止犹太人逃跑，汉娜没有打开反锁的教堂大门，导致三百余犹太人全部被烧死。战争结束后，已成为一名公交车售票员的汉娜被起诉。她辩称自己是在依纳粹的法律行事，不过是在履行职责，但她最后仍被法庭判决有罪。

现在的问题是，纳粹颁布的法律是法律吗？汉娜有没有遵守纳粹法律的义务？如果纳粹的法律也是法律，那么汉娜就应当遵守法律，她就是无罪的。如果纳粹的法律不是法律，那么汉娜就应当对自己的行为负责，她就是有罪的。汉娜应当被判决有罪吗？

图1-1 奥斯汀
(1911—1960)

（一）自然法学与实证主义法学

汉娜的困惑涉及法学上一个最为根本的问题，即什么是法律？对于普通人而言，这一问题几乎算不上问题，因为对大多数人来说，法律不过是立法者颁布的规范性命令，除此之外，法律似乎并不是其他的东西。这样的认识并没有错误，实证主义法学派也是这样看待法律的。英国法学家奥斯汀（图1-1）认为，法律就是主权者的命令，是一种制度性规则。在此基础上，他进一步论证说，法律不涉及任何道德论辩，符不符合道德价值并不是它成为法律或者具有法律约束力的一个必要条件。依据这种认识，纳粹的法律尽管是“恶法”而受到人们的憎恶和反对，但它并没有失去作为“主权者的命令”的性质，同样具有强制力，同样应当遵守。也就是说，汉娜是依法办事，她应是无罪的。

实证主义的法律观受到自然法学派的强烈批判。自然法学家认为，实证主义坚持法律与道德相分离，使德国法律家阶层和普通民众丧失了对纳粹暴政的抵抗能力。他们说，在纳粹时期，正是人们放弃了对法律的正当性评判，才使纳粹“恶法”得以横行，从而给人类带来了深重的灾难。因此，法律并不单纯是主权者的命令，它还应受到道德的评判，应符合公平正义的基本要求。依照这种认识，汉娜所依据的法令，由于违反了基本的公平正义，因而是无效的，她的行为违反了一切正直的人的良知和正义感，所以必须受到审判。

但并不是所有的实证主义法学家都认为汉娜不应当受到审判。实证主义者也并不是完全否认法律的正当性问题，他们只是认为法律的正当性并不必然地存在于道德原则中，而是取决于法律本身的功能或者说效用。立足于这样的立场，英国学者哈特(图1-2)对汉娜应否受到审判这样的问题作出了另外一种解释。他认为，如果免除惩罚，人们会认为对死去的人而言，正义没有得到伸张；但如果给予惩罚，则必须使现行的法律溯及既往，这同样违背了法治精神的要求。在这种情况下，判断应不应当处罚的问题并不在于纳粹法律是不是符合道德的要求，而不过是在两害之中取其轻者。

图 1-2　哈特 (1907—1992)

实证主义法学派和自然法学派的观点都有其道理。在很多情况下，法律的确并不关涉道德，更重要的是其规范性功能。比如，《德国民法典》并不是纳粹政府制定的，但它在纳粹时期仍然适用；又如《意大利民法典》是纳粹统治时期颁布的，纳粹政权被推翻后直到今天仍然继续适用。但这并不表明法律与道德原则没有任何关系，尤其是对于涉及人身处罚的法律，如果失去了基本的道德要求，其后果将可能是对人性的践踏，对社会文明的破坏。

那么，一部法律无论是从制度功能的角度，还是从道德的角度，我们如何来判断它是否符合正义的要求，从而来判断我们是否应当遵守呢？或者说，法律的正当性标准应当如何确定呢？

(二) 利己与利他——正当性问题的出发点

依照一般的社会观念，自私应当受到谴责，而利他主义则应当受到鼓励和表彰。社会也总是对自私予以无情的鞭责，而对利他行为给予高度的赞扬。

拓展阅读

1. 自私的教师——范跑跑

范美忠，男，1997 年毕业于北京大学历史系，四川都江堰市光亚学校教师。2008 年 5 月 12 日汶川大地震发生时，正在课堂讲课的范美忠先于学生逃生。5 月 22 日，范美忠在天涯社区论坛发表《那一刻地动山摇——5·12 汶川地震亲历记》一文，记述自己在震中及震后的经历。文中写道：“在这种生死抉择的瞬间，只有为了我的女儿我才可能考虑牺牲自我，其他的人，哪怕是我的母亲，在这种情况下我也不会管的。”

范美忠说，逃跑是自己瞬间的本能行为，但同时也反映了他对自我与他人生命的轻重权衡，他并不认为作为一名教师，有为救学生而牺牲自己生命的义务。这些言论引发了部分网民对其教师道德素养的声讨，“范跑跑”由此以反面典型而家喻户晓。

2. 最美女教师——张丽莉

张丽莉，女，2007 年毕业于哈尔滨师范大学，黑龙江省佳木斯市第十九中学语文教师。2012 年 5 月 8 日，张丽莉在失控的汽车冲向学生时，一把推开了两个学生，自己却被车轮碾轧，造成全身多处骨折，双腿高位截肢。2013 年 2 月，张丽莉当选感动中国 2012 年度人物。当年“感动中国”推选委员、中国人民大学校长陈雨露对张丽莉的评价是：“她播撒下的大爱种子，必将被无数的奔跑接力，从黑土地传向四面八方。只有教师心中有爱，孩子的世界才会绽放光芒！”

但是利他主义能够成为判断法律正当性的标准吗？如果以利他为标准，我们需进一步思考的问题是：利他的标准应定在哪里？利他行为能够形成秩序吗？读一读君子国的故事也许会有助于我们对此问题的思考，下面节选部分描述的是一名“小公务员”在市场上买东西时与“小商贩”产生的争执：

“老兄如此高货，却讨这般低价，教小弟买去，如何能安！务求讲价加增，方好遵教。若再过谦，那是有意不肯赏光交易了。”

买货人答道：“既承照顾，敢不仰体！但适才妄讨大价，已觉厚颜，不意老兄反说货高价贱，岂不更教小弟惭愧？况货并非‘言而无价’，其中颇有虚头。俗云‘漫天要价，就地还钱’。今老兄不但不减，反要增加，如此克己，只好请到别家交易，小弟实难遵命。”

只听隶卒又说道：“老兄以高货讨贱价，反说小弟克己，岂不失了‘忠恕之道’？凡事总要彼此无欺，方为公允。试问哪个腹中无算盘，小弟又安能受人之愚哩。”

谈了许久，卖货人执意不增。隶卒赌气，照数付价，拿了一半货物。刚要举步，卖货人哪里肯依，只说“价多货少”拦住不放。路旁走过两个老翁，作好作歹，从公评定，令隶卒照价拿了八折货物，这才交易而去。

（摘自[清]李汝珍《镜花缘》第十一回，人民文学出版社，1955 年）

这段描写表明，如果买卖双方都以利他主义为标准，同样会产生分歧。在这种情况下，如何确定货物的合理价格呢？一个人达到什么样的程度才算是符合了利他的标准呢？可以说，这一标准几乎是无法确定的。同时，利他主义要求每个人不能考虑自己的利益，而应照顾并维护他人的利益，但是，任何人都不可否认的事实是，只有本人才是他自己最佳的利益保护者，让他人而不是本人来维护自己的权益，既不经济也无效率。

因此，无论利他的行为是怎样的道德高尚并且令人钦佩，都无法成为法律的正当性标准。法律正当性问题的出发点是个人，它假定在每个人都为自己的利益而选择行动的情况下，法律如何确定个体行为的边界。如果每个人的利益都能够在法律规定的框架内得到保护，那么，所有人的利益也都得到了保护。在此意义上，难怪有学者会说，法律不涉及道德论辩。

（三）法律的正当性标准

1. 大多数人利益——功利原则

法律的目的在于保护个人利益，但在有些情况下，不同人之间的利益是相互冲突的。作为一个公共政策的制定者，他不仅不可能照顾到所有人的利益，有时甚至还需要以牺牲一部分人的利益为代价。比如禁枪问题，在有些人看来，禁枪是对个人拥有枪支自由的干涉，而在另一些人看来，枪支会对社会治安造成威胁。作为立法者，禁还是不禁呢？禁枪的正当性理由何在呢？

图 1-3　边沁
(1748—1832)

英国哲学家边沁(图 1-3)提出了一个标准，即人们常提及的功利标准。他认为，人的一切行为都有追求幸福的心理倾向。不仅私人行为受这一原理支配，政府的一切措施也要据此行事。社会是由个人构成的团体，其中每个人都可以被看作是组成社会的一分子。社会全体的幸福是组成此社会的个人的幸福的总和，因此判断一个行为或一部法令是否正当，应当看它是否符合大多数人的利益，是否有利于增进社会的整体福祉。

功利主义在政治和道德问题上引起了一场思想的革命，梅因于 1875 年写道，“我不知道自边沁那时以来实施的法律改革有哪一项不能归功于他的影响”。不过与此同时，功利主义也受到了批判。批判者认为，功利主义没有尊重个体权利，会导致对人的基本价值的漠视。一个有力的反驳例子是关于肺癌问题的调查。

拓展阅读

肺癌问题调查

菲利浦·莫里斯(Philip Morris)是捷克共和国一家烟草公司。由于担心吸烟使医疗费用不断攀升，捷克政府打算提高烟草的税额。为了阻挡税额的增加，菲利浦·莫里斯公司成立调查团，给吸烟对于捷克国民预算的影响做了一个得失分析。

该研究发现，吸烟给捷克政府所带来的收入要大于支出，其原因在于：尽管烟民在世期间，会在预算中花费更多的医疗费用，可是他们死得早，因此能够给政府在医疗、养老金以及养老院等方面节省数目可观的费用。根据这一研究，如果将吸烟的“积极效果”，包括烟草税的财政收入以及烟民早死而节省下来的钱计算在内，那么，国库每年的净收入将达到 1.47 亿美元。

这份得失分析成为菲利浦·莫里斯公关上的一场灾难。一名评论员写道：“烟草公司过去常常否认烟草能够杀人，可是现在他们却为此吹嘘。”一个反吸烟组织在报纸上刊登了一则广告，它展示了停尸房中一具尸体的脚，脚趾头上贴着一枚标价 1 227 美元的标签，这代表着每一例与吸烟相关的死亡，将给捷克政府节省的开支。

图 1-4　密尔
(1806—1873)

面对公众的愤怒和奚落，菲利浦·莫里斯的首席执行官为此公开道歉。他说，这一研究体现了“一种彻底的、不可接受的、对人类基本价值的漠视”。

(参见桑德尔《公正，该如何做是好？》，朱慧玲译，中信出版社，2011 年)

为回应批评者的指责，密尔(图 1-4)试图调和个人权利与功利原则的矛盾。为此他提出了一项原则——伤害原则。他认为，人可以自由地做他想做的事，功利原则尽管是为提高社会的整体福祉，但不能为了大多数利益而干涉个人的自由。只要一个人的行为对他人是无害的，大多数人的利益就不能强加到他的头上。

密尔试图通过强调个体自由来调和功利主义与个人权利的关系，从某种意义上已超越了功利主义的立论基础。而且，关于什么是伤害，人们很难达成共识。20 世纪 60 年代，哈特与德芙林就同性恋是否构成对公共道德的伤害展开了辩论，这场辩论充分说明，对于什么样的行为构成伤害，不同人的认识是不一致的。

拓展阅读

1957 年，英国政府为调查同性恋犯罪和卖淫问题，成立了一个专门的调查委员会——皇家沃尔芬登委员会，该委员会最后提交了《关于同性恋罪错和卖淫问题的报告》。报告认为，凡未造成公共损害的地方，法律都不应介入，那些行为都属于个人自由，成年人之间私下自愿的同性恋行为不能被视为犯罪。报告引起了广泛争议，有人担心它会降低社会的道德标准，有人则为之欢欣鼓舞，大辩论遂为之展开。其中德夫林与哈特之间的论辩产生了极为深远的影响。

德夫林认为：法律并不是仅仅因保护个体而存在，它还要保护社会，他说："之所以刑法迄今仍为人们所接受，唯一的解释就是，对于行为，社会有其特定的标准或道德原则；并且对这些标准和原则的违反，并不仅仅是对受害者个人的侵犯，还是对社会整体的侵犯。"在这一论点基础上，德夫林进一步论证，社会存在公共道德的标准，法律有权针对公共道德问题做出评价，每一个社会都有其道德构建，法律要对此予以强制性保护，并惩治会对社会公共道德造成威胁的行为。

哈特沿着密尔的自由主义道路对德夫林进行了回击，他主张，法律只有在防止对他人的伤害行为发生时，其适用才是正当的，只有在为了某种补偿福利的情况下，社会为实现正义诉求所采用的明显令人生厌的法律强制才能够被容忍，而同性恋犯罪既没有任何事实上和经验上的证据能证明对他人造成伤害，也没有来自社会福利或社会正义的特殊要求。哈特还区分了公共性道德与私隐性道德，私下同意的成人之间的同性性行为并未对他人造成任何损害，它们属于个人道德问题和生活方式的选择，因而不应受到法律的干涉。

（摘自王森波《同性婚姻法律问题研究》，中国法制出版社，2012 年）

2. 帕克的命运——道德原则

李安导演的电影《少年派的奇幻漂流》讲述了一个少年海难漂流的故事，电影以唯美的画面和离奇的想象征服了奥斯卡评委。然而剧情并不纯粹是作家的凭空想象，而是有一个真实的故事原型。

事件链接

1884 年 5 月 19 日，"木犀草"号游船从南安普敦启程，船上有达德利船长、史蒂芬斯、布鲁克斯，以及年仅 17 岁毫无航海经验的帕克。7 月 5 日，在行驶到好望角西北约 2 600 公里处时，海浪突然冲垮防浪挡板，"木犀草"号很快沉没，上述四名船员逃上了唯一一艘救生艇。

最初三天，他们定量分食了救生艇上的食物，第四天抓到了一只海龟又维持了大约一周时间。然后连续八天，他们什么都没吃。在死亡的威胁下，达德利说，抽签决定以某个人的死换取其他人的生存，布鲁克斯表示拒绝。当时，帕克已经生病并出现昏迷。达德利示意杀死帕克，布鲁克斯保持了沉默。后来，史蒂芬斯按住帕克双腿，达德利在祷告后用折刀杀死了帕克。他们三个人以帕克的尸体为食，直到 7 月 29 日获救。

9 月 6 日，达德利、史蒂芬斯和布鲁克斯被送往英国康沃尔郡的法尔茅斯市。入关时，达德利和史蒂芬斯提供了证词。他们很坦诚，相信会受海事惯例的保护。海关官员以“公海谋杀”之名，向法尔茅斯市市长利迪科特申请并得到了逮捕令。内政部长哈考特在收到案卷材料后，立刻与总检察长詹姆斯及副检察长赫舍尔进行磋商，决定提起控告。

本案控告的困难在于证人只可能来自三名被告，沉默权会妨碍任何正式的诉讼程序；而供词只适用于供述者本人，不能及于共同被告。9月18日，控方为使布鲁克斯成为本案证人撤销对他的指控，并获得了治安官的同意。

11月3日，赫德尔斯顿爵士主持对达德利和史蒂芬斯的审判，达德利和史蒂芬斯申辩无罪。控方反对将危急状态作为辩护理由，但没有隐瞒当时救生艇上的生存环境，并最终建议宽赦被告。

赫德尔斯顿希望通过确保判决被告有罪，一劳永逸地解决将危急状态作为辩护理由的法律问题。他指令陪审团提交一份特别裁定，仅陈述他们发现的案件事实，无须提出任何其他意见，法律问题则由法官组成的合议庭认定。

尽管辩方在总结陈述中强调了危急状态，赫德尔斯顿却提出一份提前拟定的特别裁定要求陪审团表示同意。结果，陪审团未对被告人是否有罪提出意见，而是求助于法庭进行裁决。

12月4日，王室法院分庭在首席大法官科尔里奇爵士的主持下开庭。控方提出，任何普通法上的权威都无法支持下述观点，即危急状态可以成为对谋杀指控的辩护理由。辩方则通过援引先例，提出诸多支持危急状态辩护理由的主张。

12月9日，法庭依法判处达德利和史蒂芬斯死刑，但建议予以宽赦。最终女王将其改为监禁，刑期减至6个月。后来，达德利移居澳大利亚，但始终认为对他的有罪判决是不正当的。

为了纪念本案中死去的理查德·帕克，有人在其出生地附近的南安普敦市东郊梨树坪教堂立起一块墓碑，上面镌刻着《圣经》的语句：他虽杀我，我仍信他。主啊，不要将此罪归于他们。

（参见 https://baike.baidu.com/item/理查德·帕克/8236541? fr=aladdin，访问日期：2019.9.30）

抛开法律技术上的因素，无论达德利船长面临着怎样严酷的困境，杀死一个人来挽救其他人都是令人难以接受的。在这里，或许很多人内心里都存在某种程度上的功利主义想法，但它很难得到公开的辩护。对此，康德（图1-5）从道德原则的角度给予了批判。他认为，真正的道德行为是纯粹基于义务的行为，为实现某种功利目的而实施的行为不能被认为是道德的行为。因此，一个行为是否符合道德规范并不取决于行为的后果，而是采取该行为的动机。

图1-5 康德
（1724—1804）

那么，什么是纯粹基于义务的行为？什么样的动机是符合道德的呢？康德认为，人不能将自己的某种欲望作为动机，也不能以个人的幸福作为行动的法则，一个符合道德要求的行为不仅反映他自己的意志，同时也应当符合其他人的意志，从而成为一个普遍适用的准则。也就是说，个体行为所体现的个人意志不能与他人的意志相冲突。在此基础上，康德进一步论证说：不论是谁，在任何时候都不应把自己和他人仅仅视为工具，而应该永远看作是目的。每一个人都认为自己的存在本身就是目的，具有价值。因此，以普遍化原则推之，他也应该同样地理性对待其他存在者。

按照康德的道德原则，达德利船长的行为显然不符合普遍性法则，因为他与帕克的意志相冲突。同时，帕克也没有被当作一个“人”而受到尊重，他仅仅被视为是挽救他人生命的手段。因此，这样的行为不符合基本的道德要求。

3. 罗尔斯的正义原则

图 1-6　罗尔斯
(1921—2002)

美国哈佛大学政治哲学教授罗尔斯(图 1-6)也提出了法的正当性原则,但他并没有立足于个体行为来讨论什么样的行为是正当的,他讨论的主要是公共政策领域的分配正义问题,采取的是一种契约论的思路。

为了克服特殊环境和时代背景的限制,罗尔斯假设了一种"无知之幕"下的原始状态。在这一原始状态中,每个人都是自私且理性的。由于被"无知之幕"遮蔽,人们不知道任何关于他人的情况,因而也无法判断自己与别人相比,在哪些方面处于优势,在哪些方面处于劣势。在这种情况下,如果让大家参与一项社会制度的制定,每个人会怎样选择呢?

由于所有人都不知道自己是不是比别人更有优势,所以每个人都希望能够公平分配,同时每个人又都担心自己是最弱势的,所以都倾向适当保护弱者的利益。由此,罗尔斯得出了正义的两个原则:

(1) 所有的社会价值,包括自由与机会、收入和财富都应平等地分配;

(2) 为照顾社会上最为弱势的那部分人的利益,社会价值应适当进行不平等安排。

罗尔斯的正义理论为社会平等和福利政策提供了有力的辩护,在政治哲学和法学等领域都产生了深远的影响。

4. 小结

以上我们简要地讨论了法律正当性的各种标准,应予注意的是,所有的标准都不可能是完美无缺的,但它们无疑都为我们认识法律的正当性问题提供了有益的启示。

综合不同标准,法律的正当性要求或许可以这样表述:法律不能无视功利性原则,但功利原则不能以牺牲个人基本权利为代价,更不能成为侵犯个体基本权利的理由。法律将所有人都视为是平等的,但当平等原则使社会最弱势的群体陷于极为不公平的境地时,法律应当对此做出差别性安排。

三、法的体系

一部法律并不是单纯的条文的集合,而是依照一定的理念、原则、逻辑关系有机组成的整体。不同渊源、不同内容的法同样也不是毫无关系的各自独立的存在,同样体现着某种内在的逻辑联系,这样的具有内在联系的关系形成了法律体系。法律体系不仅有助于形成法律自身的理念和原则,而且可以有效地避免法律条款之间乃至法律之间的冲突与竞合。有学者甚至认为,这种基于法律的体系而形成的理念与原则具有某种程度的自创生性,从而促进法律的自我发展与完善。

立足于国内法的角度,人们常常将法律体系分为公法和私法两大部分。

(一) 公法

一般来说,公法总是与国家权力相联系的,是与国家权力的配置及其运行有关的法律规范的总称。公法体系下的法律主要包括:

1. 宪法

宪法是国家的根本大法，任何国家的宪法都涉及两方面的基本内容：一是国家权力机关的设置及其相互关系；二是公民的权利与义务，其核心问题是如何处理国家与公民的关系。有些国家并没有统一的成文宪法，但任何国家都存在宪法性的法律规范。

中华人民共和国成立后，于1954年、1975年、1972年和1982年先后颁布过四部《宪法》，1982年《宪法》分别于1988年、1993年、1999年、2004年、2018年进行过五次修订。现行的《宪法》包括序言和四章内容，五部分，共138条。其中，序言简述了党领导的革命历史、我国基本国情和宪法的效力；第一章总纲规定了我国基本制度；第二章规定公民的基本权利和义务；第三章规定国家权力机构的设置及其职权；第四章规定国旗、国歌、国徽和首都。

具有宪法性质的法律不仅仅局限于《宪法》，其他专门规定国家权力机关设置、运行以及公民基本权利和义务的法律，如《选举法》《人民代表大会组织法》《法院组织法》《检察院组织法》《国务院组织法》《民族区域自治法》《集会游行示威法》以及特别行政区基本法等都属宪法性文件。

2. 立法法

立法法规定国家立法权的设置、立法程序和法律冲突的解决方式。我国《立法法》于2000年开始实施，共6章94条。除《立法法》外，其他有关立法程序、法律备案等问题的法律、条例，如《行政法规制定程序条例》《法规规章备案条例》等，也属于立法制度的内容。

3. 行政法

行政法是与行政管理有关的法律、法规或规章，调整的是行政管理机关之间以及它们与行政管理相对人之间的关系，可划分为行政许可法、行政管理法、行政处罚法、行政复议法、国家赔偿法五大类。除行政管理法之外，其他四类都颁布了专门的立法。行政管理法因内容庞杂，无法制定专门的法律，主要表现为各种行政法规与规章，主要包括公安、国家安全、民政、司法行政、人事、科技、教育、文化、体育、卫生、计划生育、城乡建设、环境保护、旅游、信访十五类。

4. 刑法

刑法是关于犯罪和刑罚的法律。我国《刑法》1979年通过，自1997年以来先后经过了8次修订。现行的《刑法》包括总则5章、分则10章，共452条。此外，全国人大常委会有关犯罪和刑罚的决定和补充规定也是刑法的重要组成部分。

5. 诉讼法

我国诉讼法主要包括三大类，即刑事诉讼法、民事诉讼法和行政诉讼法。诉讼法是国家公权力对犯罪进行追究的程序性规定，以及国家公权力参与下的纠纷解决程序，均属于公法的范畴。其中：

(1)《刑事诉讼法》规定的是刑事案件中对犯罪嫌疑人的侦查程序、公诉和审判程序，该法1980年开始实施，1990年和2012年经过两次修订，现行《刑事诉讼法》共5编290条。

(2)《民事诉讼法》规定的是私主体之间纠纷解决的程序问题，该法1991年开始实施，2007年修订，现行《民事诉讼法》共4编28章268条。

(3)《行政诉讼法》适用于行政管理机关(或经其授权行使行政管理职能的单位)与行政管理相对人(被管理者)之间的纠纷处理，该法1990年实施，共11章75条。

（二）私法

私法调整不涉及公权力行使的私主体之间的关系，私主体主要包括自然人、法人和非法人组织，国家机关及其工作人员在从事与权力行使无关的活动时，也可视为是私主体，适用私法规范。如国家机关的普通购物行为、侵权行为等。

在实行民商合一的国家，私法基本上等同于民法，但有些国家将民法与商法相区分，在这种情况下，私法不仅指民法，还包括商法。我国现在没有制定统一的《民法典》，也没有将民法与商法明确进行区分。各种民事法律规范大多是以民事单行法的形式出现的。

1. 民法

民法调整的是私人主体之间的财产关系和人身关系。依照现行民法体系，主要包括主体法、债法、物权法、婚姻家庭法和继承法五部分。其中，主体法规定自然人、法人和非法人组织的主体地位及其民事权利，如生命健康权、隐私权、名誉权、肖像权等；债法主要包括合同法和侵权法，此外还包括无因管理和不当得利；物权法是关于如何确定物的归属及物的利用的法律，包括所有权、用益物权和担保物权等制度；婚姻家庭法包括婚姻法、收养法及其他亲属关系的规范；继承法较为单一，是有关继承问题的法律。

成文法国家一般制定统一的《民法典》，无论《民法典》的结构体例如何编排，基本上都包括上述内容。目前，我国的《民法典》还处于编纂过程中，民法规范均以单行法形式出现。目前正在适用的民事法律规范主要有《民法总则》《合同法》《物权法》《侵权责任法》《婚姻法》《收养法》《继承法》等。

2. 商法

商法在性质上属于私法，其调整对象同样是不涉及国家公权力行使的私主体之间的关系，但商法主要与商事活动有关。商事活动中形成的习惯内容庞杂，很难被纳入统一的《民法典》中，因此很多国家除制定《民法典》外，另行制定了统一的《商法典》。有些国家没有明确区分民法与商法，但商法规范仍大多以单行法形式出现。一般地，人们常把《公司法》《商业保险法》《信托法》《票据法》《证券法》《海商法》等归于商法的范畴。

由于商法在性质上也属于私法，因此商法与民法的边界并无明确区分，即使采取民商分离的国家，边界的划分也主要依赖习惯。不过，总体说来，民法规范更侧重自由与公平，着重探究的是当事人的意思；而商法更侧重效率与交易安全，因此更多地体现出形式主义的特征。

3. 知识产权法

知识产权本质上属于私法，尽管知识产权如商标权和专利权常常需要国家商标和专利管理机关审查并授予，但其目的主要在于确定知识产权的权利范围，权利的享有和行使主要仍依赖于当事人自己的意思。知识产权法主要包括《著作权法》《商标法》和《专利法》。此外，商业秘密、集成电路设计、动植物新品种培育方法也都受法律的保护，属于广义上的知识产权范畴。

拓展阅读

关于公、私法的划分

公法与私法的划分是大陆法系国家所公认的基本法律分类。它源于罗马法，为罗马法学家乌尔比安所首创。他以法律维护的利益为标准，把法律分为公法和私法，认为公法规定的是罗马国家状况，私法是有关个人利益的规定。这种划分反映的是国家与个人对立的认识，体现了以法律来维护个人利益的用心。这一观念影响了罗马法并强化了私法的发展。优士丁尼《法学总论》中规定:"法律学习分为两部分,即公法与私法。公法涉及罗马帝国的政体,私法则涉及个人利益。"

至19世纪,随着资本主义商品经济的发展,在以法国、德国为代表的法典编纂和法制改革过程中,罗马法被欧陆国家普遍继受,公、私法的分类也得到广泛运用。资本主义国家政权建立后,各国纷纷以罗马法为基础,结合本国的实际情况制定和改造其法律体系。法学家们在研究现存法律规范和制度时,公、私法的划分就成为他们重建法律制度的重要考虑因素。

如果说在罗马法时代公、私法的划分只是初步的,缺乏较成熟和系统的法理底蕴和深厚的物质生活根基的话,那么在资本主义制度建立后,在欧洲大陆各国创建近现代法制的同时,公、私法的划分有了更迫切的理论需求和稳固持久的生活基础。时至今日,公、私法分类在大陆法系各国根深蒂固,极为流行,并与各国的文化交织在一起。

关于公法与私法的分类标准,人们认识并不一致,主要有三种分类标准:

(1) 利益说,即以保护社会公共利益为目的者为公法,以保护私人利益为目的者为私法。乌尔比安倡导此说。这一学说存在如下缺陷:其一,公益和私益用语本身存在确定的困难,不便具体应用。其二,任何法律会同时兼顾公益和私益,刑法虽属公法但亦具有保障私人生命财产安全即私益的功能;民法虽属私法但也具有保护交易安全、社会伦理秩序和经济秩序等公益的作用。因此,无论是公法还是私法,其宗旨都不仅仅在于促进或保护某些公共的或个人的利益,而且在于适当的平衡各方面的利益,创造正义和公正的局面。

(2) 主体说,法律关系主体的一方或双方为国家或国家授予公权力的机关的,为公法;法律关系主体双方均为私人的,为私法。该说为德国学者耶律内克所倡导。这一学说仍有缺陷,国家或其他公权力机关有时也与私人缔结买卖、租赁或运送等契约,如政府采购等;私人有时也会对其他私人行使公权力,如海商法规定船长因维持海上治安得行使警察权等。

(3) 性质说,此说以法律关系的性质为区分标准,认为调整不平等关系或权力服从关系的为公法,调整平等关系的为私法。但这种认识无法解释国际法,国际法虽属公法但却规定国与国之间平等权利义务关系,而且对劳动关系,竞争关系这样的特殊关系如何归类,性质说也无法给出合理的解释。

公私法的划分在20世纪初至今,又受到三元论的冲击。德国学者帕夫洛夫斯基提出以公法、私法和社会法三分法来取代传统的两分法。三元论者注意到了当代法律的一些实际发展,即公私法的交错形式上产生了作为中间领域的新型法域,如劳动法、经济法和社会保障法等。这些法律应当归类到私法还是公法,不甚明确,应属于公、私法之外的第三法域——社会法的范畴。第三法域说突破了传统的二元划分,但是如何界定社会法与私法及公法之间的边界仍是一个难以解决的问题。

总体而言,公法与私法分类的基本意义在于便于法律的适用。梁慧星在谈及公法与私法的分类时说,法律之分为公法与私法,乃是人类社会文明发展的重大成果,是今日整个法秩序的基础。如果这一区别被混淆,甚至无视公法与私法的本质差异,作为社会调整器的法律将会失灵,并导致社会关系和社会秩序的混乱。

1. 思考与讨论

(1) 苏格拉底被判死刑后,据说他的学生买通了狱卒并敦促苏格拉底越狱。苏格拉底称,判决虽然不公正,却是依法做出的,他有义务遵守。于是慷慨赴死。

希腊神话中还有一个安提戈涅的故事。安提戈涅的哥哥因投敌,国王不许任何人为他收尸。但安提戈涅没有服从国王的命令,她认为国王的命令违背了神的法律,她有权利不服从。

对于"恶法",公民有不服从的权利吗?你如何看待苏格拉底和安提戈涅的态度?

(2) 网络上曾流传过这样一个案例:1992 年,柏林墙倒塌两年后,守墙卫兵因格·亨里奇受到了法庭的审判。原因是在柏林墙倒塌前,他向一名意欲翻墙而过的年轻人克里斯·格夫洛伊进行了射击。因格·亨里奇的律师辩护称,这名卫兵仅仅为了执行命令,别无选择,罪不在己。

然而法官西奥多·赛德尔并不这么认为,作为警察,不执行命令是有罪的,但打不准却是无罪的。作为一个心智健全的人,那时你有把枪口抬高一厘米的权利,这是你应该主动承担的良心义务。这个世界,在法律之外还有良知。当法律和良知冲突之时,良知是最高的行为准则,而法律却不是。尊重生命,是一个放之四海而皆准的原则。

最终,因·亨里奇因蓄意射杀格夫洛伊被判三年半徒刑,且不予假释。

理由是什么?你同意法官西奥多·赛德尔的意见吗?

2. 课外阅读

(1)《中华人民共和国立法法》;

(2)《中国法学初步》,刘星著;

(3)《西方法学初步》,刘星著;

(4)《洞穴奇案》,[美]萨伯著;

(5)《法律的道德性》,[美]富勒著;

(6)《法学的圣殿——西方法律思想与法学流派》,徐爱国著;

(7)《法律、自由与道德》,[美]哈特著;

(8)《公正——该如何做是好?》,[美]迈克尔·桑德尔著。

第二讲

法的历史传统

前一讲讨论了法律的形式要求与正当性标准，从而从形式意义和实质意义两方面讨论了法律的含义。无论立足何处，应予注意的是，法律在任何情况下都不是一种单纯的静态存在的文本，而是与社会发生联系并调整社会关系的活的生命。一切法律都根植于特定的社会土壤之中，一切法律也只有放到具体的社会生活中才有意义，否则，法律不过是毫无生命力的僵死的教条。

法律是在特定的社会土壤中孕育而生的，是随着社会的发展而不断演进的，在此生成演进过程中，必然会因其特定的社会基础而形成某种法律传统。不同社会条件下所形成的不同的法律传统展示着法律的不同存在形态与运行方式。这一讲我们讨论法的社会基础与历史传承。

一、法的继承与移植

(一) 法的社会基础

梁山伯和祝英台的故事在我国是一个家喻户晓的凄美爱情故事，这一故事的民间文本常常将故事的悲剧归因于梁家的贫穷、祝家的势利和马家的蛮横。从法律的角度，这个故事能给予我们什么启示呢？我们先来对传统的认识进行一下分析解读。

梁山伯家穷吗？梁祝故事发生于东晋时期，当时的社会有氏族、庶族之分，并不是所有的人都有机会接受正规的学校教育。梁山伯在当时能够远赴他乡"脱产读书"，我们或许没有理由说他家穷，甚至可以说他的家庭背景"并不简单"。

祝英台的父母迂吗？很多故事版本认为祝英台父母迂腐而势利。祝英台为什么要"女扮男装"？说明当时女子"外出"或"求学"是不被社会所认同的。在"女子无才便是德"的时代，有多少父母能做到祝英台父母那样呢？认为祝英台的父母迂同样缺乏充分的根据。

马家恶吗？有的文本中说马家势大，有强娶的意思，但我们也注意到，马家在迎娶祝英台时能绕道让她去"旧情人"坟上祭奠，这同样是需要胸怀的，不像是恶人做出来的事情。

基于这样的分析，梁祝悲剧发生的唯一原因看起来只能归结于当时的婚姻法律制度了。既然父母包办婚姻会产生梁祝这样的悲剧，为什么这种制度在我国会延续两千年之久呢？所有的父母和统治者难道没有人能清晰地认识到这一制度所存在的问题吗？对此，北京大学法学院朱苏力教授分析道：

人类通过长期的实践，发现"男女同姓，其生不善"，血缘关系过于亲近的人结婚，对于后代的繁衍很不利。因此，必须从血缘关系比较远的人当中选择婚配对象。但是，在古代农业社会中，交通和信息流通不便，人们的生活世界很小，孩子们(古代男女在十四五岁已经到了婚嫁年龄了)往往是在一个村庄内长大的，而同村的同龄段异性往往都是近亲属，可以接触到并可以成为配偶的其他异性很少，与别村的适婚异性也很难交往。

在这种社会条件下，至少在有些人类群体中，很自然地婚姻就成为父母为儿女操办的一件大事。而且由于其社会经历和社会关系相对说来更为广泛和开阔，父母亲也更有可能为子女发现在这些父母看来合适其子女的配偶。甚至，为了扩大择偶的可能性和成功率，一些父母还会大量运用媒妁之言。从此看来，包办婚姻和媒妁之言在传统社会中都承担着择偶的信息渠道的功能，总体说来具有正面的功能。在古代农业社会中，包办婚姻和媒妁之言具有不可替代的制度正当性。而那些不采取包办婚姻和媒妁之言来扩大婚姻对象的群体，那些采取了"自由婚配"因而更可能近亲婚姻的群体，必定会在历史无意识的生物进化中逐渐消亡，当然与其一起消亡的还有他们的"自由婚姻"制度。这绝不是偶然的，这是生物选择的结果。制度并不是道德的产物，制度是生存的产物。

当然，促成父母包办还有其他一些社会因素。例如，结婚并不仅仅是性的问题，而是一种社会制度，会涉及后代的健康、养家糊口等庸俗的问题。因此，虽然性爱以生物本能为基础，而婚姻则必定是涉及诸多利害的选择，有许多事务要处理。这些问题要让一个十四五岁的青少年来处理，显然有许多困难，而相比起来，父母则更有能力和经验处理这些问题。此外，在古代社会，儿子在婚后也至少会同父母一起居住一段时间，甚或要养老，父母一般就不大会愿意家中出现一个自己完全不了解底细的、性格上有冲突的陌生人。为了避免这种冲突，他们自然也会要求为儿女的婚姻做主。由于其控制着家庭的经济，由于其成熟的经验，由于其交际面的广泛，由于其长期形成的地位，都使得父母在这一问题上更占据主导地位。因此，包办婚姻就成为传统社会中的一种基本的婚姻制度，一种事实上的法律，一种人们有义务遵守并通过社会压力保证实施的规则。

（摘自朱苏力《从历史的意义来认识梁祝悲剧——在耶鲁大学的讲演》，资料来源：http://www.Aisixiang.com/data/2743-2.html）

任何法律都依赖于特定的社会条件，不同的社会条件下，法律的内容以及人们对法律的理解不可避免地会存在差异。由此，在对待法律移植问题的态度上，我们在看到国外某些法律制度的合理性的同时，也应当充分考虑我国特定的社会条件和社会基础。同样的制度在不同的土壤中，并不一定会结出同样的果实。

（二）法的继承与移植

1. 法的本土资源及其继承

基于特定社会土壤所生成的法规则是本土的、传统的，也常常是民族的，其所赖以产生和发展的社会基础常被称为法的本土资源，所表达的是法生成和发展的传统因素。不同的历史传统基础上的法常常有着很大的区别，比如我国与美国相比，我们没有美国的陪审团制度和判例法制度，我们是成文法国家，在案件事实的认定上，起着非常重要作用的是法官而不是陪审团。之所以存在这种差异，是美国和我国受不同法律传统影响的结果。

法的本土资源既包括政治性资源和经济性资源，也包括文化思想方面的资源。历史上不同政治力量的斗争影响着不同利益集团成员的法律地位，这体现的是政治资源对法的影响。中世纪意大利城市的形成与贸易发展催生了各种商事规则，这反映的是经济因素对法的影响。文化因素也有很大的影响。如我国古代几乎没有独立的私法，私法关系如合同关系常常也是通过公法手段来调整的，比如《大清律·户律》"违禁取利"条规定："凡私放钱债及典当财物，每月取利，并不得过三分。年月虽多，不过一本一利。违者，笞四十。以余利计赃重者，坐赃论，罪止杖一百。"而在古代罗马，早在两千多年前，就已经形成了非常完备的私法体系。这种差异的产生，思想文化因素的影响起了很大的作用。

法的本土资源决定着法的传统，由于社会生存条件本身以及思想文化观念的延续性，以此为基础的法也必然具有继承性。人类社会每一个新的历史阶段开始时，都不可避免地要从过去的历史阶段中继承下来许多既定的成分，生活于现实社会的一代人在很大程度上只能在历史留给他们的既定条件所允许的范围内重新塑造社会的形象并书写法的历史。

法的继承是不同历史时期的法律制度之间的延续和继受，一般表现为旧法对新法的影响和新法对旧法的承接和继受。法作为文化现象，其发展表现为文化积累过程，其继承是不可避免的。法的阶级性并不排斥法的继承性，社会主义制度尽管与资本主义制度有着本质的区别，但同一国家制度和政权的更替并没有完全改变法的基础，社会基础和文化传统仍存在不可割断的历史传承，因而法的继承同样存在。

法的继承的内容十分广泛，一般而言，以下内容更容易得到传承：

(1) 法律术语、技术和形式。基本的法律概念和术语如权利、义务、法律行为、法律责任等；法律技术如法律解释方法；法律体系的结构、形式，法律机构的设置等。

(2) 有关社会公共事务的法律规定。在公共事务规范中有许多属于技术性规范或者是反映社会整体利益的规范，如有关交通、自然资源、环境保护、人口、卫生、水利、城市建设等方面的规范。

(3) 反映市场经济规律的法律原则和规范，如关于市场主体、市场要素、市场行为、市场调控的法律规定。

(4) 反映法的一般价值的原则，如法律面前人人平等原则、无罪推定原则、罪刑法定原则、公开审判原则、法治原则等。

2. 法的外来经验及其移植

法律离不开特定的社会基础，但法也有其相对独立性，它可以表现为通过逻辑演绎的规则，也可以表现为人的生活经验的提炼与总结。在此意义上，法律不仅可以有历史的传承，还可以有横向的借鉴，也即法的移植。

法的移植是指在鉴别、认同、调适、整合的基础上，引进、吸收、采纳、同化外国法，使之成为本国法律体系的有机组成部分，为本国所用。如果说法的继承体现为一种纵向的传承关系，法的移植则反映一个国家对同时代其他国家法律制度的吸收和借鉴，体现的是一种横向的交流关系。

法的移植是一项十分复杂的工作，要避免不加选择的盲目移植，选择优秀的、适合本国国情和需要的法律进行移植，注意国外法与本国法之间的同构性和兼容性，注意法律体系的系统性。否则，在移植过程中会导致被移植的法律因“水土不服”而难以发挥效用。

(三) 法系

在特定的社会土壤中生成的法律制度不仅会穿越历史的时空走向未来，还会随着军事扩张或文化传播影响到其他地域。一般情况下，先进的法律文化总是不可避免地会对落后的文化造成影响，并很容易被后者模仿并接受。在这一过程中，很多国家的法律制度可能越来越表现出某些共同的历史传承与特征。对于这种在法律制度以及法律文化传统上有着明显共性的国家或地区，我们可以将其视为是基于共同法律文化传统而形成的一个法律家族，这种法律家族被称为法系。

法系与法律体系不同。法律体系指的是法律的集合，表达的是一国法律内在的逻辑关系与组合方式；法系是国家的集合，是继承了相同法律传统因而所适用的法律具有某种共性的国家和地区的集合。

对于世界上存在哪些法系，不同的人有不同的看法，立足于不同的角度也会得出不同的结论，比如伊斯兰法系作为一个单独的法系显然与宗教有关，而社会主义法系的提法则源于社会制度。但无论如何，大陆法系与英美法系是当今世界影响最为广泛的两大法系，几乎没有人会否认这两大法系的存在。此外，伊斯兰法系和中华法系也常常被提及。不过，中华法系是针对清末以前中国的法律制度与法律文化而言的，清末以后，我国借鉴移植了大陆法系的法律传统，因此，中华法系现已不存在，早已化为历史的记忆了。

二、大陆法系与英美法系

（一）大陆法系

1. 大陆法系的形成

大陆法系源于古代罗马法。罗马城邦早期，随着氏族影响力的逐渐消失，平民与贵族之间的斗争成为罗马社会矛盾冲突的主线。大约在公元前5世纪初，平民通过斗争与贵族达成了被称为“神圣约法”的协议。但由于法律的解释权掌握在祭司贵族手中，同时习惯法因没有文字规定缺乏准确性，因而贵族常通过对法律的任意解释来欺压平民。为限制贵族的擅断和专横，对法律进行明确并以成文法方式给予公布就成为平民的迫切要求，这一度成为当时平民与贵族斗争的焦点。由此出现了最早的成文法之一——《十二表法》。

公元前304年，聂恩·福劳维将祭司贵族所使用的司法年历和诉讼程序公之于众。此后不久，一名平民祭司长提比留·科伦尼卡开始通过宣传和教学的方式向公众提供法律咨询，并逐渐发展成为一个专门从事法律咨询活动的法学家阶层。

早期罗马的法律诉讼保留着明显的形式主义特征，并且罗马市民法不适用异邦人诉讼。公元前242年，为解决涉及异邦人的诉讼，设立了专门的外事裁判官。由于异邦人不能适用罗马市民法，裁判官采用了一种变通的、被称为程式诉讼的诉讼形式。在程式诉讼中，裁判官不能直接创造法律规范，但他却可以通过创制某种程式来赋予当事人诉权，从而通过诉讼取得法律上的保障，这样一来，裁判官实质上能够通过程式诉讼来认可甚至创制某种实体法律关系。

法学家阶层出现和程式诉讼极大地促进了罗马法的发展，并最终形成了完整而严谨的体系。527年，优士丁尼皇帝（又译查士丁尼）组织法学家将罗马法整理汇编成《法学阶梯》《学说汇纂》和《法典》，统称《民法大全》。这些作品在中世纪的罗马法复兴时期经过法学家们的注释和整理，被欧洲大陆国家普遍继受，由此形成以罗马法传统为基础的大陆法系。

拓展阅读

罗马法的衰落及其中世纪复兴

古代罗马君主制后期，社会生活出现了高度组织化的倾向。农村出现了佃农，他们被束缚在固定的土地上，各种职业也纳入国家的统一管理中，人们所从事的职业变得具有约束性和世袭性而不能随意改变。为限制物价上涨趋势，国家甚至为商品制定固定价格，商品经济出现大幅度衰退。在此情况下，“法”在很大程度上开始失去其赖以生存和发展的基础。与此同时，罗马帝国的政治生活也开始陷入混乱，王位争夺战频频发生。4世纪后期，罗马帝国正式分裂为东西两部分，从此再也没能走到一起。476年，哥特人攻占罗马城，西罗马帝国最终灭亡。

6世纪初，东罗马帝国雄心勃勃的优士丁尼皇帝试图挽回帝国衰落的命运，他在西方发动了大规模的战争，并曾一度夺回了被旺达尔人和哥特人占领的北非、意大利和西班牙的部分土地。然而，优士丁尼的复兴梦耗尽了帝国的全部精力，来自东方的波斯人和北方斯拉夫人的威胁使之无力兼顾，帝国很快丢失掉了一度收复的土地。到8世纪的时候，帝国的疆土只剩下巴尔干半岛、小亚细亚的一部分和爱琴海诸岛了。

在西罗马帝国的废墟上以及东罗马帝国失去的土地上，众多由蛮族人统治的王国建立。在这些王国统治区域内，法律并不像中国古代那样是由统治者自上而下颁布并在统治区域内统一实施的规则体系，即使对于像伦巴第王国和法兰克王国这样已经建立起强有力政府的王国，也是“在一种混合法律安排的基础上处理事务”。他们既适用部族的习惯法，也根据属人主义的原则适用罗马法。相对于罗马法而言，蛮族人的习惯法毕竟是原始而粗糙的，不可能不受更加成熟而丰富的罗马法的影响。蛮族人，如西班牙和法国的哥特人，逐渐开始以罗马法为范本构建其法律制度，有些地区，如意大利南部，还直接适用罗马法，由此在蛮族人统治地区出现了各种关于罗马法的汇编。

但是，对蛮族人而言，罗马法过于学术化和复杂了，因此这些汇编大多是对罗马法的“简编”，罗马法被大幅度精简，很多令人钦佩的学术著作都被抛弃了。但无论如何，罗马法在中世纪早期并未因蛮族人的统治而消失。靠各种零碎甚至被曲解的规范，罗马法得以在中世纪延续并传播。

罗马法在中世纪早期还有另外一条得以延续的线索，那是另一缕来自基督教会的照亮黑夜的寥落灯光。在6到10世纪，读写能力几乎为教士所垄断，就连最开明的国王——查理曼大帝，也不会写自己的名字，罗马法的理论和著作因此在很大程度上只有通过教会才得以研究和保存。教会自身是一个组织，不能脱离规则而存在，同一的信仰使教会法几乎不受部族习惯的影响，他们更愿意遵循罗马法的法学理论和规则，教士常常利用其空闲时间对卷帙浩繁的罗马法作品作摘录和注释。在此意义上，对罗马法的注释与整理工作并不是11世纪在大学中开始的，而是不间断地穿越了中世纪早期的黑暗时空。

稍显寂寞而又时常被曲解的罗马法在11世纪开始出现令人瞩目的变化。在接近11世纪末时，罗马法文本在意大利开始受到专门的研究，专门从事法律研究的大学也开始出现。其中最突出的是意大利的波伦亚大学，著名的古阿内留斯(Irnerius)在此授课并深受赞誉，欧洲各地的学生成群结队地来学习法律，在12世纪中叶，学生的人数一度逾万人。对罗马法的研究也逐渐从波伦亚扩展到意大利和意大利以外的其他地方，罗马法在欧洲迎来了一次伟大的复兴。

罗马法的复兴与欧洲的社会发展紧密相连。当时，欧洲的人口和经济均出现较大的增长，城市开始从意大利重新兴起。社会发展和城市生活需要一个稳定而文明的秩序，客观上也会提出对健全的法律的需求。中世纪早期，各民族普遍通过属人法原则来确定法律的适用，统一的封建制度的确立和自治城市的产生使得法律的适用不再因不同的种族而异，属地原则逐渐代替属人原则而成为普遍的选择。由于属地法需要尽可能地减少甚至消除民族习惯的影响，相对于蛮族法律，更具有普适性的罗马法由此逐渐从与蛮族法律杂糅并存的状态中重新取得了支配权。

罗马法的复兴还有另外一个重要的因素，那就是教会与世俗权利的斗争。中世纪早期，欧洲的基督教会仍受皇帝和大封建主的控制，世俗统治者不仅掌握着教会的土地和收入，还常常指派他们的近亲属就任各种教会职位。由于教会中的主教和其他高级僧侣也常常被吸收到国家机构中任职，从而成为封建统治集团中的重要成员，因此教会并没有试图改变这种教会与国家政权紧密联系的权力构造的意图。然而，自10世纪开始，随着加洛林王朝的分裂，欧洲大陆上的世俗权力已经没有能力继续维持基督教世界的内部秩序了，到处泛滥的无政府主义与暴力冲突需要教士们自己采取具体的措施来恢复最低限度的秩序。在此情况下，教会的组织力量大大加强，一些修道院开始发展成为一个跨地区、分等级、有组织的社会团体。随着力量的不断壮大，他们开始致力于清除教会内部的各种世俗力量的影响，并进一步开始攻击世俗统治者对教会的权力。

11 世纪 70 年代，教皇格列高利七世进一步将矛头指向皇帝的权威，并发起了一场震撼西方世界的政教冲突。格列高利声称教皇在法律上享有高于任何基督徒和世俗权威的地位，乃至可以废黜皇帝，所有的主教也不应由任何世俗权威，而是应该由教皇来指派。为使教皇权威被接受，在暴力冲突的同时，他的门徒也散布了大量的论战性文件和各种具有宣传鼓动作用的小册子。与此同时，世俗皇帝则对教皇的这种篡权行为给予有力反击。为满足对人才的需求，格列高利甚至强制要求每个主教必须在他管区里建设一座学校，以便神职人员能够接受包括法律在内的文化教育。前文中提及的著名的波伦亚大学也是这一背景下的产物，为对抗支持世俗政权的拉文纳学派的影响，格列高利七世的坚定支持者玛蒂尔达侯爵夫人鼓动伊内留斯去罗马学习，并创建了波伦亚学院由其专门讲授法律。

在冲突和论争中，无论是教皇还是世俗皇帝，他们都需要专业的法律学者为其观点提供支持，并为一些重要政策的贯彻提供法律上的根据。从历史上看，教会是在罗马法普遍适用的情况下产生的，教会法本身也主要来自罗马法。而罗马法所具有的普遍适用性以及其形成于世俗权力统治的背景对封建王国的统治者而言同样也是有利的。因此，罗马法受到了来自教会和世俗权力双方的青睐，双方都引用罗马法来支持其观点，罗马法成为双方论战中用之不竭的源泉。

罗马法的复兴不仅使罗马法所构建的“法律理念和秩序”在欧洲重新得到了广泛的传播，而且专业化的研究方法和系统的教育使得罗马法形成了共同的法律语言，其原则与体系在欧洲有了共同的表达。但是，这一时期，罗马法与各国法庭中实际应用的法律并不直接相关，无论是教会法还是世俗法，罗马法都是一种“理想法”，是书写出来的理性，它并不是实定法。只有实定法存在漏洞或模糊不清时，才援引罗马法来对现行的实定法进行解释和补充。

中世纪后期，繁杂的地方习惯开始令人厌烦，法律工作者大多接受过罗马法教育，对他们而言，罗马法的魅力似乎更加难以抗拒。到 15 世纪，在欧洲出现了较为广泛的对罗马法的继受。与罗马法复兴时期的“理论继受”不同，这一时期的继受主要是制定法上的继受，因而常被称为“实践的继受”。尽管大量的地方习俗仍然存在，但法的结构、法律术语以及法律思维方式和解释方法均来源于罗马法，罗马法由此成为欧洲大陆各国民法的共同基础，成为真正意义上的“共同法”。

（摘自王森波《意志视角下私法理论与体系的重构》，中国法制出版社，2019 年）

欧洲属于大陆法系的国家有法国、比利时、意大利、西班牙、葡萄牙、德国、奥地利和瑞士等；在美洲，西班牙、葡萄牙、荷兰、法国的前殖民地地区继受的也是大陆法系传统；有些曾是欧洲大陆国家的殖民地，后来转为英、美管辖的地区，如波多黎各、美国的路易斯安那州、加拿大的魁北克等，在私法领域仍保持大陆法系的传统。在亚洲，近代日本的法律制度和旧中国国民政府以来直至当下的法律制度也属于大陆法系。在非洲，扎伊尔、卢旺达、布隆迪以及北非、南非的一些国家也受到大陆法系的深刻影响。十月革命前俄国的法律，以及第二次世界大战前东欧国家的法律基本上也可归于大陆法系国家。

2. 成文法传统

古代罗马很早就颁布了成文法，其于公元前 5 世纪颁布的《十二表法》是世界上最早的成文法典之一。优士丁尼皇帝统治期间，更是完成了工程浩大的《民法大全》的编纂。大陆法系继受罗马法，也继受了其成文法传统。所有法律均需事先以成文法的形式公布才能适用，法官的任务就是针对个案的具体事实，从法律文本中找到裁判的依据。

由于成文法是法官裁判的主要根据，甚至常常是唯一的根据，因此要求成文法律内容必须完整，法律范畴的每一个细节都应当有明确的规定。但是，由于法律条文只能是根据当下的情况来制定，随着社会的发展，法律必然会滞后于现实生活。同时，现实生活纷繁复杂，法律条文永远也不可能完全涵盖现实生活中的所有问题。

针对成文法的这些弊病，法学家们试图通过体系化的方式来予以弥补，他们相信，法律本身有其内在的逻辑与完整的体系，通过一系列的法律概念、原则和法律技术不仅可以制定出内容完备、内在逻辑关系严密的法典，而且通过体系化的解释方法完全可以弥补条文的漏洞。基于这样的思维，大陆法系向来注重法典的编纂，强调法律内在逻辑关系与体系的严谨性。

成文法传统还反映出大陆法系的另一个特点，即法学家法的特征。对法典化的追求使得法律成为一项非常专业化的活动。早在古代罗马，就形成了一个专业的法学家阶层，罗马法的繁荣在很大程度上离不开法学家的推动。中世纪罗马法复兴更是使法律成为受到专门法律教育的人才能胜任的工作。这种法学家法常常被批评为法学理论过于抽象，晦涩难懂，脱离现实生活。打着鲜明的潘德克顿法学烙印的《德国民法典》长期以来就一直饱受着这样的批评。

拓展阅读

《德国民法典》的编纂

拿破仑战败后，在维也纳会议上，欧洲各封建邦国重新恢复了旧的封建王朝的统治，德国也重新回到邦法林立的混乱格局。在这种情况下，许多学者希望通过制定一部统一的理性法典来逐步实现德意志在政治上的统一。这样的观点集中体现在海德堡大学教授蒂堡于1814年所写的著名文章《论德国制定一部普通民法的必要性》之中。同年，萨维尼发表了《立法与法律科学的当代使命》一文，对蒂堡所抱持的理性法幻想进行了全面反驳。他认为人不能单纯依赖理性建构起普适性的永恒的法律，在未对本国和本民族的历史与当下情况进行充分的理解和研究之前，不可能制定出一部适应德国情况的完善的法典。在这场论战中萨维尼取得了胜利，法典化工作因此被搁置起来。

这场著名论战虽然未能直接导致民法典的制定，但人们一致认为，这场论战促成了一个新的法学学派——潘德克顿法学派的产生，并为德国民法典的制定完成了思想上和学术上的准备。有了这些准备，到德意志帝国成立，德国政治上的统一一旦完成，制定民法典就水到渠成了。

1871年德意志帝国成立，在全德范围内统一私法，成为德国经济发展的需要。1874年2月成立了一个“准备委员会”，决定制定民法典。同年6月，帝国参议院设立一个由十一名委员组成的委员会，从事起草工作。这个委员会工作了十余年，于1887年末完成草案，连同5卷理由书一并公布，供公众讨论。第一草案受到各方的批评。帝国司法部将各种意见汇集后，参议院于1890年又任命一个新的委员会对第一草案进行讨论。1895年，他完成了第二草案，将之提交参议院。参议院略做修改后，1896年1月帝国首相将此草案连同司法局的意见书提交帝国议会，是为第三草案。议会指定一个委员会对之进行了53次审议后，于1896年7月1日通过了草案。1896年7月14日参议院同意，同年8月18日皇帝批准，同年8月24日公布，定于1900年1月1日施行。

早在1800年就已颁布的《法国民法典》常被视为是深受启蒙运动影响的革命宣言书，而《德国民法典》则被誉为是一部洋溢着理性光辉和罗马法精神的羊皮卷。《法国民法典》是法国大革命这一激烈政治运动的直接后果，充满了启蒙运动的色彩。而19世纪的德国法学家们的生活信条则是冷静地就事论事，而不会考虑各种新的政治问题。以萨维尼为代表的德国学者追求的是学者的法律，而不是新的社会思潮。他们忠实于学者的使命，心甘情愿地把罗马法作为永恒的法源。因此，《德国民法典》

充满着保守的气息，古典自由主义成了这部法典贯彻始终的基调。拉德布鲁赫评价说，该法“与其说是20世纪的序曲，不如说是19世纪的尾声。”

在编纂风格上，与《法国民法典》简单明了、格言警句式的语言风格不同，《德国民法典》的文体和用语以精确缜密而闻名于世，法律用语中常常充斥着拉丁文的表达方式，被称之为“法律家德语”，故而其使用的概念和用语常被批评晦涩难懂。甚至有人称该法典“矫揉造作、学究式的咬文嚼字、缺乏通俗性，没有一处深入到广大人民群众的思想与感受中去，没有任何东西吸引大众。恰恰相反，许多东西都令大众反感”。就整体而言，《法国民法典》充盈着市民自由平等的激情并肩负着国民教育的任务，而德国民法典行文严谨而节制，是非常精密的法律的精雕细琢。

我国民法理论与法典编纂深受德国民法典的影响，其编纂体例在民国时期即被采用，对德国民法的继受状况，梅仲协评论说：“现行民法采德国立法例者十之六七，瑞士立法例者十之三四，而法日苏联之成规，亦尝撷取一二。”尽管中华人民共和国成立后的立法多受苏联影响，但近年来德国法的影响正逐步增加。正在进行的《民法典》编纂，从目前情况看，仍然脱离不了德国民法的基本体系。

（参见 https://baike.baidu.com/item/德国民法典/7816030，访问日期：2019.9.30）

（二）英美法系

1. 英美法系的形成

1066年，法国诺曼底公爵威廉同英国封建主哈罗德为争夺英国王位而爆发战争，威廉战胜成为英国的国王。当时英国司法权非常分散，也没有统一的法律，各地方法院审理案件分别依据的是当地的习惯法。为不致引起被征服者的反感，威廉保留了原来的地方法院和习惯法的效力，但同时要求原告在向地方法院起诉时应事先向国王的大法官申请令状，从而将地方法院纳入国王的审判体系。与此同时，威廉另行设立了王室法院，首批皇家法官由国王身边最亲近的王室顾问大臣担任，他们巡回全国各地，监督地方政务，其中包括审理案件。后来他们成为专职的司法官员。

王室法院在威斯敏斯特和全国各地均设有法庭。在巡回审判的过程中，王室法官们积累了丰富的来自全国各地的地方习惯法。通过对这些地方习惯法进行选择、修正和综合，形成了所谓的“普通法”，意为通行全国的共同(common)的法律，以区别于内容各异的地方法。随着王室法院的发展，普通法逐渐取代了地方法。因此，英美法系又被称作普通法法系。

早期普通法需依令状起诉，开始时令状的种类没有限制，但后来大法官不再颁发不符合先例的令状，令状诉讼趋于僵化。当人们依普通法无法获得保护时，他们请求国王裁决，国王将案件交给大法官，这类案件不需要事先获得令状，大法官审理时也可不受普通法的限制，而是依良知和正义的一般原则来进行审判，由此形成的判例规则被称为“衡平法”。1875年，英国进行司法改革，废除了令状制度，并将普通法院与衡平法院合并。

英国法的传统后扩大到曾经是英国殖民地、附属国的许多国家和地区，包括美国、加拿大、印度、巴基斯坦、孟加拉国、马来西亚、新加坡、澳大利亚、新西兰以及非洲的个别国家和地区，从而形成法系。由于这种法律传统形成于英国，并经美国取得了很大的发展，故称英美法系。英美法系与大陆法系目前是世界上影响最大的两大法系。

2. 判例法传统

英美法系的一个重要特点是它的判例法传统。判例法不是立法机关专门制定的规范，而是以法官针对案件做出的司法意见(Judicial opinion)为载体而形成的法律规则。各种司法意见中以上诉法院的意见最为重要。上诉法院一般由3～9名法官组成，判决通常依参与审判的法官的过半数意见做出，由形成过半数意见的法官中的一名法官撰写并签署，其中须陈述判决结论及其详细理由。除全体通过外，反对意见也被记录在案。反对者可以给出意见阐述其反对的理由，也可以仅仅表示反对而不给出自己的意见。

司法意见关于判决理由的论证常常是引经据典，包含大量对先前相关判例的引用与探讨，以及许多辅助性的权威资料，诸如刊登于法律评论中的学术论文，学术专著等。因此，法院尤其是美国联邦最高法院的司法意见，往往是查找该判例所属领域的法律资源的很有价值的参考文献。

司法意见通常以时间为顺序加以整理并成册出版，形成所谓的“法律报告”(reporters)或“判例报告”(casereports)。这些报告内容所形成的“先例”成为此后处理类似情况的依据。这些“先例”中所确定的规则因此构成了以判例为载体的法律，人们习惯上称之为“判例法”。在英美法系的法律体系中，法庭针对个案所做出的判决被视为法律的正式渊源之一。因而，法庭判决不仅解决业已发生的争端，而且被作为先例，对以后发生的所有同类案件具有法律效力。这一效力来自遵循先例原则，其基本精神：同类案件相同对待。

3. 陪审团制度

英美法系的另一个显著特点是其陪审团制度。陪审团成员一般由12人组成，美国法律规定最少时不得少于6人。陪审员选任时，首先由法院在当地选民名单中随机征召，被征召的候选人到庭接受原、被告(刑事案件中是控方与辩护律师)双方的盘问，双方如发现某候选人因职业、经历、宗教或其他原因有可能对案件存有偏见时，可以否决该候选人出任本案的陪审员资格。

陪审团在庭审时只是消极地听取双方及证人的陈述及意见，他们不能发问，也不能当庭公开表达自己的意见。庭审过后，陪审团成员在不受任何干扰的环境下做出结论。在刑事案件中，陪审团只就被告人是否有罪做出结论，如果陪审团认为被告人有罪的，由法官依据法律决定量刑问题；如果陪审团认为被告人无罪的，应当庭宣告无罪。在民事案件中，陪审团不仅对被告是否有责任做出结论，还要确定最终的赔偿数额。

拓展阅读

关于陪审团制度的起源众所纷纭。有人认为与古代雅典的民众审判有关——苏格拉底即是由500人的民众大会判处死刑的；也有人认为源于9世纪法国的证人制度；还有人认为与10世纪末期英格兰国王埃塞尔雷德二世创立的骑士追诉制度有关。但不管何种观点，人们大致都同意陪审团制度之所以得到发展与限制法官的专断有关。英国封建时代的法官，同英国的专职王权有着密切的联系，在裁判时常常极为专横。在这种情况下，不仅普通民众希望限制法官的权力，国王也不愿法官过于专断，两种出于不同愿望的要求共同促进了陪审制度的发展。

陪审制度产生于英国，而真正获得较大的发展却是在美国。美国从殖民地时代起就继受了英国的陪审制，最初的13个州都通过宪法确保了陪审制的实施。最初在美国殖民地，陪审制并未发挥重要的作用，但随着18世纪中叶反抗英国统治的呼声日益高涨，陪审制作为反抗宗主国压迫的手段之一，发挥了积极的作用。

在殖民地的审判中，法官和检察官都是由英国国王任命的，而只有陪审员是来自殖民地的本地人士。1735年，在因发表了对殖民地总督的批评文章而被起诉犯有文书煽动罪的出版家约翰·彼得·曾格一案中，尽管双方对案件事实不存在争议，纽约当地的陪审团仍做出了无罪裁决。此外，英国为了控制殖民地的贸易，经常依据航海条例取缔运送货物的非英国籍货船，但陪审团经常做出相反的无罪裁决。为此，英国设立了特别法院以规避陪审团审判，这也成为美国独立战争的诱因之一。在美国独立宣言中，特别指责英国国王“在许多案件中，剥夺了由陪审团进行审理的审判利益”。

在1788年生效的美国宪法中，刑事陪审得到了明文保障。起初考虑到陪审团可能会对本地的当事人做出有利的判决，因此未在民事审判程序中引入陪审制度。但此后迫于各州的强烈要求，1791年宪法修正案确保了当事人接受刑事陪审和民事陪审的权利。

当前人们对陪审团制度可以说是毁誉参半。反对者认为，陪审团审理要耗费大量的人力、物力，并且程序复杂繁琐，审理时间冗长拖沓，不利于纠纷迅速及时的解决。同时，由于陪审员不具备法律专业知识，无法保证他们对证据和实事的认定能够符合法律规定和法律精神。在很多案件中，尽管有充分的证据证明被告人有罪，陪审团仍然做出了无罪裁决。例如，1964年黑人中校培尼被白人种族主义者杀害，由白人组成的陪审团裁决凶手无罪。

而支持者认为，陪审团审理有助于防止法官的专断，而且恰恰是由于陪审员都不是法律专业人员，才更能真实地反映社会的一般观念。这种一般观念尽管在特定历史时期由于特定的社会环境存在一定局限，但它对抵制“恶法”的适用有着积极的作用。如前文提到的约翰·彼得·曾格案，又如在美国禁酒令期间因违反饮酒限制而被起诉但被裁决无罪的众多案例。

拓展阅读

曾格案

1733年，德国移民曾格在纽约创办了《纽约周报》(*N. Y. Weekly Journal*)。该报文章大部分为平民派领袖所写，多是批评总督威廉·科斯比和地方议会的内容。一年后，科斯比命令首席法官以“对政府进行无耻的中伤、恶毒谩骂和煽动性责难”的罪名对曾格提起诉讼。1735年8月法庭开审，当时最有名气的律师安德鲁·汉密尔顿以80岁高龄出庭为曾格辩护。按照当时英国和北美的法律，凡是对政府进行批评，不管内容是否真实，一律视为诽谤。若言论属实，其煽动作用更为明显，所以事实是比谎言更大的诽谤。

汉弥尔顿首先承认原告对曾格的指控属实，即曾格的确在报上发表过抨击总督及殖民当局的言论。但他接着指出，陈述无可非议的真相乃是每一个生来自由的人所享有的神圣权利，只要不违背事实，就不能算作诽谤，只有“虚假的、恶意的和煽动性的”谎言才构成诽谤。实际上，汉弥尔顿并没有围绕曾格的行为来辩护，而是直指当时的法律。陪审团做出了无罪裁决，曾格重获自由。

培尼案

勒姆尔·培尼是一名中校军官。1964年7月，培尼到佐治亚州参加定期的预备役军训，途中在麦迪逊县遭白人种族主义者枪杀。当时，《民权法案》刚刚通过9天，因此该案引起了全国的关注。

两名嫌疑人被指控谋杀。庭审时，检方证人是与培尼军官同车的两名预备役军人，同时检方还提供了为被告人开车的司机的证言和另一名证人(被告人曾告诉他杀害培尼的经过)的证言。当时虽然《民权法案》已经颁布，但反对解除种族隔离的情绪在南方州仍很普遍，当时12名陪审团成员全部是白人，他们很快做出“被告人无罪”的裁决。

两年后，联邦政府根据《民权法案》，以违反联邦民权法的名义再次起诉，两名被告人分别被判处十年刑期。

（三）两大法系的融合

总的来说，不同国家之间的法律差异与各国法律传统和近现代法律移植过程中的继受选择有关。两大法律传统各有千秋，并无优劣之分。近年来，两大法系相互取长补短，渐有趋于融合之势。

首先是英美法系国家对成文法的借鉴。20世纪以来，普通法系国家的制定法数量激增，从议会立法到委托立法到地方团体立法，形形色色。判例法的规则也常常被概括和总结出来，并被整理成为如同大陆法系法典法那样的分门别类、有章节段落的表述形式，不断被条文化和法典化。

与此同时，大陆法系越来越受到判例法的影响，以前一直奉为圭臬的“司法判绝不是法律渊源”已有很大松动，判例法作为法律渊源的地位已初露端倪。19世纪以前，司法判例的效力决不能延伸到相应的案件之外，这是罗马法传统的重要原则。但现在一些国家的最高法院的判决越来越具有某种程度的法源意义，如德国宪法法院、葡萄牙和土耳其最高法院的判决对下级法院具有拘束力；阿根廷和哥伦比亚也规定最高法院有关宪法问题的判决具有拘束力。

我国近年来也开始重视案例的指导意义，目前，最高人民法院筛选出一些对审判工作有普遍指导意义的典型案例，定期以“指导性案例”的形式发布给各级人民法院，要求各级法院在审理类似案件时参照执行。

拓展阅读

最高人民法院关于案例指导工作的规定

（法发〔2010〕51号）

为总结审判经验，统一法律适用，提高审判质量，维护司法公正，根据《中华人民共和国人民法院组织法》等法律规定，就开展案例指导工作，制定本规定。

第一条　对全国法院审判执行工作具有指导作用的指导性案例，由最高人民法院确定并统一发布。

第二条　本规定所称指导性案例，是指裁判已经发生法律效力，并符合以下条件的案例：

（一）社会广泛关注的；

（二）法律规定比较原则的；

（三）具有典型性的；

（四）疑难复杂或者新类型的；

（五）其他具有指导作用的案例。

第三条　最高人民法院设立案例指导工作办公室，负责指导性案例的遴选、审查和报审工作。

第四条　最高人民法院各审判业务单位对本院和地方各级人民法院已经发生法律效力的裁判，认为符合本规定第二条规定的，可以向案例指导工作办公室推荐。

各高级人民法院、解放军军事法院对本院和本辖区内人民法院已经发生法律效力的裁判，认为符合本规定第二条规定的，经本院审判委员会讨论决定，可以向最高人民法院案例指导工作办公室推荐。

中级人民法院、基层人民法院对本院已经发生法律效力的裁判，认为符合本规定第二条规定的，经本院审判委员会讨论决定，层报高级人民法院，建议向最高人民法院案例指导工作办公室推荐。

第五条　人大代表、政协委员、专家学者、律师，以及其他关心人民法院审判、执行工作的社会各界人士对人民法院已经发生法律效力的裁判，认为符合本规定第二条规定的，可以向作出生效裁判的原审人民法院推荐。

第六条　案例指导工作办公室对于被推荐的案例，应当及时提出审查意见。符合本规定第二条规定的，应当报请院长或者主管副院长提交最高人民法院审判委员会讨论决定。

最高人民法院审判委员会讨论决定的指导性案例，统一在《最高人民法院公报》、最高人民法院网站、《人民法院报》上以公告的形式发布。

第七条　最高人民法院发布的指导性案例，各级人民法院审判类似案例时应当参照。

第八条　最高人民法院案例指导工作办公室每年度对指导性案例进行编纂。

第九条　本规定施行前，最高人民法院已经发布的对全国法院审判、执行工作具有指导意义的案例，根据本规定清理、编纂后，作为指导性案例公布。

第十条　本规定自公布之日起施行。

三、中国法的传统及其近代转型

(一) 我国法律传统的历史形成

中华法律传统起源自尧舜禹时期的皋陶兴五教、定五礼、创五刑、立九德、亲九族。子产“铸刑书于鼎”是首次公布的成文法，而最早的成文法典是《周礼》。在中国封建时代，礼和法律之间没有明确的界定。《周礼》名为礼，实际其中的许多内容是关于国家政治与法律方面的规定。两汉时期，确立了儒家思想的指导作用和统治地位，在立法上也尊崇一种德主刑辅的思想。经过魏晋南北朝，到了隋唐，礼法结合最终完成。

在礼法结合的同时，儒家思想对法律的影响也逐渐深入，如“十恶”“不孝”等罪名在《北齐律》中已有体现。至唐代，波澜壮阔的法律儒化运动走向高峰，考究《唐律》的法条来源，几乎绝大部分都出自儒家经典，体现了一整套封建宗法等级思想与制度的结合。在唐律中，不但礼指导着法律的制定，而且大量礼典、礼文直接入律。在司法实践上也是“于礼以为出入”，一切以礼为准。

《唐律》及其《疏议》是标准的伦理化的法典，由它所确定的原则、制度、篇目以至具体的律文、术语和概念，都为宋、明、清诸律所继承。

(二) 我国法律传统的主要特征

从《法经》到《大清律》，中国封建法典具有明晰的因革关系，长期自成体系，独具特色，很少受外来影响，并自唐朝起对东亚发生重大影响，素有中华法系之称。其主要特征如下：

1. 法律以君主意志为转移

中国古代“法自君出”，君主始终掌握国家最高立法权，一切法典、法规皆以君主名义颁行。皇帝的诏敕往往直接成为法律，皇帝可修改、废止任何法律。作为国家的象征，统治阶级的总代表，皇帝的人身和权威皆受法律的严密保护，不论有意无意，稍有触犯，即是重罪。皇帝不受任何法律的约束，不承担任何法律义务，历史上从无“治君之法”，虽言天子犯法，与庶民同罪，但很少见刑罚皇帝的，法律一直都是皇帝治理臣民的工具。皇帝又拥有最高司法权，一切重案、要案、疑案以及一切死刑案件(隋唐以后)皆须皇帝裁决批准。皇帝可以法外用刑，也可法施恩，赦免任何罪犯。

2. 法律以礼教为指导原则和理论基础

中国古代法律不受宗教影响，而强调遵循礼教，强调维护纲纪伦常。礼原是氏族社会末期祭祀祖先神灵的习惯，后来逐渐演化为阶级社会确定人们亲疏尊卑和社会等级的行为规范。经过汉儒改造，礼融进了诸子中的可取成分，又成为“礼教”，成为指导立法、司法的原则和理论依据。其要旨即是“三纲”，即“君为臣纲，父为子纲，夫为妻纲”，以及由此衍生的“亲亲”“尊尊”的政治和伦理原则。在这种原则下，礼的许多内容被直接定为法律，“七弃三不去”“八议”以及丧服制度等相继入律，并为后世法典沿用。

同样的行为不一定同罪，同样的罪名不一定同样处刑。行为人的等级身份和血缘关系成为定罪量刑的必要前提。在民事案件中，直接以礼教原则处断，更屡见不鲜，“三纲”强调维护君、父、夫的特权，而君权高于一切，皇帝之下，人皆臣妾，根本无所谓法律权利。礼教力倡“无讼”“息讼”，也导致人们的权利意识非常淡漠。

3. 法律以刑为主

夏、商、周文献中的“刑”即是法，春秋时一些著名的成文法还称《刑鼎》《刑书》《竹刑》等。大约在春秋战国之际，“法”才具有法律的含义，而“律”也作为成文法的主要形式出现，并逐渐被普遍采用。

古人刑、法、律三字往往通用。历代正史记述立法，司法活动的“志”，称《刑法志》，法官司通称刑官。自隋至清末改制前，中央主管司法行政，审判的官署通称刑部。总之，刑始终是中国古代法律的主题。一方面，古代没有部门法的划分，历代法典，通称刑律，社会生活的各个领域各类违法犯罪行为，统统规定于此。另一方面，专制君主无视下民的主体权利，平民百姓也不具有这种意识，并以“对簿公堂”为耻。一般民事纠纷也无关政权安危大局，商品经济又长期不发达，如是等等，致使中国古代民事立法偏枯，与刑法畸重形成强烈反差。

4. 司法从属于行政

皇帝“口含天宪”，握有国家最高司法权，已如前述。历代中央虽设司法机构，但辅佐皇帝的重臣，如冢宰、丞相、宰相、内阁大臣等，完全可以过问司法。中央某些行政机构长官也可干预或参与司法，而司法长官一般无权过问行政。在地方，一地行政长官即兼理同级司法审判。宋元明清对省一级虽专设司法机构，但仍处于地方行政长官控制之下。狱讼是否得平，自汉以来便是考核地方官政绩的主要项目之一。历来中央及地方的循吏，清官，除廉洁勤政之外，不少以执法公正，不阿权贵，善于审断疑案，敢于一反冤假错案而著称。正因其作为“民之父母”官，而掌握了司法权。

（三）我国法律传统的近代转型

清朝末年，西方列强的坚船利炮同时带来的也有其先进的科技与思想，一些人希望学习借鉴西方的科学技术与社会制度，试图将新政变法作为自救的出路。在内外压力下，清政府接受了变法动议，逐渐对原有的法律制度进行了不同程度上的修改与变革。这一时期的法律改革活动史称清末修律。

光绪二十七年(1901)一月，流亡在西安的慈禧太后下诏变法，提出“世有万古不易之常经，无一成罔变之治法。大抵法久则弊，法弊则更”“法令不更，锢习不破，欲求振作，须议更新”。光绪二十八年二月，清廷下诏：“中国律例，自汉唐以来，代有增改。我朝《大清律例》一书，折中至当，备极精详。惟是为治之道，尤贵因时制宜，今昔情势不同，非参酌适中，不能推行尽善。况近来地利日兴，商务日广，如矿律、路律、商律等类，皆应妥议专条。”

根据这道谕旨，袁世凯、刘坤一、张之洞举荐沈家本、伍廷芳主持修律馆，“就目前新政宜改订者，择要译修”。清廷遂“派沈家本、伍廷芳将一切现行律例，按照交涉情形，参酌各国法律，悉心考订，妥为拟议，务期中外通行，有抑治理”。从此清末修律正式提上日程。清朝朝野上下，“争言变法”，包括“预备立宪”、修订新律、改革官制、司法革新等内容的“新政”也次第展开。

清末修律活动，先后制定了《钦定宪法大纲》《宪法重大信条十九条》《大清新刑律》《大清民律草案》《大清刑事诉讼律草案》《大清民事诉讼律草案》《钦定行政纲目》等法典，初步建立起了近代中国的宪法、刑法、行政法、民商法、刑事诉讼法、民事诉讼法的法律体系，成为以后南京国民政权“六法体系”的基础。

晚清法律移植不仅初步确立了中国法律的近代体系，更为重要的是，在一定程度上引进和确立了近代资产阶级的法律原则。如在刑法方面移植了罪刑法定原则，删除了旧律中的比附制度；确立了法律面前人人平等的原则，取消了因官秩、良贱、服制而在刑律适用上形成的差别；取消了沿用千年的“八议”制度，移植了尊重人权、人道主义的原则；删除了凌迟、枭首、戮尸、刺字等酷刑。在民法方面，移植了西方民法诚实与信用原则，明确行为能力原则、法人制度。在民事诉讼方面，移植了西方国家的“当事人主义”的程序原则及辩论原则。在监狱立法方面，1910 年制定的由日本监狱学家小河滋次郎起草的《大清监狱刑律》，移植了西方的化导原则；在宪法与行政法方面，移植了西方三权分立、国家事务与皇室事务相分离的原则等。

清末修律在客观上改变了中国古代数千年相传的“诸法合体”的法典编纂形式，明确了实体法之间、实体法与程序法之间的区别，中国封建法律制度的传统格局由此被打破。同时，由于在修律过程中大量引进西方近、现代资本主义的法律学说、法律制度和法律技术术语，中国传统法律的“依伦理而轻重其刑”也开始受到很大冲击。

总之，清末修律使延续几千年的中华法系走向解体，标志着我国法律向西方大陆法传统的转型。此后，民国时期的立法继续延续了大陆法系的传统。中华人民共和国成立后，我国的法律理论和法律传统深受苏联的影响。随着苏联的解体以及法学研究的深入，我国开始重新回到传统的大陆法系的法学理论和法律实践的轨道上来。

1. 思考与讨论

(1) 试比较美国陪审团制度与我国的人民陪审制度。你如何看待陪审团制度？

(2) 请评析我国最高人民法院定期发布的指导性案例的功能与作用。

2. 课外阅读

(1)《大陆法系》，[美]约翰·亨利·梅利曼著；

(2)《普通法的精神》，[美]罗斯科·庞德著；

(3)《法治及其本土资源》，朱苏力著；

(4)《乡土中国》，费孝通著。

第三讲

法律上的"人"

一切法律都是"人"的法律，法律不仅是人制定的，也是为人而制定的。我们讨论法律，面临的第一个问题就是"人"的问题，无论是宪法、刑法还是民法，也无论是债权法、物权法还是婚姻法，尽管其具体的调整对象不同，但从根本上说，其所解决的无一例外的都是"人"的问题，或者更准确地说是人与人之间的关系问题。

法律上的"人"并不完全等同于现实生活中所说的"人"。"人"在法律上指的是主体——法律主体。只有成为法律上的"人"才享有法律上的主体资格，才享有法律所认可的各种权利。因此，"人"的概念涉及的根本问题实际上是"人"的法律地位问题。

一、"人"的意义及其类型

(一)"人"的法律意义

在讨论法律主体的意义之前，我们先来讨论一个小案例：

张先生爱狗，养了20条狗。由于儿子张小帅不喜欢狗，为担心其去世后儿子不能善待这20条狗，张先生立下遗嘱，将其养狗用的一套平房由20条狗继承，并委托同样喜欢狗的邻居李先生帮助照顾，为此向李先生预付了50万元，作为其去世后照顾狗的费用。

张先生去世后，张小帅占有了养狗用的房屋，并欲将20条狗出售，李先生出面制止，张小帅非但不听，反而要求李先生返还张先生生前预付的50万元费用。

本案应如何处理呢？张小帅的行为应受到法律保护吗？他的要求能获得法律的支持吗？

立足于张先生的遗嘱，张小帅的行为显然违背了父亲的意志，是不适当的。然而，依照我国的法律，狗并不是法律上的主体，而只是物，是财产，它本身并不享有法律规定的继承权，因而也不存在继承房屋的问题。由于狗不享有继承权，因而房屋仍应由张小帅继承，狗本身作为财产，张小帅同样享有继承权。作为继承得来的财产，张小帅当然有权处分，李先生无权制止。同时，李先生持有的50万元的预付款是用来照顾20条狗的，现在这20条狗不再需要李先生的照顾，李先生取得这50万元便不再有法律上的根据。所以张小帅有权要求李先生返还。

主体在法律上代表的是一种资格，表达的是法律地位，只有法律上的主体才享有法律规定的各种权利。不具有法律上的主体资格，便不享有任何权利，也不享有任何法律主体地位。尽管人和人之间在本质上并无尊卑贵贱之别，但因各种政治经济文化等因素的影响，人的法律主体地位并不是在任何情况下都是平等的。尽管目前绝大多数国家都承认了所有人在法律上的平等地位，但各种社会身份差异在不同的国家和社会条件下仍然以不同的形式普遍存在。在这一意义上，天赋的平等权利所表达的不过是基于人性本质的理想诉求，而每个人实际的主体地位仍然是由法律来确认并保障的。

对于享有主体资格的法律主体，在法律上常称其为“人”(person)，这里的“人”并不是指现实存在的、生物意义上的人，而是指享有法律权利的主体。历史上，并不是所有的人在任何时候都可成为法律上的“人”。在奴隶社会，奴隶不是法律上的主体，不享有任何权利，因而也不是法律上的“人”。在封建社会，封臣和佃户对领主具有一定的人身依附性质，与领主和封建贵族在法律上并不享有同等的地位，因此并不是平等的法律上的“人”。只有到了近代，随着资产阶级革命中对“人权”的强调，所有的人才成为法律意义上享有平等主体地位的“人”。

拓展阅读

《逃离克隆岛》是一部科幻电影，讲述的是未来某个时间，人为了避免在罹患重大疾病需要移植器官时没有合适的器官源，所以委托某个公司利用克隆技术克隆一个甚至多个“自己”，一旦需要的时候，克隆人就成为自己的器官供体。

为了便于管理，所有的克隆人被关闭在一个与世隔绝的地下城市里，他们被告知因核战争，外界已无法生存，只剩下有一个未被污染的“天堂岛”，但因名额有限，只有被“选中”的人才能有幸被送往那里。克隆人林肯6—E偶然发现，他们只不过是克隆人，他们存在的意义只是为本体提供新鲜健康的器官……

克隆人是人吗？从生物学意义上，克隆人具备“人”的一切生物学特征，显然属于“人”的范畴。但在电影中，克隆人却并不是法律上的“人”，因为他不享有任何权利，他存在的意义只是为本体提供器官，一旦本体需要，就意味着其生命已走向终结。用康德的话说，他只是手段——纯粹的手段，而不具有任何自身的意义。

当然，这只不过是一部科幻电影，为避免陷入伦理困境，人在当前的任何国家都是不允许被克隆的。但是，电影所表达的主题却值得人们深思。

由于主体意义上的“人”并不是指现实中的活生生的人，而是法律主体资格的一种表达，因而凡是能成为法律上的主体的，无论是不是生物意义上的人，都可以成为法律意义上的“人”，比如我们常说的“法人”，“法人”本来不是现实的生物意义上的人，但却是法律上认可的主体，因此也是“人”，是法律拟制的“人”。

依照我国的法律规定，能成为主体意义上的“人”的，除自然人外，还有法律拟制的“人”，包括法人和非法人组织。

（二）自然人

所谓自然人，指的是生物意义上的人，尽管法律上的“人”并不等同于自然人，历史上很长一段时期，也只有一部分自然人被视为法律上的主体，但是，当今绝大多数国家和地区至少在形式上承认了所有自然人的平等地位，所有的自然人在法律上也被视为是受法律平等保护的主体。

（三）法律拟制的“人”

法律上的“人”并不限于自然人，还包括“法人”。所谓法人，不是生物学意义上的人，而是法律拟制的“人”，是依法成立的组织。它虽然不是人，但法律赋予了其法律上的主体资格，因而是法律意义上的“人”。除了法人，法律拟制的人还包括非法人组织。

1. 法人

从不同的角度,可以对法人进行不同的分类。我国《民法总则》将法人分为营利法人、非营利法人和特别法人三类(表 3-1)。

表 3-1　　　　　　　　　　　　　我国法人的一般分类

<table>
<tr><td rowspan="10">营利法人</td><td rowspan="7">内资企业法人</td><td rowspan="3">传统企业法人</td><td>国有企业</td></tr>
<tr><td>集体企业(不全是法人)</td></tr>
<tr><td>私营企业(不全是法人)</td></tr>
<tr><td rowspan="4">公司制企业法人</td><td>国有独资公司</td></tr>
<tr><td>一人公司</td></tr>
<tr><td>股份有限责任公司</td></tr>
<tr><td>其他有限责任公司</td></tr>
<tr><td colspan="2" rowspan="3">外资企业法人</td><td>中外合资企业法人(有限责任公司)</td></tr>
<tr><td>中外合作企业(不全是法人)</td></tr>
<tr><td>外商独资企业(不全是法人)</td></tr>
<tr><td rowspan="3">非营利法人</td><td colspan="2">以社会公益服务为目的</td><td>事业单位</td></tr>
<tr><td colspan="2">以成员共同利益为目的</td><td>社会团体</td></tr>
<tr><td colspan="2">以捐助财产的使用目的为目的</td><td>基金会、社会服务组织、宗教活动场所</td></tr>
<tr><td rowspan="4">特别法人</td><td colspan="3">机关法人</td></tr>
<tr><td colspan="3">农村集体经济组织</td></tr>
<tr><td colspan="3">城镇农村合作经济组织</td></tr>
<tr><td colspan="3">基层群众自治组织</td></tr>
</table>

(1) 营利法人

所谓营利法人是指以取得利润并分配给股东等出资人为目的而成立的法人,包括有限责任公司、股份有限公司和其他企业法人等。企业在我国是一个外延非常宽泛的概念,不仅包括法人企业,很多非法人组织,如合伙也称为企业。

(2) 非营利法人

非营利法人是指为公益目的或者其他非营利目的而成立,不向出资人、设立人或者会员分配所取得利润的法人,包括事业单位、社会团体、基金会(或称捐助法人)、社会服务机构等。

(3) 特别法人

特别法人主要指机关法人、农村集体经济组织法人、城镇农村的合作经济组织法人、基层群众性自治组织法人。机关法人是指从事国家管理活动的各种国家机关,严格说来并不是私法意义上的主体,而是公法意义上的法人,但当其从事民事活动时,如为采购而订立、履行合同的行为,也被视为是私法意义上的民事主体。

不同的法人因性质以及设立的目的不同,在设立方式、组织形式、法律的调整方式与调整内容等方面也有很大的区别,这也是对法人进行分类的目的和意义所在。比如公司法人与捐助法人,由于法人设立的目的不同,国家对法人的控制方式也不同,我国公司设立采取准则主义,只要符合法律规定的条件即可设立,无须经过另处批准。而捐助法人的设立采取许可主义,需要经过行政许可才可以设立。公司的目的在于营利,是由投资人出资设立，因此公司法的重点在于调整投资人与债权人之间，以及投资人内部之间的关系，而捐助法中只存在法人与捐助人和受捐人之间的关系，不存在其他方面的关系，也不存在内部利益关系冲突，因此法律的重点在于调整法人与捐助人之间及其与受捐人之间的关系。

拓展阅读

法人制度的历史演进

对法人制度的起源，人们常追溯到古罗马时期的"社团"组织和"基金会"组织。古代罗马的社团指的是为了某种共同的宗旨由众多人联合结成的集合体，这些集合体有稳定的组织，有一定的财产，并以集合体的名义从事活动，因而在罗马法上被作为一个"人"，即法律上的主体对待。基金会不是人的结合，而是一笔财产，这笔财产有特定的使用目标，通过特定的人在不脱离其确定的目标的前提下管理使用。这样的财产在罗马法上被确认为归属于基金会，基金会作为所有权人由此就具有了某种法律上的"人"的性质。

古代罗马早期的社团主要是公法意义上的组织，国家、自治市、自由城邦、市镇，乃至帝国时期的行省都被视为具有主体资格的主体。私人的志愿性团体和各种商业社团以及宗教组织出现后，其主体地位也逐渐得到承认。作为主体上的"人"，团体与作为团体成员的个体的法律主体资格也逐渐开始相区分。《学说汇纂》中在论及团体的主体地位时说："如果什么东西应该付给团体，它不应付给团体所属的个人，个人也不应偿还团体所欠之债。"(D. 4. 7. 1)可以说，现代公司法上的有限责任制度在古代罗马已得到清晰的表达。

随着罗马帝国的衰落和蛮族人的入侵，罗马法的影响力日渐减弱，其关于法律主体的天才般的拟制未能延续。公元 11 世纪前后，随着城市的发展和商业的繁荣，一些商业组织开始出现。最初出现的是家族营业团体，家族产业由家族成员——继承人共同经营，但后来家族因素逐渐减弱，更多地体现为多人资本的集合。除家族营业团体外，还有一种单纯依赖契约关系而建立的被称为"康孟达"的商业组织，这种组织在当时已经具备了现代合伙企业制度的雏形。

随着商品经济的发展，企业组织也日渐发达，17 世纪初在英国出现了由国王签发"特许令状"而设立的特许公司，这些公司多是由商人、贵族以及王室成员合资成立，公司成员称为股东，其出资按股计算。出资人的出资与个人其他财产相分离，公司独立经营，独立承担风险。1862 年，英国颁布了《公司法》，专门调整公司所涉及的法律问题。

尽管法人的组织形式在古代罗马法上已经形成并已受到法律的规范，但法人制度理论建构与完善普遍认为是由德国潘德克顿法学完成的。1896 年，《德国民法典》进一步在法典中明确规定了法人制度，现代意义上的法人制度至此得以最终形成。

2. 非法人组织

根据《民法总则》第 102 条规定，所谓非法人组织，是指不具有法人资格，但是能够依法以自己的名义从事民事活动的组织。关于非法人组织的分类，《民法总则》列举了三类，除个人独资企业和合伙企业外，还包括不具有法人资格的专业服务机构。而最高人民法院《关于适用民事诉讼法若干问题的意见》第 40 条从诉讼法的角度对非法人组织列举了以下 9 类(表 3-2)：

(1) 依法登记领取营业执照的私营独资企业、合伙组织；

(2) 依法登记领取营业执照的合伙型联营企业；

(3) 依法登记领取我国营业执照的中外合作经营企业、外资企业;

(4) 经民政部门批准登记领取社会团体登记证的社会团体;

(5) 法人依法设立并领取营业执照的分支机构;

(6) 中国人民银行、各专业银行设在各地的分支机构;

(7) 中国人民保险公司设在各地的分支机构;

(8) 经核准登记领取营业执照的乡镇、街道、村办企业;

(9) 符合本条规定的其他组织。

应当注意的是,在我国,家庭承包经营户和个体工商户均是法律上的主体,由于它既不归于自然人,也不可归属于法人,因而也被普遍视为是非法人组织的特殊形式。

表 3-2　　我国非法人组织的基本类型

企业类非法人组织	合伙企业(包括合伙式联营企业)
	个人独资企业
	农村集体企业
	中外合作企业
	外商独资企业
不具有法人资格的专业服务机构	合伙制律师事务所
	合伙制会计师事务所
	……
法人下属机构	法人分支机构
	法人职能部门

对于法人的分支机构,并不是所有分支机构都可以称为非法人组织。在某些情况下,为了便于拓展业务,法人可以设立分支机构,但所设立的分支机构必须进行设立登记并领取"营业执照"或"登记证书",其活动相对于法人也具有一定的独立性。法人分支机构,仍属于法人的组成部分,主要表现在其目的事业必须在法人范围之内,其行为的效果仍由法人承担。它们只是不具有独立的责任能力,因而与有独立责任能力的母公司之子公司也有不同。

法人的分支机构与法人的机关也不同,法人机关对内形成法人意思、对外代表法人,为民事法律行为,而法人分支机构在参与民事活动时能不能形成自己的独立意思,依赖于法人机关的授权,但对外不得代表法人。

二、"人"的能力

(一) 权利能力

"人"是法律上的主体,享有法律主体之资格,这种主体资格在民法上是以权利能力来表达的。所谓权利能力,指"人"在法律上享有权利的资格。既然是一种资格,所有的自然人的权利能力都应当是平等的,哪怕是婴儿和植物人,只要他还被视为一个有生命的人的存在,他都应当是法律上的"人",享有平等的权利能力。法人和非法人组织也有权利能力,由于法人和非法人组织不具有自然人的生物学属性和伦理属性，因此在具体的权利享有上，它们与自然人所享有的权利并不完全一致，比如法人一般不享有人格意义上和亲属法上的权利。

权利能力表达的是法律上的主体资格，因此法律不仅要明确"人"的范围，而且要明确"人"作为主体的起止时间点，从而才能够明确"人"从何时开始享有该资格，何时丧失该资格。

1. 自然人权利能力的起止

我国《民法总则》第13条规定，自然人从出生时起到死亡时止，具有民事权利能力，依法享有民事权利，承担民事义务。此外，胎儿虽未出生，但对涉及遗产继承和接受赠与等事项，法律特别规定视胎儿具有民事权利能力。但是胎儿娩出时为死体的，其民事权利能力视为自始不存在。

由于出生和死亡是确立自然人何时是法律上的主体的依据，因此它不再是一个单纯的事实，而是被赋予了特定的法律意义，因此需要确定出生和死亡的标准。对于出生问题，目前除分娩外，还没有其他的出生方式，即使是试管婴儿亦需植入母体，故而出生多以脱离母体为出生标准。死亡的问题较复杂，在法律上，不仅有自然死亡，还有宣告死亡。其判断标准不仅有心脏停止跳动的传统标准，还有近年来人们提出的"脑死亡"标准。在下面的内容中，我们主要讨论死亡问题。

(1) 自然死亡

在普通人的观念中，当一个人的呼吸停止，同时伴随心脏停止跳动，就可判定死亡。但近年来医学界和法学界多有人主张不应再以心脏停止跳动作为死亡的判断标准，而是采用"脑死亡"标准。

所谓脑死亡，通常指包括脑干在内的全脑功能丧失的不可逆转的状态。脑死亡后，病人的心跳、呼吸、血压等生命体征都可以通过一系列药物和先进设备加以逆转或长期维持。脑死亡与"植物人"不同，植物人并没有出现"脑死亡"，因此还有恢复可能，但"脑死亡"不可恢复。

主张采用脑死亡标准的主要理由是，首先，脑死亡病人体内有保持良好血液灌注的器官可供移植使用，而停止循环的病人死前因持续低血压，体内脏器多有损害；其次，脑死亡的人已无任何恢复的可能性，在此情况下再耗费大量人力物力维持心跳，并无必要。

目前，世界上已有八十余个国家和地区承认了脑死亡标准。近年来，我国也开始有人呼吁在法律上承认脑死亡标准。

拓展阅读

我国每年大约有150万人因末期器官功能衰竭需要器官移植，但每年能够使用的器官数量不到1万，供求比例达到1∶150。

与此同时，我国需要接受器官移植的患者数量还以每年超过10%的增量扩大。悬殊的比例，张开了深渊般的吞噬之口。深渊之中，暗藏着器官买卖等血淋淋的黑暗，交织着人伦与法理的观念冲突。

当前，我国器官移植的来源主要是三个渠道：司法途径，即死囚捐献；患者亲属间活体捐献；公民死后器官捐献。近年来，因涉及人权问题，死囚捐献的程序正当性越来越受到质疑，由此途径获取的器官也越来越少。活体捐献虽然在法律上限定为亲属之间，但事实上却成为器官买卖规避法律的借口，由此已经带来了非常严重的社会问题。因此，应当积极提倡的是公民的死后捐献。

2010年，我国开始筹建中国人体器官捐献管理中心，原卫生部委托中国红十字会负责这方面工作。2012年7月，该机构正式批准设立，主要负责全国人体器官捐献的宣传动员、报名登记、捐献见证、公平分配、救助激励、缅怀纪念及信息平台建设等相关工作。但是，在我国，由于传统习俗和器官捐赠法律不完善等原因，工作开展得并不理想。

(2) 宣告死亡

宣告死亡，指通过一定的法定条件和程序，人民法院对失踪公民推定死亡的制度。

为保护利害关系人利益，我国《民法总则》第46条规定，公民下落不明满四年的，或因意外事故下落不明，从事故发生之日起满二年的，配偶、父母/子女、兄弟姐妹、祖父母与外祖父母/孙子女与外孙子女及其他有民事权利义务关系的人可申请人民法院宣告死亡。被宣告死亡的，产生与自然死亡同样的法律后果，如遗产发生继承，婚姻关系消灭等。

由于宣告死亡并不等于真的死亡，所以当被宣告死亡的人重新出现时，经本人或者利害关系人申请，人民法院应当撤销对他的死亡宣告。死亡宣告被撤销后，依照继承法取得其财产的公民或者组织，应当返还原物；如果原物不在，可适当补偿。配偶没有再婚的，婚姻关系自动恢复；配偶已经再婚的或本人向婚姻登记机关声明不愿恢复的，不再恢复。子女被他人依法收养的，收养关系有效。

(3) 安乐死

关于死亡，还有安乐死问题。所谓安乐死是一种给予患有不治之症的人以“尽量减小痛楚地”致死的行为或措施。目前，荷兰、比利时、卢森堡、瑞士、美国的俄勒冈州及华盛顿州和蒙大拿州等地在法律上允许安乐死。

安乐死问题引起了很大的争议。反对者认为：人是社会的人，任何人，包括他自己都没有权利放弃生命。而且，安乐死容易引发道德伦理问题。而赞同者认为：患者已没有生存希望，却仍要忍受肉体和精神的折磨。在此情况下，允许患者本人选择有尊严地死去。这不仅是对本人的尊重，而且对亲人和社会也是一种解脱。

我国法律不允许安乐死，但司法实践中对此却表示了一定程度的宽容。

拓展阅读

1. 夏素文“安乐死”案

1986年6月28日，医生蒲某在王明成再三要求下，对已患肝硬化晚期的夏素文——王明成的母亲实施了“安乐死”。同年9月，检察院以故意杀人罪将蒲某和王某批准逮捕，并于1988年2月向法院提起公诉。1990年3月，汉中市人民法院经审理认定王明成与蒲某构成故意杀人罪，但因情节轻微，未予处罚。事隔近18年后，2004年5月，当初要求为母亲实施“安乐死”的王明成患胃癌并转移，向医院提出安乐死，被医院拒绝。2004年8月3日，王明成病逝。

2. 胡菁“安乐死”案

2009年2月9日，家住深圳市龙岗区的胡菁因自身脑血管畸形伴破裂出血被送往雪象医院，后转院到深圳市二医院住院部ICU病房。经救治，胡菁仍深度昏迷，靠呼吸机维持呼吸。

2月16日下午3时多，胡菁丈夫文裕章在探望时，不顾医护人员阻止，拔掉妻子身上的呼吸管等医疗设备，4时许，胡菁死亡。深圳市福田区人民检察院以故意杀人罪对文裕章提起公诉，后被判处有期徒刑3年缓刑3年。

2. 法人的权利能力

关于法人权利能力的起始与消灭,《民法总则》第59条规定,法人的民事权利能力和民事行为能力,从法人成立时产生,到法人终止时消灭。对于营利法人,登记时领取“法人营业执照”;对于需要登记的非营利法人,登记时领取相应的“法人登记证书”;而对于不需要登记的法人,则无“营业执照”或“登记证书”,其主体资格以其自身的存在为标志。

那么,法人如何成立,又是如何终止的呢?

(1) 法人权利能力的起始——法人的设立

自然人是因出生而成为主体的,而法人则是依照法律的规定由人“造”出来的。法人设立就是依法产生法人的行为。根据《民法总则》规定,营利法人必须办理登记,并领取“法人营业执照”,法人自登记时产生。而对于非营利法人和特别法人,有的需要登记并领取“法人登记证书”,有的则不需要登记,法人从成立时起,即具有法人资格,如机关法人。

由于法人是法律拟制的,因此其设立的原则和条件等问题需要由法律来规定。一般情况下,法人作为一个独立的“人”,应当具备一些起码的作为“人”的基本条件,比如有自己的名称、组织机构、住所,还要有一定的财产或者经费维护运转。但对于具体的设立原则和设立条件,不同国家和地区在不同历史阶段对不同类型的法人,甚至对同一类型的法人的设立所采取的原则并不完全一致,因此,法人的设立原则并不是单一的,一成不变的,它因法人的类型不同以及时代的演变而有所差别。

概括起来,法人设立的原则主要有放任主义、特许主义、行政许可主义、准则主义、强制主义等。其中:放任主义也称自由设立主义,即法人的设立完全听凭当事人的意见,国家不加以干涉或限制;特许主义是指法人的设立需要有专门的法令或国家的特别许可,在特许主义下设立的法人称为“特许法人”;行政许可主义又称为核准主义,指法人设立时除了应符合法律规定的条件外,还要经过行政主管部门的许可(即同意或批准);准则主义也称为登记主义,指由法律规定法人的条件,法人设立时,如果其章程具备规定的要件,无须经过主管部门的特别批准,就可以直接向登记机关登记,法人即告成立;强制主义也称为命令主义,是指国家对于法人的设立、实行强制设立,即在一定行业或一定条件下,必须设立某种法人。

我国法人的设立,对于不同类型的法人采取不同的设立原则。对于企业法人,传统上一律采用行政许可主义,但在《中华人民共和国公司法》等法律颁布后,开始有所区别对待,即对于有限责任公司的设立主要采用准则主义,而对于股份有限公司和其他非公司法人的设立仍采用行政许可主义;对于机关法人的设立采用强制设立主义。

对于捐助法人,我国《慈善法》第10条规定,设立慈善组织,应当向县级以上人民政府民政部门申请登记,民政部门应当自受理申请之日起三十日内作出决定。符合本法规定条件的,准予登记并向社会公告;不符合本法规定条件的,不予登记并书面说明理由。从该条规定看,似乎是采用准则主义,无须经过行政主管部门的特别许可。但《基金会管理条例》第9条规定,申请设立基金会,申请人应当向登记管理机关提交业务主管单位同意设立的文件;《社会团体登记管理条例》第9条也规定,申请成立社会团体,应当经其业务主管单位审查同意。两个条例所规定的登记条件要求所体现的显然是一种许可主义的原则。

(2) 法人权利能力的终止——法人的注销

《民法总则》第72条规定,清算结束并完成法人注销登记时,法人终止;依法不需要办理法人登记的，清算结束时，法人终止。由此，法人权利能力终止的时间标志有两个：对于登记设立的法人，注销登记之日为法人的“死亡”之日，而对于不需登记即可成立的法人，则清算终结之日，即为法人的“死亡”之日。

日常用语中，还有关于法人的解散、法人被吊销营业执照之类的说法，法人解散是法人进入清算的原因之一，但解散并不意味着法人的消失，而是意味着除清算工作之外，不再从事其他活动，其作为主体的资格仍然存在。吊销营业执照是一项行政处罚措施，被吊销营业执照的法人或非法人组织不能再进行法人登记所记载的活动，此时法人应当进行清算，但权利能力同样不因此消灭。

一般情况下，法人被宣告破产或解散的，应当进行清算。当法人资不抵债时，该法人或债权人可以申请人民法院宣告其破产并进入清算程序。如果尚未达到资不抵债的情形而需要终止法人的，则应当解散法人并由法人的董事、理事等执行机构或者决策机构的成员等负有清算义务的人自行组织清算。上述清算义务人未及时履行清算义务的，主管机关或者利害关系人可以申请人民法院指定有关人员组成清算组进行清算。

根据《民法总则》第 69 条规定，有下列情形之一的，法人解散：

① 法人章程规定的存续期间届满或者法人章程规定的其他解散事由出现；

② 法人的权力机构决议解散；

③ 因法人合并或者分立需要解散；

④ 法人依法被吊销营业执照、登记证书，被责令关闭或者被撤销；

⑤ 法律规定的其他情形。

3. 非法人组织的权利能力

非法人组织不具有法人资格，但在我国，非法人组织大多需要登记设立，对于经营性的非法人组织，登记时领取“营业执照”，而对非经营性的非法人组织，则领取相应的“登记证书”。对有些非法人组织，还采取了比较严格的行政许可主义的设立原则。因此，非法人组织权利能力的起始与消灭同样始于登记，终于登记的注销。

有人认为，非法人组织不具有权利能力，也有人认为非法人组织仅具有部分权利能力或者说不完全权利能力。这些认识均值得商榷。非法人组织与法人最大的区别在于它不能独立承担责任，当其资产不足以清偿债务时，设立者要承担连带责任。但不能独立承担责任并不代表其不具有权利能力。权利能力在法律上是主体资格的表达，只要被视为是法律上的主体，就必须具有权利能力；或者也可以说只要享有法律权利就不能否认权利能力，否认了权利能力，毫无疑问就等于否认了主体资格。《民法总则》将非法人组织与自然人和法人并列规定，并且认可其“能够以自己的名义从事民事活动”，显然已将其作为法律主体对待，如果否认其权利能力，则其作为法律主体便失去了任何意义。

当然，法人和非法人组织受其自身性质影响，其权利能力的根据与范畴必然与自然人有很大不同，比如法人和非法人组织都不可能享有任何亲属法上的权利。非法人组织因不能独立承担责任，其权利能力在不同情况下也可能会受到不同的限制，比如法人分支机构所享有的权利一般取决于法人的授权。但也有非法人组织的权利与法人基本相同，如合伙。在此意义上，我们可以说，法人与非法人组织的权利能力的范围受其自身性质和目的的限制，但不能因此否定其具有权利能力。

(二) 行为能力

“人”作为法律上的主体，享有法律规定的权利并承担相应的义务，但是，权利能力只表明了一种主体资格，并不意味着事实上的权利行使与义务承担。事实上，在很多情况下，享有权利能力的人却没有能力处理自己的事务，如婴儿和植物人都是法律上的“人”，都有权利能力，享有与他人平等的权利，但他们均没有能力处理自己的事务，甚至不能表达自己的意志。

但是一个完整而独立的“人”必须能够依照自己的意愿来选择行为，处理自己的事务。只有这样，他才能行使权利、履行义务并承担责任。也就是说，“人”不仅仅是一个被法律认可为主体的躯壳，而且还应是一个能够自主决定自己事务的理性的主体。

主体的独立性要求有自主的能力，这种能力在民法上被表述为“行为能力”。一般情况下，如果一个人具有正常的意思能力，相应地亦应该具有正常的行为能力，因此在讨论行为能力时，人们更多地关注的是意思能力，并将行为能力的实质定位于意思能力。

既然行为能力的核心在于意思能力，因此，对于一个人是否具有行为能力的判断，并不是按照其本人身体的行动能力来判断的，而是按照其本人的理性思考判断能力来判断的。比如一个全身瘫痪没有行动能力的人，由于他能够独立思考，并能表达自己的意思，因而也是一个具有完全行为能力的人。

1. 自然人的行为能力

我国《民法总则》将自然人的行为能力分为三种类型：

第一种是完全行为能力。年满 18 周岁，具有正常意思能力的人具有完全行为能力；年满 16 周岁，以自己的劳动收入为主要生活来源的人，视为具有完全民事行为能力。完全行为能力人，有权自己决定自己的事务，独立实施行为，独立承担责任。

第二种是限制行为能力。8 周岁以上的未成年人和不能完全辨认自己行为的成年人为限制民事行为能力人。限制行为能力人只能独立实施纯获利益的行为或者与其年龄、智力相适应的行为，实施其他法律行为需由其法定代理人或监护人代理或同意。

第三种是无行为能力。不满 8 周岁的未成年人和不能辨认自己行为的成年人为无民事行为能力人，由其法定代理人或监护人代理实施民事法律行为。

根据我国法律规定，对于行为能力欠缺者，经利害关系人申请，人民法院经审理可以做出限制民事行为能力或无民事行为能力宣告。

2. 法人的行为能力

法人是法律上的“人”，而不是真正的人，它本身既不会说话，也没有思想。但是，法人既然作为法律上的“人”，又必须有独立的意志并且能够通过一定方式来表达，否则就没法行使权利并承担义务，就无法成为独立的法律主体。

法人的意志是通过法人的机关形成并执行的，法人的机关由自然人组成，自然人的意志通过一定的形式或程序转化为机关的意志，并进而成为法人的意志。比如公司的股东可以通过表决的形式将股东个人的意志转化为公司的意志——股东会决议，股东会、董事会依据该股东会决议的具体内容对外签订合同。签订合同的行为即是公司的行为，合同的内容即是公司意志的对外表达。公司的意志来源于股东的意志，但又独立于股东个体的意志，是通过股东会将股东个体意志转化成的公司意志。股东会和董事会均是公司的机关，它具有形成法人意思和代表法人活动的功能。

因此可以说，法人的意思能力表现为法人机关的意思能力，而法人机关的意思能力源于机关组成人员的意思转化能力。而法人的机关随法人的设立而设立，因此，法人自设立时就具有行为能力，而且是完全行为能力。

拓展阅读

法人的机关按其功能区分主要有以下几种：

（一）意思机关

意思机关也称权力机关、决策机关，是形成法人意志的机关。意思机关如人的大脑，故是首脑机关。对于社团法人，意思机关是社员大会。在社团人数不多时可以全体社员大会为意思机关，在社员人数太多无法召开全体社员大会时，可以以社员代表大会为意思机关。根据财团法人的性质，其不得有意思机关，以捐助人的意思为法人的意思，如前述，"扶贫基金会"只能以捐助人的意思将捐助财产用于扶贫，自己不得另设意思机关，决定该扶贫财产的使用。

（二）执行机关

这是执行法人意志的机关。任何法人皆须有执行机关，否则法人的目的事业无法完成。社团法人的执行机关由单个自然人担任时，称执行董事或执行理事等，由自然人团体担任时称董事会或理事会等，财团法人的执行机关，通常是自然人团体，如理事会等。

（三）代表机关

代表机关是法人的意思表示机关，代表机关对外代表法人为意思表示，是法人的对外机关，犹如自然人的喉舌。代表机关必须由自然人担任，称为法定代表人。代表机关的权限由章程或捐助人的意思决定，担任法定代表人的自然人在代表法人对外为意思表示时，其自然人人格被法人吸收，不再代表自己，其所做的意思表示的效力归于法人，即使代表人变更也不影响该意思的效力。

（四）监督机关

这是根据法人章程和意思机关的决议对法人的执行机关、代表机关实施监督的机关，但监督机关不是法人必设机关。监督机关可由单个自然人担任，一般称为监事；也可以有自然人团体担任，在自然人团体担任时称监事会。

3. 非法人组织的行为能力

与权利能力一样，非法人组织的行为能力也没受到普遍的认同，很多人认为非法人组织的行为是由其实际支配者实施的，其本身没有行为能力。但是，如果承认非法人组织的权利能力，当我们否认其行为能力时，是不是应当通过法律来弥补其行为能力之不足呢？如果是这样，我们有必要在法律上创造一种没有行为能力而需要人来"照顾"的主体吗？答案应当是显而易见的。也就是说，只要我们承认非法人组织作为主体存在，我们就不应否定其自身的行为能力。

对于其行为能力，与法人一样，也是自设立时产生，终止时消灭。

（三）责任能力

法律通过"事先的责任规范"来明确"事后的行为后果"的责任承担，"事先的责任规范"在这里划定了个体行为的边界，从而对个体行为起到约束和预防作用。但是，这种方式需要一个基本的条件，即个体必须能够理解"事先的责任规范"的意义以及自己行为的性质与后果，否则，法律的约束和预防作用便不可能实现。这意味着，责任的承担需以行为人的"自我约束"能力为前提,不具有自我的理性约束能力意味着其不能理解责任的意义,因而也无法有效控制自己的行为。在此意义上,未成年人和精神病人不能独立地为自己的行为承担责任。这种基于对法律和行为性质的理解而形成的自我约束能力,在法律上称为责任能力。一个人只有具有责任能力,才能承担相应的责任,不具有责任能力,也无所谓责任承担。

在不同的法律领域,法律对责任能力有不同的规定。

1. 刑事责任能力

刑事责任能力是指行为人辨认和控制自己行为的能力。对于普通的自然人而言,只要达到一定的年龄,生理和智力发育正常,就具有了相应的辨认和控制自己行为的能力,从而具有刑事责任能力。但是,成年人因精神疾病也可能丧失辨认和控制自己行为的能力。因此,刑事责任能力的判定主要考虑两个因素:年龄与精神健康状况。

根据《刑法》第 17 条规定,在我国,已满 16 周岁的人犯罪,具有刑事责任能力,应当负刑事责任;已满 14 周岁不满 16 周岁的人,只有犯故意杀人、故意伤害致人重伤或者死亡、强奸、抢劫、贩卖毒品、放火、爆炸、投放危险物质罪的,才负刑事责任,对于除上述行为之外的行为,不负刑事责任;不满 14 周岁的人,无刑事责任能力,在任何情况下都不负刑事责任。

对于成年人,经法定程序鉴定,如果能确定其在行为时不具有辨认或控制自己行为的能力,不具有刑事责任能力,不负刑事责任;在行为时尚未完全丧失或者控制自己行为的能力的,应当负刑事责任,但是可以从轻或者减轻处罚。

不仅自然人具有刑事责任能力,法人或非法人组织也具有刑事责任能力得以成为犯罪主体,在刑法上称为单位犯罪。《刑法》规定单位构成犯罪的,可以对单位判处罚金,并可同时对直接负责的主管人员和直接责任人员判处刑罚。

2. 民事责任能力

我国民法上并未明确提出民事责任能力的概念。原则上,责任的制度意义在于预防行为人实施法律所禁止的行为,因而对于不能辨认和控制自己行为的人课以责任并无实际的意义。然而,与刑事责任和行政责任不同,民事责任的功能不仅在于预防,还在于弥补受害人的损害。在弥补损害的意义上,责任的承担无须以行为人是否具有辨认和控制自己行为的能力为条件,而仅须考虑行为人是否有财产以弥补其给他人造成的损害。由此,民事责任能力便有了两方面的判断依据。

对于具有完全民事行为能力的人,也同时具有完全的民事责任能力,而对于无民事行为能力人或限制民事行为能力人,原则上不具有对其致害行为承担民事责任的能力,其责任应由其监护人承担。就此,《侵权责任法》第 32 条规定,无民事行为能力人、限制民事行为能力人造成他人损害的,由监护人承担侵权责任。监护人尽到监护责任的,可以减轻其侵权责任。这一规定体现的是以行为能力为标准来判断责任能力的原则。但该条同时又规定,有财产的无民事行为能力人、限制民事行为能力人造成他人损害的,从本人财产中支付赔偿费用。不足部分,由监护人赔偿。因而又体现了根据经济状况来确定责任能力的情形。

法人的民事责任能力同样以行为能力为基础,同时也与其财产状况相联系,当法人财产不足以清偿债务时,对于不能清偿的部分,可视为丧失责任能力,故应通过破产清算终止。但非法人组织没有独立的民事责任能力,对其所负担的债务,其投资者或控制者负连带清偿责任,因此非法人组织不存在因不能清偿债务而破产的问题。

3. 行政责任能力

行政责任指因为违反行政法或因行政法规定而应承担的法律责任，从责任主体上说有两类：一类是行政机关及其工作人员，这类主体以具有特定行政职责为条件；另一类是行政管理相对人，亦即接受行政管理的普通人，包括自然人，也包括法人和非法人组织。在这里我们主要讨论后者。

根据《行政处罚法》和《治安管理处罚法》等行政法律法规的规定，自然人的行政责任能力主要考虑年龄和精神健康状况，如《行政处罚法》第 25 条规定，不满 14 周岁的人有违法行为的，不予行政处罚，责令监护人加以管教；已满 14 周岁不满 18 周岁的人有违法行为的，从轻或者减轻行政处罚。而对于法人或非法人组织的行政责任能力，与民事责任能力是一致的。

三、"人"的独立性问题

对平等的诉求要求所有的人都是法律上平等的主体，但一个独立的法律主体需要具有相应的能力才能行使主体所享有的权利，并承担主体所负担的义务。因此，对于能力欠缺者，法律应采取一定的措施弥补其能力之不足；对于主体的独立性受到不正当影响的，法律应消除这种影响从而维护主体的独立性；而对于没有独立责任能力的非法人组织，法律应适当考虑特殊情况下对投资权益的特殊保护。

(一) 自然人独立性的欠缺及其补救——监护制度

任何自然人都有权利能力，这种法律上的主体地位是完全独立的，并不依赖于任何条件。但是，并不是所有的人都有能力独立地处理自己的事务，对于行为能力欠缺的人而言，他们没有能力独立地维护自己的权利，更没有能力独立地承担法律上的义务。在这种情况下，所谓的主体地位不过是一种仅具有形式意义的虚设。为使能力欠缺的人的主体地位不再是虚设，就需要通过一定的形式来弥补他们事实上存在的独立能力的欠缺，这就是监护制度。

所谓监护，就是对行为能力欠缺的未成年人或因智力问题欠缺行为能力的成年人，通过明确的监护人来代他们行使权利并承担相应义务的制度。因为监护制度在性质上具有能力补偿的功能，因此监护向来属于法律主体制度上的重要内容，而没有将之放人家庭法之中。

1. 监护人的确定

未成年人的父母是未成年人的监护人。未成年人的父母已经死亡或者没有监护能力的，由有监护能力的祖父母或外祖父母担任监护人。祖父母和外祖父母均已死亡或没有监护能力的，由有监护能力的兄或姐担任监护人。没有兄姐或兄姐没有监护能力的，经未成年人住所地的居民委员会、村民委员会或者民政部门同意，其他愿意担任监护人的个人或者组织可以担任监护人。

无民事行为能力或者限制民事行为能力的成年人，按照配偶、父母与成年子女、其他近亲属的顺序确定监护人，上述人员死亡或没有监护能力的，经被监护人住所地的居民委员会、村民委员会或者民政部门同意的其他愿意担任监护人的个人或组织，可以担任监护人。

依法具有监护资格的人之间可以协议确定监护人，但应当尊重被监护人的真实意愿。对监护人的确定有争议，无法协商一致的，由被监护人住所地的居民委员会、村民委员会或者民政部门指定监护人；有关当事人对指定不服的，可以向人民法院申请指定监护人；有关当事人也可以直接向人民法院申请指定监护人。上述单位在指定监护人时，应当尊重被监护人的真实意愿，按照最有利于被监护人的原则在依法具有监护资格的人中指定监护人。在指定监护人前，被监护人的人身权利、财产权利以及其他合法权益处于无人保护状态的，由被监护人住所地的居民委员会、村民委员会、法律规定的有关组织或者民政部门担任临时监护人。监护人被指定后，不得擅自变更；擅自变更的，不免除被指定的监护人的责任。

依法不具有监护资格的人的监护人由民政部门担任，也可以由具备履行监护职责条件的被监护人住所地的居民委员会、村民委员会担任。

2. 监护人的职责

监护人应当履行的监护职责包括：代理被监护人实施民事法律行为；对被监护人自己实施的行为作出追认或不追认决定；保护被监护人的人身权利、财产权利以及其他合法权益。监护人不履行监护职责或者侵害被监护人合法权益的，应当承担相应的法律责任。除为维护被监护人利益外，监护人不得处分被监护人的财产，在作出与被监护人利益有关的决定时，应当根据被监护人的智力和精神健康状况，尊重被监护人的真实意愿。

3. 监护的撤销与终止

在监护期间，监护人实施严重损害被监护人身心健康行为的、因怠于履行或无力履行监护职责导致被监护人处于危困状态的或者有其他严重侵害被监护人合法权益的行为的，人民法院根据有关个人或者组织的申请，撤销其监护人资格，采取必要的临时监护措施，并按照最有利于被监护人的原则依法指定监护人。这里所说的有关个人和组织，指其他依法具有监护资格的人，包括居民委员会、村民委员会、学校、医疗机构、妇女联合会、残疾人联合会、未成年人保护组织、依法设立的老年人组织、民政部门等。个人和民政部门以外的组织未及时向人民法院申请撤销监护人资格的，民政部门应当向人民法院申请。

被监护人的父母或者子女被人民法院撤销监护人资格后，除对被监护人实施故意犯罪的外，确有悔改表现的，经其申请，人民法院可以在尊重被监护人真实意愿的前提下，视情况恢复其监护人资格，人民法院指定的监护人与被监护人的监护关系同时终止。

被监护人取得或者恢复完全民事行为能力或死亡、监护人丧失监护能力或死亡时，或监护人资格被人民法院撤销时，监护关系终止。监护关系终止后，被监护人仍然需要监护的，应当依法另行确定监护人。

（二）法人的独立性与债权人保护——人格否定制度

作为独立的法律主体，法人一经设立，便具有独立的主体地位，独立承担法律责任。《民法总则》第 60 条规定，法人以其全部财产独立承担民事责任。“独立承担民事责任”意味着其他人包括法人的投资者或设立者无须为法人的对外债务承担清偿义务；“以其全部财产承担责任”意味着法人的全部财产不足以清偿的，不再清偿。

法人的这种独立责任又称法人的有限责任。所谓有限责任，是指投资者仅以认缴的出资额为限对法人承担责任，法人以其全部财产为限对外承担责任。也就是说，当法人无力清偿对外债务时，法人经过破产还债程序不能清偿的债务不再清偿，投资人除丧失其投资外，对法人无力清偿的债务没有清偿义务。也就是说，法人虽然是由设立它的人设立或投资的，但无论在财产上还是在责任上，法人与设立它的人在法律上都是相互独立的主体。

拓展阅读

萨洛蒙和萨洛蒙公司

萨洛蒙先生原为英国个体商人，拥有一家鞋店。1892 年，他设立了萨洛蒙有限责任公司，有七名股东：萨洛蒙先生、萨洛蒙太太和他们的五个子女。公司发行了 20 007 份股份，其中，萨洛蒙先生占 20 001股，其余每人各占一股。

公司成立后的第一次董事会批准萨洛蒙先生将其鞋店卖给公司，售价 38 782 英镑，其中，20 000 英镑作为萨洛蒙先生认缴公司的股金，计 20 000 股；10 000 英镑作为公司欠其债务，并由公司资产作为担保；其余以现金支付。

公司经营过程中陆续对外借了部分债务。1893 年，公司因无力支付到期债务被依法清算，清算结果是公司有资产 6 000 英镑，欠债除萨洛蒙先生的 10 000 英镑外还有 7 000 英镑非担保债务。萨洛蒙先生要求公司优先偿付其有担保的债权。公司清算人代表无担保的债权人起诉萨洛蒙先生，认为他与公司实际为同一个人，他应对普通债权人承担赔偿责任，并且本人债权不应当向公司求偿。

一审法院和上诉法院均支持了清算人的上述主张，认为公司是萨洛蒙先生的代理人，萨洛蒙先生应承担公司的债务。萨洛蒙先生不服判决并上诉。衡平法院撤销了原判决，认为公司合法成立，是独立的法人组织，有权行使公司权利，包括借贷；公司的债权人不是萨洛蒙先生本人的债权人，萨洛蒙先生作为有担保的债权人，有权优于普通债权人得到清偿。

从该案可以看出，对于萨洛蒙先生成立的公司对外不能清偿的债务，萨洛蒙本人不仅无须清偿，而且其本人还可以作为公司的债权人参加公司的破产分配，并因其债权设定有可行使优先权的担保而优先其他债权人受偿。有限责任显然对作为股东的萨洛蒙先生是极为有利的。

有限责任制度将投资者的风险限制在完全可以预见并控制的特定范围，可以使投资者在投资时消除顾虑，从而鼓励投资。但这样一来，我们不难发现其中也存在一些问题。法人为有限责任，但法人是由投资者实际控制的，当投资者擅自转移公司财产，由此导致法人财产不足以清偿债务时，如果投资者无须为此承担责任，显然不利于债权人利益的保护。为避免法人的控制人侵害债权人利益，需要维护法人的独立性，防止有限责任的滥用。这一制度在我国的法人理论上常称为“人格否定”制度。

1. “人格否定”制度的含义

这里所说的“人格”并不是人格尊严意义上的人格，而是指人的法律主体资格。人格否定意即否定其法律上的独立主体资格，主要是独立承担责任的资格。当法人的控制人滥用有限责任，导致法人的财产不能独立于其他人或法人的意志为个别人意志所操控。在此情况下，当法人无力清偿对外债务时，债权人有权要求滥用有限责任的人的控制人承担相应的赔偿责任，甚至连带清偿责任。

英美法将人格否定制度形象地称为“揭开公司的面纱”，公司作为承担有限责任的法人，等于是在公司与股东之间隔着一层面纱，债权人不得揭开面纱直接要求股东承担责任，但当股东滥用有限责任影响到债权人的债权实现时，债权人则有权揭开这层面纱，直接要求股东承担责任。

我国《公司法》第 20 条规定：公司股东应当遵守法律、行政法规和公司章程，依法行使股东权利，不得滥用股东权利损害公司或者其他股东的利益；不得滥用公司法人独立地位和股东有限责任损害公司债权人的利益。公司股东滥用股东权利给公司或者其他股东造成损失的，应当依法承担赔偿责任。公司股东滥用公司法人独立地位和股东有限责任，逃避债务，严重损害公司债权人利益的，应当对公司债务承担连带责任。

2. “人格否定”的适用前提

法人作为独立的法律主体，享有独立的“法律人格”，该“独立人格”不能随意被否定。但是，如果在投资人或控制人滥用有限责任，并由此影响到法人的意志和财产独立的情况下，则必然会影响到法人责任的独立性。在这种情况下，需要否定法人的独立人格，由滥用有限责任的人承担相应的责任。根据我国公司法及相关司法解释，“人格否定”主要适用于以下情形：

(1) 投资人未履行出资义务

法人，主要是营利法人的财产来源于投资者的投资，出资不仅是法人原初财产的来源，也是股东有限责任的责任范围。目前，我国公司法对公司没有最低注册资本限制，对于股东认缴的出资，也不要求一次性缴清。但是，股东一旦确认了其认缴的出资额，就意味着确定了其本人有限责任的范围，如果该认缴的出资未完全到位或到位后又抽逃的，当公司不足以清偿对外债务时，债权人有权要求该股东在其未缴数额或抽逃数额范围内补足。也就是说，股东在这种情况下承担的实际是一种补充赔偿责任。

(2) 控制人侵占公司财产

法人的投资人或其他实际控制人违反法律规定的利润分配条件和程序，擅自将公司财产分配或转移给个人所有，导致公司不能清偿对外债务，债权人有权要求投资人或控制人在实际占有法人财产的范围内要求其承担责任。但股东基于公司的正当分红而取得的财产不属于滥用有限责任，债权人无权就此要求股东承担责任。

(3) 不公平的关联交易

法人的实际控制人利用其控制地位，与他人进行不公平的关联交易，给债权人造成损害的，债权人有权要求实际控制人和关联交易方承担相应的责任。如萨洛蒙案中，虽然形式上是萨洛蒙与公司进行交易，但实际上是他自己与自己的交易，尽管这样的行为并不被禁止，但如果萨洛蒙与公司的交易不公平，并因此影响债权人债权实现，应当赋予债权人以撤销权或赔偿请求权。

我国法律和司法解释中对何种关联交易可导致股东的连带责任没有明确规定，何种情况下可认定为“不公平”，举证责任如何分配等问题均有待于在司法实践中进一步探索。

(4) 人格混同

人格混同指两个或两个以上的主体之间界限不清，难以区分的情形。实践中混同常常是法人与投资人之间的混同，也常常是同一投资人分别投资的不同法人之间的混同。人格混同一般包括财产混同和意志混同。财产混同指法人财产与投资者财产没有进行区分，投资者随意处分法人财产，随意将法人财产用于个人消费，或擅自转移为个人所有。意志混同主要表现为法人与主体的意志不能明确区分，以致无法区分某种交易行为到底是哪一主体的行为。

人格混同常常使法人财产被转移给其他主体，而以其名义所形成的债务却仍由其自己承担，当其无力清偿债务时，如果不“揭开法人独立性面纱”，无疑对债权人极为不公平。

一人公司由于缺乏相应的权力制衡，最容易发生混同的情况，因此我国《公司法》对一人公司的人格混同采取了较为严格的认定标准——推定原则。如果一人公司的股东不能证明公司财产独立于股东自己的财产，即可推定其存在混同。

人格混同情况下，与法人混同的其他主体应对该法人的债务承担连带清偿责任。我国法律对人格混同的规定并不明确，但在实践中法院通过人格混同来保护债权人利益的案例是常见的。

拓展阅读

最高院 15 号指导性案例

原告徐工集团与川交工贸公司交易过程中，川交工贸公司拖欠 10 916 405.71 元未付。川交公司已丧失清偿能力。徐工集团起诉称川交工贸公司与川交机械公司、四川瑞路公司人格混同，要求另两家公司承担连带责任。

人民法院经审理查明：

1. 川交机械公司成立于 1999 年，股东为王永礼、倪刚；瑞路公司成立于 2004 年，股东为王永礼、倪刚；川交工贸公司成立于 2005 年，股东为张家蓉(占 90%股份)、吴帆(占 10%股份)，其中张家蓉系王永礼之妻。

2. 在公司人员方面，三家公司经理均为王永礼，财务负责人均为凌欣，出纳会计均为卢鑫，工商手续经办人均为张梦。

3. 交叉任职情况：过胜利曾兼任川交工贸公司副总经理和川交机械公司销售部经理的职务，且免去过胜利川交工贸公司副总经理职务的决定系由川交机械公司作出；吴帆曾担任川交工贸公司的法定代表人，同时又为川交机械公司的综合部行政经理。

4. 三家公司在工商登记的经营范围基本一致。

5. 公司业务方面：

(1) 三家公司在对外业务上，存在共用统一格式的《销售部业务手册》《二级经销协议》。

(2) 徐工集团在与工贸公司交易过程中，发现工贸公司与机械公司和瑞路公司使用同一结算账号对外结算。

(3) 徐工集团与机械公司和瑞路公司业务关系中，两家公司均曾提出以工贸公司名义订立合同并结算。

(4) 交易过程中，均为王允礼一人签字，在收款通知、函件往来过程中，三家公司的公章和财务章常常混用。

6. 网络信息

通过因特网查询，川交工贸公司、瑞路公司在相关网站上共同招聘员工，所留电话号码、传真号码等联系方式相同，公司情况介绍也未进行区分。

依据上述事实，法院认定三家公司人格混同，判决机械公司和瑞路公司对工贸公司的债务承担连带清偿责任。

(三) 非法人组织的特殊问题——有限合伙制度

非法人组织虽然也是法律上的主体，但与法人相比，非法人组织并不具有责任的独立性，当其无力承担对外债务时，其设立人应承担连带责任。比如合伙企业，合伙企业作为一种典型的非法人组织的企业形式，相对于公司而言，尽管它在设立时的出资方式和运营过程中的管理形式上都有很大的灵活性，但由于它不具有责任的独立性，全体合伙人应对合伙组织的对外债务承担连带责任。这意味着，相对于公司股东，合伙人面临更大的投资风险，而且这种风险在特定的法律框架下无法避免。

尤其应当注意的是，对我国某些行业而言，采取合伙制的经营方式往往不是投资者本人的选择，而是缘于法律的规定。比如依据《律师法》的规定，律师事务所一般情况下只能选择合伙制形式或个人所形式。与此相类似的还有会计师事务所，尽管对会计师事务所已经允许其采取公司制，但需要达到法律规定的特定条件。目前，大多数会计师事务所仍采取合伙制的组织形式。

一般来说，法律之所以未赋予非法人组织的独立性，是因为其对设立者不可分割的依附性或其他密切联系而难以区分，因此开办者需要与其承担连带责任。但在有些情况下，尤其是对于法律规定只能采用非法人组织形式的主体而言，不加区分地一律由全体投资者均承担连带责任，并不符合公平正义的要求，因此需要在法律上给予特别对待。

案件链接

律师事务所的天价诉讼

嘉汉林业是最早在中国发展商业用材人工林的企业，1994年在加拿大多伦多证券交易所上市，逐步成为中国最大规模的外资商业林场营运商之一。

2011年6月，一家叫浑水研究公司(Muddy Waters Research)的机构公布的一份调查报告称，嘉汉林业涉嫌夸大资产、伪造销售文件，诈骗数十亿美元的资金。报告公布后，嘉汉林业遭大肆抛空，股价一天内下跌了64%。

嘉汉林业为此专门成立了一个独立委员会进行调查，北京君合律师事务所被该独立调查委员会聘请为中国法律顾问，君合律师事务所出具的法律意见中称，嘉汉林业在加拿大上市融资活动中，北京通商律师事务所和北京竞天公诚律师事务所出具的法律意见书中存在疏忽和失职。

由于嘉汉林业的股票、债券是由瑞士信贷(Credit Suisse)、美银美林(Bank of America Merrill Lynch)为首的11家国际投资银行承销的，投资者纷纷对他们提起诉讼，据称潜在诉讼标的可能高达90亿美元。上述11家国际投行根据北京君合律师事务所出具的法律意见书，转而对北京通商和竞天诚律师事务所提出索赔。

通商和竞天诚律师事务所经调查，发现君合律师事务所出具的法律意见书中的签名律师为佟珂，此人在君合律师事务所网站上显示为合伙人，但在司法行政部门却未查到其具备律师执业资格的任何资料。通商和竞天诚认为君合出具的法律意见书无效，并对君合律师事务所提起标的高达2.5亿元人民币侵犯名誉权诉讼。

可以想象，上述案例中的律师事务所一旦败诉，都将是合伙人难以承受的，尤其是对没有参与案件的无任何过错的合伙人而言，他们同样面临连带责任。为降低无过错合伙人的风险，同时也为合伙人提供更多的选择，2007年经修订后实施的《合伙企业法》增加了两种特殊的合伙形式。

1. 特殊的普通合伙

特殊的普通合伙适用于以专业知识和专门技能为客户提供有偿服务的专业服务机构。所谓“特殊”，是指对于一个合伙人或者数个合伙人在执业活动中因故意或者重大过失造成的合伙企业债务，仅该具有故意或重大过失的合伙人承担无限连带责任，而其他合伙人仅以其在合伙企业中的财产份额为限承担责任，而无须承担无限连带责任。但是，对于合伙人在执业活动中非因故意或者重大过失造成的合伙企业债务以及合伙企业的其他债务，全体合伙人仍需承担无限连带责任。

对于合伙人在执业活动中因故意或者重大过失造成的合伙企业债务，以合伙企业财产对外承担责任后，该合伙人应当按照合伙协议的约定对给合伙企业造成的损失承担赔偿责任。

特殊的普通合伙企业名称中应当标明“特殊普通合伙”字样。

由于特殊的普通合伙企业，对合伙人的故意或重大过失，并不要求其他合伙人承担无限连带责任，显然不利于债权人债权的实现，故有对债权人不公平之虞。为平衡合伙人与债权人之间的关系，法律要求特殊的普通合伙企业应当建立执业风险基金、办理职业保险，用于提高合伙人的清偿能力。

2. 有限合伙

有限合伙指部分合伙人对合伙企业的债务承担无限连带责任，而部分合伙人承担有限责任的合伙企业。普通合伙企业对合伙人的人数没有限制，但对于有限合伙，《合伙企业法》规定合伙人人数为2～50人，而且至少应当有一个普通合伙人，即对合伙企业债务承担无限连带责任的合伙人。同时规定，有限合伙企业名称中应当标明“有限合伙”字样，并在企业登记事项中载明有限合伙人名单及其各自认缴的出资。

由于有限合伙人对合伙企业债务仅承担有限责任，故其权责设置类似于有限责任公司中的股东。

1. 思考与讨论

(1) 你能接受脑死亡标准和死后器官捐献吗？你认为影响我国脑死亡标准和死后器官捐献立法的主要因素是什么？

(2) 现代科学技术发展在很多方面都对传统道德和法律提出了挑战，请举例并进行讨论。

2. 课外阅读

(1)《中华人民共和国民法总则》；

(2)《中华人民共和国公司法》；

(3)《中华人民共和国合伙企业法》；

(4)《私法中的人》，收录于《现代民法基本问题》，[日]星野英一著。

第四讲

“人”的权利

作为法律上的“人”,每个法律上的主体都具有权利能力,享有法律上的权利并承担法律上的义务。那么,“人”享有哪些权利,又承担何种义务呢?权利和义务仅仅是法律的规定吗?其来源或者说法律在确定权利与义务时所依据的标准是什么?这一讲主要讨论权利。

一、权利的来源

(一)“人”的主体地位

假设现实的世界只有一个人,尽管拥有人的理性和智慧,但他从没有任何社会生活经历,始终都是孤零零地一个人生活在这个世界上。他没有任何同伴,也看不到任何其他像人一样能够思考和表达的生物,他所能看到和感受的只是单纯的外在的自然。在这种情况下,尽管以他的力量仍然无法抵御猛兽的袭击,也不能像鸟儿一样飞越山川河流,但这样的来自外在自然的限制以及来自其自身的生物学意义上的限制并不具有任何道德意义,不具有任何可谴责性。在这种情况下,可以说,他的行为完全取决于其本人的意志。由于其行为不能与任何人建立起任何联系,所以其一切行为都不受正当与否的评价。换句话说,单纯一个人的存在,其行为没有必要受到任何限制。

现在设想一个人的世界中又出现了另外一个人,两个人的同时存在使他们所生存的世界不再是单纯的自然世界,还参与进人与人之间的关系。就他们两人之间关系而言,他们可以是互不干涉的,也可以是相互合作的,也可能是相互斗争的。然而无论是何种关系,在只有两个人存在的世界里,一方的存在对另一方而言,都只不过是他生存的环境,即使强者对弱者实施强制,这种强制在他们眼里与驱赶一只小兔子或遇到一只大老虎并没有实质性的区别。因此,在两个人的世界里,尽管形成了两个人之间的某种关系,但这种关系遵循的是纯粹的丛林法则,在二人的主观世界里,并不能形成任何关于行为正当与否的主观认识,因此,同样不存在行为的正当性问题。

现在将假设扩展到三个人的存在,在三个人中,如果一个人的力量具有绝对优势,即大于另外两人力量之和,这种情况仍会形成与二人世界基本相同的强制性关系。具有绝对优势的强者会对另外两个人同时实施强制,另外两个人之间如果也存在力量上的不平衡,同样也会形成类似的强制关系。这种情况下三人之间形成的是一种单向的层级式屈从关系,其中强者处于最高层,最弱的那个人则处于最底层。在这种关系中,只有强者才享有完全的意志自由,另外两个人都不同程度地受到强者的意志强制。

如果三个人中任何一个人的力量都没有绝对的优势,即任何两个人的力量都大于第三方,情况则会发生根本性变化。在这种情况下,任何两个人的联合都可以形成对第三方的强制,因而对任何一个人来说，与谁联合都是无关紧要的，关键在于如何避免另外两个人形成联合从而对自己构成威胁。一般而言，由于强者可以对另外弱于自己的两个人都能够形成强制，因而最初的联合往往形成于两个相对弱势的人之间，由此来对抗强者的强制，并通过这种联合反过来对强者形成强制。

在这种通过两方的联合来对抗第三方的关系模式中，对联合的双方而言，联合的最初动机均是避免受到强制，但在此基础上，又可能会进一步对第三方形成强制，由此来获取更大的好处。在不考虑任何道德原则，每个人只依凭自己的意志来决定行为方式的前提下，一旦外在的强制对自己不再构成威胁，并且还能比原来的联合获得更大好处的情况下，这种联合就会变得异常脆弱并被瓦解。在此情况下，被孤立并处于其他两个人共同强制之下的强者一方可以通过对联合双方中的其中一方，比如最弱者做出让步，不仅承诺不再对其实施强制，而且还承诺给予更多的利益。这对于一个没有任何外在约束，完全依赖自己的本性和偏好而采取行动的人而言，似乎没有理由予以拒绝，由此原来的联合就会面临瓦解并形成新的强和弱之间的联合。但被孤立的一方也可运用同样的手段来瓦解新形成的联合，比如承诺给弱者更大的利益，或者向强者承诺无须向补偿弱者那样通过让步来换取联合，由此同样会再次形成新的联合方式。

可以说在三个人的世界里，由于力量的不平衡，相互间的关系也是不稳定的，每个人都有可能随时面临来自另外两方的威胁。在这种情况下，每个人对另外两个人的情况都有非常清楚的了解，他们能够准确地判断在何种情况下对自己是有利的，在何种情况下对自己是最为不利的。他们也都非常清楚在三人的相互关系中，相互间所存在的相互制约和牵制，能够清楚地意识到自己并不能保证在任何情况下都能够维持对自己更为有利的态势。如果每个人都清楚这一点，他们至少在期望自己避免处于最不利的地位这一点上会存在共识，那么，他们如何才能做到这一点呢？

每个人都能够意识到自己之所以会处于另外两个人的强制之下，是因为另两个人担心会处于自己的强制之下，或者担心自己与另外一个人之间形成联合从而对其形成强制。如果每个人都能够放弃对他人的强制，那么每个人也都不再会受到他人的强制。这样在禁止对他人进行强制这一点上，三个人有可能会达致共识。这种共识的达成形成了这样一种关系，即：每个人之间都是一种平等的关系，任何一个人不得以任何强制性手段来干涉他人的意志自由。

在这种关系中，对于任何一个个体而言，他人都不再是单纯的外在环境的一部分，也不再是自己意志所支配的对象，而是成为和自己一样具有独立意志，能够依照自己的意志来行事的主体。由此，每个人的主体性地位得以确立。随着主体性的确立，对任何个体的主体性构成侵犯的行为都会威胁到整体的关系平衡，因而这种行为应当受到禁止，于是，正当性问题产生了。在此意义上，正当性问题源于人的主体性，或者说源于人的主体性的并存。

（二）主体领域与主体性权利

前文中演绎了个体获得主体性的一般条件。每个人都愿意作为与他人平等的主体，免受他人的干涉与侵犯，但问题在于，什么样的行为构成干涉和侵犯呢？为明确这一问题，首先需要为每个主体划定一个属于他自己的领域，从而为他人的行为划定一个边界。由于这一领域反映的是所有的个体作为平等主体并存的条件，故这一领域可称之为主体领域。

主体领域是个体意志直接支配的领域，由于任何人都是自主的平等主体，因而不能被纳入他人意志的作用对象范围。因此，人的意志只能以自身和外在物为支配对象，由此，主体领域的范围主要包括两个方面：一是关于"我"的领域；二是关于"我的"的领域。

1. 关于"我"的领域

主体领域是个体维护一个独立而完整的自我所依赖的基本条件，也是为每个人划定的用以防止任何人侵犯的基本空间。没有了自主领域，一个人就失去了独立而完整的自我存在的条件，就不再是一个真正意义上的人，从而也不再是法律意义上的独立主体。不仅如此，主体领域还是一个人与他人建立任何关系的前提，无论何种关系，主体领域都不能因这种关系的存在而受到侵犯或剥夺。

因此，主体领域首先是关于"我"的领域，是"我"与他人相区分的根据，是一个完整而独立的"自我"的展现。这样的"我"不是一个关于"人"的形象或者说抽象的"人格"，而是一个现实而具体的"我"。它包括我的身体、我的相貌、我的精神乃至一切能够标明"我"自身独特性的一切因素。

2. 关于"我的"的领域

"我"的领域只与"自我"相关，尚未触及外面的世界。但人存在的意义并不在于"自我"本身，而在于"自我"与他人以及外在世界所建立的关系。同样，人的自主性行为也不仅仅是指本人的自主决定或行动自由，更重要的是通过自主性行为，个体能建立起与他人的联系，并实现对外在世界某种程度下的控制，从而使外在的自然纳入自己意志作用的领域。

比如一个人从树上采摘下来并放于自己住所的桃子，这样的桃子已不同于尚生长在树上的桃子，它已经成为个体意志作用的对象。或者说，这样的桃子已经不再是单纯的外在自然的存在物，而是成为个体意志作用领域的一部分，从而属于"我的"，成为"我的"的领域的一部分。

这样，对于个体的主体领域便不再限于个体的人身，还包括个体意志作用于外在自然所业已实现的结果。或者说，它不仅包括"我"，还包括"我的"。

"我"所表达的是主体本身，而"我的"所表达的是"我"的意志能够独立支配的范围。没有"我"的主体地位，人只能是一个受他人所强制的奴隶，因而也无所谓"我的"。而没有"我的"，"我"就成了一个无所依附的躯壳，其主体性只能在天空飘荡，找不到任何根基。因此，主体领域不仅包括一个独立的"自我"，还包括与"我的"相关的领域的范围。"我的"领域所反映的不单纯是个体与外在世界的关系，而且还是个体的存在方式，没有"我的"领域支撑，"自我"就成为缺乏背景的幻象。在此意义上，外在于"我"的因素并不完全是与"我"无关的东西，"我的"构成了个体主体性的一部分。

尽管外在的"物"可以被纳入自主的主体领域，但是，并不是所有的外在的"物"都被纳入到了主体领域的范围。"物"只有在归属于"我"时才成为"我"的意志作用的对象，才归属于"我"的主体领域，没有归属于"我"的物只是单纯的外在物，并没有被纳入个体意志作用对象的范围，仍属于单纯的外在自然。

"我"的领域与"我的"的领域相比，"我"的领域只涉及"自我"本身，尚不涉及外在的世界，而"我的"的领域所表达的是个体意志所指向的外在世界，是已经被纳入"我"的意志的外在世界。因其被纳入"我"的意志，故已属于"我"的不可随意剥夺的主体领域的一部分。

3. 主体领域与主体性权利

立足于主体领域，我们来考察权利。立足于“我”的角度，权利表达的是个体行动的自由，在主体领域内，我的行为自由不受限制。立足于他人的角度，我的权利构成了他人行为的边界，亦即我的主体领域不受他人的侵犯。在此意义上，权利与主体领域所表达的内容是一致的。

我的领域包括“我”的领域和“我的”的领域两个部分，相应地，主体性权利也可分为两个部分。在“我”的领域内，我的身体不受侵犯与限制，我的人格尊严不受贬损和侮辱，这一领域属于人格权领域，相应的权利称为人格性权利，简称为人格权。在“我的”的领域，已经为我支配掌控的外在的物是“我的”，不能随意受到他人的侵夺，这一领域涉及的是对“物”的权利，可简称为对物权。物表达的是财产，因此也可以称之为财产权。

人格权和财产权形式上均是通过法律予以确认的权利，但应注意的是，该权利虽然依赖于国家法律的保护，但从根本上说并不来源于法律的赋予，而是作为一个独立而又完整的人本身就应享有的东西，是人作为一个有尊严的主体与他人并存的条件。当然，主体领域的范围不可避免地要受政治、经济和文化因素的影响。比如在等级社会，不同等级的主体领域的范围是不同的，这一范围的确定是政治因素影响的结果。又如随着科学技术的发展，人们开始注意到基因信息的价值，基因权有可能在不久的将来会作为一项重要的人格权得到法律的承认。由于人格权和财产权均与人的主体性有关，构成了人主体性存在的前提，故统称之为主体性权利。

主体性权利在某种意义上表达的是人的本质或伦理上的祈求。一个人拥有生命和身体，当他受到侵害时他会痛苦甚至会死亡；人必须依赖外界的物质条件才能够生存，诸如此类的事实，体现的是事物自身的本性。尽管法律制度常常无视甚至试图改变这样的事实，如把人视为奴隶而不是一个法律上的主体，但是，只要一个人还作为人而存在，无论制度构建是否真正地视其为人，都不能否认人作为一个人的客观性。在此意义上，主体性权利是人成其为人的不可剥夺的基本权利。

（三）关系领域与构成性权利

1. 关系领域与关系模式

在主体领域中，诸个体之间的关系是一种客观存在的，不依任何个体的意志为转移的共存关系。但人与人之间并不是单纯的没有任何交流的孤立存在，而是需要建立起各种各样的关系。人与人之间的关系从根本上说都是由双方共同设定的，是基于两个人的共同意志而自主设定的。

关系领域中的关系尽管是个体自主设定的，但是，任何私人关系都不是单纯的关系双方之间的关系，而是不同程度地承载着相应的社会功能，因而在任何社会条件下，私人关系中的个体意志都不同程度受到了限制。比如，为了某种社会公共安全的考虑，很多国家限制毒品和枪支的交易；出于人权的保护，大多数情况下个体不得以放弃人格权为条件设立私人关系；在建筑行业，施工方需具备一定的资质才可以与建设方订立建筑合同，并且转包、分包行为并不完全取决于当事人的意志，而是会受到法律的限制。为了确保关系所承载的社会功能的实现，立法者还常常通过法律来设定各种不同关系的具体内容，由此引导人们采取共同的关系设立方式。

除立法者的有意引导之外，人自身的社会性也使他们总是趋向于采取共同的行为方式。因为采取共同的行为方式使得行为的意图更加容易被理解，从而使人与人之间的沟通变得更为容易，当出现纠纷的时候，是非对错也更容易得到评判。人的这种社会化趋向性促进了某种共同习惯或风俗的形成，人与人之间的相互关系由此也常常表现为某种固定的关系形式。

这种内容和形式被相对固化下来的关系形成了不同类型的关系模式。由于历史文化和风俗传统的不同，不同民族和国家对于同样类型的关系可能会形成不同的关系模式。比如古代罗马早期的买卖关系有着复杂而繁琐的仪式，而这种仪式在其他国家的法律文化中并不常见。又如某些国家承认同性之间建立的婚姻关系，而大多数国家当前尚未对同性婚姻在立法上给予认同。但是，由于同种类型的关系在不同社会条件下所承载的社会功能大致相同，而且人与人之间的交往方式也不可能存在根本性的差异，因而，不同国家和民族传统中，相同类型的关系在很大程度上也表现出共同的特征。由此，我们也可以解释当前各国法律制度之间相互借鉴和相互融合的趋势。

关系模式在某种程度上固化了人的交往方式以及具体的权利义务内容，但是，这种固化并不意味着对个体意志的强制，也不意味着对关系模式以外的其他关系形式的禁止。关系模式没有为个体设定禁区，从某种意义上，它不过是对依照特定模式行使的行为给予引导和鼓励。比如婚姻关系是法律(起初是集体意向性所形成的风俗或习惯)所设定的两性关系的基本模式，婚姻模式本身并不构成对非婚同居关系的禁止，它只对进入婚姻模式的两性关系提供法律上的保护，并且提供各种其他非婚同居关系所无法享受的福利。也就是说，关系模式常常是引导式的，是鼓励性的，而非禁止性的。它好比是为方便个体建立某种关系修建了一条快捷高效并可沿途享受各种服务的高速公路，尽管它并没有强制人必须走高速而不得走乡间小道，但它无疑吸引着更多的人舍弃乡间小道而走到高速公路上来。如果法定的关系模式不能吸引更多的人，一定是它本身的便捷性或外在的鼓励手段出现了问题。

总之，关系模式不是对个体意志自主性的限制，也不是对个体意志选择的强制。关系模式的规范从根本上来说都应当属于任意性规范，在个体与他人设立某种具体关系时，当事人有权自主地选择是否采用关系模式所设定的方式，在绝大多数情况下，也可以根据自己的意志对关系模式进行变更与调整。具体而言，关系模式的意义与作用有以下几个方面：

(1) 明示作用。关系是自我设定的关系，是双方意志的一致。立足于本人的角度，关系是本人自我设定的义务；立足于对方的角度，关系是对方为实现行为预期在进行行为选择时所依赖的条件。无论立足于何处，关系的设立所依赖的基本前提是双方意思表达的相互理解与确认，否则相对方可能会因未能准确理解对方的意思而违背其意志。为此，关系模式的任务在于明确表示的方式及其意义，以避免关系当事人之间可能出现的分歧。

(2) 倡导作用。关系模式既然并不限制个体对其他关系形式的选择，那么它就不应是强制性的，而是倡导性的。提倡或以某种方式鼓励人们采用关系模式所确定的关系形式，从而确保私人关系所承载的社会功能的实现。

(3) 补充解释作用。关系模式的意义还在于弥补个体意思表示之不足。并不是所有的当事人在设定相互关系时都能充分地考虑或预测到各种可能出现的情况，因此关系双方对权利义务的设定可能并不明确，从而在发生争议时缺乏明确的根据。在这种情况下，关系模式的作用就在于，当本人在设定关系时没有明确约定或约定不明确时，关系模式将根据具体情况对当事人的意思进行补充和解释。在此意义上，我们当然也可以理解为，关系模式并不一定适用，只有在当事人没有自主地选择其他任何有效的关系形式时，才适用法律事先规定的关系模式。

2. 关系模式的一般类型

关系领域中的关系，本质上是由个体自主设定的，但是，并不是所有个体共同设立的关系都受到法律的关注，比如情谊关系（包括爱情和友谊）一般不会受到法律的关注。只有法律关注的关系才会被纳入法律调整的范围，并形成法定的关系类型。

一般而言，与个体人格相关的“我”的领域是构成完整而独立自我不可分割的一部分，因而不能用来交换，因此不能纳入关系领域的范围，只有“我的”的领域才可以相互流通和交换，因而关系领域原则上是围绕着“我的”的领域而设定的。但是，由于人自身的生物学局限，任何人在其生育繁衍和成长问题上都需要依赖于他人，由此形成了一种生物学意义上的特殊关系——家庭关系，主要包括婚姻关系和亲子关系。

因此，总体而言，在关系领域中，受法律关注的关系主要指财产关系、身份关系以及二者相结合所形成的关系，可区分为以下几种关系类型。

(1) 合同关系

合同关系又称契约关系，所表达的是关系双方意思达成一致的前提下所形成的关系，这里的意思是通过承诺所表达出来的意思，也可以说是通过义务的自我设定所表达出来的意思，双方互相承诺，从而建立起一种相互间负有义务约束的关系，这种关系就是合同关系。

人与人之间的关系，除公法上的关系和共处关系外，都是由个体自我设定的关系，均属于关系双方之间基于合意而建立起来的关系，因而这些关系本质上都可以说属于合同关系。但是，具有某种身份性质的关系，如婚姻关系，由于受到法律的更多干预，因而要与单纯的围绕财产而建立的关系相区分。因此，现代语境下的合同关系原则上被限定于围绕财产的生产、流转、使用与处分而形成的关系，包含有身份性质的关系无论是否基于关系双方的合意而设立，均被从合同关系中剥离出去而作为特殊的关系类型来对待。

相对于其他关系类型，合同关系是受法律干预最少的关系，合同关系的订立和履行主要依赖于当事人自己的意志。

拓展阅读

我国法律中的合同类型

我国《合同法》于1999年3月15日通过，共23章428条。共规定了买卖合同、供用电水气热力合同、赠与合同、借款合同、租赁合同、融资租赁合同、承揽合同、建设工程合同、运输合同、技术合同、保管合同、仓储合同、委托合同、行纪合同、居间合同等15种合同类型。但合同并不限于这些类型，常见的类型还包括担保合同、劳动合同、消费合同等。

按照传统民法理论，担保合同除保证合同外，抵押、质押等物的担保方式不属于债法，而是属于物权法上的内容，因此抵押合同和质押合同未在《合同法》中规定，而是在《担保法》和《物权法》中专门予以规定。而对于劳动合同与消费合同，由于合同双方当事人地位的不平等或信息不对等，与《合同法》上当事人平等的法律预设不相协调，如果按照《合同法》的理念来处理，将会使劳动者和消费者处于极不利的地位，因而也未在《合同法》中规定，而是另行制定了《劳动合同法》和《消费者权益保护法》。

(2) 家庭关系

家庭关系与人的生物学特征相关。相对于其他动物，人有漫长的成长期，需要依赖于某种长期而稳定的关系才能完成成长过程，这种长期而稳定的关系形成了某种特定的身份，因而本质上属于一种身份关系。

但是这种身份关系并不限于对未成年子女的抚养关系，由于生产能力的低下，人类社会早期生存以及对后代的抚养是通过群居生活共同完成的，并随着生产力的提高而发展到由以男女共同生活关系为基础的家庭来承担，由此又形成了更为复杂的家庭关系，这些关系均毫无例外地与基于人的生物学本性而形成的身份相联系。与合同关系不同，家庭关系不仅仅与个体选择有关，而且承担着诸如抚养、生产、互助等更为复杂的社会功能，因而家庭关系模式总是受到更多的强调。为确保家庭关系所承载的社会功能的实现，法律即使不禁止家庭关系模式之外的其他共同生活关系，也很少为之提供法律上的保护。因此我们看到，尽管对于是否结婚、与谁结婚、是否生育等问题仍是由本人自主决定的，从根本上说仍属于个体自主建立的关系，但家庭关系的具体内容却更多地是由法律事先确定的。现代社会条件下，随着家庭所承载的社会功能越来越弱化，婚姻关系也更多地演化成为一种以情感为纽带的"纯粹关系"，个体的自主性由此在家庭关系，尤其是财产关系上取得了更大的空间。

然而，家庭传统社会功能的变迁并不意味着社会功能的完全消失，家庭也不仅仅只沦落为情感上相互抚慰的港湾。即使在当前社会条件下，针对个体生存条件、抚育和养老等问题，国家仍无法提供充分的社会保障。如果没有家庭关系的互助功能，国家无疑将在抚育和养老问题上承担更多的责任，在个体遭遇疾病和伤害时，社会无疑将面临巨大的社会服务或公共服务压力。从个体的角度说，社会同样并未就个体生存及自我发展提供充分的条件，通过家庭内部的互助分工更有助于解决个体在生存能力、子女抚养等方面所面临的诸多问题，有助于夫妻在相互支持的基础上更充分地实现个体的社会价值。可以说，家庭的传统社会功能并未因社会的变迁而完全消失，仍然承载着当下社会所无法解决的互助功能，这种互助功能并不仅仅是关乎家庭成员的，同样也是关乎社会的。在这种情况下，个体在家庭关系上的自主性即使不会被禁止，也很难得到法律上的认可与保护。

德国法的继承关系是独立于家庭关系的。尽管继承权并不一定与家庭关系相关联，如遗嘱指定的继承人、遗赠抚养协议中的继承人并不以血缘关系为前提，但总体而言，继承与家庭关系有着较为紧密的关系，甚至法定继承完全以家庭关系为基础。因此，将继承关系放入家庭关系的范畴并不存在任何体系与技术上的障碍。

(3) 成员关系

成员关系指社团组织内部各成员之间的关系，社团的设立与进入是由个体自主决定的，因此本质上同样属于关系领域的范畴。但是，与合同关系和婚姻关系不同，成员关系所关注的并不是一个成员与另一个成员之间的关系，而是成员与作为整体的其他成员的关系，或者说是个体与社团整体的关系。在这种关系中，个体有权自主选择是否加入或退出，但一旦成为成员，其与组织活动相关的行动就受到成员共同意志的约束。共同意志是在所有成员的共同参与下形成的，但对某特定个体成员而言，共同意志并不一定完全符合其本人的意志。

传统民法未对成员关系进行专门的立法，不同的成员关系通常是在相应的单行法中分别予以规范的，如《公司法》对股东关系的规定，《物权法》对业主关系的规定等。但是成员关系规则是诸个体自主协商的结果，属于个体意志自主决定的一部分，本质上仍属于私主体之间的关系，应属于民法调整的范畴。

成员权需依赖于某种组织机构或团体而存在，没有这样的组织，便无所谓成员。比如公司中的股东属于股东会中的一名成员，又如律师协会，所有的律师均是该协会的成员。在这一意义上，成员权形式上表现为身份权，但成员权的核心却不在于身份，而在于该身份所承载的各种权益。尽管我们并不排除在特定情况下，有些人将某个特定组织的成员身份视为一种荣誉或地位，但一般情况下成员身份只不过是享有某种权益的前提条件，而每个成员所关注的核心问题并不在身份本身，而在于其所包含的权益。

一般情况下，私法意义上的成员身份都是基于本人的自主意志而取得的，是否参加一个团体而成为其成员均是由本人自主决定的①。原则上，不同的人因为共同的目的组成某种团体是由全体成员自己决定的，在未影响到基本的社会秩序从而需要特别予以管理的情况下，关系的具体内容，或者也可以说成员权的具体内容，一般由全体成员共同决定。

在社团组织内部，由于个体意志常会被淹没于共同意志之中，因而调整成员关系的重点在于规范共同意志在形成过程中如何确保个体意志的参与，以及在哪些情况下共同意志不得对个体意志进行限制，以防止出现“多数人暴政”对个体意志的不正当强制。股东关系、业主关系、会员关系等是较为典型的成员关系类型。在合同关系中，合同内容是双方共同意志的体现，但在成员关系中，由于成员权的具体内容是由全体成员共同决定的，并不能保证全体成员的意志完全一致，原则上应服从多数人意见。在这种情况下，对某个特定的个体而言，团体最终所形成的决定也许并不能体现其本人的意志，甚至有可能与自己的意志相违背。也就是说，在成员关系中，个体意志常常会淹没于多数人意志之中，并不像在合同关系中那样能够得到充分的表达。因此，在成员关系中，如何保障每个成员最基本的参与权、知情权与收益权就成为调整成员关系最为重要的问题。由于这样的权利不一定能在所有的成员组织中都能得到保障，故而最基本的参与权、知情权和收益权需要以法定的形式来予以确认。

(4) 不对等关系

私法调整的是平等主体之间的关系，是个体意志自主设定的关系，但是，由于外在因素的影响，个体的决定常常并不能够真实地反映自己的意志，从而造成了一种“事实上的不平等”，对于这种关系，我们称之为“不对等关系”。

不对等一般指关系双方相对意义上的地位不对等或信息不对等，表现为弱势一方不能真实地表达自己的意愿，从而在相互关系上常常会被迫接受对方提出的对自己不公平的条款。但是，并不是所有的不能真实表达意志的情况都属于“不对等关系”，只有在这种“不对等”被固化为较为稳定的两大群体或阶层的关系时，才有法律特别关注的必要。对于其他未被固化为特定社会群体之间的关系，只存在于个体之间的影响意志真实表达的，仍归属于一般的意思表示不真实的范畴。

① 我国农村集体成员身份在当下是一个极为特殊的例外，在很大程度上也是由我国特殊的所有制形式和城乡二元户籍管理制度的产物，随着户籍制度的改革，私法意义上的集体成员关系也必然会发生变化。

在不对等关系中，尽管由于“事实上的不平等”使一方的意志没有得到真实的表达，但这种关系同样是双方基于自己的意志而自主设立的关系，在本质上与其他关系并无不同。只不过是在这类关系中，由于外界环境因素的影响，个体的选择未能真实反映其本人的意愿。私法无法改变外在因素的影响，但却可以通过法律规范来消解外在因素的影响，或者通过平衡双方关系来弥补弱势一方意志自主性之不足。

劳动关系和消费关系都属于不对等关系。劳动关系上的不对等主要是双方实际地位上的不对等，而消费关系上的不对等主要是信息能力上的不对等。因为地位和信息能力的不对等，使得劳动者和消费者常常不得不接受不公平的劳动条件或交易条件，因而需要通过法律来对用人单位和经营者进行适当的限制，增加劳动者或消费者一方相应的对抗性权利来消解双方“事实上的不平等”。

严格说来，不对等关系似乎并不是当事人自主设定的，因为没有任何人意欲建立任何形式的不对等关系，不对等的形成是外在因素影响的结果。但是，这种不对等关系的基础关系却是本人自主设定的，比如消费关系和劳动关系等，外在的因素并没有从根本上影响到这种关系的基本性质，它所影响的只是个体意志行使的方式，并进一步形成了相对意义上的不对等身份。之所以将这种关系单独与其他关系相区分，是因为关系上的不对等使弱势一方在关系内容设定上无法充分表达自己的意志，需要采取特殊的规范手段，从而消除，至少是弱化外在环境的影响，使关系的设立能够真正体现当事人的意志。

拓展阅读

“法律面前人人平等”是我国的一项《宪法》原则，除《宪法》外，各部门法也均以不同表述方式表达了“平等原则”的内涵。但是，近年来，一些学者，尤其是民法学者开始对平等原则提出质疑。蔡立东教授认为，现实中人与人之间普遍存在着种种不平等现象，平等主体这种立法上的表达缺乏基本的现实根基。徐国栋教授认为父母与子女的关系、劳动关系、消费者合同关系，甚至物权登记征收制度、合同法中的格式合同，都存在明显的不平等现象，但平等主体的提法却故意对此视而不见。

针对上述质疑，学者给予了回应与解释，他们认为，民法主要调整平等主体间的关系，不平等关系只是一些特定的例外，因而从整体上说，“平等主体”的表述比较准确地反映了民法调整的社会关系的基本特征。同时，平等主体中的平等指的是法律地位的平等，而不是具体法律关系上的事实平等，雇佣关系、监护、消费者合同中事实上的不平等现象不影响在法律上将他们理解为平等主体之间的关系，事实上的不平等可以通过法律的干预进行校正。

实际上，法律上作为平等主体的“人”并非是现实中的人，而是对现实中的人的抽象，用克尼佩尔的话说就是：现实中的人并非是法律上的主体，成为法律主体的是一种抽象的“人”，在法学理论上常称其为“人格人”，亦即法律主体资格意义上的“人”。

“人格人”的概念普遍认为源于罗马法，在罗马法上，并非一切生物意义上的人均可成为法律上的主体，只有具备一定的身份条件的人才可以成为法律上的person，即“人”或“人格人”。近代以来，每个人取得了同样的法律地位，身份不再成为区分人与“人格人”的依据。但现实中的人无处不存在各种各样的差别，不仅有地位高低、财产多寡等外在因素的界分，也有年龄、性别、体格、相貌等自身条件的差异，更有情感、智力、偏好等内在特质的区别。具有普遍适用性的民法不可能照顾到每个人的特殊情况，而只能依所谓“普通人标准”来作为规范制定的依据。这意味着立法者不再考虑个人的外在条件和自身特质，而是首先需要剥离掉上述因人而异的各种差别，这种被剥离掉一切外在条件和个体特质的个人由此成为“一个孤立的、褪掉个人历史特性和历史条件的个人，一个绝对的法定的我的图像”。与此同时，由于“人格人”是理性的、能够独立思考并自我决定的，它由此又成了能够自我决定、自我归责的主体，它是主体平等行使权利并承担义务的前提。

由于“平等主体”以“人格人”的前提设计为基础，而“人格人”已剥去了人的身份地位、财产多寡等一切外在条件，民法没有将这些外在条件纳入视野，这意味着民法事实上默认了这些外在条件的存在。在此意义上，可以说，民法无法解决基础分配上的不平等问题，而只能是以现实条件为基础，提供一种平等适用于所有主体的内在调节机制和矫正手段。事实上，民法也不可能解决基础分配上的事实不平等问题，甚至它只能以现实的社会分配问题为前提，如果现实社会中的确存在着分配上的不平等，从民法的功能上说，它反而是对这种现实不平等的维护。

也就是说，一切基于个体外在条件和个体特质意义上的“事实不平等”问题均不属于民法关注和力所能及的范畴。民法设计了一整套平等适用于所有主体的调节机制，这一机制依赖于个体的理性和自由意志来运转，只有当“事实不平等”问题影响到这套机制的正常运转时，它才能够被纳入民法的视野。而且这种纳入的目的并不在于改变关系双方不平等的基础，而在于通过对调节机制本身的矫正，来弥消不平等的基础对民法调节机制正常运转所带来的影响。

比如一个乞丐和一个百万富翁，二者在经济条件和经济地位上显然存在着“事实上的不平等”。然而在民法所设定的“法律人格世界”里，乞丐和百万富翁的经济状况作为个体的外在条件被剥离了，民法所看到的只是两个有着同样法律地位，有同样的理性和意志自由的、平等的个体。它并不关注，因而也不可能改变二人在经济条件上先在的不平等。在乞丐和百万富翁二人之间的买卖关系中，如果乞丐因自身的购买能力的限制不能够达到交易的目的，而非来自另一方当事人——百万富翁的强制，这并没有改变民法所设定的“平等”的基础，因而这种情况并不属于民法矫正的范围。但在诸如劳动关系中，如果乞丐因生活所迫不得不接受百万富翁提出的严苛条件，则二人外在条件的“事实不平等”使乞丐的意志自由受到了来自百万富翁这一外在条件的强制。在这种情况下，民法应赋予乞丐特定的权利来对抗百万富翁所施加的强制，或者对百万富翁施加特定的限制来消除其对乞丐自由意志的强制，由此使二人能够继续维持民法所设定的“平等关系”，从而保障民法调节机制的正常运转。

（摘录并修改自王森波《一个“常识性”问题的法学难题：对“平等主体”的再思考——兼评徐国栋教授的“民事屈从关系”》，载于《湖北社会科学》2014 年第 8 期）

3. 关系领域与构成性权利

关系领域也存在权利，至少人们常常表达为权利，比如合同关系中的请求权、婚姻关系中的配偶权、成员关系中的参与权、消费关系中的无理由退货权等。但是，由于关系领域中的各种关系本质上是由个体自主设定的，因此，关系中的权利也不是个体所固有的，而是基于关系当事人的自主设定而形成的。也就是说，关系中的权利不能独立存在，而是必须以某种特定的关系为前提。如合同履行请求权需以合同关系的存在为前提，又如配偶权需以婚姻关系为前提。在此意义上，这种权利不过是对关系规则的权利表达，是制度性规则的一部分。由于这种权利构成了人与人之间某种特定关系规则的一部分，因此可称之为构成性权利。

与主体性权利相比，构成性权利并不体现自然法上对人的本质的祈求，而是更多地体现为习惯或法律上的制度构建。尤其应当注意的是，由于构成性权利依赖于制度而存在，是对制度所确定的关系内容的权利表达，它只在制度所调整的特定关系内才有效。在此意义上，构成性权利并不是一种绝对性的权利，而是一种相对权。近年来频频出现的诸如亲吻权、性生活权等所谓“新型权利”，无论在私法理论上还是司法实务中都引起了混乱，实务处理也是莫衷一是。

事实上,所谓的亲吻权和性生活权都不过是配偶关系中的内容,是基于婚姻制度而生成的权利,因而属于构成性权利。这种权利仅仅是针对配偶双方的规则表达,并不涉及第三方,该权利也不具有对抗第三方的延伸性。当前司法实务中对所谓"性生活权"的保护从某种意义上等于赋予了配偶对"侵权者"的损害赔偿请求权,这意味着赋予了配偶权的对世效力,显然有违构成性权利的内在要求,势必导致权利的泛化和法律适用上的混乱。

拓展阅读

"性福权"案

2012年11月2日上午8点48分许,郑某沿新北区河海路惠山路路口人行横道通行时,一辆大车左转弯驶来,车速较快,将他撞伤。郑某受伤较重,先后辗转市一院及上海多家医院治疗,住院254天,用去医疗费36万余元。经交警部门认定,车辆所在单位负事故全责。

郑某被撞得不巧,除多处骨折外,会阴、尿道、肛门均撕裂或断裂,大小便失禁。2014年,经南京医科大学司法鉴定所、南京金陵中西医结合医院司法鉴定所鉴定,郑某构成5个十级伤残。更使其痛苦的是,被明确鉴定为"阴茎勃起功能障碍",构成八级伤残,性功能严重受损。

此后,郑某将车辆所在单位及保险公司诉至新北法院,获赔82万余元。但其妻蒋某认为,这些钱仅仅是赔偿了丈夫身体受伤导致的损失,而自己因这场车祸所受的痛苦才刚刚开始:她和丈夫都才30多岁,因为丈夫受伤,夫妻生活受到极大影响,身心遭受极大痛苦。为了讨要"性福权",蒋某诉至新北法院,要求车辆所在单位赔偿精神损害抚慰金30万元。

对此,车辆所在单位表示,蒋某的诉请没有法律依据,而且计算金额太高。在郑某的交通事故案件中,法院已经酌情提高了赔偿金,应驳回起诉。

法院审理认为,夫妻性生活权利是公民健康权的一个方面。蒋某作为已婚妇女,其与丈夫正常的性行为是其应有的权利,且该权利属于人格权的范畴。蒋某丈夫因交通事故导致性功能障碍八级伤残,必然导致作为配偶的蒋某性利益受到侵害。她的此项权利受损,应属于最高人民法院《关于确定民事侵权精神损害赔偿责任若干问题的解释》第八条规定的"严重后果",因此,她要求被告支付精神损害赔偿金的请求,理由正当,证据充分,应当支持。

因郑某性功能障碍伤残等级为八级,综合交通事故责任认定及郑某在交通事故纠纷中所获得的赔偿金额,蒋某起诉要求被告支付30万元精神损害赔偿金的请求显然高出了合理的赔偿范围。为此,法院最终判决被告赔偿1.5万元。

构成性权利作为一种制度构建,不能对抗主体性权利。也就是说,在权利的层次或位阶上,主体性权利是处于更高层次的权利,而构成性权利是处于较低位阶的权利。两种权利无论从性质上还是从内容上都存在很大的不同,因此在私法规范意义和适用上,也断不应将两种不同性质的权利相混淆,而是应当采取不同的规范方式和理解适用方式。

主体性权利表达的是主体领域得以并存的基本条件,它独立于法律而存在,并不是源于法律的赋予。关系领域是关系双方自我设定的领域,作为关系内容构成部分的构成性权利从根本上说源于当事人的自我设定,同样不是法律的赋予。然而,任何人不可以通过自己的意志来限制他人的意志自主性,如果相互关系中的权利不构成对相对方的任何限制,则这样的权利没有任何意义,但如果构成对相对方的限制,则这样的权利一定不是由本人单方设定的,而只能是对方当事人通过义务设定而授予的。在此意义上,可以说,构成性权利源于关系相对人的授予。比如,甲向乙承诺于某个确定日期支付货款,否则愿按照货款总价的 10%承担违约责任。从甲的角度说，到期付款否则承担违约责任是他自我设定的义务，这种义务的设定为乙的合同预期的实现承诺了条件，同时也授予了乙支付货款或要求支付违约金的请求权。

但是，由于不同类型的关系承载着不同的社会功能，为确保这些社会功能的实现，立法者并不鼓励个体自由设定权利义务，而是由法律事先预设好各种关系的权利义务。因此，构成性权利在大多数情况下都没有表现为当事人不厌其烦地明确授予，而是表现为法律对不同法律关系的规则表达。

由于构成性权利是在人与人之间相互关系上才存在的权利，因而最为基础的分类是按照人与人之间的关系类型来分类：合同关系中的权利为合同权，家庭关系中的权利为亲属权，劳动者在劳动关系中的权利可以称为劳动权，而消费者在消费关系中的权利则为消费者权利。这些权利又可以进一步划分，从而形成不同关系类型下的权利体系。

依照权利的功能与作用不同，构成性权利还可以分为优先权、形成权、请求权和抗辩权等权利类型。但不管如何分类，这种权利所表达的都可以看作是构成特定关系中的规则，这种规则只能放在特定的关系中来理解，并在特定的关系中才有效。

对于各种类型的构成性权利，本讲中不做专门介绍，而是在各类关系中作为关系规则的内容予以讨论。

(四) 公法关系中的政治权利和社会权利

上述立足于主体领域与关系领域的讨论，都是有关私法的内容。私法领域反映的是个体意志自主决定的领域。而公法涉及公权力的配置及其运行，个体意志无法支配和左右，公法关系因而只能通过法律来建构并规范。公法关系本质上以权力为核心，但也涉及个体的权利，比如选举权和被选举权。由于公法上的权利均是基于法律规定而产生的，因此在性质上均属于构成性权利。

从内容上，公法上的权利主要包括两类：一类是政治权利；另一类是社会权利。前者主要表现为宪法中规定的公民的基本权利，后者主要表现为平等就业、社会保障和社会救助等方面，相应的内容将在本书的第九讲和第十讲中予以讨论。

二、"人"作为主体存在的前提——人格权

(一) 人格权的基本内容

人格权所表达的是一个独立而完整的自我所应具备的条件，也是一个人之所以成其为"人"的基本前提。作为一个"人"，它首先享有对自己身体的支配权，并有权确保自己的生命与健康免受他人的剥夺与伤害。这是每一个人用以维持"自我"存在的基本前提。但一个人并不单独是一个像物体一样的静止的存在，他必须是自由的，失去自由的人无法按照自己的意愿来塑造真正的自我，他自己将无法选择自己的生活方式与未来，从而不得不听受他人或命运的摆布。除此之外，"人"还有权自主决定其展示自我的方式，个人所展示的"自我"表达着个体的形象和尊严，免受他人的贬损与诋毁。可以说，人格权所表达的是一个完整而独立的"自我"，它包括我的身体、我的相貌、我的精神乃至一切能够标明"我"自身独特性的因素。具体而言，"我"的领域包括以下三个方面的内容：

1. 完整自我

完整自我，也可称之为“身体自我”或“物质自我”，它反映的是“我”之所以成为“我”的物质载体。它不仅包括身体，身体只表明“我”的组成部分的完整性，此外还包括身体功能的完整性——健康，以及身体对于“我”的意义——生命。无论是身体、健康还是生命，都是“我”不可分割的组成部分，是“我”区别于他人的最基本的特征。

从某种意义上说，完整自我并不能被视为自主的领域，而是自主所依附的物质载体，是个体自主性的基本前提。身体虽然由人的意志控制和支配，但严格来说，这种控制并不意味着可以任意处分，由此我们甚至可以说，完整自我并不是严格意义上的意志可以作用的对象，但它是个体意志不可分割的一部分，从而也是主体领域不可分割的一部分。

2. 独立自我

独立自我，指一个不依附于任何他人而独立存在的“自我”，同时，也是一个自我决定自己的行为选择的“自我”。这种独立与自由源于“我”对于自己身体的独立支配，从支配的主体角度，是“我”的支配，是独立的支配；而从支配的表现形式看，则是不受干涉的支配，是自由的支配。这种独立而自由的支配的外在表现就是一个独立而自由的、一个不依附于任何人也不受任何人干涉的“我”的存在。

3. 形象自我

形象自我不仅仅是个体的生物性的外貌和生理特征，还包括与本人相对应的标记性符号，如姓名、独特称谓、荣誉等。除此之外，形象自我还包括本人对自我形象的塑造，其所表达的是本人意欲向他人展示的自我，更多地体现的是精神方面的内容。

(二) 人格权的类型

完整自我、独立自我与形象自我分别表达着人格权的三种基本类型。人格权作为一种有关“我”自身的权利，它有权维护代表自我的物质载体——生命、身体和健康的完整性，有权通过自己的意志来决定自己的事务从而使自己成为一个独立而自由的主体，同时，它有权决定如何塑造并展示一个外在的自我。这三个方面相互依存，共同构成了一个完整而独立的“自我”。立足于权利的角度，这三个方面的权利可分别称之为物质人格权、自由人格权和形象人格权。

1. 物质人格权

物质人格权是涉及一个人生命的维系、身体的完整和健康的状态的权利，它包括生命权、身体权和健康权三种权利。

(1) 生命权

生命权是人最为基本的权利，人的任何权利的享有均以生命的存续为前提，没有了生命，便没有了一切。由于我国还保留着死刑制度，国家基于法定事由并经法定程序可以剥夺个人的生命。但在民法上，所有的人都是平等的民事主体，任何人都无权剥夺他人生命。

(2) 身体权

身体权是指人为保持其肢体、器官和其他组织的完整而依法享有的权利。对身体权的侵害，不以造成生命、健康的损害为必要。比如毛发，即使不影响健康，它仍属个体身体的一部分，同样受到法律的保护。

(3) 健康权

健康权是指人保持其正常的生理和心理的功能状态和社会适应能力的权利。

2. 自由人格权

自由人格权表达的是个体自主行动的方式和范围，它应当包括人身自由权、迁徙自由权、表达自由权、自主决定权、信仰自由权。

(1) 人身自由权

人身自由权是指个人的行动自由不受他人强制和限制的权利。

(2) 迁徙自由权

人的生存需要依赖于一定的环境，人有选择生存环境的自由，亦即迁徙的自由。没有迁徙的自由，意味着个人的生存环境和发展条件受到强制，那么决定个人生存发展的将不再是本人的选择，而是由出生地所决定的命运。因此，迁徙自由应成为个人最为基本的不受剥夺的权利。

(3) 表达自由权

人有表达思想、情感和立场的自由，表达自由作为基本权利有助于彰显自我。即使是错误的言论，只要不是恶意的诽谤、煽动和侮辱，也有表达的自由。

(4) 自主决定权

自主决定权是个体有权自主决定自己事务的权利。在不涉及与任何他人的关系时，它是人身自由权；在需要借助于他人的行为来解决自己的事务时，是自主决定权。比如对治疗方案的选择并不是医生的权利，而是患者本人的权利，即使患者对医学知识一无所知，仍是如此。自主决定权常常以知情权为前提。在本人做出决定的时候，有权知悉选择所涉及的信息。

(5) 信仰自由权

价值是多元的，没有人可以宣称只有他才掌握真理，我们无权干涉他人内心所秉持的虔诚的信念，信仰自由应当受到尊重。

3. 形象人格权

形象人格权所反映的是个体依照自己的意愿所塑造并希望展示出来的独特的自我。它包括：

(1) 姓名权

姓名权是指公民决定其姓名、使用其姓名和变更其姓名并要求他人尊重自己姓名的权利，是以姓名利益为内容的权利。主要包括姓名的命名、使用、变更并排除他人妨碍和侵害的权利。

(2) 肖像权

肖像是指公民身体的外部表现，通过传统美术和现代科学，人的身体的外部表现在客观上可以再现，如通过雕塑、摄影、画像等。肖像反映的是肖像者的真实形象和个性特征，与特定人的人格不可分离。肖像权是公民对自己的肖像享有利益并排斥他人侵犯的一种人身权利，是以公民的形象、特征利益为内容的人格权。

(3) 名誉权

名誉是指社会或他人对一个人的品德、才干、信誉、商誉、资历、功绩等方面的综合评价。对个人的名誉，任何人不得恶意攻击与诋毁。

(4) 隐私权

隐私权又称个人生活秘密权，是指自然人不愿公开或让他人知悉个人秘密的权利。

(5) 信用权

在现代社会，个体经济能力及社会诚信对个体有着非常重要的意义，本人在社会上所获得的信赖与评价应受法律保护，并免受他人侵害。

(6) 个人信息权

个人信息权是对本人信息，包括姓名、住址、联系方式等的控制权，不经本人同意，任何人不得擅自收集、处理和使用。

随着社会的发展和科学技术的进步，各种"新型的"人格权也开始出现，比如个人的基因具有特有性，反映着本人独特的生物特征以及隐私性信息。随着基因技术的发展，基因样本的利用和研发涉及本人的人格利益，因而具有人格权的性质。基因信息不仅与本人相关，同时还有重大的科研价值甚至商业价值。因此，有人呼吁将基因权作为一种人格权在法律上予以确认。尽管现在我国《民法总则》中并没有规定基因权问题，但由此我们也应认识到，人格权的类型与范围并不是一成不变的，而是随着社会的发展而不断变化的。

拓展阅读

在因地理位置和贫困而相对隔离于外界的安徽大别山区，生活着一个具有同质遗传构造的人群(homogeneous population)，人口数达600万。这个地区提供了研究人类基因与疾病的关联性的一个难得的机遇，因为从这些"未受污染的基因材料的瑰宝"，相对同质的DNA分子中识别基因变异要容易得多。

1996年前后，哈佛大学在中国启动了15项人类基因研究项目，其中的12项是由参与该项目的哈佛大学公共卫生学院华裔科研人员徐希平以"免费体检"为名在中国安徽进行的。与哮喘病、高血压、肥胖症、糖尿病、骨质疏松等疾病相关的基因样本采集在大别山区展开。

数以万计的农民参加了"体检"，先后被抽了一两次甚至多次血样，却根本不知道自己和家人的血样被送到何处以及作何用途。其中，仅运到哈佛大学去的哮喘病基因样本就达16 400份，还有500个家庭的基因样本交给了美国千年制药公司(Millennium Pharmaceuticals, Inc.)以进行哮喘病的基因搜寻。仅为此一项，千年制药公司就向哈佛大学提供了1亿美元的资助。

协助提取基因样本的安徽省岳西县头陀镇卫生院通过该项目"获赠"了抽样留下的几台血压计，参加抽样的农民获得的是10元或20元的误工补助，外加两包方便面。

有人认为，由于基因与个体身体信息的紧密联系，美国哈佛大学项目组至少应当向本人告知用途，并在征得其本人同意的情况下才可以提取基因样本。美国人体研究保护办公室对此事进行了调查，并于2002年3月28日公布了调查结果，强烈谴责哈佛大学在中国实施基因项目中存在的"广泛而严重"的违规问题。

(参见王康《基因权的私法规范》，中国法制出版社，2013年)

(三) 法人的人格权问题

1. 关于法人人格权的不同认识

有人认为，法人不过是法律拟制的人，虽然在法律上法人被视为独立的主体，但它不具有任何伦理意义，与自然人人格所表现的尊严、自由、安全以及伦理道德无关，因此法人主体资格本质上应定位于一种单纯的财产权主体资格，不存在任何伦理价值。在此意义上，法人没有人格权，法律也没有必要赋予其人格性权利。但也有人认为，法人虽然不像自然人那样享有生命健康以及自由与尊严等方面的权利，但法人也有名称权和名誉权，这些权利同样也应当受到法律的保护。由此，他们认为法人也有人格权。

无论学术上有怎样的分歧，立法上法人的人格权普遍得到了确认。比如，1907 年的《瑞士民法典》在总则部分对法人人格权作了一般性规定，该法第 53 条规定：“法人享有一切权利，并负有一切义务，但如性别、年龄或亲属关系等，并以人类之天然性质为其前提者，不在此限。”我国台湾地区的《民法典》基本采取瑞士立法例，该法第 26 条规定：“法人于法令限制内，有享受权利、负担义务之能力，但专属于自然人之权利义务不在此限。”我国于 2017 年通过的《民法总则》也规定了法人的人格权，该法第 110 条第 2 款规定：“法人、非法人组织享有名称权、名誉权、荣誉权等权利。”

2. 法人人格权的特点

法人与自然人虽然都具有民事主体资格，但法人毕竟不同于自然人。自然人是一种有机体，是活生生的一类生物，而法人只是一种社会组织，只不过是运用了法律技术的结果。因而，法人的人格权具有与自然人人格诸多不同的特点：

(1) 法人作为一种社会组织，不具有与生命密切相关的人格权，如生命权、健康权、肖像权、婚姻自主权等与人的自然属性相联系的权利。

(2) 法人人格权一般来说与物质利益有较为密切的联系，尤其是企业法人，其人格权简直可以说是一种无形财产，其本身就是一笔难以计量的财富。譬如，声誉较好的企业比较容易吸收社会资金，获得银行贷款，从而推进技术改造，扩大生产规模；信誉好、质量优的产品在市场上竞争力强且畅销；企业对社会做出了比较大的贡献，就能得到国家和社会的肯定，就能取得各种荣誉称号，从而进一步促进企业的发展。从这种意义上说，法人的人格更多地表现为一种经济利益，而自然人的人格权更多地属于精神利益。

(3) 法人的某些人格权可以依法出售或转让，如我国《民法通则》第 99 条规定：“企业法人、个体工商户、个人合伙有权使用、依法转让自己的名称。”这主要是因为这类人格权本身也是一种无形财产；而自然人人格权由其基本性质决定，与其人身密切相关的，因而具有不可转让性，有些人格要素，如生命、健康、荣誉等一旦离开了其人身，也就失去了其意义。

(4) 由于法人为一种社会组织，决定了对法人人格权的侵害，往往会给法人造成财产上的损失，但通常认为不会造成精神损害。也就是说，对法人原则上并不适用精神损害赔偿。

3. 法人人格权的具体类型

法人人格权一般包括以下几类：

(1) 法人名称权。法人依法决定、使用、改变自己的名称，依照法律规定转让名称，并排除他人非法干涉、盗用或冒用的权利。

(2) 法人名誉权。法人就其自身属性和价值所得的社会评价，享有的保有和维护的权利。

(3) 法人信用权。法人就其履行对他人承诺的义务的能力在社会上获得的相应信赖和评价，享有的保有和维护的权利。

(4) 法人荣誉权。法人维护其获得的各种荣誉称号并免受他人侵害的权利。

拓展阅读

关于人格权法

《德国民法典》只规定了人的主体地位，没有专门规定人格权。萨维尼认为，不规定人格权，并不是否定人格权的意义和价值，而是因为人格权构成了所有其他类型权利的前提和基础。其他所有的权利如所有权和债权是法律附加给人的，而人格权作为人固有的权利，根本不需要实在法的承认和限制。将人格权与所有权和债权等权利等量其观，反而遮蔽了人格权的真正本质。

当前各国民法法典化国家，无论是遵循《法国民法典》的体例，还是遵循《德国民法典》体例，都没有制定专门的人格权法编，至多不过是在总则中列举一下人格权的各种权项。但在我国《民法典》制定过程中，是否应当制定独立的人格权法并使其成为民法典中独立的一编引起了激烈而广泛的争论。

认为人格权法应予独立成编的人认为，随着社会的发展，人格权已经发展成为一个复杂的权利体系，已经无法再像《德国民法典》那样在主体制度上简单地予以规范。制定一部独立成编的人格权法可以更好地保护人的人格性权利。不同意制定单独的人格权法的人认为，作为人格权客体的自然人的生命、身体、健康、自由、姓名、肖像、名誉、隐私等与人的主体资格相终始，不能脱离主体制度而存在。而且，我国制定了专门的《侵权责任法》，侵犯人格权的法律责任在这部法律中均有明确的规定。另行制定一部《人格权法》，如何与《侵权责任法》进行衔接和协调，也是一个难以解决的问题。因此，他们主张我国的《民法典》仍应尊重德国法传统，把人格权规定在民法总则编的主体制度中。

三、“人”作为主体生存的条件——物权

(一) 关于物

传统私法理论上，财产权不仅包括对物的物权，还包括对人的债权。由于对人的债权涉及人与人之间的特定关系，超出了主体性权利的讨论范围。为避免误解，此处不使用财产权的概念，仍使用物权的概念。

物权是人针对“物”的权利，因此，我们首先需要讨论什么是法律意义上的“物”。法律意义上的“物”不同于客观存在的“物”，并不是所有的客观存在的“物”都是法律意义上的“物”，比如空气和阳光都是物，但均不是法律意义上的“物”，因为法律意义上的“物”可以附着权利，从而具有排他的性质。一般情况下，没有人可以声称对空气和阳光享有权利，也不能排除他人对空气和阳光的利用，因此，阳光和空气也就不能成为法律意义上的“物”。

一般而言，在民法上，物应具备下述特征：

(1) 存在于人身之外。物不管是人的劳动创造的，还是自然界的产物；不管是有固定形状的，还是没有固定形状的，民法上，物都具有非人格性，只能是存在于人身之外。人的身体的任何部分都是“人”的一部分，属于人格权范畴，而不能被作为“物”来看待。

(2) 能满足人们的社会需要。民法上的物，必须具有一定的使用价值，能够满足人们一定的社会需要。不具有使用价值的物，不能成为法律意义上的物。社会需要可以分为社会物质生活需要和社会精神生活需要。具有经济价值和用途的物，能够满足人们的物质生活需要，可以成为民法上的物。同样，具有精神价值，如文化价值、情感价值等的物，能够满足人们的精神生活需要，也可以成为民法上的物。

(3) 能为人所实际控制或支配。能够为民事主体所实际控制或支配的物才能成为民法上的物。阳光、空气在被实际控制并支配之前，不属于法律上的物。

随着科技的进步和社会的发展，民法上的"物"的概念也受到很多新的挑战。比如人身体的组成部分不是"物"，但摘取的器官是不是"物"？排出体外的精子与胚胎是不是"物"？尸体是不是"物"？这些问题不仅仅是一个法律问题，还涉及伦理问题，因此不能简单地从物权法的角度来予以分析。若将人体器官视为"物"的话，它就是可以买卖的，我们如何来防范由此所带来的道德风险呢？如果不视为"物"，当它一旦脱离人体并且具有价值时，我们又该如何处理其归属及其所涉及的权益呢？目前，我们国家禁止人体器官的买卖，但围绕器官移植、器官捐献等所涉及的法律问题并不十分完善，仍有进一步深入讨论的空间。

拓展阅读

冷冻胚胎之争

江苏省宜兴市市民小沈和小刘因自然生育困难，于 2012 年 8 月到南京鼓楼医院采用体外受精胚胎移植助孕手术繁育后代。取得受精卵后，医院冷冻了 4 枚胚胎。胚胎移植原定于 2013 年 3 月 25 日进行，但在手术前几天，小沈与小刘遭遇车祸不幸死亡，于是保存在南京鼓楼医院的 4 枚冷冻胚胎，成为双方父母延续血脉的唯一希望。

两对失独老人都想拿到冷冻胚胎，延续"香火"。双方老人都通过各种途径联系医院，因为医院拒绝将冷冻胚胎交给双方老人的任何一方，在纠纷无法调解的情况下，沈先生把亲家告上了法庭，同时追加拒绝交出胚胎的鼓楼医院为第三人，要求法院将冷冻胚胎的继承和处置权判给己方。

原告认为，根据法律规定和风俗习惯，死者双方遗留的冷冻胚胎处置权作为原告生命延续的标志应当由原告来监管和处置，小沈与小刘存放于鼓楼医院生殖医学中心的受精胚胎应归原告监管处置。

被告刘某、胡某辩称，胚胎系他们的女儿留下的唯一遗物，要求处置权归其所有。

第三人鼓楼医院则辩称，冷冻胚胎不具有财产属性，原被告双方都无法继承；沈某夫妻生前已签署手术同意书，同意将过期胚胎丢弃；胚胎的作用为生育，现小沈夫妻已去世，在原被告双方都不具备处置和监管胚胎条件的情况下，唯一能使其存活的方式就是代孕，但该行为违法，原被告双方也无权行使死者的生育权，故要求驳回原告的诉讼请求。

法院认为，公民的合法权益受法律保护。小沈与小刘因自身原因而无法自然生育，为实现生育目的，夫妻双方至鼓楼医院施行体外受精——胚胎移植手术。现夫妻双方已死亡，作为双方父母的原被告均遭受了巨大的痛苦。原告主张小沈与小刘夫妻手术过程中留下的胚胎作为其生命延续的标志，应由其负责保管。但施行体外受精胚胎移植手术过程中产生的受精胚胎具有发展为生命的潜能，含有未来生命特征的特殊之物，不能像一般之物一样任意转让或继承，故其不能成为继承的标的。

同时，夫妻双方对其权利的行使应受到限制，即必须符合我国人口和计划生育法律法规，不违背社会伦理和道德，并且必须以生育为目的，不能捐赠、买卖等。本案中，小沈与小刘夫妻均已死亡，通过手术达到生育的目的已无法实现，故其夫妻两人对手术过程中留下的胚胎所享有的受限制的权利不能被继承。综上，对于原告提出的其与被告之间应由其监管处置胚胎的诉请，不予支持，判决驳回诉讼请求。

原告不服判决提起上诉，二审法院无锡中院经审理后认为，在我国现行法律对胚胎的法律属性没有明确规定的情况下，结合本案实际，至少应该从伦理、情感及特殊利益保护方面考虑。因此，胚胎由双方父母监管和处置，既合乎人伦，亦可适度减轻其痛楚。但法院明确，双方父母行使监管权和处置权时，须遵守法律，不得违背公序良俗和损害他人利益。

就这个案件的处理，无锡市中级人民法院院长时永才称："法院秉持一种开放式的态度，也许冷冻胚胎这个新生事物会随着人们观念的转变，逐渐为社会所接受，而代孕会被赋予合法性，在社会公众都能接受的情况下，法律会做出相应的回应，到这个时候，四位老人血脉延续的心愿也许能合法化实现。"

（二）物权的范围

财产是人赖以生存的不可缺少的物质基础，人不仅享有人格权，还应当享有拥有财产的权利。没有人格权，人不成其为"人"，没有物权，"人"将失去赖以生存的前提。

在主体性权利意义上，财产权并不包括债权。主体领域的划定在于确定个体不受他人干涉的范围，亦即：作为一个独立而完整的个体，在其不依赖于与他人的任何关系的前提下，个人本来所拥有的东西，它所要表达的是个体与他人建立关系之前应当首先予以明确的前提。根据《物权法》的规定，物权主要包括以下几类：

1. 所有权

所有权指的是主体对物的全面的支配权，所谓全面的支配权，一般包括占有、使用、收益和处置四项权能。"全面"是针对定限物权而言的，所有权的四项权能可以基于所有权人自己的意思而与所有权分离，比如对动产设置质押意味着所有权人要转移占有，又比如国家对土地使用权的出让，土地使用权人将占有和使用该土地。相对于所有权，质押权和土地使用权都只享有对物的部分权能，因此属于定限物权，定限物权不是对物的全面的支配权。

2. 土地使用权

土地使用权从性质上讲属于用益物权，需要通过用益合同来设立，属于定限物权的一种类型。我国实行土地公有制，个体对土地的使用权是通过国家划拨或转让的方式取得的，我们也可以理解为国家与个体之间就土地使用问题所订立的合同。尽管在性质上土地使用权属于用益物权，但由于其取得毕竟与私人之间依据个体意志自我设定不同，结合我国实际情况，将之置于主体性权利之下，似更为妥当。

3. 占有权

占有本来是一种事实，占有人可以不是所有权人，比如保管人、承租人、他项物权权利人，都可以成为合法的占有人。占有也可能没有合法根据，比如基于偷窃和抢夺而占有。但即使如此，法律也不允许他人以同样非法的方式从占有人处偷窃或夺取。在此意义上，占有人占有某物的这一事实可以对抗除真正的权利人以外的一切人。也就是说，占有事实本身受到法律保护，在此意义上，占有也可以视为是一种权利。

（三）物的归属

物权的目的在于划定主体领域中"我的"的领域的范围，而这一范围的确定取决于法律上如何确定物的归属。在此意义上可以说，物权的核心内容在于确定物的归属。

1. 所有制形式与物的归属

全民所有、集体所有和个人所有是我国《宪法》中规定的三种所有制形式，相应地，《物权法》也规定了国家所有、集体所有和私人所有三种所有权形式，并据此详细规定了物的不同归属。

但是，应当注意的是，《物权法》作为私法，调整的是私人之间财产的归属与利用关系，国家所有与集体所有的财产只有在与私主体进行私法意义上的平等交易的过程中，国家与集体才可视为是私法上的主体并适用私法规范。除此之外的国家财产和集体财产并不具有私法意义，也正是为此，很多学者反对《物权法》中以所有制形式为基础所进行的物权分类。

无论如何，应当明确的是，对于国有财产和集体财产中为公众利益和公共利益而存在的财产，比如城市街道、城乡道路、国家机关占地和建筑、城市公共设施等并不具有可交易性，均不具有私法意义。甚至有些学者认为，这些财产应属于公有物或共用物，国家对此所享有的并不是所有权，而只是对公共事务的管理权。

法条链接

中华人民共和国物权法（节录）

第四十六条　矿藏、水流、海域属于国家所有。

第四十七条　城市的土地，属于国家所有。法律规定属于国家所有的农村和城市郊区的土地，属于国家所有。

第四十八条　森林、山岭、草原、荒地、滩涂等自然资源，属于国家所有，但法律规定属于集体所有的除外。

第四十九条　法律规定属于国家所有的野生动植物资源，属于国家所有。

第 五 十 条　无线电频谱资源属于国家所有。

第五十一条　法律规定属于国家所有的文物，属于国家所有。

第五十二条　国防资产属于国家所有。

铁路、公路、电力设施、电信设施和油气管道等基础设施，依照法律规定为国家所有的，属于国家所有。

……

第五十八条　集体所有的不动产和动产包括：

（一）法律规定属于集体所有的土地和森林、山岭、草原、荒地、滩涂；

（二）集体所有的建筑物、生产设施、农田水利设施；

（三）集体所有的教育、科学、文化、卫生、体育等设施；

（四）集体所有的其他不动产和动产。

……

第六十四条　私人对其合法的收入、房屋、生活用品、生产工具、原材料等不动产和动产享有所有权。

第六十五条　私人合法的储蓄、投资及其收益受法律保护。

……

第一百零九条　拾得遗失物，应当返还权利人。拾得人应当及时通知权利人领取，或者送交公安等有关部门。

第一百一十条　有关部门收到遗失物，知道权利人的，应当及时通知其领取；不知道的，应当及时发布招领公告。

第一百一十一条　拾得人在遗失物送交有关部门前，有关部门在遗失物被领取前，应当妥善保管遗失物。因故意或者重大过失致使遗失物毁损、灭失的，应当承担民事责任。

第一百一十三条　遗失物自发布招领公告之日起六个月内无人认领的，归国家所有。

第一百一十四条　拾得漂流物、发现埋藏物或者隐藏物的，参照拾得遗失物的有关规定。文物保护法等法律另有规定的，依照其规定。

2. 物的取得

物的归属与物的取得方式相关。物的取得方式指个人通过什么样的方式取得物，从而享有物权，以法律不认可的方式，如偷窃、抢夺等非法方式取得的物，尽管可以拥有临时的占有权，但并不能排除所有权人的追夺。根据我国《物权法》的规定，物的取得方式主要有两种：

(1) 原始取得

物的原始取得，是指不依赖他人的意思，独立地按照法律的规定而直接取得所有权。取得方式主要包括三种：先占、添附和孳息。

先占是针对无主财产或者说无主物而言的，已经被人抛弃的，没有被他人所占有的物，谁先占有谁取得权利。对于所有人不明的埋藏物和遗失物，很多国家民法规定经过一定时间如无人主张权利，即可取得所有权。根据我国《物权法》规定，自然资源(包括保护类野生动物)国家所有，发现埋藏物、拾得遗失物和漂流物应归还所有人或交有关部门，有关部门发布招领公告后6个月无人认领的，归国家所有，因此，上述"物"在我国都不存在先占问题。

添附指不同所有人的物因为结合或加工而形成一种不可分割的物或新的品质的物，当其难于恢复原状或恢复原状成本过高时就产生添附问题。添附分为附和、混合、加工。附和，指将不同所有人的物密切结合而难以分离。混合，指将不同所有人的财产结合在一起，难以识别或识别费用过大。加工，指在他人所有的物上进行有价值的劳动，而使它形成一种具有新的价值的物品。加工的标的物仅限于动产。对于加工，首先要区分善意、恶意，善意则构成添附，恶意则构成损害赔偿。然后区分主从，根据从随主的原则，如果原材料的价值很高，加工费很低，则原材料为主物，加工是从物，原材料所有人支付加工费后即可取得加工后的产品，反之，如果加工费很高，则加工为主物，加工人支付原材料的价款后即可取得加工物所有权。

孳息分为天然孳息和法定孳息。天然孳息本来是母物的一部分，如果实、动物幼仔，因而母物的所有权人享有孳息的所有权。对于法定孳息，如利息，根据法律的规定来决定其归属。

(2) 继受取得

继受取得，又称传来取得，是指通过当事人自己的意思或某种法律事实从原所有人那里取得对某项财产的所有权。继受取得的具体方式主要也是三种，分别是合同转让、继承遗产和接受遗赠。当事人根据与所有权人订立的合同而受让取得物的所有权，如买卖、赠与等合同行为都可使所有权发生移转，从而取得物权。继承人或受遗赠人按照法律规定、合法有效遗嘱或遗赠的指定，也可以取得被继承人死亡时遗留的个人合法财产，从而取得财产权。

通过合同转让取得物的所有权的取得方式需以出让方享有对标的物的处分权为前提。出让人没有处分权，但受让人属于善意取得时，也可以取得物的所有权。这里所说的善意，是指受让人不知道，或者按照普通人的思维判断不可能知道转让人没有处分权的情形。构成善意取得时，受让人取得物的所有权，出让人对原权利人予以赔偿。不构成善意取得时，受让人应当向原权利人返还原物，受到的损失可要求出让人赔偿。

(3) 物权变动的时间节点的确定

一个人在何种时间节点上取得对物的所有权是一个非常重要的问题。这一问题在物权法上发展成为一种复杂的理论，即物权变动理论。我们在这里简单地讨论一下这一理论。

物权与人格权的目的都在于确定个体主体领域的范围，主体领域作为个体与其他人建立一切关系的前提，个体主体领域中的权利因而不得因任何关系而受到侵犯，也就是说，与关系领域的各种权利相比，主体领域的权利具有当然的优先性。在物权取得方式中，只有先占无须依赖于他人的意思，而其他形式的物权取得均需以某种形式的关系为前提，如合同转让取得需依合同关系为前提，是基于合同而取得物权。在取得物权之前，买受人只享有对物的交付请求权或不能交付时请求返还价款（或损害赔偿）的权利，这种权利属于债权，是一种基于特定关系而存在的权利。由于法律优先保护主体领域的权利，在交易过程中当事人是否取得物权也就意味着享有不同的法律保护。

比如，甲将房子卖给乙，乙付清了房款但未交付房屋，后甲将该房又卖给了丙，丙也付清了房款，并办理了房屋过户登记。在甲已经将乙和丙交付的房款挥霍一空的情况下，乙和丙谁的权益应该优先保护呢？判断的根据就在于谁取得了对房屋的所有权，取得所有权的优先受到保护，未取得所有权的对甲享有的是债权。在甲无力清偿债务的情况下，该债权不能得到实现，债权人必然遭受损失。而物的所有权人，因取得了物权，故可优先受到保护，从而避免损失。

物权变动结点的意义还在于明确物损毁灭失的风险承担。比如上述案件中，如果因地震房屋倒塌，谁应该承担损失呢？只能是由取得房屋所有权的人承担该损失。

因此，法律应当确定物权变动的时间节点，从该节点起，物权的归属发生转移。根据我国《物权法》规定，物权变动的节点主要有两个：一是交付；二是登记。其中，交付是动产物权变动的结点。所谓动产，通俗地说就是可以移动的物。根据我国法律规定，动产的物权自交付时转移，亦即受让人自交付时取得物权。登记是不动产的物权变动的时间节点。所谓不动产是指不能移动或移动将损害物的价值的物，主要包括土地、房屋、林木等。由于不动产不可移动，无法像动产那样交付，因此法律规定不动产物权变动的时间节点为登记。不动产物权转让时，需要到登记机关办理变更登记，变更登记的时间为物权转移的时间。

拓展阅读

"我和我的"的特殊领域——知识产权

"我"的领域是人格权领域，"我的"的领域是物权领域，但主体领域并不仅仅包括人格权领域和物权领域，还包括一个特殊的领域——知识产权领域。

所谓知识产权，顾名思义是因知识而产生的权利，具体来说，是人对其智力劳动所创作的成果所享有的权利。知识产权的价值主要表现为其潜在的财产利益，因此可以视为一种特殊的"物"，但知识产权也具有人格权属性，如对作品的署名权和发表权，因此知识产权具有人格与财产的双重属性。

知识产权不像人格权与物权，是一切的法律主体都享有的权利，这种权利只归部分人享有。而且这种权利也不是权利主体自然获得的，往往需经过国家机关的审批与确认后才可以享有。因而，很多人认为知识产权兼具有公法与私法的双重属性，不属于单纯的私法范畴。在法律体系上，知识产权也渐有脱离民法体系之势，按照当下几种《民法典》的草案版本，知识产权恐怕也很难被列入未来的《民法典》体系之中。

但是，无论是否需要经过行政审批程序予以确认，知识产权从权利归属和权利使用上都具有典型的私权特征，应当属于私法的范畴。由于这种权利同样属于"我和我的"的领域的一部分，故而应当纳入主体领域，是主体领域不可忽略的重要组成部分。

根据《民法总则》第123条规定，知识产权的客体包括作品、专利、商标、地理标志、商业秘密、集成电路布图设计、植物新品种以及法律规定的其他客体共八种。

1. 思考与讨论

(1) 你认为“人体器官”和“冷冻胚胎”是“物”吗？尸体呢？

(2) 个人对自己的住址、电话号码等信息享有权利吗？你认为这是一种什么性质的权利？

2. 课外阅读

(1)《中华人民共和国民法总则》；

(2)《中华人民共和国物权法》；

(3)《中华人民共和国著作权法》；

(4)《中华人民共和国商标法》；

(5)《中华人民共和国专利法》；

(6)《为权利而斗争》，[德]耶林著；

(7)《德国民法基本概念》，[德]哈里·韦斯特曼著。

第五讲

“人”对他人的义务

权利是“我”的权利，而义务是对他人的义务，因此，义务是在相互关系的意义上才存在的。人对他人负有哪些义务，取决于人与人之间的关系类型。

人与人之间的关系首先是共处关系，这一关系是客观存在的，我们自己不能根据自己的意思来设立、变更或消灭这种关系，无论我们是否喜欢，这种关系都在那里。我们自己也可以依据自己的意思设定各种关系，比如合同关系，合同关系的具体内容完全是由我们自己决定的，是典型的自我设定的关系。此外，还有一些关系的内容已经由法律预先规定，但是否进入这种关系则完全是由本人自主决定的，这种关系可称为自我选择的关系，也可称之为法律预设的关系，如婚姻关系。公法上的关系内容基本上完全取决于法律的规定，属于典型的法律设定的关系。

不同的关系存在不同的义务设定，共处关系是任何人都不可回避的关系，基于共处关系而负担的义务是每个人对他人应负的普遍性义务。在自我设定的关系和自我选择的关系中，义务均是自我设定的，或者是自我选择的，可称为自我设定的义务或自我选择的义务。而在法律设定的关系中，个体应负的义务属于法律设定的义务。

一、普遍性义务

普遍性义务是基于人与人之间的共处关系而产生的义务。维护一个和谐而稳定的共处关系要求所有的人的权利都能够免受他人的侵犯和干涉，也就是说，对他人的权利，每个人都负有不作为义务，或者说注意义务，从而避免对他人的权利造成侵害。同时，对因他人权利的存在给自己的行为自由所带来的不便，每个人还负有容忍义务。这两种义务应是人与人之间共处所应负的最为基本的义务。但是，人与人之间的共处并不是一种完全静态的并存式关系，而是动态的、流动的关系。在这样一种动态的关系中，有时需要一方为另一方提供一定的便利或协助，否则其权利就无法行使。由于这种协助仅仅是为确保权利的行使或维护其起码的圆满状态，因此可以称之为一种最低限度的协助义务。

这样，人与人之间基于共处关系而相互负担的普遍性义务就可以分为三种基本类型，注意义务、协助义务和包括容忍义务在内的其他义务。

(一) 注意义务

“我”是一个独立的存在，但社会上并非只有“我”一个人，还有无数的其他人与“我”同在。“我”不仅不能故意去侵犯他人的权利，而且还必须谨慎的行为，从而避免可能对他人造成的损害。但是我们应当如何行为才算是“谨慎”呢？如果我们将这种谨慎称为一种注意义务的话，我们应当如何来设定这种注意义务的程度或者具体内容呢？

针对不同的情况，个体对他人的注意义务在法律上也应当有不同的要求。在这里，将其分为三种不同类型，也可以说是三种不同级别的注意义务。

1. 普通注意义务

普通注意义务是作为一个正常的、理性的普通人，在普通的日常活动中应当且能够尽到的注意义务。是否尽到注意义务，主要考察两点：一是对行为后果的预见能力；二是对损害后果的避免能力，亦即作为一个普通的理性人，他是否有能力预见并避免行为所导致的损害后果。如果有能力预见和避免损害，他的行为仍然导致了损害，则可认定其未尽充分的注意义务，应对行为后果承担责任。如果不能预见也不能避免损害结果，可认定其已尽普通人的注意义务，对损害的后果则不需承担责任。这样的责任判断标准称为“普通理性人标准”，由于他以普通的理性人为标准而不考虑行为人本人行为时的主观判断能力，故这一标准也被称为“客观标准”。

与该“客观标准”相对应的是“主观标准”，即传统侵权法上的“过错标准”。传统侵权理论认为，过错包括故意与过失。对于故意给他人造成的损害，具有明显的恶意和可归责性，当然应当对行为所导致的后果承担责任。过错标准的主要问题在于过失，是否构成过失主要考虑行为人本人行为时的心理状态，分为疏忽大意的过失和过于自信的过失两种情形。疏忽大意指本应预见到行为所可能导致的后果，因疏忽而未预见；过于自信指已经预见到行为所可能导致的后果，因自信能避免仍然实施，结果未能避免。无论是疏忽大意还是自信，表达的都是行为者行为时的心理状态，故而过失标准通常也被称为是主观标准。

无论是普通理性人标准，还是主观过错标准，都是为了确定一种根据，以判断一个人在做出行为的时候，是否尽了充分的注意义务，以避免可能给他人造成的损害。这一标准不能定得太高，如果动辄归责，人们在交往中会变得畏首畏尾，从而对必要的活动开展和正常的交往造成影响。但这一标准也不能太低，太低不利于个体有效约束和控制自己的行为，对受害人也不公平。过错标准立足于行为人的过错，普通理性人标准立足于普通人的注意义务，都是为了能寻求到一个恰当的标准。

尽管两种标准的根据不同，但二者并不冲突，而是可以相互参照、相互补充的。过错本身即具有可谴责性，如果能够证明行为人本身的过错，则完全可以认定其未尽到注意义务；反过来，当是否存在过错难以证明时，如果按普通理性人标准本应避免损害的发生而未能避免的，则显然可以说明行为人未尽注意义务，在此情况下认定其存在过错亦未尝不可。

2. 特别注意义务

普通注意义务是普通人对他人所应尽的最低标准的注意义务，如果连这一标准都未达到，则行为人应对其由此所造成的损害承担责任。但是，在有些情况下，如果按普通注意义务标准，明显对受害人不公平，而且让受害人证明行为人是否尽注意义务或存在过错有很大困难。比如，医生在诊疗过程中是否尽到注意义务，或者是否存在过错，对于缺乏医学知识的受害人而言很难证明。而且，医生作为专业人员，如果按照普通理性人标准来要求其专业的诊疗行为显然也不合适。在这种情况下，要求行为人应尽级别更高的注意义务，或者说特别注意义务。

特别注意义务在传统侵权法理论中对应的是“过错推定责任”。所谓过错推定，是立足于证明责任而言的。一般情况下，对于行为人是否应当对其行为所造成的损害承担责任，受害人不仅要证明有损害，还要证明行为人有过错，如果不能证明其有过错，则其请求无法获得支持。

但对于适用过错推定的情形，受害人无须证明行为人有过错，是否有过错由行为人自己证明，只要行为人不能证明自己没有过错，就推定其有过错。在过错推定情况下，法律对行为人的要求显然高于普通的过错责任，因而对受害人是有利的。

特别注意义务也好，过错推定也好，只有在法律有明确规定的情况下才能适用。根据我国侵权法规定，特别注意义务一般包括两种：

（1）专家注意义务

专家注意义务是指专家，如律师、会计师、医生等专业人员在执业过程中，对服务对象甚至其他第三人所负的谨慎、小心行为的义务。专家注意义务来源于人们对专家的信赖，由于其特殊的专业水平，故而对于其职业活动，理应负有比普通人级别更高的注意义务。或者说，对专家注意义务的判断不能以普通理性人为标准，而应以专家应当具有的相应专业水平为标准。

我国《侵权责任法》中未规定专家责任，仅规定了医务人员的责任，其中第57条规定，医务人员的注意义务应与当时的医疗水平相适应。至于何为“与当时的医疗水平相适应”，该法并未明确，实践中一般根据医院所应具备的医疗水平来判断。

（2）管理人注意义务

管理人注意义务主要指负有某种管理职责的人所负担的注意义务。对于管理人注意义务，在我国的侵权法中是按照推定过错来规定的，管理人只有在能够证明自己已尽管理职责的情况下才可免除责任。如何才可视为“已尽管理职责”呢？法律没有明确规定。实务中，原则上要求管理者要穷尽并妥善落实通常情况下所应采取的所有手段，才可视为已尽管理职责，事实上，这样的要求是很高的。在司法实践中，对于已经造成的损害，管理人很难做到完全免责。

根据我国《侵权责任法》的规定，管理人应尽特别注意义务的情形主要有以下几种：

① 欠缺民事行为能力人在幼儿园、学校或者其他教育机构学习、生活期间受到人身损害的，幼儿园、学校或者其他教育机构应尽的注意义务。

② 建筑物、构筑物或者其他设施及其搁置物、悬挂物发生脱落、坠落造成他人损害，所有人、管理人或者使用人应尽的注意义务。

③ 堆放物倒塌造成他人损害，堆放人应尽的注意义务。

④ 因林木折断造成他人损害，林木的所有人或者管理人应尽的注意义务。

⑤ 窨井等地下设施造成他人损害，管理人应尽的注意义务。

⑥ 高度危险物，如放射物、有毒物被他人非法占有，所有人与管理人对防止他人非法占有应尽的注意义务。

⑦ 动物园的动物致人损害，动物园应尽的注意义务。

3. 高度注意义务

普通注意义务针对的是普通人的日常行为，特别注意义务针对的是专家和管理者的职业或管理行为。除此之外，还有一些行为在给社会带来福利的同时，还具有高度的危险性。由于该行为本身的危险性，即使行为人已尽高度注意义务，也难以百分之百地避免危害的发生，这种情况下，又该如何确定行为人的义务呢？

对于具有高度危险性的行为所造成的损害，如果行为人以自己已尽注意义务或没有过错不承担责任，对受害人是不公平的。比如，工厂排放废水导致农作物污染死亡，如果工厂排污未超过国家规定的标准，则不能认定工厂有过错，似乎也不能说其未尽注意义务，这样，受害人无法获得赔偿。尽管一定程度的污染是不可避免的，但是，工厂为盈利，让他人为由此所导致的环境污染买单，这对受害人显然极不公平。在这种情况下，除法律明确规定的免责事由外，原则上只要有损害，就应当对此承担责任，对于个体的这种注意义务，可以称之为高度注意义务。

高度注意义务在传统的侵权法理论上所对应的是无过错责任。即对行为人造成的损害，行为人无论是否有过错，都应承担责任。与过错推定责任的适用一样，是否适用无过错责任，也需以法律的明确规定为前提。

下列情况下，相应的行为人负有危险负担义务：

(1) 高度危险作业的作业人。高度危险作业包括高空、高压、易燃、易爆、剧毒、放射、高速运输工具等作业行为。

(2) 动物的饲养人。

(3) 缺陷产品的生产者与销售者。

(4) 环境污染的污染人。

应当注意的是，对无民事行为能力人或限制民事行为能力人给他人造成损害的，监护人承担的责任以及雇佣人员、国家工作人员、用人单位的工作人员在工作中致人损害，雇主、国家机关和用人单位所承担的责任，在传统侵权法理论上都属于无过错责任，但这些行为并不属于危险行为。实际上，从归责原则的角度将监护人责任和使用人责任归于无过错责任并不合适，监护人责任与使用人责任涉及的是责任主体的确定问题，不是行为的归责问题。对于无民事行为能力人和工作人员的行为是否构成侵权，仍需考察行为人本人的过错或注意义务问题，在义务确定上并没有特殊性。

(二) 协助义务

注意义务是消极义务，或者说不作为义务，是避免给他人造成损害的义务。协助义务则不同，原则上，在未与他人建立起任何关系之前，作为一个独立而完整的个体，人对他人并没有积极的协助义务，是否协助他人，不能源于法律的强制，而应取决于本人的意愿。但是，在有些情况下，为维护正常的人与人之间的并存秩序，有些协助义务是必须的。比如不动产相邻关系中，相邻各方在必要的时候应该给对方提供必要的便利，又如不当得利情形，即使这种“得利”是因受害人自己的行为导致的，如误充话费到他人手机上，不当得利者也应当负返还义务。

这种协助义务并非出于当事人自己的意愿，而是主体性权利并存的要求，并通过法律来予以确认，其目的仅在于维护最基本的共处秩序，因此可称之为最低限度的协助义务，从而与关系领域中基于当事人本人的承诺而负担的具有协助性质的义务相区分。

1. 相邻关系中提供便利的义务

相邻关系指两个或两个以上相互毗邻的不动产的并存关系，一般指土地和房屋的毗邻关系。由于房屋或土地毗邻，故在采光、排水、交通等方面必然会相互影响。为避免对相邻一方造成不良影响，任何一方即使是对自己的土地或房屋的利用，也不能随意为之，而是应尽可能避免对相邻方的不当影响，同时在必要的时候，还要为相邻方提供必要的便利。

根据我国《物权法》规定，在下列情况下，不动产权利人应当为相邻方提供必要的便利：

(1) 不动产权利人对相邻方用水、排水需要必须经过其土地的；

(2) 不动产权利人对相邻权利人因通行等必须利用其土地的；

(3) 不动产权利人因建造、修缮建筑物以及铺设电线、电缆、水管、暖气和燃气管线等必须利用相邻土地、建筑物的。

2. 不当得利的返还义务

不当得利指没有合法根据，或合法根据因某种原因消失而获得利益，比如误充电话费给他人，他人得到电话费没有合法根据，即属不当得利。又如因买卖合同已取得标的物，但该合同后被协商解除或被撤销，原来的合法根据消失，取得标的物的一方也属于不当得利。

对于不当得利，受益人应负返还义务。在某些情况下，不当得利是受害人自己行为所致，如前述误充话费给他人的情形，这种情况下的受益人为善意受让人。善意受让人的返还义务一般以返还时的现值为限负返还义务，而且因保管或返还原物而支出的费用有权要求受害人支付。明知并基于自己的行为，甚至是不法行为，而获得不当利益的为恶意受益人，恶意受益人除对因增加的价值而支出的费用外，对其他费用无权要求受害人支付，如果给受害人造成其他损失的，还应当赔偿损失。

3. 特定情形下的救助义务

这里所说的特定情形下的救助义务，是指对处于危险中的他人，能够采取救助行动且对自己无重大危险亦不违背其他重要义务的情况下，而实施的救助义务。我国法律并未规定这种救助义务，但这种救助义务在人与人之间有助于建立一种良性的并存秩序，且不会给自己增加过多的负担，因此有人认为将之上升为一种法定义务似并无不当，但也有人认为这种问题在性质上属于一种道德问题，将之上升为法定义务的层面并不适合。

拓展阅读

小悦悦事件

2011 年 10 月 13 日下午 5 时 30 分许，年仅两岁的女童小悦悦走在巷子里时被一辆面包车碾压，7 分钟后又被一小型货柜车碾过。路旁的监控录像显示，在两车间隔的 7 分钟内，在女童身边共有 18 个路人经过，但无一人采取救助措施。最后，一位捡垃圾的阿姨陈贤妹把小悦悦抱到路边并找到她的妈妈。2011 年 10 月 21 日，小悦悦经医院全力抢救无效，在零时 32 分离世。

"小悦悦事件"之后，社会各界纷纷以各种方式对见死不救的行为展开了谴责、质问和反思。广州律师朱永平准备联合广州同行推动"见死不救"立法。广东省委政法委也在官方微博上发布信息，征求救济、奖惩机制方面的意见与建议。

(三) 其他基于共处关系而负担的义务

1. 容忍义务

容忍义务指人在与他人交往过程中应当宽容，对于因他人而导致的不快或轻微的损害以及某些本人无法避免的损害，应当容忍。这种容忍义务意味着法律并不将这种行为纳入法律的规范范围，也不提供法律上的救济手段。也就是说，行为所造成的损害只有被纳入法律的规范范围时，才能够获得法律上的救济，否则，当事人只能予以容忍。

2. 受益者的补偿义务

对于没有法定或约定的义务，为避免他人利益遭受损失而管理他人事务的行为，管理人有权要求受益人支付由此所产生的费用。这种情况在传统民法理论上称为无因管理，是债的发生原因之一。但是，无因管理不以任何先在的关系为前提，而是个体单方的行为，法律之所以赋予管理人补偿请求权，是因为无因管理行为同样有助于在人与人之间建立一种良性的并存秩序。

为保护他人权益的“见义勇为”在性质上也属于无因管理行为，但对于因“见义勇为”而受到的伤害，应由加害人予以赔偿，但如果没有加害人、加害人逃逸或者加害人没有赔偿能力的，在见义勇为者提出补偿要求的情况下，受益人应给予适当补偿。

此外，对于紧急避险行为，如果危险是由自然原因引起，或引起险情的人逃逸或没有赔偿能力的，在避险中受到损失的人也可以要求受益人适当补偿。

3. 普遍性义务的派生义务——恢复义务

违反普遍性义务常常会带来对权利的侵犯，由此可能会改变主体性权利的现实状态甚至是造成损害。如果状态的改变可以恢复到原来的状态，或者说损害是可以修复的，则本人当然应负担恢复原状的义务。这种义务属于普遍性义务的一种延伸，可以视为是一种派生性义务。

恢复义务是一种由消极义务而派生出来的积极义务，且只有在因违反义务所导致的状态改变或者损害可以恢复到原状的情况下，才有履行的可能。这种义务主要包括返还义务、恢复原状的义务、修复义务、排除妨碍的义务、消除危险的义务等。如果通过恢复义务的履行，恢复到权利未受侵犯前的状态，也就是说并未产生现实的损害，则义务人无须承担相应的责任；但如果损害是不可恢复的，或者本人拒不恢复，则应对由此所导致的损害后果承担相应的法律责任。

二、自我设定的义务

（一）义务的自我设定与设定方式

1. 为什么要自我设定义务

人的普遍性义务源于主体性权利并存所依赖的前提条件，这种义务的内容并不取决于本人的意志，也不受个体意志左右，任何人不得随意变更。同时，对于所有人而言，每个人所负担的普遍性义务的内容都是相同的，并不因人而异。但还有另外一种与普遍性义务完全不同的义务，这种义务是由本人自我设定的，义务的内容取决于本人的意志。比如买卖关系中约定收货后10日付清10万元货款，10万元的付款义务作为买方的义务，并非来源于任何法律规定，而是来源于买方的自我设定，如果买方不同意设定，便不存在这种义务。

这种自我设定的义务一般情况下是针对特定的人设定的，而且双方之间的义务设定常常是互为条件的，任何一方自我设定的义务均构成另一方实现某种目的的条件，由此实现利益的交换。比如前面的案例中，买方自我设定了10万元的付款义务，但卖方同时也设定了一定数量的某特定货物的交货义务，两种义务是互为条件的。在此意义上，义务的自我设定是关系双方为实现某种目的而相互协商妥协的结果，但无论如何，义务的设定最终仍取决于本人的意志。

2. 义务自我设定的方式

自我设定的义务是针对特定的人而设定的义务，义务一旦设定，即构成他人实现某种预期目标的条件。因此，这种义务设定并非是本人一厢情愿的愿望，更不是默默无闻的奉献，而是需要以明示的方式向对方作出意思表示。这种向他人明确为自己设定义务——在未来某个时期作出或不作出一定行为的意思表示，在法律上称为承诺，承诺是义务自我设定的方式。

承诺可以通过语言表示，也可以通过行为来表示。语言表示可以是口头的，也可以是书面的。电话、信函、电子邮件，只要是借助于语言文字来表达意思的，均为语言表示。语言表示是最为普遍的意思表示方式，绝大多数承诺都是通过语言表示作出的。

对于社会上众所周知的典型行为，承诺也可以通过行为来表示，比如乘坐公共汽车、到医院看病、在餐馆点菜、到收费停车场停车。在这些活动中，当事人常常并没有明确的语言表示，但当当事人做出上述行为的时候，依社会生活常识足可推定其已接受了相应的交易条件，应当视同已经作出了相应的意思表示。

此外，还有一种特殊的自我设定的义务，这种义务常常并不是明示的，而是基于本人的某种特定的先前行为而产生的。比如成年人带未成年人外出玩耍，这一行为使其负担了对该未成年人的照管义务，如果在玩耍过程中发生危险，带其外出的人负有救助义务。又比如聚会饮酒，如果其中一个饮酒过量，则同饮者负有适当的照看义务，应将其安全送回家，或采取必要措施避免危险发生。由于先前行为是本人自主决定，由此所产生的义务在性质上也是自我设定的。

（二）义务自我设定的效力

承诺是一种表示行为，除表示行为外，还有一种无须表示而即时实施的行为，如从地上捡起一个物品，掌掴他人一个耳光等。对于这种行为，私法上关注的是行为的损害后果，无损害后果则不受关注，只有造成了损害才会被纳入法律的调整范围。而承诺行为，或者说表示行为并不直接带来任何现实的变化，而是仅关系到义务的设定及其未来的履行。因此，法律主要关注的是表示的效力，无效的表示不产生表示行为所期待的法律效果，也不能得到法律的保护。因此，一个承诺是否有效，在何时生效，就成为一个重要的法律问题。一般情况下，一个有效的承诺应具备以下条件：

1. 主体适格

所谓主体适格，包括两个方面：一是作出承诺表示的当事人应具有相应的行为能力，如果承诺表示的内容涉及对他人事务的处理，还要求当事人有相应的处分权利；二是如果法律要求从事某项活动需要具备特定的资格条件，则为完成此项活动而作出承诺的当事人应当具备该资格条件。比如无建筑施工资质的单位订立的施工合同无效。

第一方面涉及主体的能力或授权问题，第二方面涉及法定的主体资格问题。不符合法定主体资格所作出的表示，不产生法律上的效力当无疑问，但不具备意思能力或未经授权而作出的表示则并非当然无效。根据《民法总则》规定，无民事行为能力的人为自己设定义务的表示无效，而限制行为能力的人、未经授权或超越代理权限而作出的表示或者没有处分权而处分他人事务而作出的表示，是否有效取决于法定代理人、被代理人或权利人是否追认。因为在这些情况下，基于承诺表示而设立的交易条件并不必然违背本人的利益或权利人的意志，法律没有必要强制规定其无效。因此，只有在表示未获法定代理人或权利人追认的情况下，承诺表示才不产生法律上的效力。

2. 意思表示真实

所谓意思表示真实，是指承诺的意思是本人自主作出的，反映的是本人的真实意图。任何意思都需要经过一定的方式表达出来，但在很多情况下，由于各种原因，当事人所表达出的意思与其内心真实意思并不一致。当意思表示不真实时，也会影响合同的效力。

意思表示要求表意人的意思表示真实，能够真实地反映本人的意志。但是，意思表示是否真实指的是表意时的表示是否真实。有些情况下，尽管当事人在作出意思表示时，所作的表示并不符合自己的真实意思，但事后由于情势的变化可能又会变得不违背本人的意思，或者尽管在作出意思表示时本人认为其表达的意思是A，但实际表达出的意思B也不违背自己的意愿。这两种情况下法律同样没有必要直接宣布其无效，是否有效同样可以交由当事人自己来决定。

意思表示不真实可能是他人的原因导致的，如因被欺诈或被胁迫而作出的意思表示；也可能是自己的原因造成的，比如基于本人对对方意思的错误理解而作出的意思表示。但无论何种原因所导致的意思表示不真实，法律都允许意思表示不真实的一方在一定期间内撤销自己的意思表示，从而使自己不再受意思表示的约束，如果在法律规定的期间内本人未撤销的，则表示有效。根据《民法总则》第152条规定，当事人自知道或者应当知道撤销事由之日起一年内、受胁迫的当事人自胁迫行为终止之日起一年内、重大误解的当事人自知道或者应当知道撤销事由之日起三个月内应当主张撤销，在上述期间未主张撤销的，不得再行主张撤销。自作出意思表示之日起，超过五年的，无论本人何时知道存在可撤销事由，均不得再主张撤销。

我国合同法将导致意思表示不真实的情况列举了五种，分别是重大误解、欺诈、胁迫、显失公平和乘人之危。2017年颁布的《民法总则》将乘人之危视为显失公平的特殊类型，而将其归入显失公平。在上述情况下，当事人所作出的承诺表示，均可因意思表示不真实而在法定期限内主张撤销。

3. 不违背法律、行政法规的强制性规定和公序良俗

从内容上看，当事人所作的承诺表示，不得违背法律和行政法规的强制性规定，亦不得违背公序良俗。比如对毒品、枪支等限制流通物或烟草、食盐等国家专营物资，不具有经营资格的当事人以此为标的所订立的合同无效。

相比较而言，效力待追认关注的是表意人的意思能力，可撤销关注的是表意人的主观认识，而无效关注的是意思表示的内容。通过承诺自我设定义务是本人的自由，但并不是所有的内容都为法律所认可，比如接受雇佣承诺杀人，这种承诺显然不能得到法律的认可。

一般情况下，对于法律法规所作的强制性规定，人人都有义务遵守，如果表示的内容与此不符合，则不产生法律效力。但应注意的是，法律法规基于不同的立法目的制定了各种强制性规定，并不是所有的强制性规定都影响表示的效力。根据《最高人民法院关于适用〈中华人民共和国合同法〉若干问题的解释(二)》第14条的解释，对于基于行政管理目的而制定的强制性规定只适用于行政管理关系，不适用于个体基于自己的意思所设立的民事关系，也就是说，如果意思表示的内容违反的仅仅是基于行政管理目的而制定的强制性规定，则不影响表示的效力。

拓展阅读

某信用社违反《商业银行法》所订立的借款合同的效力

某信用社与借款人某公司、担保人某工厂于1996年8月8日签订一份借款合同，信用社依约借给某公司人民币1 200万元，该数额超过了信用社资本余额的10%，违反了《商业银行法》第39条第(四)项关于“商业银行贷款，应当遵守下列资产负债比例管理的规定：(四)对同一借款人的贷款余额与商业银行资本余额的比例不得超过百分之十”之规定。由此引发的问题是：在此种情形下，该合同是否有效？应当如何认识《商业银行法》第39条各项规定？是否属于强制性规定以及属于何种强制性规定？

请示法院在审理该案件过程中存在三种意见。第一种意见认为，该合同无效。理由在于：由于合同法明确规定，违反法律和行政法规的合同为无效合同。《商业银行法》是全国人大制定的法律，且该法明确规定银行对同一借款人的贷款余额与商业银行资本余额的比例不得超过百分之十，这属于法律中的禁止性规定，违反此规定所签订的借款合同应认定无效。第二种意见认为，基于第一种意见所依据的观点也应认定超过比例部分无效，未超过的部分应有效。第三种意见认为，该借款合同有效。理由在于：《商业银行法》第39条之规定属于银行内部管理规定，目的是减少银行风险。如果违反该规定，仅仅是增大了银行的风险，而并不损害他人利益，且此条规定银行贷款“应当”遵守下列条款，该规定并非“禁止性”条款，不应以该条认定合同无效。该意见也是该院审委会的倾向性意见。

最高人民法院经研究并征求中国人民银行意见后，于2000年1月19日作出法经〔2000〕27号《关于信用社违反商业银行法有关规定所签借款合同是否有效的答复》之答复：“《中华人民共和国商业银行法》第39条是关于商业银行资产负债比例管理方面的规定。它体现中国人民银行更有效地强化对商业银行(包括信用社)的审慎监管，商业银行(包括信用社)应当依据该条规定对自身的资产负债比例进行内部控制，以实现营利性、安全性和流动性的经营原则。商业银行(包括信用社)所进行的民事活动如违反该条规定的，人民银行应按照商业银行法的规定进行处罚，但不影响其从事民事活动的主体资格，也不影响其所签订的借款合同的效力。”

(三) 自我设定的义务的变更

合同一旦订立，即确定了相互之间所负担的义务。从某种意义上说，任何一方所负担的合同义务都是为对方未来行为选择所承诺的条件，如果不履行义务或改变承诺的内容，则对方依据该条件所选择的行为的目标也将受到影响，并可能造成损失。因此，合同订立后，双方应当积极履行合同义务，任何一方不得随意变更，否则要赔偿由此给对方造成的损失。

但是，在有些情况下，承诺作出后，因为客观条件的变化，使义务的履行变得非常困难甚至不可能，这种情况下就应允许双方当事人对已作出的承诺进行变更。变更首先由双方协商变更，协调不一致时，可申请人民法院或仲裁机构根据具体情况决定是否以及如何变更。一般来说，可以变更承诺(合同)的情况主要有三种：

1. 协商一致情况下的变更

合同本来就是合同双方共同订立的，承诺也是向特定人作出的，在双方协商一致的情况下，承诺在任何情况下均可变更。实践中，合同变更常通过“变更协议”或“补充协议”的形式改变原合同的内容。但有时候当事人并不明确使用“变更”或“补充”的字样，但在原协议成立后又就同一标的订立了新的协议。在这种情况下，即使双方没有明确宣布原协议不再有效，双方的权利义务确定仍应以新订立的协议为准，新协议即为对原合同的变更。

应当注意的是，双方经协商一致，可以转让合同。所谓转让合同，实际上转让的是对方承诺的条件和自己承诺的义务。如果自己的义务已经履行完毕的，则转让仅是合同权利的转让。如果对方的义务已履行完毕而自己的义务尚未履行，则转让只是义务的转让。如果双方所承诺的义务均未履行，则是合同的整体转让，法律上又称为概括的转让。

从本质上说，所谓合同的转让，不过是合同主体的变更。由于涉及履行能力问题，将义务转让给第三方应经合同的相对人同意，合同权利的转让无须对方同意，但要及时告知对方。

2. 意思表示不真实情况下的变更

意思表示不真实情况下所作的表示可以撤销，但是如果本人不想撤销合同，而是主张变更的，经双方协商一致，可以变更合同。双方不能就变更问题达成一致的，意思表示不真实的一方可以申请人民法院或仲裁机构予以变更。

合同内容是基于当事人自己的意思而确定的，人民法院或仲裁机构依职权变更合同意味着代替当事人的意思来改变承诺的内容，这有违合同自治的基本理念，因而即使是在特殊情况下的非常之举，也应尽可能地限制其适用范围。

3. 客观情势发生变化情况下的变更

客观情况发生变化，是指合同有效成立后，因不可归责于双方当事人的原因发生情势变更，致合同之基础动摇或丧失，若继续维持合同原有效力显失公平，允许变更合同内容或者解除合同。这种情况在民法理论中称为情势变更，其意义在于，在客观情况发生改变的情况下，重新分配交易双方在交易中应当获得的利益和风险。

(四) 自我设定的义务的消灭

对于普遍性义务而言，只要存在人与人之间的共处关系，就存在相互之间的普遍性义务，因此，普遍性义务不存在消灭或免除的问题。但对于自我设定的义务，由于该义务是本人针对特定人为了实现某种特定目的而设定的，此义务一旦履行完毕，即告消灭。除此之外，在特定情况下，尽管该义务未得到履行，但也可因设定义务的意思表示的撤回、撤销或其他原因而归于消灭。

1. 表示的撤回

承诺表示一经作出，即成为相对人实现某种预期目标的条件，当相对人在此基础上已经实施行动或付出成本时，如果承诺人不遵守承诺，将意味着相对人不仅无法实现预期目标，反而会因已经付出的成本而形成损失。因此，尽管承诺是本人自主作出的，但一旦作出，本人即应受承诺所设定义务的约束，不能随意撤回。

但是，在自我设定义务的意思表示还未到达相对人时，或者撤回的意思表示与设定义务的表示同时到达相对人时，相对人尚未对此表示作出反应，意思表示的撤回在此情况下并未对相对人的境遇造成任何影响，故应允许本人撤回。意思表示一旦由本人明确表示撤回，则不产生任何表示的效力，表示所设定义务也不再存在。

2. 表示的撤销

表示在特定情况下可撤回，在意思表示不真实的情况下或者尚未被相对方接受的情况下也可以撤销。由于自我设定的义务是向特定人设定的，因此，只要该特定人同意，本人在任何情况下均可撤销。如果未得到相对人同意，则不可以随意撤销，对不可撤销或未被撤销的义务，当事人有义务履行，否则要承担相应的法律责任。

尽管自我设定的义务都是通过本人的承诺设定的，但一般情况下，本人之所以作出承诺，是以相对方相应的承诺为条件，在此意义上，义务的设定是相互的，而非单纯的单方行为。对于单纯的单方承诺，除非构成缔约过失而需承担相应的责任外，原则上本人可以在实际履行前的任何时间撤销表示，如赠与的承诺表示即是如此，在赠与行为作出前，本人原则上随时可撤销承诺。而对于双方相互设定、互为条件的义务，一方不得随意撤销。但是，在对方违反其义务的情况下，则应赋予本人对承诺的撤销权。在合同法上，这种权利被称为合同的解除权。解除权的概念立足的是关系的表达，解除意味着解除双方的关系，不仅自己的义务无须再履行，对方的义务也无须再履行。而撤销立足的是单方的表达，撤销只能撤销本人的表示。但从法律效果上来说，撤销虽只撤销本人的表示，但一旦本人的承诺撤销，本人也丧失了对相对人承诺的义务的履行请求权，因而二者在法律效果上是一致的。

撤销承诺，或者说解除合同，等于取消了一笔交易，这在一方已经为履行义务而付出了较大成本的情况下，意味着损失。因此，承诺的撤销权或合同解除权应受到必要的限制，即使在相对方存在违反义务的情况下，如果这种义务违反尚没有影响到本人订立合同或设定义务的目标实现，原则上只能要求损害赔偿，不允许解除合同。

根据我国《合同法》第 94 条的规定，下述情况下，当事人可以解除合同：

(1) 因不可抗力导致合同不能履行或合同目的不能实现。

(2) 一方在合同履行期届满前明确表示不再履行合同，或其行为已表明其已无意或不可能再履行合同时，另一方不必等至履行期届满后才采取补救措施，可以解除合同。

(3) 因对方违反合同义务导致合同目的不能实现时，可以解除合同。违反合同约定的义务称为违约，导致相对人合同目的不能实现的违约称为根本违约。何种情况下构成根本违约法律上没有明确的判定标准，要根据具体情况来判断。比如同样是鲜花店订购玫瑰花，一般情况下迟延送花并不影响合同目的的实现，但如果是情人节前订购的玫瑰花，一旦迟延至情人节过后，哪怕仅迟延一天，也可构成根本违约。

(4) 经催告的迟延。如果一方迟延履行，经催告并留出合理的履行期仍未履行的，另一方有权解除合同。

合同解除后，尚未履行的，终止履行。已经履行的，当事人可以要求恢复原状。已经履行且不能恢复原状的，当事人有权要求违约方赔偿。合同解除不影响违约条款和结算条款的效力，当事人仍可以要求按照违约条款追究违约方的违约责任，依照原合同结算条款进行结算。

3. 义务消灭的其他情形

自我设定的义务除因履行而消灭和因撤销而消灭外，还可在下列情形下消灭：

(1) 债务相互抵销。抵销是对金钱债务的抵销，双方的义务均是金钱给付义务，可以相互抵销。有时候，经双方同意，种类物的给付义务也可以作价抵销。

(2) 债务人依法将标的物提存。提存是指由于债权人的原因而无法向其交付合同标的物时，债务人将该标的物交给提存机关而消灭债务的制度。交付合同标的物的债务人为提存人；债权人为提存领受人；交付的标的物为提存物；由国家设立并保管提存物的机关为提存机关。在司法实践中，下列情况下债务人可以提存：

① 债权人无正当理由拒绝受领；

② 债权人下落不明；

③ 债权人死亡或者丧失行为能力，又未确定继承人或者监护人；

④ 数人就同一债权主张权利，债权人一时无法确定，致使债务人一时难以履行债务。

现实生活中的提存，大多数情况下是金钱提存。在我国，根据不同情况，当事人可以向人民法院、公证机关和银行提存。

(3) 债权人免除债务。合同关系是双方当事人自我设定的关系，体现的是各自的意思。在一方不履行义务的情况下，是要求继续履行，还是不再要求履行，完全取决于本人的意思，法律对此并不干涉。对于债权人免除债务的，债务人当然无须再履行。

(4) 债权债务同归于一人。这种情况一般出现在公司合并时，两个公司合并成为一个公司，其中一个公司对另一个公司所负的债务无须再履行。

(5) 法律规定或者当事人约定的其他情形。

三、法律预设的义务

(一) 法律对个体行为的基本态度

法律对个体行为的态度是多样化的，一般来说，可以分为以下五类：

1. 强制

强制包括两种情形：一是禁止，禁止实施某特定行为，比如禁止杀人、禁止闯红灯等；另一种是必须，即规定必须采取某种方式或实施某种行为，如基础工程建设必须招标、用人单位必须为劳动者缴纳社会保险等。

无论是禁止，还是必须，一旦违反，均将面临法律制裁，如罚款、追究刑事责任。这种干预方式是最为严厉的干预方式，一般情况下属于公法的范畴，《刑法》和《行政处罚法》集中体现出法律对个体行为最为典型的强制干预手段。

2. 否定

否定并不意味着禁止，常常仅意味着拒绝提供法律上的保护。比如法律上的“无效条款”，无效意味着不产生法律上的效力，但如果该行为没有触犯其他法律的禁止性规定，单纯的无效并不导致责任的承担。比如民间借贷约定月息4分，根据最高人民法院司法解释，年利率超过24%的部分不予保护，因此如果出借人因借款人不还钱而起诉至法院，对其利息法院最多只能按年利率的24%计息，超过部分不再提供保护。

否定是民法上最为常见的干预手段，一般来说，法律拒绝保护的行为并不属于真正意义上的违法行为，这种行为不能得到法律的保护，但也不受法律的制裁。但是，如果该行为给他人造成了损害，则应承担损害赔偿责任。没有造成现实损害，则不存在责任。

3. 放任

法律的放任意味着法律没有将其纳入调整范围，其结果也得不到法律的保护。但与“否定”态度不同，放任仅仅是“不管”，既不否定，也不肯定，完全由当事人自己去处理。比如“非婚同居”关系，对于非婚同居，法律采取的是一种放任态度，既不提供法律保护，也没有明确否定，它不属于法律调整的范围。

4. 保护

保护体现的是法律的积极评价，对行为的保护是通过两个方面来实现的：一是禁止对该行为的干涉;二是保障该行为所追求的法律效果的实现。比如订立合同的行为,法律不仅要禁止对合同自由的干涉,还要规定违约行为的责任,从而保障合同目的的实现。

5. 鼓励

鼓励也是肯定性评价,鼓励的行为首先当然也应当提供保护,但鼓励意味着不仅仅要提供保护,还要通过给予奖励或提供福利等形式来鼓励某种行为。比如婚姻缔结的行为,由于婚姻关系承载着其他关系所不能替代的社会功能,所以法律不仅要保护婚姻关系,而且采取一系列措施来鼓励人们走到婚姻关系中来。比如,夫妻两地分居的照顾,住房和税收方面的优惠等婚姻福利都属于鼓励措施。

法律对个体不同行为的不同态度,必然会影响个体的行为选择倾向,从而起到对个体行为的引导作用。我们理解法律起作用的方式,不能局限于其强制性措施,更不能仅仅理解为制裁。法律对社会以及个体行为的调整方式是多种角度、多种方位、多种形式的。

(二)个体义务的法律预设

人通过义务的自我设定建立起各种各样的关系,从根本上说,除了人与人之间的共处关系和公法上的关系之外,人与人之间的关系都是本人依照自己的意志自我设定的关系。而且,双方相互之间设定什么样的义务,就形成了什么样的关系。

但是,任何个体之间的关系都不是单纯的只与关系双方相关的私事,都毫无例外地承载着某种特定的社会功能。因而在任何社会条件下,私人关系中的个体意志都不同程度受到了限制。比如,从单纯的个人角度来看,性关系无疑属于两个人之间的“私事”,但无论古今和中外,性关系几乎都毫无例外地被纳入法律的规范范围。之所以如此,是因为在传统社会中,性的关系并不单单是两个个体之间的关系,而总是与特定的团体相联系,基于性关系而形成的血缘家族和姻缘亲族是影响社会关系结构的基本力量,承载着其他任何关系都无可替代的社会组织功能。

拓展阅读

性的社会意义

社会并不是个体的简单组合,人在社会上的存在是关系中的存在,而社会自身的存在是一种结构性的存在。从最为基础的意义上,社会的结构形成是基于性而建立起来的,通过性的关系形成了人与人之间最为亲密的两大关系:伴侣关系和血缘关系。人的亲疏远近是通过伴侣关系和血缘关系而进行区分的。依费孝通的说法,这种关系形成了社会结构上的一种差序格局。

在伴侣关系和血缘关系的基础上,社会关系结构进一步扩展,围绕着血缘关系形成了家族,围绕着婚姻关系形成了亲族,家族和亲族从某种意义上是通过性的关系而形成的一种社会联盟,联盟的势力成为影响并形成权力、地位和等级的基本力量。因此,在传统社会中,性的关系并不单单是私人之间的关系,而总是体现为团体的关系。性因而不仅仅是为了个体生理需求的满足,还成为组织某种稳定团体的基础性手段。由此,传统社会形成了建立在性基础上以血缘和姻缘为核心的身份结构,这种身份结构进一步渗透到权力体系中,形成了传统社会以血缘和亲缘为基础的族谱性权力结构。所以很多国家的传统社会中,尤其是在我国古代的传统社会中,家庭结构与社会结构是紧密联系、有机统一的。

在这种社会结构下,性变得不再是单纯的性,而被赋予了含义丰富的符号化特征,它从亲缘和血缘关系进一步演变成了维系和扩展社会权力和社会地位的一种工具。等级社会中,通过性形成了一整套关于性秩序的制度,不同等级之间的性受到严格限制,不同等级的人享有不同的性权利,较高的社会等级享有更多关于性的特权。从本能上来说,性是赤裸裸的本性的展现,它本来是天然地不存在高低贵贱之别、没有亲疏远近之分的。然而性所表达的关系是如此亲密,以致一旦性的障碍逾越,在两人之间基本上就不再存在其他的障碍了,这样一来,社会的等级秩序就会受到影响。即使在等级并不是非常分明的社会里,社会结构也有不同的身份组成,身份组成的社会结构像一个网络体系,在传统的熟人社会的小圈子里,这种关系尤其清晰和稳定。性因而只能被严格控制在一定范围内,否则这种身份结构就会面临被性关系冲破的危险。费孝通就此说道:"若是让性爱自由地在人间活动,尤其在有严格身份规定的社会结构中活动,它扰乱的力量一定很大。它可以把规定的亲疏、嫌疑、同异、是非的分别全部取消,每对男女都可能成为最亲密的关系,我们所有的就只剩下了一堆构造相似、行为相近的个人集合体,而不成其为社会了,因为社会并不是个人的集合体,而是身份的结构。"

性的社会意义不仅在于对传统社会身份结构秩序的维系,在有些情况下——尤其是变革时代,还是传统社会身份结构秩序的最具革命性的颠覆力量。梅因说所有进步社会的运动,都是一个"从身份到契约"的运动。每一次社会进步和思想变革,都伴随着身份的解放,而每一次身份的解放几乎都首先以性观念的变革为前兆,这一点在近现代历史上表现得尤为明显。打着人性解放的旗帜,文艺复兴首先向我们昭示了一个崭新历史时代的开启,20 世纪中期开始的性解放运动带来了社会观念和社会结构的翻天覆地的变化。我国同样经历了以性自由为前兆的社会变革,五四运动唤起了独立的性意识,恋爱自由成为个人冲破传统的最有力的口号;20 世纪 80 年代改革开放的新气象同样是通过性爱来表现的,一部《庐山恋》揭开了蒙覆在人们思想上的帷幕,冲破了"文化大革命"时期性禁锢的阴影。可以说,性总是嗅觉灵敏、时刻都在蠢蠢欲动,性的本性决定着它是摆脱身份束缚的最为敏感和最为革命的力量,同时也是对社会身份结构和传统身份秩序最具颠覆性的力量。

总之,性在传统等级社会意义上,已绝不是单纯的生物冲动,它有着极为强烈的符号化特征,它标示着身份,标示着秩序,在传统社会中,性站在社会秩序的中心点上。

(摘自王森波《同性婚姻法律问题研究》,中国法制出版社,2012 年)

不仅仅是性关系,其他关系同样因承载着某种特定的社会功能,出于某种政治或社会管理的需要,这样的关系同样会受到法律的限制。比如,为了某种社会公共安全的考虑,很多国家限制毒品和枪支的交易;出于人权的保护,大多数国家的法律都规定个体不得以放弃人格权为条件设立私人关系;在建筑行业,施工方需具备一定的资质才可以与建设方订立建筑合同,并且转包、分包行为并不完全取决于当事人的意志,而是会受到法律的限制。

法律预设义务总是基于特定的关系模式所承载的社会功能而设定的,义务设定的目的在于促进该社会功能的实现。如果义务的设定无助于促进关系所承载的社会功能的实现,则这样的法律设定不仅没有意义,反而是对个体行为的不当干涉。

1. 思考与讨论

(1) 你如何理解人在特定情况下对他人的救助义务?你认为法律应当规定这种义务吗?如果规定这种义务,应当如何规定负担这种义务的前提条件?

(2) 以下是金庸小说《射雕英雄传》节选,阅读并回答问题:

这时阁中诸人除藏僧灵智与欧阳克之外,都已输在她的手里。灵智身受重伤,动弹不得,只有欧阳克出手,才能将她截留,各人都注目于他。……

欧阳克缓步而出，微微一笑，说道："在下不才，想请教姑娘几招。"

……

黄蓉见计不售，说道："你如真的本领了得，我拜你为师那是再好没有，省得我给人家欺侮。"欧阳克道："莫非你要试试？"黄蓉道："不错。"欧阳克道："好，你来吧，不用怕，我不还手就是。"黄蓉道："怎么？你不用还手就胜得了我？"欧阳克笑道："你打我，我喜欢还来不及，怎舍得还手？"

黄蓉道："我不信你真不还手。我要将你两只手缚了起来。"欧阳克解下腰带，递给了她，双手叠在背后，走到她面前。黄蓉见他有恃无恐，全不把自己当一回事，脸上虽然仍露笑容，心中却越来越惊，一时彷徨无计，心想："只好行一步算一步了。"于是接过腰带，双手微微向外一崩，那腰带似是用金丝织成，虽用上了内力，竟然崩它不断，当下将他双手紧紧缚住，笑道："怎么算输？怎么算赢？"

欧阳克伸出右足，点在地下，以左足为轴，双足相离三尺，在原地转了个圈子，只见砖地上已被他右足尖画了浅浅的一个圆圈，直径六尺，画得整整齐齐。画这圆圈已自不易，而足下内劲如此了得，连沙通天、彭连虎等也均佩服。

欧阳克走进圈子，说道："谁出了圈子，谁就输了。"黄蓉道："要是两人都出圈子呢？"欧阳克道："算我输好啦。"黄蓉道："若是你输了，就不能再追我拦我？"欧阳克道："这个自然。如你给我推出了圈子，可得乖乖的跟我走。这里众位前辈都是见证。"

黄蓉道："好！"走进圈子，左掌"回风拂柳"，右掌"星河在天"，左轻右重，劲含刚柔，同时发出。欧阳克身子微侧，这两掌竟没能避开，同时击在他肩背之上。黄蓉掌力方与他身子相遇，立知不妙，这欧阳克内功精湛，说不还手真不还手，但借力打力，自己有多少掌力打到他身上，立时有多少劲力反击出来。他手不动，足不起，黄蓉竟是站立不稳，险些便跌出了圈子。她哪敢再发第二招，在圈中走了几步，说道："我要走啦，却不是给你推出圈子的。你不能出圈子追我。刚才你说过了，两人都出圈子就是你输。"

欧阳克一怔，黄蓉已缓步出圈子。她怕夜长梦多，再生变卦，加快脚步，只见她发上金环闪闪，身上白衫飘动，已奔到门边。……（摘自金庸《射雕英雄传》第十回）

黄蓉与欧阳克之间的约定实际上已构成了一份口头合同，或者说是口头协议。但该口头协议存在漏洞，所以被黄蓉钻了空子。请你根据上述描写，立足于欧阳克的角度帮他整理出一份书面合同，完整、清晰、准确地表达出其真实的意思。

2. 课外阅读

(1)《中华人民共和国侵权责任法》；

(2)《中华人民共和国合同法》。

第六讲

义务的履行

立足于义务的内容，不同内容的义务反映的是人与人之间的不同关系，如合同关系、亲属关系；立足于义务设定的方式，不同的义务有不同的来源，如有的义务是自我设定的、有的则是法律预设的；立足于义务的履行方式，不同的义务有不同的履行要求，从严格意义上，所谓义务的履行指的是积极义务的履行，积极义务又称为作为义务，是指必须实施一定行为的义务，合同义务基本上都是积极义务。与积极义务相对应的是消极义务，又称不作为义务，是指消极的不实施任何干涉的义务，注意义务均属消极义务。由于消极义务要求消极不作为，因此不存在严格意义上的履行问题。因此一般情况下如无特别说明，义务履行指的是对积极义务的履行。

义务人应当主动履行义务，拒不履行时，法律应当采取必要的措施，以保障义务的履行。本讲主要讨论义务的履行问题，其核心是义务的履行强制。

一、义务履行的一般问题

（一）履行原则

义务应当履行，一般情况下，无论是法律设定的义务还是当事人自行设定的义务，都有明确的义务内容和具体履行方式。如果对义务的内容和履行方式有明确规定或明确约定的，应按照规定或约定履行；没有明确规定或约定的，可根据习惯或义务设定的目的来确定适当的履行方式。为使义务能顺利的履行，一般应遵循以下原则。

1. 自己履行原则

法律规定的义务人，以及自己通过承诺为自己设定的义务一般是合同义务，应当自己亲自履行。这不仅是诚信的要求，同时也与相对人对自己履行能力的信赖有关。不同的人针对特定义务的履行能力是不同的，擅自交由第三方履行，不仅是对自己承诺的违背，也有违义务履行的一般原则。当然，如果相对人同意，则可以由第三人代为履行。

2. 完全履行原则

完全履行指在履行时应全面履行法律规定或承诺所设定的义务，不履行或者部分履行都不符合完全履行原则。对于不履行义务的，相对人有权要求继续履行或要求损害赔偿；对于部分履行的，如果部分履行影响合同目的的实现，相对人也可拒绝接受。

3. 适当履行原则

适当履行指应按照规定或承诺的履行方式履行，没有规定或约定的，应根据义务设定的目的或习惯来确定适当的履行方式。在合同关系中，当双方未就履行方式作出明确约定时，法律常常根据具体情况通过法定的方式来明确履行的方式，以弥补当事人意思表示的疏漏。

法条链接

《中华人民共和国合同法》(节录)

第六十条　当事人应当按照约定全面履行自己的义务。

当事人应当遵循诚实信用原则,根据合同的性质、目的和交易习惯履行通知、协助、保密等义务。

第六十一条　合同生效后,当事人就质量、价款或者报酬、履行地点等内容没有约定或者约定不明确的,可以协议补充;不能达成补充协议的,按照合同有关条款或者交易习惯确定。

第六十二条　当事人就有关合同内容约定不明确,依照本法第六十一条的规定仍不能确定的,适用下列规定:

(一)质量要求不明确的,按照国家标准、行业标准履行;没有国家标准、行业标准的,按照通常标准或者符合合同目的的特定标准履行。

(二)价款或者报酬不明确的,按照订立合同时履行地的市场价格履行;依法应当执行政府定价或者政府指导价的,按照规定履行。

(三)履行地点不明确,给付货币的,在接受货币一方所在地履行;交付不动产的,在不动产所在地履行;其他标的,在履行义务一方所在地履行。

(四)履行期限不明确的,债务人可以随时履行,债权人也可以随时要求履行,但应当给对方必要的准备时间。

(五)履行方式不明确的,按照有利于实现合同目的的方式履行。

(六)履行费用的负担不明确的,由履行义务一方负担。

(二)履行方式

不同类型的义务的具体内容和履行标的不同,相应的履行行为及其要求也不同。一般情况下,根据不同的合同标的及其履行方式可将履行行为分为三类:交付标的物的履行、完成一定工作的履行和提供服务或劳务的履行。

1. 交付标的物

以转让标的物为目的的履行义务的典型形式是买卖合同。在买卖合同中,买方作出的承诺是付款承诺,卖方的承诺是交付标的物的承诺,两种承诺的履行都以交付为履行手段。除买卖合同外,供电合同、供水合同、土地使用权转让合同、技术转让合同等所涉及的标的物虽为特殊物,也属于以交付标的物为目的的合同。这类合同的履行关键是标的物的转移,根据我国法律规定,对不同类型的物,权利在何种情况下转移有不同的规定。概括言之,动产物权的转移以物的交付为标志,不动产物权的转移以物的登记为标志。

2. 完成一定工作

对于加工承揽合同、建设工程施工合同等而言,承诺的内容,或者说合同的标的是完成一定工作,因此合同履行方式也表现为合同约定的工作的完成。完成工作的履行一般要按照委托方的设计要求和质量要求在一定期间内完成,否则即构成违约。

3. 提供服务或劳务

委托合同、服务合同等类型的合同都是以一方提供劳务或服务为标的,这类合同的履行是通过提供服务或提供劳务来完成的。

劳动合同同样也是以提供劳务为标的的合同,但合同法遵循的是合同自由、合同平等、当事人自治的原则,合同的权利义务都是当事人依照自己的意思来自我设定的。但对于劳动关系而言，由于劳动者与用人单位之间存在事实上的不平等，如果完全依靠双方自己来设定权利和义务，会导致对劳动者一方极为不利的结果，也不可能真正实现合同双方当事人的平等。因此，为平衡双方关系，劳动合同主要由专门的《劳动合同法》来调整。

（三）履行抗辩

承诺作出后，或者合同订立后，当事人应按照合同的约定履行合同。但合同双方的承诺是相互的，相对于一方当事人而言，其履行行为往往是以对方相应的履行为前提的，或者是互为条件的。因此，法律赋予了双方在特定情形下的履行抗辩，当对方不履行相应的义务时，当事人有权拒绝履行自己的义务。履行抗辩是法律赋予当事人的一种自我保护措施。

1. 先履行抗辩

先履行抗辩权，是指当事人互负履行义务，有先后履行顺序的，在先履行一方未履行之前，后履行一方有权拒绝对方的履行请求；先履行一方履行义务不符合同约定的，后履行一方有权拒绝其相应的履行请求。

应予注意的是，如果负有先履行义务的一方已经履行，但履行存在瑕疵，是否能够行使抗辩权？对此，我国法律没有明确规定，一般情况下，负有先履行义务的一方如果履行存在瑕疵，在其作出补正前，后履行一方有权行使抗辩权要求补正，但按照我国《合同法》第 67 条规定，只能是拒绝“相对应的”履行请求。但如果因此有违诚信原则时，不得行使抗辩权。比如电视机买卖合同中，先履行一方已交付了电视机，但未附带说明书。虽然履行存在瑕疵，但该瑕疵并不影响电视机使用，在此情况下，付款方行使抗辩权可视为有违诚信义务。关于何种情况下属于违背诚信，要视具体情况而定，法院有自由裁量权。

2. 同时履行抗辩

合同当事人互负履行义务，没有先后履行顺序的，应当同时履行。一方在对方履行之前有权拒绝其履行要求；一方在对方履行义务不符合约定时，有权拒绝其相应的履行要求。当事人的这种拒绝履行的抗辩称为同时履行抗辩。

关于如何理解“相应的”履行请求，与上文所讨论的先履行抗辩的要求相同。

3. 不安抗辩

不安抗辩，是指负有先履行义务的当事人有证据证明对方有不能履行合同之虞时所做的中止履行抗辩。依据《合同法》第 68 条规定，“不能履行合同之虞”指的是如下情形：

(1) 经营状况严重恶化；

(2) 转移财产、抽逃资金，以逃避债务；

(3) 丧失商业信誉；

(4) 有丧失或者可能丧失履行债务能力的其他情形。

当事人没有证据证明存在上述情形而中止履行的，应当承担违约责任。当事人因行使不安抗辩而中止履行的，应当及时通知对方。对方可提供适当担保用以担保合同的履行，在对方提供担保的情况下，应当恢复履行。中止履行后，对方在合理期限内未恢复履行能力，也未提供适当担保的，中止履行的一方可以解除合同。

二、义务的履行强制

义务应当履行，当义务人拒不履行时，法律应采取相应的强制措施以督促其履行，否则义务的设定便形同虚设，通过义务所设立的关系的预期目标也无法实现，最终破坏的是人与人之间的正常关系。但是，积极义务在很多情况下是自我设定的义务，法律在对个体行为进行规范的同时，也应尽可能尊重个体的自由。当个体对本人自由设定的义务不愿再履行时，个体是否有行为选择的自由？这是一个不可忽略的重要问题。换句话说，为保障义务的履行，需要一定的强制措施，但为充分尊重个体的自主选择，强制措施不宜过于刚性，应选择适当的方式。

一般地，根据不同情况，对义务履行的强制主要有两种方式：责任强制和执行强制。

(一) 责任强制

1. 责任与义务履行的间接强制

义务不履行要承担相应的责任，由于责任承担具有法律上的强制性，因此责任承担也可以说是一种强制履行措施。只不过这种强制不同于直接对履行行为的强制，而是通过责任间接地督促义务人的履行，可以说是一种间接的强制履行措施，因而可以称之为间接强制或责任强制。

责任强制是法律强制力的表现，法律的强制力在大多数情况下都是通过责任来体现的。从另外一个角度说，一切具有强制性的法律规范均应与相应的责任规范相对应，否则这样的规范形同虚设。

责任有刑事责任，也有行政责任和民事责任，它们都是法律责任，针对的都是违反法律规定或本人自我设定的义务的行为。但不同性质的责任，法律采取强制性的严厉程度不同，首先，刑事责任是最为严厉的制裁手段，多数情况下都会涉及对自由的剥夺，甚至有时还会剥夺生命。其次是行政责任，尽管行政处罚措施中的行政拘留可以处15日以下对自由的剥夺，但行政责任主要以财产处罚为主。而民事责任除个别情况外，一般不涉及罚的问题，只涉及赔偿问题，目的不在于“罚”，而在于弥补受害人的损失。如果对刑事责任、行政责任和民事责任分别用一个字来概括其主要手段的话，刑事责任是“刑”，行政责任是“罚”，而民事责任是“赔”。

2. 责任强制的边界与类型选择

法律强制手段需要国家强制力来保障，尤其是刑事责任和行政责任上的制裁性手段，它不像民事赔偿那样，由国家机关被动地等待受害人来表达诉求，而是完全由国家机关去发现、去抓获并最终去制裁。这一过程所耗费的社会成本是巨大的，因而并不是所有的令人不快的事都可以动用国家机器去追究，原则上只有那些具有较严重的社会危害性，需要严厉制止的行为才有必要动用国家强制力量。有时，即使存在社会危害性，如果这种危害并不是现实而急迫的危害，而且在进行制裁的成本较高而社会效果不明显的情况下，也不宜采取制裁性手段。

法律强制的实现不仅有经济成本，还有更复杂的其他方面的成本，如对个体的负面影响。尤其是刑事责任涉及对个体生命与自由的剥夺，不仅对本人的当下，甚至对其家庭及其未来一生都有可能产生无可挽回的影响，因而更应慎重。原则上，只有在任何替代性方式都不足以制止某种危害社会的行为时，才有将其纳入刑事责任的必要，只要有替代性的处理方式，并且这种替代性方式一般情况下能够制止这种行为，对这种行为便没有动用刑事制裁的必要。

法律对责任的确定还应当充分考虑个体日常交往行为的自由，以避免对个体行为自由的过度约束。这一问题在民事责任的设定上同样也有明显的体现。比如纯粹与情感和友谊相关而承诺的义务或者戏谑式的承诺一般都不会被纳入法律的调整范围；体育竞技比赛中给他人造成伤害的行为，在责任承担上也会有特殊的免责事由。如果法律责任过于宽泛，个体动辄就可能被课以责任，对个体的日常交往及至社会活动的开展显然也会造成不利的影响。

总之，法律有其自身的局限，因而法律也应当有其自身的边界。法律并不是越多越好，法律的边界也不是越宽越好。相反，法律，尤其是刑法，应当谦抑。耶鲁大学法学院教授埃里克森在其《无需法律的秩序》一书中说："立法者如果对那些会促成非正式合作的社会条件缺乏眼力，他们就可能造就一个法律更多但秩序更少的世界。"

（二）执行强制

强制履行指法律或有权机关决定，或人民法院裁决本人必须实施某特定的履行行为。如果义务人本人不实施该履行行为，人民法院或其他有权机关可强制执行，并可依不履行决定或裁决而追究本人的法律责任。与责任强制相比，责任强制下本人仍有选择性，即可以为避免责任的承担而选择履行义务，也可以不再履行义务而选择责任的承担。但对于执行强制措施，义务必须得到履行，而不得选择替代方式。也就是说，义务人对是否履行义务没有可选择性，不能以赔偿、罚款或其他形式来代替履行。

一般情况下，可强制履行的情形主要有两种：一是违反消极义务所产生的派生义务，即恢复义务和返还义务，原则上均可强制义务人履行。因违反消极义务所产生的违法后果呈持续状态的，违法行为人对这种状态负有消除义务。比如违法搭建所建造的房屋，本人有义务拆除，又比如侵占他人财产所产生的返还义务。对于这种因违法行为而产生的积极义务，原则上均可强制履行。二是某些积极履行义务也可以强制履行，如公法上的纳税义务，又如私法普遍义务中的协助义务等。

对于可强制履行的积极义务，当义务人拒不履行的，权利人可以要求人民法院或其他有权机关依法裁决或决定其继续履行，本人仍不履行的，则人民法院或有权机关可以强制执行。《中华人民共和国强制执行法》中所规定的强制执行事项，以及人民法院对生效判决的强制执行均是具体的强制履行措施。这些强制执行手段主要包括查封扣押并强制处分拍卖财物、冻结划拨存款、强制排除妨碍等。对于这些强制执行措施，均是在本人不主动履行的情况下由执行机关实施的，而不是本人实施的。在有些情况下，执行机关也可以委托第三方实施，如委托第三方拆除违法建筑，由此所产生的费用由被执行人承担。对于执行机关无法直接执行，必须依赖被执行人配合的情况，如果被执行人拒不配合，执行机关还可以根据法律规定给予罚款拘留等相应行政处罚，甚至追究刑事责任。

拓展阅读

《中华人民共和国行政强制法》

《行政强制法》是一部规范行政强制的设定和实施，保障和监督行政机关依法履行职责，维护公共利益和社会秩序，保护公民、法人合法权益的法律。行政强制包括两部分：

一是行政强制措施，即行政机关在实施行政管理过程中，依法对公民人身自由进行暂时性限制，或者对公民、法人的财产实施暂时性控制的措施。该法第9条规定了6种强制措施：限制公民人身自由；查封场所、设施或者财物；扣押财物；冻结存款、汇款；其他行政强制措施。

二是行政强制执行，即行政机关或者由行政机关申请人民法院对不履行发生法律效力的行政决定的公民、法人，依法强制其履行义务的行为。该法第12条规定了6种强制执行方式，分别是：加处罚款或者滞纳金;划拨存款、汇款;拍卖或者依法处理查封、扣押的场所、设施或者财物;排除妨碍、恢复原状;代履行;其他强制执行方式。

以上强制措施和强制执行方式,只有依照法律规定享有相应执法权力的机关才能实施,法律未授予相应的执法权而需要强制执行的,应当申请人民法院执行。

《行政强制法》于2011年6月30日经十一届全国人大常委会第二十一次会议表决通过,自2012年1月1日起施行,共7章,71条,各章目录如下:

第一章 总则

第二章 行政强制的种类和设定

第三章 行政强制措施实施程序

第四章 行政机关强制执行程序

第五章 申请人民法院强制执行

第六章 法律责任

第七章 附则

(三) 关于继续履行

继续履行意味着义务人只能履行义务,不得以承担赔偿责任的方式来替代履行。当然,继续履行并不意味着直接实施行为强制,但如果本人不履行义务,则将面临较为严厉的制裁。

继续履行,源于《合同法》上的规定。我国《合同法》第110条规定:"当事人一方不履行非金钱债务或者履行非金钱债务不符合约定的,对方可以要求履行,但有下列情形之一的除外:(一) 法律上或者事实上不能履行;(二) 债务的标的不适于强制履行或者履行费用过高;(三) 债权人在合理期限内未要求履行。"

上述规定虽规定继续履行针对的是"非金钱债务",但这样的限定仅是针对除外情况而作的限定,并不意味着金钱债务不适用于继续履行。实际上,当事人不履行金钱债务的,对方在任何情况下均可要求"继续履行",不受《合同法》第110条规定的除外条件的限制。只有对于非金钱债务,当事人要求继续履行才受除外条件的限制。

但是,对于非金钱债务,什么情况属于"债务标的不适于强制履行"的情况呢?加工承揽合同或服务合同可强制履行吗?以给付为标的的履行义务是否除上述条件规定的例外情况之外,一律均可以强制继续履行呢?

合同的履行义务是根据当事人自己的意思自我设定的义务,这种义务的具体内容体现为当事人自己向对方作出的承诺。如果当事人不履行承诺给对方造成损失,承诺人应当赔偿,自不待言,但是,人民法院对当事人的承诺是否有强制其履行的权力却不无疑问。为什么当事人有订立合同的自由,而没有选择赔偿损失而不履行合同的自由?强制履行是否构成对个人自由的不当限制?尤其应予注意的是,如果合同是以完成一定工作或提供劳务为履行标的的,如果当事人坚持不履行,法院将如何强制履行?除了罚款、拘留等之外,强制履行的制度目标能够实现吗?这样的行为有必要动用行政甚至刑罚的手段去解决吗?

不强制履行并不是说可以放任义务人随意毁约,对于因不履行义务给相对人造成损失的,相对人可通过损害赔偿方式实现救济。在相对人损失得以充分弥补的前提下,应当允许个人对自我设定的义务自主选择行为的方式。从某种意义上来说,损害赔偿是将不可强制的义务转化为可强制的金钱给付义务的一种手段。损害赔偿的功能在于弥补损失,而强制履行的惩罚性手段主要在于对行为人本人的强制，二者性质和内容不同，但实现方式相同。

法律上不宜强制履行的标的主要指行为。金钱给付行为虽然也是法律意义上的行为，但这种行为并非一定要依赖于本人的积极行为才能实施，完全可以通过银行划转的方式来完成。在这种情况下，如果坚持认为合同上的金钱履行义务只有在转化为损害赔偿意义上的金钱赔偿义务的情况下才可强制履行，显有过于矫情甚至是画蛇添足之嫌，因此，金钱给付义务可以强制履行。除金钱给付义务外，种类物的给付与金钱给付性质上并无差别，也可强制执行。但特定物常常与个人的经历与情感相联系，具有某种不可替代的精神寄托作用，故不宜强制履行。

三、消极义务履行强制的特殊问题

（一）消极义务履行强制的限制

对于积极的作为义务，法律只能以法律责任或法律制裁的方式督促义务人履行，如果本人决心不履行该义务，无论多么严厉的制裁措施，都无法实现对其义务的履行强制。在此意义上可以说，积极义务只能通过责任强制，或者说间接强制的手段督促其履行。由于这种强制是间接的，因而不可能绝对地避免义务的违反。

然而，对于消极的不作为义务，由于该义务并不要求义务人实施任何积极行为，只需消极不作为就可以达到法律的规范目标，因此，理论上讲，对于可能违反义务的义务人，只要限制其行动的自由，就可以避免其对义务的违反。那么，法律能否以限制人身自由的方式来预防消极义务的违反，或者说强制消极义务的履行呢？

拓展阅读

通过限制个体行为自由来防止其实施法律所禁止的行为，从实际效果上看当然是极为有效的，而且在不同历史时期，这种方式也经常以不同形式出现。但这种方式的弊端也是明显的，很多作家对这种方式对个体生活所带来的影响做过非常生动的描绘。

1.《少数派报告》

《少数派报告》是美国小说家菲利普·狄克在1956年发表的一篇短篇科幻小说，2002年被斯皮尔伯格搬上荧幕。

在未来，借由机器管家的特异能力，人们能够预测一切的犯罪，并在犯罪行为发生前逮捕将要犯罪的人。这套系统已经运作了三十年，而且几乎消灭了一切犯罪。犯罪防制署长约翰·A·安德顿某天得知自己即将杀害西方同盟邦联陆军上将里欧波·卡普兰。但安德顿根本不认识卡普兰，他认为这个报告有问题。于是他拦截了犯罪防制署的卡片，开始逃亡。

经过一番周折，安德顿得知卡普兰想要利用这个“失误”的预测破坏犯罪防制署的威信，进而解散之。这样陆军就可以恢复英中大战以后失去的势力。为了保护犯罪防制系统，安德顿只好将卡普兰暗杀。安德顿和妻子被放逐到半人马座第十星，不过犯罪防制系统得以幸免。

在原著中，作者对预防犯罪系统是否会为人利用并未着墨，但在斯皮尔伯格的电影中，更多强调的是这套预防犯罪系统中所充斥的利益与阴谋。

2.《1984》

《1984》是英国小说家乔治·奥威尔于20世纪40年代发表的一部经典的反乌托邦小说。该书被美国《时代杂志》评为“1923年至今最好的100本英文小说之一”，在1956年和1984年被改编成电影上映。

故事发生在1984年的“大洋国”。“大洋国”的统治阶级是“内党”，“内党”的领袖是“老大哥”。主人公温斯顿属于"外党",他每天的工作是修改各种原始资料,从档案到旧报纸,全都根据指示改得面目全非。

温斯顿的家与所有私人居室一样,都有一个无孔不入的现代化设备,叫作"电子屏幕"。每个房间右首墙上都装有这样一面长方形的金属镜子,可以视听两用,也可以发号施令,所有人无时无刻不受这个屏幕的监视和支配。

一切与"内党"不一致的言行都被视为非法,他们必须经历专门负责内部清洗的"友爱部"的思想改造,从而经过"洗脑"之后最终成为"思想纯洁者"。

温斯顿是个良知未失的人,他和他的女友双双入狱,经过"洗脑",温斯顿把能出卖的都出卖了,包括自己的意志、良知、尊严、爱、女友、信念,心里充满的只是对"老大哥"由衷的感激和爱,他终于迎来了他渴望已久的子弹,并得以幸福地死去。

无论是《少数派报告》还是《1984》,他们都设想了一种事先对人的行为进行约束的方式。《少数派报告》是"利用科学手段"对"将要实施犯罪"的人事先采取措施,而《1984》是利用严密的监控手段来防止人实施有损于"老大哥"的行为。然而其后果却是,"科学手段"可能会被个别人所操纵,而严密监控则会使人失去自由与尊严。

电影和小说中所描述的手段无论多么有效,都无法被接受,因为这种措施需以人的基本自由为代价。而且,这样的措施以未来违反义务的可能性为依据,在任何情况下都不可能找到客观的标准,极易沦为肆意侵犯个体权利的工具,并因此可能会导致灾难性的后果。

(二) 消极义务履行强制的特殊情形

基于上面的讨论,消极义务原则上不得强制履行,只能通过责任强制或非强制措施来予以引导。但是,无论是责任强制,还是非强制措施的引导,需要一个基本的前提,即:行为人是理性的,能够清楚地判断义务不履行的后果,并在此基础上作出选择。如果行为人的行为能力欠缺,既不清楚自己所负担的义务,也不能判断行为的后果,而监护人又难以有效地约束其行为,这种情况下,法律又如何能够有效地避免其可能对他人造成的损害呢?法律可以不要求其对法定的积极义务的履行,也可以不认可其自我设定义务的能力,从而否定其效力,但法律却无法免除其消极义务。为避免给他人可能造成的损害,在其尚未给他人造成损害的情况下,可以直接限制其人身自由吗?

对于正常人而言,通过事先对个体行为自由进行限制,或对个体采取监听措施来达到预防违法犯罪、实现履行义务的目的是难以令人接受的,因为它将所有人都视为社会潜在的敌人,都视为应当予以管控的对象。但对于不能判断自己行为性质与后果的能力欠缺者而言,尤其是在监护人不能有效约束其攻击行为的情况下,这种事先对个体自由的限制有正当性吗?

目前,未成年人和精神病人都是由监护人来进行约束的,但对于个别具有攻击性的人,当监护人不能有效地实施约束时,则采取限制其人身自由的特殊措施。我国《刑法》规定,对于因年龄和精神健康状况不负刑事责任的人,应当责令他的家属或者监护人严加看管和医疗;在必要的时候,由政府强制医疗。

历史链接

精神病人管制简史

与其他疾病相比,人类对精神障碍的认识经历了复杂而曲折的历程。

在中国古代,人们普遍将精神错乱视为“鬼神降罪”所致,往往认为患者是因为有罪或有不道德的行为,所以受到神灵惩罚。

在中世纪的欧洲,精神障碍被认为是罪恶和恶魔所致,精神病人被视为异教徒或女巫。惩罚成为“治疗”精神病人的手段。有些病人被严刑拷打,有些病人被烧死、勒死、砍头、活埋。在文艺复兴时期,精神病人的境遇稍有一些好转。驱逐和禁闭是最普遍被采取的对待精神病人的方式。欧洲各城市的市政当局都企图把精神病人遣送出自己的管界。

但驱逐并不能彻底解决问题,17 世纪,欧洲各国建立了为数众多的收容所,用于禁闭精神病人和精神正常的无业者、流浪者,以防止他们犯罪滋事。但是,对于精神病人而言,禁闭没有任何益处。他们不被视为病人,得不到应有的治疗和护理,甚至不被视为人。他们的居住生活条件极为恶劣。有些收容所甚至以营利为目的,将精神病人像稀有动物一样展览。有危险性的精神病人会受到严酷的约束,有的被戴上手铐、脚镣,有的被捆绑,有的脖子上也被套上铁环,有的被关入兽笼。

18 世纪末,法国医生菲力普·皮内尔在比塞特精神病院对精神病人实行了人道主义的改革,在一定程度改善了精神病人的待遇,但没有改变精神病人的封闭管理模式。福柯批评说“他把医学变成司法,把治疗变成镇压”。

1860 年,一个从医院逃跑出来的女病人佩卡德,在美国各地游说,说自己无病,是其父亲把她强行关入精神病院三年之久。她的举动促使公众注意强制治疗问题。这一年美国制定了一个规则,规定任何人被送进精神病院都必须经过一定的法律程序。

纳粹德国时期,为防控精神病,30 余万人被强制实行绝育手术。1939 年以后,安乐死取代了绝育。仅 1941—1942 年就有 8 万人被强制执行安乐死。

1991 年 12 月,联合国大会通过了《保护患精神疾病的人和改善精神卫生保健的原则》。这个文件是世界精神卫生历史上一个具有里程碑意义的文件。它全面规定了精神障碍者的权利,尤其是强调了精神病人的治疗权、住院权,并规定:除为与精神病直接相关的目的和后果,任何人或任何权威机构都不得将一个人划为精神病人,每个病人有权在最少受限制的环境中得到最少受约束和最少侵害性的适合其健康和安全需要的治疗。

1992 年,世界卫生组织将每年的 10 月 10 日确定为“世界精神卫生日”,以求传播精神卫生知识,消除人们对精神障碍的偏见。

(三) 当前我国法律的相应规定及其争议

根据我国《民法总则》第 24 条规定,不能辨认或者不能完全辨认自己行为的成年人,其利害关系人或者有关组织,可以向人民法院申请认定该成年人为无民事行为能力人或者限制民事行为能力人。被人民法院认定为无民事行为能力人或者限制民事行为能力人的,经本人、利害关系人或者有关组织申请,人民法院可以根据其智力、精神健康恢复的状况,认定该成年人恢复为限制民事行为能力人或者完全民事行为能力人。所谓的利害关系人主要指配偶和直系亲属;有关组织包括:居民委员会、村民委员会、学校、医疗机构、妇女联合会、残疾人联合会、依法设立的老年人组织、民政部门等。

有学者对我国上述能力欠缺宣告制度提出了激烈的批评,认为这一制度不符合《保护患精神疾病的人和改善精神卫生保健的原则》所确定的原则,也不符合我国缔结的联合国《残疾人权利公约》的要求。然而,我国 2017 年新颁布的《民法总则》仍未对这一问题予以关注,基本上完全沿袭了 1986 年《民法通则》的规定。

拓展阅读

围绕行为能力宣告制度的争议

我国在2008年批准了联合国《残疾人权利公约》，该公约第12条“在法律面前获得平等承认”以一种看似简单的表达对缔约国提出了以下要求：“缔约国应当确认残疾人在生活的各方面在与其他人平等的基础上享有法律能力。”根据与第12条相关的谈判过程和讨论记录可以看出，“法律能力”一词不仅意味着“拥有权利的能力”，也包含了“行动或行使权利的能力”。

近代以来，各国法律都普遍赋予自然人无差别的权利能力平等，再对保护权利能力予以宣示没有实际意义，所以该公约第12条的“法律能力”绝不限于权利能力而应该包括行为能力。尤其需要提到，2012年9月17日公布的《联合国残疾人权利委员会对中国履行残疾人权利公约的审议结论》中，对于第12条履行情况的意见是：委员会督促缔约国采取措施废除法律、政策和实践中允许监护和托管成年人的规则，采取立法行动取代现行规则以尊重人的自主选择权。其后，联合国残疾人权利委员会在2014年5月公布的关于联合国残疾人权利公约一般注释第1号中，确定法律能力的含义是享有权利和义务并且可以行使权利和义务的能力，从而可以确定残疾人行使权利和义务的能力即行为能力是不能被限制的，并进一步要求对于残疾人以自己的意思能力参与法律关系给予援助。事实上的判断能力和法律上的能力是完全不同的概念，即使事实上判断能力不足，也应该承认其享有法律能力，在享有法律能力的前提下，通过援助方式使判断能力不足的成年人能自己为交易行为负责。因此，通过宣告成年人行为能力欠缺以保护残疾人的制度和《残疾人权利公约》第12条的内容是相违背的。

《残疾人权利公约》基于的是“平常化”和“对自我决定权的尊重”的理念，这是20世纪中期以来，国际社会中流行的关于残疾人福利方面的新理念。落实于具体制度即要求从监护制度转身协助决策制度，按照美国学者罗伯特的观点，传统的“完全监护制度的配置是为残疾人提供保护，但有许多例子表明监护人可能滥用监护权，忽略被监护人，或者无法有效保护被监护人的权益”。而《残疾人权利公约》要求的“协助决策制度”则保留了残疾人作为首要决策者的地位，通过他人协助来完成自主意思的表达，在最大限度上实现个人自由。对比传统民法的行为能力欠缺宣告制度，我们会发现虽然制度保护成年残疾人的宗旨一致，但由于理念的不同会出现从保护的角度出发却与残疾人的自主意思违背，进而在结果上也可能不符合残疾人的利益。因此，基于《残疾人权利公约》的国家义务，缔约国应该废除成年人行为能力欠缺宣告制度及其相关制度，而代之以帮助成年人实现自主意思的新制度。

（摘自李国强《论行为能力制度和新型成年监护制度的协调》，载于《2017中国民法年会文集》）

另外还应当注意的是，我国法律只规定了“必要的时候，由政府强制医疗”，但对于何种情况下需要采取强制治疗措施，由谁来认定以及通过什么程序来认定需要强制医疗，都是需要认真对待的问题，需要在法律上予以明确。在缺乏明确法律规定的情况下，“强制医疗权”极易成为个别人侵犯他人权益的工具。

1. 思考与讨论

(1) 请比较法律的强制功能与引导功能对个体行为选择的影响方式。

(2) 你认为应当如何完善“成年能力欠缺者”的监护及其行为约束问题？

2. 课外阅读

(1)《中华人民共和国合同法》；

(2)《无需法律的秩序》，[美]罗伯特·C·埃里克森著。

第七讲

责　任

义务的违反产生责任，一切责任都必须以义务的违反为前提，没有义务和义务的违反，便不存在责任。但是，并不是任何义务违反都必然产生责任，因本人无法控制的原因导致的义务违反，除非基于风险分配的特殊考虑，原则上不应课以责任。因为在这种情况下，不仅责任的预防功能无法体现，而且还容易使个体的行动畏首畏尾，从而使人的开拓精神受到影响。

责任包括刑事责任、行政责任和民事责任。对于刑事责任，本书将在刑罚一讲中专门讨论，对于行政责任，因其内容并不复杂，只是顺带提及，这一讲主要讨论的是民事责任。如果没有特别声明，本讲所讲的责任原则上指的都是民事责任。

一、责任认定及其范围

义务违反的后果主要有两种：一是对社会关系或社会秩序的危害；二是对生命健康以及财产所造成的现实的损害。损害一定是现实的损害，而危害不一定有现实的损害，但只要对社会关系或正常社会秩序造成威胁，就可视为是危害，如故意杀人未遂，虽然没有造成任何现实的损害后果，但杀人行为是对人的生命安全的威胁，因而构成对社会的危害。危害社会的行为达到一定程度，触犯了行政法和刑法的规定，要承担行政责任和刑事责任。如果造成了现实的损害，无论是否承担了行政责任或刑事责任，都不影响民事责任的承担。

（一）责任构成理论

不同的法律部门有不同的责任构成理论。如刑法有刑法上的责任构成理论，民法有民法的责任构成理论。即便是在民法领域，也没有形成统一的责任构成理论，法律责任是在不同的法部门中分别讨论的，如合同法中有合同责任，侵权法中有侵权责任，而物权法中的物上请求权则对应相应的物权法的责任。我国1986年通过的《民法通则》设民事责任一章，2017年通过的《民法总则》继续沿袭了这一做法，但是《民法通则》和《民法总则》虽然单独设民事责任一章，但并没有在理论上将合同责任、侵权责任和物权法的责任统一起来，《合同法》和《侵权法》中均有民事责任的规定，《物权法》中的物权保护部分实际上也是关于民事责任的规定。同时，我国各单行法中关于民事责任的规定存在的共同问题是责任与义务不做区分，甚至将“继续履行”也作为责任的承担方式。

由于《民法总则》并未将《合同法》和《侵权法》以及《物权法》的责任统一起来，因而并无统一的关于责任构成的规定，也没有统一的责任构成的理论。在我国，很多学者试图立足于《侵权责任法》来统一民事责任，但从目前情况看，这一任务远没有完成，仍有很长的路要走。

传统侵权法理论上，责任构成理论主要是四要件理论，认为责任的构成需具备四个要件：一是行为的违法性；二是行为人主观上存在过错；三是有损害；四是行为与损害之间存在因果关系。但是这一理论存在诸多问题。首先是违法性的表述并不令人满意，比如企业排放的污水即使未超标，即没有违法，仍应对所造成的损害承担责任，又比如入住酒店受到不法分子的侵害，酒店基于安全保障义务而应当承担相应的责任，这种情况下也很难认定酒店的违法性。其次过错不仅不适用于无过错责任，而且也不适用于合同法和物权法的责任，比如因市场行情的变化而导致合同无法履行并由此给对方造成损失的，本人仍应承担相应的责任，但在这种情况下，我们很难认定其主观上具有过错。

（二）责任构成与义务违反

"导致损害赔偿义务的不是损害，而是过错。"耶林的这句名言对每一个法律学子而言早已是耳熟能详。传统私法理论中，归责的一般原则是过错。过错责任被视为是最有利于全面实现侵权法的惩罚、预防和补偿功能的工具，它体现着强烈的道德观念，个人对基于自身的过错而负赔偿责任，是公平正义的逻辑要求。同时，它被认为最有助于调和个人自由与社会安定的基本价值，因为人若已尽注意义务即得免负责任，则自由不受束缚，社会安定也足以维护。过错原则还被认为最能体现道德与法律逻辑的力量，并且最能体现经济效率并合乎个人主义理性。

然而，过错责任仅适用于侵权法，合同法上的责任则是违约责任，尽管我国侵权法将返还原物、排除妨害等均作为侵权责任的承担方式，但这些责任从归责的根据上来说，实际上与过错或其他侵权法的归责原则均没有关系，而是源于物权制度或不当得利制度中的相关规定。也就是说，传统私法中责任的认定针对不同的领域，其标准并不是统一的。这种不统一所带来的后果除了在理论上无法形成前后一致的融贯性解释之外，更主要的是导致了复杂的责任冲突与竞合。

责任产生于义务违反，没有义务违反便没有责任，责任的产生不单纯是因为有过错，而是因为违反了义务。由此，义务违反不仅构成了责任认定的核心因素，也成为归责的基本原则。

义务违反并不排斥过错，在很多情况下，义务违反与过错是统一的，比如侵权行为是对不得侵犯他人主体性权利的消极义务的违反，但这种义务违反在主观上常表现为侵权人的故意或过失。但义务违反与过错的差别也是明显的，义务违反原则上并不考察当事人的主观心理状态，而只考察行为是否违反义务。而且，并不是在任何情况下，义务违反都与本人的过错有关，比如在合同关系上，一个人到期不能清偿债务也许并不是本人故意拖欠，他可能由于市场原因而赔得盆干钵净，根本无力清偿债务。从不能清偿债务从而构成义务违反这一后果而言，他根本不存在任何过错，但这并不影响他仍负有清偿责任。又比如因甲的原因而导致的合同无效或被撤销，乙不存在任何过错，但对甲已为之给付，乙应负返还义务。设若此时恰逢一场不可归咎于乙的原因而发生的火灾导致物的灭失，乙仍应当承担赔偿责任，乙的无过错并不导致其免责。

可以说，义务违反包含了侵权法意义中过错的内容，但又不限于此，从而我们可以有效地将违约责任和物上责任等不同责任整合到统一的归责原则中来。

也许在有些人看来，以义务违反为核心的归责尽管可以有效地整合其他责任，但在侵权法的意义上，却有结果责任之嫌。比如人身伤害，从主体性权利的角度，任何人均负有不得侵害他人身体之义务，只要其行为导致了身体伤害，即可构成义务违反，如果不考虑过错因素的话，显然是一种结果责任。

单纯从归责的角度而言，这样的指责不无道理，但并不是只要构成义务违反都必然产生责任，行为人还可以作不自主行为的抗辩来排除责任的承担。从责任的角度而言，一个人的行为只有是自主的才是"取决于他"并可"归因于他"的，对于不自主行为不具有道德上的可谴责性和归责的正当性。不自主行为包括两种类型：一是客观原因关闭了行为选择的可能性；二是即使行动者已尽充分注意义务也难以对行为的后果形成明确的认知。两种情况下均可排除行为人的责任承担，而且第二种情况在很大程度上可吸收过错的认定标准，因此反而比单纯的过错责任有更大的空间，从而可有效避免结果责任的诟病。

从某种意义上说，通过不自主抗辩排除责任的承担，相对于过错责任而言，在很大程度上意味着将证明责任推给了行为人一方，受害人无须证明行为人行为是否是自主的，不自主的证明责任由行为人承担，似乎更接近过错推定责任的特点。也许有人会担心因此增加了行为人的责任，但是举证责任的分配充分考虑双方利益的平衡，常常也是一种立法政策的选择。除了让行动者在做出行动时可以更加肆无忌惮外，让受害人必须证明加害人有过错，有什么理由比让给他人造成伤害的人来说明自己不应当承担赔偿责任的理由更具有正当性呢？而且，过错的认定从主观标准到客观标准的演变反映的是一种逐渐有利于受害人的趋势，因为对受害人而言，客观标准的证明比探求行为人的内心显然更为容易。在司法实践中，是否具有过错也往往并不是由受害人来证明的，更多的是关注行为人是否有充分的可以排除过错认定的理由。在此意义上，通过不自主抗辩来排除责任具有更大的合理性，而且更好地顺应了侵权责任认定的当代趋势。

在特殊情况下，如果让行为人来证明自己的行为不自主显得过于苛刻的话，还可通过立法的形式来规定特殊的抗辩事由，从而实现行为人与受害人双方在责任认定问题上举证负担的平衡。

义务违反还可以吸收无过错责任，无过错责任主要是危险责任，从事危险工作的人因为增加了人们生存环境的风险，因此负有一种特殊义务——危险负担义务，亦即高度注意义务。这种义务是一种损失补偿义务。加害人拒不履行该义务即构成义务违反，从而构成责任。

（三）责任的范围

1. 可赔偿性损害与责任的范围

民事责任的主要功能在于补偿损失，责任的范围原则上取决于行为所造成的损害，也就是说，损害的范围决定着责任的范围。因此，在私法上，责任的大小并不是随着责任人主观过错的大小或侵权的恶劣程度等因素而变化的。一个并不具有恶意的疏忽与一个处心积虑的伤害相比，如果前者所导致的实际损失大于后者所造成的损失，则前者无疑承担着更大的责任。也可以说，在私法领域，责任的大小是由损害事实所决定的。

立足于不同的角度，可以对损害进行不同的分类，按损害的对象不同，损害一般可分为人身损害和财产损害。按是否可通过金钱来计量，损害可分为财产性损害和精神损害。精神损害也不是完全不可以通过金钱来体现，大多数情况下的精神损害是通过金钱赔偿来弥补的，但是相对于财产损害，精神损害很难通过市场价值来估量，而只能是根据具体情况的一种比较主观的判断。除此之外，损害还常常被分为直接损害和间接损害。直接损害一般指侵害行为所直接导致的财产的减少或损毁，而间接损害则指本可增加而未增加的损失，又称可得利益的损失。

理论上来说，损害后果是一个客观事实，责任作为对行为后果的承担，因而也应当是一个事实问题，不过是个体自主行为所导致的结果。然而，并不是所有的事实上的损害都是可赔偿的损害。比如，一个因酒驾在城市高架桥上出了严重交通事故的司机，他当然应当赔偿交通事故所造成的损害。但是因事故所导致的交通堵塞，有人未能赶上航班，有危重病人因此耽误了最佳治疗时间而不幸死亡，有人耽误了一次重要的商务谈判。对这样的损失，尽管我们不能否认的确是因为肇事司机的违章行为而造成的，但法律并没有要求肇事司机对这些损失承担赔偿责任。在人们的一般观念中，对于这些与侵害行为过于“遥远”的损害来说，这样的事故不过是一种类似于刮风下雨一样的自然现象，似乎是人们不得不忍受的一种“晦气”，而不应被视为是一种应归责的侵犯。

但是，关于何谓“遥远”的损害，学界并无统一的标准，实际上，人们也很难单纯从因果关系的角度决定应在何处斩断因果链条。原则上，如果损害不是由某个行为直接引起的，而是由该行为所引发的结果结合其他因素而造成的，则这样的损害应该属于“遥远”的损害，不宜列入可赔偿性的范围。

除了所谓“遥远”的损害外，权利遭受的侵犯同样也并不必然导致可赔偿的损害，比如，一个孩子溜进电影院看电影，又比如一个人被无理由地限制到河边散步，电影院的权利和散步者的自由都受到了侵犯，但这种情况很难认定为具体的损害。

轻微的损害也常常被排除在可赔偿性损害之外，“为了维持社会生活的安定，法律上常常要求人们容忍来自他人行为的轻微损害”。比如轻微的触碰，误入他人房间等。此外，基于情谊和戏谑行为而产生的一些损害常常也不具有可赔偿性，如违背请朋友吃饭的承诺而使朋友损失了公交费用并浪费了时间。一般而言，一个理性的人应该能够判断和谅解这些正常的社会交往行为的真实意思，并且能够避免或承受其可能造成的后果，如果将其纳入可赔偿性损害范围，反而可能会产生更高的成本而得不偿失，因而并没有必要将其纳入可赔偿性损害的范围。

2. 损失的认定

(1) 财产损失的认定

财产损失包括直接损失和间接损失两类：

直接损失一般指财产的毁损灭失，一般按照损害发生时物的市场价格来认定。市场价格不易直接认定的，可以委托评估鉴定机构进行评估或鉴定。对某些寄托着个人特殊感情的有纪念意义的物的损坏，无法进行评估鉴定的，则由法官根据具体情况酌情认定。

间接损失主要分为生产利润损失、经营利润损失和转售利润损失三种类型。生产设备和原材料等买卖合同违约中，因出卖人违约而造成买受人的可得利益损失通常属于生产利润损失。承包经营、租赁经营合同以及提供服务或劳务的合同中，因一方违约造成的可得利益损失通常属于经营利润损失。先后系列买卖合同中，因原合同出卖方违约而造成其后的转售合同出售方的可得利益损失通常属于转售利润损失。间接损失认定的关键在于如何确定合理的参照标准，参照标准确定后，其与实际利润的差额即为间接损失的数额。因此，间接损失应当根据具体情况来认定，并无统一适用的普适性标准。

上述直接损失和间接损失的确定，都是立足受害人的角度根据具体情况来计算的。但是，对于有些侵权行为，单纯从受害人的角度很难确定其具体的损失，因此法律常常在财产损失的计算上采取一些变通的形式，比如《商标法》第 63 条中就规定了多种变通式的赔偿金确定方式。

法条链接

《商标法》(节录)

第六十三条　侵犯商标专用权的赔偿数额，按照权利人因被侵权所受到的实际损失确定；实际损失难以确定的，可以按照侵权人因侵权所获得的利益确定；权利人的损失或者侵权人获得的利益难以确定的，参照该商标许可使用费的倍数合理确定。对恶意侵犯商标专用权，情节严重的，可以在按照上述方法确定数额的一倍以上三倍以下确定赔偿数额。赔偿数额应当包括权利人为制止侵权行为所支付的合理开支。

人民法院为确定赔偿数额，在权利人已经尽力举证，而与侵权行为相关的账簿、资料主要由侵权人掌握的情况下，可以责令侵权人提供与侵权行为相关的账簿、资料；侵权人不提供或者提供虚假的账簿、资料的，人民法院可以参考权利人的主张和提供的证据判定赔偿数额。

权利人因被侵权所受到的实际损失、侵权人因侵权所获得的利益、注册商标许可使用费难以确定的，由人民法院根据侵权行为的情节判决给予 300 万元以下的赔偿。

(2) 人身损害的认定

一般情况下，人身损害的赔偿项目包括：医疗费、护理费、交通费、误工费、残疾生活辅助器具费、残疾赔偿金、丧葬费、死亡赔偿金和精神慰抚金等项目。最高人民法院《关于人身损害赔偿案件适用法律若干问题的解释》对各赔偿项目如何计算做了详细的解释说明。

法条链接

最高人民法院关于审理人身损害赔偿案件适用法律若干问题的解释
(节录)

……

第十七条　受害人遭受人身损害，因就医治疗支出的各项费用以及因误工减少的收入，包括医疗费、误工费、护理费、交通费、住宿费、住院伙食补助费、必要的营养费，赔偿义务人应当予以赔偿。

受害人因伤致残的，其因增加生活上需要所支出的必要费用以及因丧失劳动能力导致的收入损失，包括残疾赔偿金、残疾辅助器具费、被扶养人生活费，以及因康复护理、继续治疗实际发生的必要的康复费、护理费、后续治疗费，赔偿义务人也应当予以赔偿。

受害人死亡的，赔偿义务人除应当根据抢救治疗情况赔偿本条第一款规定的相关费用外，还应当赔偿丧葬费、被扶养人生活费、死亡补偿费以及受害人亲属办理丧葬事宜支出的交通费、住宿费和误工损失等其他合理费用。

第十八条　受害人或者死者近亲属遭受精神损害，赔偿权利人向人民法院请求赔偿精神损害抚慰金的，适用《最高人民法院关于确定民事侵权精神损害赔偿责任若干问题的解释》予以确定。

精神损害抚慰金的请求权，不得让与或者继承。但赔偿义务人已经以书面方式承诺给予金钱赔偿，或者赔偿权利人已经向人民法院起诉的除外。

第十九条　医疗费根据医疗机构出具的医药费、住院费等收款凭证，结合病历和诊断证明等相关证据确定。赔偿义务人对治疗的必要性和合理性有异议的，应当承担相应的举证责任。

医疗费的赔偿数额，按照一审法庭辩论终结前实际发生的数额确定。器官功能恢复训练所必要的康复费、适当的整容费以及其他后续治疗费，赔偿权利人可以待实际发生后另行起诉。但根据医疗证明或者鉴定结论确定必然发生的费用，可以与已经发生的医疗费一并予以赔偿。

第二十条　误工费根据受害人的误工时间和收入状况确定。

误工时间根据受害人接受治疗的医疗机构出具的证明确定。受害人因伤致残持续误工的，误工时间可以计算至定残日前一天。

受害人有固定收入的，误工费按照实际减少的收入计算。受害人无固定收入的，按照其最近三年的平均收入计算；受害人不能举证证明其最近三年的平均收入状况的，可以参照受诉法院所在地相同或者相近行业上一年度职工的平均工资计算。

第二十一条　护理费根据护理人员的收入状况和护理人数、护理期限确定。

护理人员有收入的，参照误工费的规定计算；护理人员没有收入或者雇佣护工的，参照当地护工从事同等级别护理的劳务报酬标准计算。护理人员原则上为一人，但医疗机构或者鉴定机构有明确意见的，可以参照确定护理人员人数。

护理期限应计算至受害人恢复生活自理能力时止。受害人因残疾不能恢复生活自理能力的，可以根据其年龄、健康状况等因素确定合理的护理期限，但最长不超过20年。

受害人定残后的护理，应当根据其护理依赖程度并结合配制残疾辅助器具的情况确定护理级别。

第二十二条　交通费根据受害人及其必要的陪护人员因就医或者转院治疗实际发生的费用计算。交通费应当以正式票据为凭；有关凭据应当与就医地点、时间、人数、次数相符合。

第二十三条　住院伙食补助费可以参照当地国家机关一般工作人员的出差伙食补助标准予以确定。

受害人确有必要到外地治疗，因客观原因不能住院，受害人本人及其陪护人员实际发生的住宿费和伙食费，其合理部分应予赔偿。

第二十四条　营养费根据受害人伤残情况参照医疗机构的意见确定。

第二十五条　残疾赔偿金根据受害人丧失劳动能力程度或者伤残等级，按照受诉法院所在地上一年度城镇居民人均可支配收入或者农村居民人均纯收入标准，自定残之日起按20年计算。但60周岁以上的，年龄每增加一岁减少一年；75周岁以上的，按5年计算。

受害人因伤致残但实际收入没有减少，或者伤残等级较轻但造成职业妨害严重影响其劳动就业的，可以对残疾赔偿金作相应调整。

第二十六条　残疾辅助器具费按照普通适用器具的合理费用标准计算。伤情有特殊需要的，可以参照辅助器具配制机构的意见确定相应的合理费用标准。

辅助器具的更换周期和赔偿期限参照配制机构的意见确定。

第二十七条　丧葬费按照受诉法院所在地上一年度职工月平均工资标准，以6个月总额计算。

第二十八条　被扶养人生活费根据扶养人丧失劳动能力程度，按照受诉法院所在地上一年度城镇居民人均消费性支出和农村居民人均年生活消费支出标准计算。被扶养人为未成年人的，计算至18周岁；被扶养人无劳动能力又无其他生活来源的，计算20年。但60周岁以上的，年龄每增加一岁减少一年；75周岁以上的，按5年计算。

被扶养人是指受害人依法应当承担扶养义务的未成年人或者丧失劳动能力又无其他生活来源的成年近亲属。被扶养人还有其他扶养人的，赔偿义务人只赔偿受害人依法应当负担的部分。被扶养人有数人的，年赔偿总额累计不超过上一年度城镇居民人均消费性支出额或者农村居民人均年生活消费支出额。

第二十九条　死亡赔偿金按照受诉法院所在地上一年度城镇居民人均可支配收入或者农村居民

人均纯收入标准,按20年计算。但60周岁以上的,年龄每增加一岁减少一年;75周岁以上的,按5年计算。

第三十条 赔偿权利人举证证明其住所地或者经常居住地城镇居民人均可支配收入或者农村居民人均纯收入高于受诉法院所在地标准的,残疾赔偿金或者死亡赔偿金可以按照其住所地或者经常居住地的相关标准计算。

被扶养人生活费的相关计算标准,依照前款原则确定。

……

第三十二条 超过确定的护理期限、辅助器具费给付年限或者残疾赔偿金给付年限,赔偿权利人向人民法院起诉请求继续给付护理费、辅助器具费或者残疾赔偿金的,人民法院应予受理。赔偿权利人确需继续护理、配制辅助器具,或者没有劳动能力和生活来源的,人民法院应当判令赔偿义务人继续给付相关费用5～10年。

……

第三十五条 本解释所称"城镇居民人均可支配收入""农村居民人均纯收入""城镇居民人均消费性支出""农村居民人均年生活消费支出""职工平均工资",按照政府统计部门公布的各省、自治区、直辖市以及经济特区和计划单列市上一年度相关统计数据确定。"上一年度",是指一审法庭辩论终结时的上一统计年度。

……

3. 关于约定责任

一般情况下,责任都是法定责任,是由法律规定并由法律强制力来保障执行的。但特定情况下,责任也可以由当事人事先约定,较为常见的约定责任主要有两种:一是违约金;二是定金。

(1) 违约金

违约金是双方当事人在合同中约定的,当一方违约时应承担的违约赔偿金。违约金不是源于法律的规定,而是源于当事人的约定。当事人事先在合同中没有约定的,不得请求违约金赔偿。

双方当事人在合同可以约定违约应承担的具体违约金额,也可以只约定违约金的计算方法,而不约定具体金额。比如双方可以在合同约定:如一方违约,应向非违约方支付违约金2万元;也可约定:如一方违约,按合同标的总价款的百分之十支付违约金;还可约定:如迟延付款,按迟延付款金额的日万分之五支付违约金。

应予注意的是,违约过于高于实际损失时,人民法院可以根据当事人的请求适当降低违约金。最高人民法院《关于适用〈中华人民共和国合同法〉若干问题的解释(二)》第29条规定,当事人约定的违约金超过造成损失的百分之三十的,一般可以认定为"过分高于造成的损失"。比如,因违约造成的实际损失是10万,如果违约金数额是20万,如果当事人请求人民法院降低违约金,人民法院依职权可降低至13万。

但是最高院的上述解释并非没有问题,违约金赔偿并不以实际造成损失为条件,当违约未给对方造成损失时,当事人仍可以要求对方支付违约金,并且当事人要求支付违约金与要求继续履行合同或解除合同也不存在冲突。在这种情况下,人民法院又如何判断违约金数额是否适当呢?也许只能根据合同的履行情况、当事人的过错程度以及预期利益等综合因素,根据公平原则和诚实信用原则予以衡量。

(2) 定金

定金可以看作是事先约定的责任，但同时也可以看作是履行合同的担保。当交付定金的一方履行合同后，定金应当抵作价款或者由交付定金的一方收回。给付定金的一方违约时，无权要求返还定金；收受定金的一方违约时，应当双倍返还定金。

定金条款自定金交付时生效，如果双方仅在合同中约定了定金条款，而未实际向对方交付定金的，定金条款不生效，当事人不得主张定金。根据《担保法》第91条规定，定金的数额由当事人约定，但不得超过主合同标的额的百分之二十。

违约金条款与定金条款不得并用，当事人既约定违约金，又约定定金的，一方违约时，对方只能选择其中一种。应当注意的是，收取定金的一方违约时，如果既有违约金条款，又约定了定金条款时，支付定金的一方选择违约金赔偿时，仍有权要求返还定金，只是不能再要求双倍返还。

二、责任的抗辩

不同的责任类型有不同的抗辩事由，刑事责任主要在于罪与非罪的认定问题。行政责任的抗辩事由未超出民事责任的抗辩事由的范围，可参照民事责任的抗辩事由。因此，这里主要讨论民事责任的抗辩问题。

(一) 正当行为抗辩

所谓正当行为，是指加害人行为虽然给受害人造成了损害，但其行为是正当的、合法的。由于这种行为具有合法理由，因而不具有社会危害性，因此又称为"排除社会危害性的行为"。不构成义务违反的正当行为主要包括以下四种：

1. 自助行为

自助行为是指权利人受到不法侵害之后，为保全或者恢复自己的权利，在情势紧迫而不能及时请求国家机关予以救助的情况下，依靠自己的力量，对他人的财产或自由施加扣押、拘束、留置或其他相应措施的行为。比如饭店对未付饭费的顾客，暂时不允许其离开或扣押其一定财产作为担保的行为。

自助行为必须符合以下条件：

(1) 必须是为保护权利人自己的合法权益；

(2) 必须情势紧迫而又不能及时请求国家机关予以救助；

(3) 必须为法律和社会公德所认可的强制措施；

(4) 必须不得超过必要限度，如可以扣押财产，但不能羁押人身(并非绝对不能限制人身自由，但只能在必要的情况下，且不能超过必要的限度)，超过必要限度的，会构成侵权行为；

(5) 必须事后及时提请有关部门处理。

2. 正当防卫

正当防卫指对正在实施不法侵害的人，而采取的制止不法侵害的行为，对于由此给不法侵害人造成损害，正当防卫者不承担责任。我国《刑法》第20条规定，为使国家、公共利益、本人或者他人的人身、财产和其他权利免受正在进行中的不法侵害，而采取的制止不法侵害的行为，对不法侵害人造成损害的，属于正当防卫，不负刑事责任。《民法总则》第181条也规定，因正当防卫造成损害的，不承担民事责任。

正当防卫应该符合四个条件：

(1) 正当防卫所针对的，必须是不法侵害；

(2) 必须是在不法侵害正在进行的时候；

(3) 正当防卫所针对的，必须是不法侵害人；

(4) 正当防卫不能超越一定限度，超过必要的限度，正当防卫人应当承担相应的责任。但对正在进行行凶、杀人、抢劫、强奸、绑架以及其他严重危及人身安全的暴力犯罪，原则上不存在防卫过当问题，造成不法侵害人伤亡的，防卫人不承担责任。

3. 紧急避险

紧急避险指为了使国家、公共利益、本人或者他人的人身、财产和其他权利免受正在发生的危险，不得已采取的损害另一较小合法权益的行为，但在职务上、业务上负有特定责任的人，不得在发生与其特定责任有关的危险时实行紧急避险。我国《刑法》第 21 条规定，因实施紧急避险行为造成损害的，不负刑事责任。《民法总则》第 182 条也规定，因紧急避险造成损害的，由引起险情发生的人承担民事责任。

紧急避险应当符合以下条件：

(1) 必须针对正在发生的紧急危险；

(2) 所采取的行为应当是避免危险所必需的；

(3) 所保全的必须是法律所保护的权利；

(4) 不可超过必要的限度，即损害的利益应当小于所保全的利益，否则要承担相应责任。

4. 职务行为

职务行为指行为人正当履行职务的行为，如医生对患者进行必要的肢体切除，公安人员击毙正在行凶的犯罪分子等。

5. 受害人同意的行为

受害人同意的行为是指基于受害人事先明确表示愿意自行承担某种损害结果的情况下实施的行为，如刺青。但对违反法律规定和社会公共利益，或者有违公序良俗的行为，即使受害人同意，行为人仍应承担责任。一般情况下，对侵害人格利益的同意行为，可认定为有违公序良俗，不得作为免责抗辩事由。

(二) 不自主抗辩

行为人对自己能够自主控制的行为才负有责任，如果行为不是出于自己的意志，而是在没有任何自主性的情况下做出的，那么对这一行为所造成的后果也就不可以归因于行为人。

对于行为人无法自主控制的原因，传统民法理论一般指不可抗力，其法律的定义为"不能预见、不能避免并不能克服的客观情况"，如自然灾害、战争、暴乱等。因为不可抗力导致行为人不能履行义务而导致义务违反，并由此造成损失的，行为人不承担责任。此外受害人过错和第三人原因常常也是行为人本人不能控制的，但受害人过错与第三人原因常常与行为人行为共同作用造成损害，本人对义务的违反仍是本人可以控制的。因此，受害人过错与第三人原因一般并不导致免责，而只是导致责任的减轻。

不过，不自主抗辩并不应限于不可抗力抗辩，对于义务的违反，只要不是行为人本人自主的选择，均可成立不自主抗辩。

拓展阅读

自主行为的边界

自主，反映的是行为选择的个体倾向，它将关注点从外在的环境因素拉回到行动者自己。不管个体在行为时处于何种境遇，只要本人仍有选择的可能性，其最终所做出的选择都参考了本人的意志，是本人在权衡各种因素的基础上做出的自主的选择。相反，当一个人不再有选择的可能性，或者说本人无法控制其行为时，其行为也不再能够体现其本人的意志，其行为才不再具有实施的自主性。

应予注意的是，在不自主情形下所说的不具有选择可能性，总是针对特定的行为而言的，并不意味着行为人在其所处的境遇下丧失任何其他选择的可能。比如因法律的禁止，张三不能到家门口附近的河边去散步。对于张三本人而言，他可以到其他河边或其他地方去散步，他也可以选择不去散步而改为去健身房健身。总之，张三选择的可能性并没有因此而被完全关闭，在具有其他选择可能性的问题上，张三仍然具有自主性。但是，我们说张三是否具有自主性，是针对张三是否能够到家门口附近的"这条河边"散步而言的。他当然也可以不顾法律的禁止而去散步，但违法选择因不具有正当性，所以不应视其为一种选择的可能。在此情况下，针对是否能到家门口附近的"这条河边"散步这一特定行为来说，张三除了选择不去散步外，他没有其他的选择。在此意义上，我们可以说，张三不具有到"这条河边"散步的自主性。

针对不同的情况，对一个人是否有实施某种行为的自主性，会有不同的视角和判断标准。比如张三本来想去河边去散步，但法律禁止他这样做，在这种情况下，他的不自主表现为"想做而不能"。如果张三不想去河边散步，两个身强力壮的人将其强行拖到河边来回走了几趟，在这种情况下，他的不自主表现为"不想做而不可抗拒"。根据不同行为所依赖的条件，对于一个人是否具有实施某种行为的自主性，可区分为三种不同的情况，在不同的情况下，对于是否自主的判断依据也会存在差异。

1. 是否可能

"是否可能"针对的是一个人是否有积极地实施某种行为的自主性。比如张三因法律的禁止，不能再到河边散步，意即他不具有到河边散步的可能性，或者说他不具有到河边散步的自主性。

一般情况下，判断一个人是否有实施某种行为的自主性，要看他是否有实施该行为的可能性，只要他还有实施该行为的可能性，他就具有实施该行为的自主性。这里所说的"是否有实施该行为的可能性"，需要根据应当实施行为时的具体条件来判断，而不是根据未来可能的条件来判断；需要根据具体关系中的通常情况来判断，而不是根据理论上的可能性来判断。比如张三本来打算到河边散步，但来到河边一看，河边荆棘丛生，管理者尚未来得及清除。在这种情况下，如果说张三不具有到河边散步的条件，是指现在不具有这种条件，尽管以后管理者清除荆棘后他仍可以到河边散步，但至少现在他不具有到河边散步的自主性。同时，河边荆棘丛生从理论上讲并没有完全导致他到河边散步的不可能，如果他不怕挂破衣服甚至划伤皮肤，他仍然可以到河边散步，甚至他也可以自己先行清理荆棘，然后再到河边散步。但是，清理荆棘并不是他到河边散步本身所应包含的义务，荆棘划伤皮肤的风险给他增加了散步行为本来所不包含的负担，同时也使散步这一行为因失去其本来的意义而从根本上变得不再可欲。可以说，在上述情况下，尽管张三到河边散步并非完全不可能，但从散步这一行为本身所追求的目的来说，按照通常的标准，这种可能性实际上并没有现实意义。也就是说，在这种情况下，仍可认定张三不具有到河边散步的自主性。

导致"不可能"的，一般情况是外在的原因。仍以张三到河边散步为例，不仅法律的禁止会使他失去到河边散步的自主性，自然原因和其他社会原因都可能使他不能再到河边散步，如洪水淹没了河岸，又如河边正在进行战争。但行为实施的"不可能"也可以是纯粹个体的原因导致的，比如说张三被李四打断了双腿，或者说张三自己不小心摔断了腿，都可导致其不能再到河边散步。

2. 是否可抗

“是否可抗”针对的是本人是否有避免某种结果发生的自主性。比如张三并不想伤害他人，但因被人注射了某种药物而失去理智，从而被他人当作纯粹的工具，在这种情况下，张三的行为造成了他人的伤害，由于他对这种结果的发生不能控制、不能抗拒，因此可以说他对避免这种结果的发生不具有自主性。

相比较而言，“是否可能”关注的是行为是否有可能实施，而“是否可抗”关注的是结果是否能够避免；“是否可能”针对的主要是未实施的行为，而“是否可抗”针对的则主要是已实施的行为；“是否可能”强调的是外在条件的客观存在，而“是否可抗”主要考虑的则是个体的现实能力。

不可抗主要包括两种情况：一种是针对本人的行为所导致的结果，本人不具有避免该结果发生的自主性；另一种是针对外来因素的参与所导致的结果，本人不具有避免结果发生的自主性。对前者而言，核心问题在于自己的行为是否是不能控制的；而对后者而言，问题的关键在于本人是否已尽到应尽的义务。

对于本人不应当实施的行为，行为人不得将外在的条件当作本人实施该行为的借口。也就是说，只要本人还保留着哪怕是唯一其他选择的可能，行为人就具有避免因实施该行为而产生的后果的自主性。只有当最后的一种选择也没有可能的情况下，才能认定本人对结果的发生不具有自主性。在此意义上，即使是面临严刑拷打的革命者，同样有避免背叛的自主性。又比如因饥饿而偷面包的流浪汉，无论他偷的理由是多么充分和无奈，他都有不实施偷的选择。但是，在法律政策上，有时需要立足于现实的理由而对不同的利益进行比较衡量。在某些情况下，尽管行为人并未完全丧失选择的可能性，但出于对更大利益的保护，法律常常会允许行为人做出选择。比如面对持刀抢劫者，商场的收银员交出了柜台抽屉里的现金，对于收银员交出现金的行为，她完全有不作为的选择，在这一意义上，她仍然有避免钱被抢劫的自主性。但是，法律为保护人的生命利益，可以将收银员的这种行为认定为“避险”行为，从而免除收银员的法律责任。这是一种立法政策的权衡，并不影响理论上对自主行为的认定。

对于因外来因素的参与而导致的结果，本人是否有避免结果发生的自主性，主要看对防止这种结果发生本人是否已经充分尽到其应尽的义务。对此，主要应从以下两个方面来判断：

(1) 根据其职责要求，其事前所采取的预防措施是否充分而适当；

(2) 新的外来因素参与后，其采取的应对措施是否及时而适当。

如果本人所采取的预防措施符合上述标准，则其已尽到其应尽的义务。在这种情况下，损害结果仍然发生的，本人没有避免其发生的自主性。

3. 是否可知

自主的行为不是盲目的本性冲动，而是包含着对某种目标的期待和对行为的认知。当一个人意欲实施某行为时，这一意图或者说决定不仅体现着本人对意图的认知，也反映着本人对行为的理解，它们共同构成了行动者做出某个特定行为的理由。也就是说，个体的行为不仅受意图激发，而且还受“知道自己在做什么”的控制。

为说明行动者的理解对行为选择所带来的影响，美国纽约大学哲学系教授威勒曼举了这样一个例子：一个人想将杯子里的旧茶倒掉重新沏一杯新茶，这一行为过程中既包含着他的意图——重新沏一杯新茶，也包含着他对行动的认知——为沏新茶而倒掉旧茶。如果杯子里的茶并不是前一天剩下的旧茶，而是他的同事今天才为其沏上的新茶，这时候，行动者对自己行为的理解与实际情况就出现了偏差，即他所采取的行动并不是其真正所愿。一旦他知道了实际的情况，他就会放弃现在的行动。也就是说，个体的行为在这种情况下取决于他对行动的理解，并决定着行为的选择。这样，意图和理解不仅都在行动的因果关系中扮演着一定的角色，而且还与个体的倾向性以及环境的因素一起构成了行动的理由。

这样的行为要求行为人在选择行为时对现实的条件以及可能的后果进行分析判断，如果本人对于自己行为的性质及其可能造成的后果缺乏必要的认知，这样的行为并不反映本人的意志，因而对行为所造成的后果，行为人缺乏予以控制的心理前提。在这一意义上，相对于行为的后果，可以认定行动者不具有自主性。

对于一个单纯的行为本身，如果割断其与外界环境的关系，我们无法判断该行为的性质或者其可能带来的后果。比如对于同样的扔石块的行为，不同情景下反映的是不同的意志，不同的人在不同的情况下扔出去一个石块，也可能会有完全不同的目标期待。因此，"是否可知"对于自主性判断的意义不在于本人对如何行动是否明知，而在于对该行为与外在环境的关系是否有明确的认知，或者说对实施该行为所依赖的客观条件是否有明确的认知，以及在此基础上对行为的结果是否有明确的认知。

这样，我们可以将行动过程中的认知分为两方面：一是对行为实施的外在条件的认知；二是对行为可能造成的后果的预知。对于行为人决定实施但尚未实施的行为，如果本人在做出决定时因对某种已经客观存在的消极因素无法认知，而导致该行为最终不能实施，则行为人不具有实施该行为的自主性。对于已经实施完毕的行为，如果因行为人实施该行为时无法认识的因素导致了行为的结果超出了行为人行为时所能预知或控制的范围，则相对于该行为所导致的后果，行为人不具有自主性。

可以看出，"不可知"既包括行为的实施不能，也包括对后果的不可避免。但"不可知"中的实施不能与"不可能""不可知"中的不可避免与"不可抗"虽有相似处，但也存在较大的差异。"不可知"中导致行为不能实施的因素是本来就存在的，只是本人没发现，而"不可能"中导致行为不能实施的因素是后来参与进来的，事先并不存在；"不可知"中对后果的不可避免更准确地说是"未能避免"，关注的是在"不知"情况下本人主观防范意识的欠缺，而"不可抗"中的不可避免则是"不能避免"，强调的是现实中的不可能。

还应当注意的是，"不可知"指的是对客观事实的"不可知"，不是因专业知识的欠缺所导致的"不知道"，也不是指对当下已知情况或未来发展趋势的错误判断。比如张三误将赝品当真品购买了一幅古画，又如李四以为钢材价格会大涨而订购了一批钢材，结果钢材价格大跌。对于张三的"不知"，尽管也可以说张三是因为对造假的客观事实的"不可知"而导致错误的判断，但这种判断错误更主要的应归于其本人专业知识的欠缺，而不是因对实施行为所依赖的客观条件的"不知"所导致的错误判断。在法律上，这样的错误判断可构成法律上的错误，但并不影响行为的自主性认定。而对于李四的误判不仅不属于"不可知"，反而是其所实施的行为本身本来就包含的交易风险。

不可知也不包括主观上的疏忽。主观上的疏忽是指应当认识到行为的结果因疏忽而未认识到，结果导致行为时的"不知"。然而，这种"不知"并不是不可控制的，而是行为人本人完全可以避免的。如果割断行为与先前因素的关系，单纯地就行为人的行为而言，确实可以说因"不知"而是不自主的，但这种不自主却是行为人自身的原因所导致的，而且对这种原因行为人是有选择的自主性的。在这种情况下，应当认定行为人仍有行为的自主性。

应当注意的是，这里的疏忽必须是行为人在实施该行为本身时所存在的疏忽，而不能继续向前追溯至其他行为实施时是否存在疏忽。比如张三在投掷石块时因疏忽未注意到李四的存在，结果导致李四伤害，对于给李四所造成的结果来说，判断张三投掷石块的行为是否具有自主性，应当考虑张三在实施"该行为"时存在的疏忽。但是，对于一个人因疏忽摔断了腿，导致一个演出合同无法履行。这里的疏忽不属于履行演出合同行为本身所存在的疏忽，因而不应作为判断履行演出合同行为是否具有自主性应当考虑的因素。

传统民法理论中，疏忽属于过失的一种，同样疏于过失的还有轻信，指本来已经认识到行为可能的后果，因轻率的自信而未能避免的情形。但是，立足于自主的角度，轻信不属于“不可能”“不可抗”和“不可知”中的任何一种情况，行为人在行为时能否避免结果的发生，完全有选择的自主性，因而没有必要再单独进行讨论。

（摘自王森波《意志视角下私法理论与体系的重构》，中国法制出版社，2019 年）

（三）其他法定理由的抗辩

《侵权责任法》对部分适用过错推定责任（特别注意义务）或无过错责任（高度注意义务）的侵权行为，专门规定了一些特定的免责事由。如生产者对缺陷产品的无过错责任，侵权法规定如果生产者能证明缺陷产品并未投入流通使用、投入流通使用时的缺陷尚不存在或者生产时的科学技术不能发现缺陷存在的，不承担责任。又比如对高度危险作业造成的损害适用无过错责任，但如果损害是由受害人故意行为所导致的，则作业人可以免责。

行政责任和刑事责任同样也存在法定事由的抗辩，从具体的责任构成要件出发所进行的抗辩从某种意义上说均属于法定事由的抗辩。

三、责任的承担

（一）责任的基本类型

1. 刑事责任

刑事责任主要体现为刑罚，刑罚是《刑法》确定的对犯罪分子适用的强制措施。对于刑事责任，本书将在刑罚一讲中专门讨论，在此不再赘述。

2. 行政责任

行政责任按承担的主体不同可分为行政主体及其公务员承担的行政责任和行政相对人承担的行政责任，在此只介绍后者。

行政相对人承担行政责任的具体方式：承认错误，赔礼道歉；接受行政处罚；履行法定义务；恢复原状，返还财产；赔偿损失等。其中的行政处罚又包括以下几种：

（1）行政拘留。也称治安拘留，是特定的行政主体依法对违反行政法律规范的个人，在短期内剥夺或限制其人身自由的行政处罚。我国行政拘留的期限最高不超过 15 日。

（2）责令停产、停业。这是对从事生产经营者所实施的违法行为而给予的行政处罚措施。它直接剥夺生产经营者进行生产经营活动的权利，一般只适用于违法行为较为严重的情况。

（3）暂扣或者吊销许可证和营业执照。通过依法收回或暂时扣留违法者已经获得的从事某种活动的权利或资格的证书，目的在于取消或暂时中止被处罚人的一定资格、剥夺或限制某种特许的权利。

（4）罚款。行政主体强制违法者承担一定金钱给付义务，要求违法者在一定期限内交纳一定数量货币的处罚。

（5）没收财物（没收违法所得、没收非法财物等）。行政主体依法将违法行为人的部分或全部违法所得、非法财物包括违禁品或实施违法行为的工具收归国有的处罚方式。

（6）警告。行政主体对违法者提出告诫或谴责。

（7）通报批评。对违法者在荣誉上或信誉上的惩戒措施。通报批评必须以书面形式作出，并在一定范围内公开。

此外，外国人及外国组织在我国境内活动时，属于我国行政管理相对方，如违反了我国行政管理义务也要承担行政责任。除上述行政责任形式外，还可以对外国人处以限期离境、驱逐出境、禁止离境等行政处罚措施。

3. 民事责任

按照《民法总则》第179条的规定，责任的承担方式包括：停止侵害；排除妨碍；消除危险；返还财产；恢复原状；修理、重作、更换；继续履行；赔偿损失；支付违约金；消除影响、恢复名誉；赔礼道歉，共计11种。

但上述方式是否均属于"责任方式"并非没有疑问。责任源于义务的不履行，是对义务不履行所造成的后果的承担。如何理解这种后果呢？比如甲承诺向乙出租房屋，后未履行协议，甲违反义务的后果是什么？是乙未租到甲的房屋，还是乙因另行租赁其他房屋所增加的成本费用？如果是前者，则任何承诺都具有可强制性。这种认识是不当的，因为他违背了个体意志的自主性。因此只能是后者，即义务不履行所造成的损害。

因此，民事责任不应包括义务履行行为，而应限于义务不履行的损害后果的承担。而损害后果的承担最终是通过赔偿来实现的，由此可以说，非金钱赔偿之外的其他所谓的责任承担方式均属于义务，不应视作责任。

(二) 责任承担的不同形态

在民事责任上，决定责任大小的并不是已尽注意义务的程度，也不是过错的大小，而是损害的大小。一个主观上十分恶劣的行为和一个轻微的疏忽，如果导致的损害后果一样，则两种情况下责任人所实际承担的责任可能并无区别。对于非可归责于特定人的原因，如自然原因的参与所导致的损害，由于没有人可以为之负担责任，行为人的责任事实上也不能因此而减轻。但是，如果损害是由两人或两个以上的人共同造成的，则可能导致责任的共担或分担。这种对责任的各种共同或分担形式即为责任的形态。责任形态主要有以下类型：

1. 混合责任

根据传统侵权法理论，对于造成的损害，如果加害人与受害人都存在过失，则构成混合过失，也称"与有过失"。在这种情况下，加害人可以根据其过错大小减轻责任，但是侵权行为适用无过错责任的除外。对于适用无过错责任原则的，受害人过错原则上不导致加害人责任的减轻，但对于受害人重大过失，有时候也可作为责任的减轻事由，但应以法律有明确规定为前提。比如《侵权法》第78条规定，饲养的动物造成他人损害的，动物饲养人或者管理人应当承担侵权责任，但能够证明损害是因被侵权人故意或者重大过失造成的，可以不承担或者减轻责任。

2. 按份责任

两个或两个以上的各自独立的行为分别实施，没有共同的意思联络，但间接性地结合并导致同一损害后果的，应当根据各自过错大小或者导致损害的原因大小各自承担相应的赔偿责任。通俗地讲，责任人只承担自己应当承担的份额。这是一种责任分担的情况，法律上称为按份责任。

3. 连带责任

基于共同的意思联络而共同实施的行为是共同行为，对共同行为导致的损害，所有人共同承担责任。受害人可以向全部行为人要求赔偿，也可向其中任何一个人请求赔偿全部损失。如果一个人赔偿了受害人的全部损失，则受害人失去向其他责任人追究责任的权利，已承担责任的人可以要求其他责任人根据各自的责任大小承担相应的份额。这是一种责任共担形式，法律上称为是连带责任。

4. 最终责任

有些情况下，受害人可以同时向两个或两个以上的责任人主张损失赔偿，也可以向其中一个责任人主张全部损失赔偿，这种情况立足于受害人角度与连带责任并无区别。但责任人内部关系却与连带责任人的内部关系不一样。连带责任人的内部关系是需要分担的，但存在最终责任人的情况下，并不存在责任的分担，如果已承担责任的人不是最终的责任人，则其在承担责任后可以向最终责任人追偿。

比如，产品责任中的销售者责任。《侵权法》第 43 条规定，因产品存在缺陷造成损害的，被侵权人可以向产品的生产者请求赔偿，也可以向产品的销售者请求赔偿。产品缺陷由生产者造成的，销售者赔偿后，有权向生产者追偿。因销售者的过错使产品存在缺陷的，生产者赔偿后，有权向销售者追偿。第 44 条也规定，因运输者、仓储者等第三人的过错使产品存在缺陷，造成他人损害的，产品的生产者、销售者赔偿后，有权向第三人追偿。在上述规定中，被追偿的人都是最终责任人。

对于这种共同向受害人承担责任，但同时存在最终责任人的情况，法理上称之为不真正连带责任。

5. 补充责任

补充责任的责任人一般不是加害人，但因其与损害存在的某种法定关联，在受害人无法充分从加害人处获得救济时，而对受害人承担的具有补充性质的赔偿责任。如《侵权法》第 37 条规定，宾馆、商场、银行、车站、娱乐场所等公共场所的管理人或者群众性活动的组织者，未尽到安全保障义务，造成他人损害的，应当承担侵权责任。因第三人的行为造成他人损害的，由第三人承担侵权责任；管理人或者组织者未尽到安全保障义务的，承担相应的补充责任。

(三) 民事责任与债

1. 债法的基本内容

债法属于民法的范畴，与物法、家庭法和继承法共同构成民法的四个方面的内容，是民法法典体系中的重要组成部分。债法是调整债的关系的，所谓债的关系，是指特定当事人之间请求为一定行为的民事法律关系。在这一关系中，一方享有请求对方为一定行为的权利，即债权，该当事人称为债权人；另一方负有向对方为一定行为的义务，即债务，该当事人称为债务人。这里所说的“为一定行为”中的行为一般指两种：一种是给付行为，即给付金钱或交付物的行为，；另一种是完成一定工作或提供劳务的行为。

根据债形成的原因，传统民法理论一般将债分为四种类型：

(1) 合同之债

合同是指作为平等主体的自然人、法人、其他组织之间设立、变更、终止民事权利义务关系的协议。合同依法成立并生效后即在当事人之间依据合同的约定产生债权债务关系，在此意义上，合同是债的发生根据。基于合同所产生的债，称为合同之债。合同是债的最主要的发生原因之一，在债法中占有举足轻重的地位。

(2) 侵权之债

侵权行为是指不法侵害他人的合法权益的行为。依法律规定，侵权行为发生后，加害人负有赔偿受害人损失的义务，受害人享有请求加害人赔偿损失的权利。这种基于侵权行为而产生的债，即为侵权之债。侵权之债是除合同之债以外的另一类较为常见的债，它由非法行为引起，依法律规定而产生，以损害赔偿为主要内容。

(3) 无因管理之债

无因管理，是指没有法定的或约定的义务，为避免他人利益受损失为他人管理事务或提供服务的行为。无因管理一经成立，在管理人和本人之间即发生债权债务关系，管理人有权请求本人偿还其因管理而支出的必要费用。无因管理之债与合同之债一样，都是因合法行为而发生的，二者的根本区别在于合同之债为意定之债，无因管理之债为法定之债。

(4) 不当得利之债

不当得利是指没有合法根据而获得利益并使他人利益遭受损失的事实。依法律规定，取得不当利益的一方应将所获利益返还于受损失的一方，双方因此形成债权债务关系，即不当得利之债。

但是，在现实生活中，债的发生原因并不止于上述四种，比如基于亲属关系中的赡养义务与抚养义务也可以产生债。

2. 责任、义务与债

债的标的主要是“给付”，自我设定的给付义务，如合同义务是债，基于义务违反而产生的责任，如因侵权而形成的赔偿责任，因主要表现为给付，同样也是债。所以传统的债法理论并不区分义务与责任。立足于给付的角度，债也可以表述为“应当但尚未完成的给付”。

这种义务与责任的不分在体系构建上显得非常尴尬。合同义务是给付，违反合同而产生的责任也是给付，同时，侵害物权和人身权而产生的责任同样也是给付，因而都属于债的范畴，甚至违反亲属法上的义务所产生的责任也是债。这样，债与物法以及亲属法等就不再是一种单纯的并列关系，还存在交叉关系，因为物法与亲属法上具有给付内容的责任同样也应归入债的范畴。在这种情况下，如何在法典中安排债法的位置，如何处理债法与其他部分的关系，就成为一个非常棘手的问题。

截至目前，法学学者并没有找到一种合理的体系构建方式，也没有通过债来将所有的给付统一起来。物权法、合同法、人格权法、甚至亲属法上所有因义务违反而产生的具有给付内容的责任实际上仍分别规定于各部分之中。因此，传统私法理论中并没有统一的责任理论，责任是由侵权责任、合同责任、亲属法的责任、物权法的责任分别进行讨论的，至今未对责任问题形成前后融贯的统一的理解与解释。

拓展阅读

债与责任的关系:区分还是统一

魏振瀛教授通过区分请求权的类型试图将债与责任进行区分。他认为,人的权利都对应着他人的某种义务,相应地也就对应着某种请求他人为一定行为或者不为一定行为的请求权。这种请求权是基于权利本身所固有的内容而存在的,魏振瀛教授称之为原权利的请求权。原权利的请求权不限于债法,物法和亲属法中的权利同样也对应着某种请求权,如所有权包含着要求他人不作为的请求权,配偶权包含着要求配偶为一定行为或不为一定行为的请求权。原权利的请求权对应的是义务,在债法上就是债。如果原权利的请求权所对应的义务没有履行,就产生了责任。魏振瀛教授认为,原权利的请求权只是针对原有义务的请求权,并不是针对责任的请求权,要求相对人承担责任的请求权属于救济权请求权。也就是说,原权利对应的是义务,请求相对人履行义务的请求权是原权利的请求权;原权利在相对人不履行义务时产生救济权,救济权对应的是责任,请求责任人承担责任的请求权属于救济权的请求权。由此,债与责任基于请求权的区分而得以分离,在此基础上,他认为可以基于救济权的请求权实现债法、物法和亲属法上的责任的统一。

但是魏振瀛教授最终并未能将责任与债彻底区分开,首先是违反债的责任未被纳入统一的责任体系中去,而是仍保留在债的体系之内。魏振瀛教授对此解释说,债本身具有财产性,只有能够转化为金钱数额的行为才应当被纳入债的体系。但这样一来,不仅违反债的责任不能与债相区分,基于侵权而产生的损害赔偿同样因为其财产性而与债保持着无法割断的联系,比如责任承担问题仍需沿袭债法的一般规定。

从我国当前的立法看,《民法总则》中责任的独立规定,以及《侵权责任法》的独立均表现出一种将责任独立的努力。但从当前的情况看,仍没有形成一种理论使责任从债法中独立出来,民事责任并没有脱离开与债的内在关系。在这种情况下,责任即使在民法典中独立成编,也不可能找到自己的灵魂。

魏振瀛教授所主张的债与责任的分离并没有解决责任与债的关系问题。债与责任分离意味着将责任定位于义务,尽管人们常常将债理解为是某种义务,但反过来义务却常常并不能理解为债。比如说夫妻间的互助义务,这种义务并不是债,又比如避免给他人造成伤害的注意义务,这种义务更不是债。即使是合同法中的履行义务同样也不与债相等同,比如加工承揽合同中承揽方的履行义务,在人们的一般认识中同样也不属于债的范畴,甚至对于买方的付款义务,在其未届清偿期之前,即使称之为债,也仅具有经济学上的意义,其与违约之债和侵权之债中所称的债在性质上均不相同。

将债定位于义务,实际上还忽略了债的共性,合同、侵权、无因管理与不当得利,其共性的部分不在义务,而在于与给付相关的一般规则,除给付规则本身外,还包括债的转让、债的保全、债的担保、债的按份与连带承担、债的消灭等。这些规则作为债法的总则部分从某种意义上也可以说是从各种债的关系中提取出的公因式,但是这种公因式似乎并不是从各种义务中提取出来的,除以给付为内容的义务外,上述规则所规范的主要是义务违反情况下的后果承担与实现。比如债的担保,担保是债务人不履行义务的前提下才发生的,但担保并不能强制义务本身的履行,而是义务不履行所导致的损害的赔偿。由此可以说,债法总则部分的内容在性质上主要是关于责任的规定,而不是关于义务的规定。

立足于人与人之间的关系类型,侵权、无因管理和不当得利调整的是共处关系,而合同关系属于自我设定的关系,不同的关系类型意味着不同的义务,而不管是什么义务,都是债发生的前提或者说原因,义务本身并不是债,只有违反义务造成的损害赔偿责任才是债。在这一意义上,债不仅不应与责任相分离,反而应与责任相统一。义务是债的原因,而不是债本身。

这样,无论是共处关系的义务违反还是自我设定关系的义务违反,也无论是合同法上的义务违反还是物权法和亲属法上的义务违反，最终都表现为损害赔偿。由此，一切责任都有了共同的基础与表现形式，得以共同统一于责任体系之下。由于这种统一是债与责任的统一，债不再具有其他方面的意义，在此意义上也可以说责任实际上被纳入债的范畴，因此可以称为责任之债。

（参见王森波《意志视角下私法理论与体系的重构》，中国法制出版社，2019 年）

1. 思考与讨论

(1) 赔礼道歉和恢复名誉是我国《侵权责任法》中规定的承担责任的形式，它们能强制执行吗？如果本人拒绝履行，你认为应当如何强制执行呢？

(2) 威尼斯商人安东尼奥为了帮助朋友，向犹太商人夏洛克借了一笔钱，而夏洛克为了报复安东尼奥平时对他的侮辱，情愿不要利息，约定在三个月的期限到来之时，如果安乐尼奥不能清偿债务，就要由夏洛克在安东尼奥"心口所在的附近取一磅肉"。后来因为据传安东尼奥的商船接连沉没，到期无法还清债务，夏洛克就向法庭起诉，请求按照原合同履行。

威尼斯的公爵和元老们的劝解都无法让夏洛克回心转意，只能准备执行原约定。安东尼奥友人的未婚妻鲍西娅假扮法律权威来到法庭，宣布："这约上所签订的惩罚，于法律条文的含义并无抵触"，夏洛克有权在安东尼奥的胸前取一磅肉；可是因为合同上只写了一磅肉，所以如果在取肉时流出一滴基督徒的血，或者割的肉超过一磅或不足一磅，就是谋杀，要按照威尼斯的法律抵命并没收全部的财产。夏洛克听了，只得请求撤诉，可这位假冒的法律权威又宣称根据威尼斯的法律，异邦人企图谋杀威尼斯公民，就要由公爵宣判没收财产，夏洛克撤诉就说明他原来的本意只是想谋害安东尼奥，所以要由公爵判罚。

威尼斯公爵宣布要没收夏洛克所有的钱财，并以"犹太人直接或间接试图谋害基督教徒，都将被处以死刑"的威尼斯法律剥夺夏洛克的性命，这时安东尼奥向大家显示了他宽大的胸怀——将夏洛克一半钱财充公，剩下一半将由安东尼奥代为托管，等到他死后，交还给他的女儿杰西卡。但是前提是夏洛克必须放弃自己犹太教的身份，而改入基督教。

夏洛克与安东尼奥约定"违约责任"有效吗？你同意鲍西娅对该违约条款的解释吗？你如何评价威尼斯公爵的判罚与安东尼奥的主张？

2. 课外阅读

(1)《中华人民共和国民法总则》；

(2)《中华人民共和国合同法》；

(3)《中华人民共和国担保法》。

第八讲

家　庭

家庭关系是建立在亲属身份基础上的关系，其中，夫妻之间是一种婚姻关系，而父母与子女之间是一种血缘关系，在法律上称其为亲子关系。与合同关系相比，家庭关系的内容更多地是由法律规定的，而不是由个人自主决定的。尽管现代婚姻法制度赋予了夫妻双方更大的自主权，但由于婚姻关系所承载的特定的社会功能，婚姻关系中个体的意志仍受到较多的限制。但是，家庭关系本质上仍是个体基于自己的意愿而建立的关系，因此，法律也应当为个体的意志留下充分的空间。

家庭关系主要包括婚姻关系、亲子关系，在特殊情况下，家庭中其他成员的关系，如祖父母与孙子女之间的关系，兄弟姐妹之间的关系等，也受婚姻家庭法的调整。除身份关系外，家庭关系也包括财产关系。在我国法律体系中，《继承法》是单独规定的，但由于继承在一般情况下都是以特定的家庭身份关系为基础的，故也将之放到这一讲中一并讨论。

一、亲子关系

(一) 亲子关系的范围

亲子关系指父母子女关系，是家庭关系中最近的血亲关系。亲子关系中虽称亲子，但却并不局限于亲生子女，父母与亲生子女之间的关系是亲子关系，与养子女之间的关系也是亲子关系。父母与亲生子女之间的血亲称为自然血亲，与养子女之间的关系称为拟制血亲。自然血亲关系除因收养关系的建立而可解除外，是不可以依自己的意思解除的；拟制血亲由于是自我设定的，因而原则上是可以根据自己的意思予以解除的。拟制血亲中的子女除养子女外，还包括已形成事实抚养关系的继子女。

1. 亲生子女

顾名思义，亲生子女指的是生物学意义上的子女。无论是婚生子女还是非婚生子女，都是平等的法律意义上的子女。

但是，对于父亲而言，是否是子女生物学意义上的父亲不像母亲那样容易确定。尽管我国法律没有明文规定，但实际上父亲身份的认定在法律上采用的都是推定原则，即父权推定，意思是对于在婚姻关系存续期间生育的子女，如果没有相反证据证明系非亲生子女，即推定为丈夫的子女。

随着科技的发展，当前多以DNA对比方法来鉴定父亲与子女是否具有血缘关系，但是否鉴定并不具有强制性，原则上也不能取决于父亲单方的意志。无民事行为能力人是否同意做鉴定，由其监护人决定，如果孩子满10周岁，应充分考虑其自己的意愿。

尽管对是否做DNA鉴定法律不能强制，但血缘关系涉及抚养、监护、赡养等一系列权利义务，因此需要法律的调整。根据最高人民法院《婚姻法》解释(三)的解释，当因是否存在亲子关系发生争议而请求人民法院进行裁判时，按照以下原则处理：

(1) 夫妻一方向人民法院起诉请求确认亲子关系不存在，并已提供必要证据予以证明，另一方没有相反证据又拒绝做亲子鉴定的，人民法院可以推定请求确认亲子关系不存在一方的主张成立。

(2) 当事人一方起诉请求确认亲子关系，并提供必要证据予以证明，另一方没有相反证据又拒绝做亲子鉴定的，人民法院可以推定请求确认亲子关系一方的主张成立。

2. 收养子女

收养子女不是被收养人的亲生子女，而是按法律规定收养的子女。依照法律规定并依法定程序收养的子女与亲生子女在法律上的地位相同。我国《收养法》规定：不满14周岁的孤儿、查找不到生父母的弃婴和儿童以及生父母有特殊困难无力抚养的子女可以被收养。收养关系生效后，养父母与养子女间的权利义务关系，适用法律上关于父母子女关系的规定。养子女与生父母及其他近亲属间的权利义务关系，因收养关系的成立而消除。

(1) 送养

父母、孤儿的监护人和社会机构可以送养。

父母送养子女的，除非一方下落不明，应当共同送养，并到民政部门办理收养登记，收养关系自登记时生效。监护人送养未成年孤儿的，须征得有抚养义务人的同意。有抚养义务的人不同意送养，但监护人不愿意继续履行监护职责的，应当变更监护人。未成年人的父母均不具备完全民事行为能力的，除非父母对该未成年人有严重危害的情形，否则该未成年人的监护人不得将其送养。

(2) 收养

根据《收养法》规定，年满30周岁没有子女、有抚养能力的人可以收养子女。收养人只能收养一名子女，但收养孤儿、残疾儿童或者社会福利机构抚养的查找不到生父母的弃婴和儿童，可不受收养人无子女和收养一名的限制。无配偶的男性收养女性的，收养人与被收养人的年龄应当相差40周岁以上。被收养的子女年满10周岁的，收养应当征求其本人同意。

(3) 收养关系的解除

收养人在被收养人成年以前，不得解除收养关系，但收养人、送养人双方协议解除的除外，养子女年满10周岁以上的，应当征得本人同意。养父母与成年养子女关系恶化、无法共同生活的，可以协议解除收养关系。不能达成协议的，可以向人民法院起诉。

收养关系解除后，未成年子女与生父母与子女间的权利义务关系自行恢复，已成年子女与生父母关系是否恢复，自行协商决定。

拓展阅读

古罗马的家庭与收养制度

中国古代传统家庭是绝对地以血缘关系为基础的。针对没有生育子女的夫妇，尽管法律也规定了收养制度，但我国古代的收养同样也以血缘关系为基础。我国古代有“异姓不养”的传统，甚至在法律上严禁异姓收养。《唐律疏议》卷十二《户婚律》规定：“即养异姓男者，徒一年；与者笞五十。”清律中也规定，收养异姓子为嗣，杖六十，其子归宗。因此，严格说来，中国古代不存在异性收养制度，只有宗族内部过继与立嗣等制度。这种收养制度反映了我国古代对血缘关系的强调，历朝的婚姻家庭法以及传统道德观念在很大程度上也都是围绕着如何确保血缘的纯正而设计的。

与我国古代重视血缘的家庭观念不同，古代罗马的家庭制度更多地体现出一种“政治化”的设计。维系着家庭关系的不是靠血缘，而是靠权力，是共同服从于一个“家父”权力之下的人的集合。在拉丁文中，“父”称为 pater，其最原始的含义与“主人”或“君主”有关，并不是亲属关系的术语。家父对家庭成员的权力很大，对于家子们所犯的过错，家父有权以任何可能的方式加以惩罚，包括采用监禁、身体刑甚至死刑；家父也可以出卖家子，遗弃或杀死新生儿。这种权力拉丁文中称为 manus 或 potestas，政治上在指称国王与执法官的权力时，人们也使用同样的语词。

在古代罗马，成为一个家庭成员除自然生育外，还可以通过收养成为家庭成员。成为家庭成员是通过遵从家父的家庭主权而实现的，在人们的观念上，这种方式同取得一个国家的公民权并无不同。在早期，被收养的人甚至可能比收养人的年龄还大，只到共和国末期，这种情况才逐渐不被人接受，但在法律上仍然没有受到明文的禁止。在收养制度中，还有一种“自权人收养”制度。在罗马法上，人分为自权人和他权人，自权人是有独立权利能力的人，一般指“家父”，即使他没有属下。他权人指从属于家父权力之下的人，一般是家子。自权人收养因此可以说是对家父的收养，家父被收养后成为新的家庭中的家子，如果他原来也有家子的话，他的家子及所有财产都会被带到新的家庭中来。

被收养的家子取得与自然生育的子女同等的法律地位，他与原来的家庭脱离一切关系，丧失在原家庭中的任何权利。家父被收养后，则当然地丧失家父所享有一切对人的和对财产的权利。

可以说，古代罗马的家庭超越了一般意义上的家庭观念，而是保留了更多的政治性功能。在这种家庭结构功能的设计中，权力比血缘似乎更重要。比如屋大维即是恺撒的外甥女的儿子，是被恺撒收养后成为第一继承人的，这种情况在中国传统家庭观念中几乎是不可想象的。

3. 继子女

继子女，是指丈夫与前妻或妻子与前夫所生的子女。继父母与继子女没有任何血缘关系，仅是基于父或母再婚而形成的姻亲关系。这种姻亲关系本身并不在继父母与继子女之间产生相互间的任何权利与义务关系，对于再婚时子女已成年或者从未接受过继父母抚养教育的继子女，他们与继父母间不存在任何法律上的关系。

可以说，继父母与继子女之间是否存在权利义务关系，不是源于法律直接规定，而是源于他们之间是否形成抚养关系的事实。在现实生活中，继子女与继父母之间的关系大致有如下几种情况：

(1) 继子女与继父母长期生活在一起，形成了事实上的抚养关系，则继子女与继父母之间形成与生父母子女关系同样的权利义务关系。

(2) 继子女与继父母共同生活，但继子女的生活费用由其生父或生母供给一部分或全部，这种情况也可以视为形成了事实上的抚养关系，继子女与继父母之间的权利义务根据具体情况确定。

(3) 生父母再婚时，子女已长大成人，分居另过；或者生父母再婚后，继子女并未与继父或继母共同生活，而由祖父母或外祖父母抚养教育成人。这种情况下继子女与继父母之间不存在权利义务关系。

继子女与继父母之间已经形成事实上抚养关系的，相互间享有继承权，同时，继子女继承继父母的遗产不妨碍其继承生父母的遗产。双方都有继承权。

继子女与继父母之间的关系是基于生父母的再婚而产生的，当生父与继母或生母与继父离婚时，对曾受其抚养教育的继子女，继父或继母不同意继续抚养的，仍应由生父母抚养。在通常情况下，受继父母抚育成人并独立生活的继子女，应当承担赡养继父母的义务，双方关系原则上不能自然终止。但是，如果双方关系恶化，经当事人的请求，人民法院可以解除他们之间的权利义务关系。但是，成年继子女须承担丧失劳动能力、生活困难的继父母的晚年生活费用。

4. 亲子关系的延伸

当父母死亡或没有抚养能力时，抚养或赡养义务可以延伸到祖孙之间和兄弟姐妹之间。

对于祖孙关系，有负担能力的祖父母、外祖父母，对于父母已经死亡或父母无力抚养的未成年的孙子女、外孙子女，有抚养的义务；有负担能力的孙子女、外孙子女，对于子女已经死亡或子女无力赡养的祖父母、外祖父母，有赡养的义务。祖孙之间作为第二顺序继承人相互享有继承权。

对于兄弟姐妹关系，有负担能力的兄、姐，对于父母已经死亡或父母无力抚养的未成年的弟、妹，有抚养的义务；由兄、姐抚养长大的有负担能力的弟、妹，对于缺乏劳动能力又缺乏生活来源的兄、姐，有扶养的义务。兄弟姐妹作为第二顺序继承人相互享有继承权。

（二）抚养

1. 抚养与监护——制度功能的区分

监护的本质是代理，故监护人又称法定代理人，由于欠缺民事行为能力人不能独立处理自己的事务，需要由监护人代理而为之。据此可以说，监护所针对的事务是被监护人自己的事务，只是其自己没有能力处理，才需要由监护人代为处理。抚养虽然关涉子女的生活和教育，但这些事务并不单纯是子女的事务，还是抚养人针对被抚养人应负担的法定义务。在内容上，这种义务主要包括照料子女生活、提供子女生活教育费用以及引导子女正确行为等方面。在制度功能上，抚养与监护具有完全不同的制度功能，体现的是不同的制度设计。

在一般情况的，抚养与监护都是由父母承担的，但在父母离婚情况下，监护与抚养则会分离，不随子女共同生活的一方，并不免除其抚养义务，比如仍需支付抚养费，但原则上不再有监护义务。监护人也不是必然负有抚养义务，比如在没有法定监护人的情况下，其他愿意担任监护人的个人经相关部门同意可以担任监护人，但该监护人并无法定的抚养义务。

2. 抚养——权利还是义务

抚养到底是一项权利还是一项义务，是一个没有被充分讨论的问题。从抚养所包含的具体内容看，它无疑是一项义务，但同时在离婚诉讼中，人们又经常将其表达为抚养权。那么，抚养到底是一项权利，还是一项义务？有人认为，抚养首先是一项义务，如负担生活费的义务和教育义务等，但同时也包含着某种权利，如对子女的训诫权、约束权等。这样的认识是一种折中式的，但仍然存在问题。比如还款是一项义务，但还款人既可以现金偿还，也可以通过转账偿还，但没有人说还款义务中还包含着某种选择性权利。所谓父母对子女的约束和训诫，在很大程度上也是抚养义务的一种行使方式，而不能视为是独立的权利。

总之，无论从何角度，抚养都是抚养人不可推卸的义务，而不是抚养可以按照自己的意思任意为之的权利。当然，否定抚养的权利性质并不意味着抚养人对被抚养人没有任何权益，比如亲子关系上的情感依赖以及对子女未来履行赡养义务的期待等。但这种权益如果以权利来表达的话，不宜用抚养权来表达，它实际上属于亲权的内容。

应当注意的问题是，父母抚养教育子女并不是单纯的家庭关系意义上的义务，还是一项社会义务。随着社会的发展，抚养关系越来越多地被纳入国家公法的层面上来，对父母的行为进行了更多的限制，当抚养人不履行抚养义务时，国家可以直接通过相关机关追究抚养人的责任。

拓展阅读

阿米绪人的教育问题

在美国，现在仍生活着一个非常特殊的群体——阿米绪人。他们世代保持自己的信仰和生活方式，对信仰的传递和子女的教育也有他们特殊的观念。由于政教分离，美国的公立学校不容许有宗教教育。阿米绪人认为，这会引导他们的孩子脱离他们代代相传的宗教追求。阿米绪人自己的学校是一种单室学校，大小孩子都在一个教室里，让他们养成互相帮助的习惯。依据阿米绪的宗教，14 岁以后不应该在学校读书，而应该干活。所以学校教育到 14 岁为止。

一般情况下，怎样教育孩子，把孩子培养成什么人，家长有最大发言权。但是，教育也包含了国家和社会的利益。各州在 19 世纪末 20 世纪初，纷纷通过义务教育法，规定儿童必须接受学校教育到 16 岁。家长不履行义务让儿童接受教育，会遭到罚款甚至坐牢的惩罚。从 20 世纪初开始，各地陆续发生阿米绪人因不送孩子去读高中而遭到罚款甚至坐牢的事情。

1968 年秋，威斯康星州开始对阿米绪人强制实行教育法，两名阿米绪家长被捕。阿米绪人的宗教令他们逆来顺受，消极抗争，而这些冲突渐渐地引起社会关注。一个叫林德赫姆的路德教会牧师挺身而出，代表被捕者对政府提出起诉。官司一直打到联邦最高法院。这就是著名的"威斯康星诉约德尔案"。

1971 年 11 月 8 日，联邦最高法院听取此案辩论。从不抛头露面的阿米绪人，一袭传统的黑色服装，默默来到首都华盛顿，听候决定他们命运的判决。

1972 年 5 月 15 日，联邦最高法院作出了对阿米绪人有利的裁决，判定州政府强迫阿米绪儿童上学至 16 岁，侵犯了阿米绪的宗教权利，州义务教育法必须对阿米绪宗教作出教育方面的豁免。在最高法院的判词中，沃伦·博格首席大法官写下如下这段话：

"我们不可忘记，在中世纪，西方世界文明的很多重要价值是由那些在巨大困苦下远离世俗影响的宗教团体保存下来的。没有任何理由假设今天的多数就是'正确'的，而阿米绪和类似他们的人就是'错误'的。一种与众不同甚至于异僻的生活方式如果没有干涉别人的权利或利益，就不能仅仅因为它不同于他人就遭受谴责。"

但最高法院大法官道格拉斯也提出了反对意见。他提出，此案涉及阿米绪儿童的教育，这种教育对于阿米绪儿童将来一生的福利至关紧要，所以，此案裁决必须考虑阿米绪儿童自己的意愿。

道格拉斯大法官的不安，也表达了社会上很多人的担忧。成年人有宗教信仰的自由，阿米绪人当然也有权依据信仰而采取自己的生活方式。大多数人对此不会有异议。但是孩子并没有选择的机会，父母替他们选择这种"低水平"的教育，回避现代科技，局限他们的人生发展，这是否剥夺了孩子对未来生活的选择机会呢？

（参见林达《阿米绪的故事》，载于《扫起落叶好过冬》，三联书店，2006 年）

这一案例非常典型地反映了父母教育子女的权利与国家法律之间的冲突。美国联邦最高法院的判决虽然最终没有对阿米绪父母进行限制，但判决理由是从宗教自由的角度来阐释的，法官显然回避了子女教育方面的问题。但无论如何，在处理父母子女关系上，我们永远应当记住的是：子女并不是父母的财产，而是与父母一样的在法律上的平等主体。因此，抚养教育不能单纯凭自己的喜好，而是应考虑子女的选择与人的社会化要求。

3. 离婚时的亲子关系处理

尽管离婚后因一方不随子女共同生活，其抚养义务的履行必然会受到影响，但在法律上，无论离婚后是否与子女共同生活，均不免除其对子女的抚养义务。对于不履行抚养义务的，法院可裁决强制其履行，在此意义上，并不存在所谓的抚养权争议。离婚时所要解决的实际是监护问题，即由哪一方来承担监护责任。如果立足于父母的角度一定要以权利来表达的话，这种权利主要是亲权中共同生活权，其他方面的亲权原则上并不受影响。

(1) 共同生活关系的确定

在离婚时，子女随谁共同生活由双方协商确定，协商不成的，由人民法院裁决。对10周岁以上的未成年子女，应当征求本人的意见。人民法院裁决子女随父亲还是随母亲共同生活，最终标准是看怎么样更有利于子女的健康成长，在不影响这一基本原则的前提下，对于以下具体情况，司法实践中一般按以下方式处理：

① 2周岁以下的子女，一般随母方生活。但母方患有久治不愈的传染病或其他严重疾病，子女不宜同其共同生活的，或者母方不愿尽抚养义务而父方要求子女随其生活的，可随父方生活；

② 对2周岁以上未成年的子女，父方和母方均要求随其生活的，可优先考虑丧失生育能力或没有其他子女一方的要求；

③ 如果离婚前子女随一方生活时间较长，改变生活环境对子女健康成长明显不利的，原则上以不改变现状为原则；

④ 双方抚养子女的条件基本相同，且均要求子女与其共同生活的，如果子女单独随祖父母或外祖父母共同生活多年，且祖父母或外祖父母要求并且有能力帮助子女照顾孙子女或外孙子女的，可作为子女随父或母生活的优先条件予以考虑。

⑤ 在离婚诉讼期间，双方均拒绝抚养子女的，人民法院可先行裁定暂由一方抚养。

离婚时，经协商或人民法院判决确定子女随一方共同生活后，双方在任何时候均可协商变更，已满10周岁的子女，也可以要求变更。除此之外，与子女共同生活的一方因疾病伤残等原因无力继续履行抚养义务，或有不尽抚养义务、虐待子女及其他对子女身心健康有不利影响的情形的，另一方也可以请求变更共同生活关系。

(2) 未与子女共同生活一方的权利

① 探望权。不随子女共同生活的一方有探望权，另一方有协助义务。探望的时间、方式由双方协商确定，协商不成时，可由法院判决。判决中未涉及探望权的，当事人可以单独起诉要求探望权。未成年子女、直接抚养子女的父或母及其他对未成年子女负担抚养、教育义务的法定监护人，如果认为另一方对子女的探望不利于子女身心健康的，有权向人民法院提出中止探望权。当事人请求中止探望权的，人民法院应征求双方当事人意见，认为请求理由成立的，应裁定中止。中止事由消失后，法院根据当事人的申请通知恢复探望权。

② 其他亲权。不随子女共同生活的一方虽然不与子女共同生活，但亲子关系并不因此解除，仍享有对子女的亲权。比如，对不利于子女身心健康的行为，有权制止或予以纠正；对与子

女利益相关的事项的处置，有权参与意见；未经其同意，对方不得随意将子女送养等。

(3) 未与子女共同生活一方的义务

未与子女共同生活的一方不承担监护责任，但并未免除其法定的抚养义务。但是，由于其不随子女生活，故其日常的抚养义务，如照顾子女生活难以履行，故其抚养义务在很大程度上体现在抚育费，包括生活费、教育费和医疗费等支付上。

关于子女抚育费的数额，并无固定的标准，可由父母双方根据具体情况协商确定。对于抚育费数额经协商达不成一致诉至人民法院要求人民法院裁决的，人民法院一般情况下根据子女的实际需要、父母双方的负担能力和当地的实际生活水平确定：有固定收入的，抚育费一般可按其月总收入的百分之二十至百分之三十的比例给付。负担两个以上子女抚育费的，比例可适当提高，但一般不得超过月总收入的百分之五十。无固定收入的，抚育费的数额可依据当年总收入或同行业平均收入，参照上述比例确定。特殊情况下上述比例可适当提高或降低。

抚育费一般支付到子女满 18 周岁止；16 周岁以上不满 18 周岁，以其劳动收入为主要生活来源，并能维持当地一般生活水平的，父母可停止给付抚育费；尚未独立生活的成年子女丧失劳动能力或虽未完全丧失劳动能力，但其收入不足以维持生活的；或尚在校就读的；或确无独立生活能力和条件的，如果父母有给付能力的，仍应负担必要的抚育费。

为子女支付的抚育费一般离婚时确定，但是，抚育费数额不是不可变更的，离婚后，一方仍可以就抚育费问题单独提起诉讼要求增加。同时，无论是父母协商确定的抚育费数额，还是法院判决的数额，均不妨碍子女在必要时向父母任何一方提出超过协议或判决原定数额的合理要求。

(三) 赡养

1. 子女的赡养义务

赡养指子女或晚辈对父母或长辈在物质上和生活上的帮助，包括两个方面内容：一是在经济上应为父母提供必要的生活用品和费用；二是在生活上、精神上、感情上对父母应尊敬、关心和照顾。赡养主要指成年子女对无劳动能力或生活困难的父母应尽的义务，同时，有负担能力的孙子女，外孙子女，对于子女已经死亡的祖父母、外祖父母也负有赡养义务。

子女对父母的赡养义务，不仅发生在婚生子女与父母间，而且也发生在非婚生子女与生父母间，养子女与养父母间，以及继子女与履行了抚养教育义务的继父母之间。儿子与女儿应尽的赡养义务是同等的。

对拒不履行赡养义务的子女或孙子女、外孙子女，父母、祖父母或外祖父母可以提起诉讼，要求其支付赡养费。对于情节恶劣者，还可追究其刑事责任。

2. 老年人监护问题

随着年龄的增长，老年人智力与判断能力有所下降，甚至丧失判断自己行为性质和行为后果的能力。我国以前的法律仅规定了精神病人被认定欠缺行为能力时的监护问题，但对老年人欠缺行为能力问题却没有规定任何补救措施。2017 年，《民法总则》对欠缺行为能力认定制度的适应对象从精神病人扩大到成年人，判断根据不再以是否有精神病为根据，而是以是否具有意思能力为根据，从而将欠缺行为能力的成年人纳入了被监护的范围。

然而，我国对成年人行为能力欠缺的认定制度也被批评为过于简单归类，不利于对欠缺行为能力人的保护，且与当下国际公约要求不符。从目前情况看，我国对欠缺行为能力的成年人权利保护问题显然关注不足，仍是一个需要认真研究的课题。

二、婚姻关系

（一）婚姻关系的缔结

1. 什么是婚姻

关于婚姻，我国法律上并没有一个明确的定义。它似乎并不是一个单纯的法律概念。婚姻自古存在，而且蕴含着传统、习俗和文化等多方面的含义，在很多人看来，它根本不应由法律来定义。然而，不管是否应当由法律来定义，法律都要求婚姻必须有明确的内涵和外延，否则，在法律上就无法确定某些关系是否可以纳入婚姻法的调整。比如，同性之间的结合是不是婚姻？

拓展阅读

"现在，根据马萨诸塞州授予我作为治安法官的权力，最重要的是，根据你们自己爱的权力，我现在宣告，你们遵照马萨诸塞州的法律成婚。"2004 年 5 月 17 日上午 9 时刚过，市政厅书记官玛格利特·德鲁莉庄严宣布："你们可以以吻作为婚姻的封印。"一对新人深情拥抱，玛西娅·卡蒂丝，这名已经和她的伴侣相知相守 18 年的人欣喜若狂："我实在太激动了，太高兴了。"她说道，"充满了爱，你难道看不出我浑身洋溢着爱吗？"而她的伴侣则说觉得像是"中了彩票"。……这对配偶属于根据美国马萨诸塞州的新法规结婚的第一批同性配偶。这一天从早到晚，一对又一对同性配偶接连步出地方市政厅，手里握着新签署的核准其成婚的文件。而在市政厅外，聚集着数以千计的人们，向这些对配偶鼓掌志庆，宣示他们当中许多人视为不言自明的权利。

但同性婚姻获得的并不都是鼓掌欢庆，基督教团体"重视家庭"(Focus on the Family)的领导人詹姆斯·多布森说："马萨诸塞州范围内签署的文件可以在题头宣示婚姻证明，但它们其实是婚姻制度的死亡证书。"

早在 1996 年，为防止同性婚姻合法化，克林顿总统签署了《捍卫传统婚姻法案》(Defence of Marriage Act)并获国会通过，该法案明确将婚姻定义为异性间的结合。目前在美国有 41 个州相继明确禁止同性婚姻，其中 19 个州通过修订法律禁止任何形式的同性伴侣关系。尽管如此，在其他州，联邦法案却并未能阻止他们以自己认为适当的方式来定义婚姻，先后有多个州承认了同性婚姻，还有一部分州虽然没有承认同性婚姻，但承认了不同形式的同性伴侣关系。从世界范围内看，目前已有十余个国家实现了同性婚姻的合法化，四十余个国家和地区承认了同性伴侣关系。

（摘自王森波《同性婚姻法律问题研究》，中国法制出版社，2012 年）

同性婚姻显然是对传统婚姻制度的一种颠覆性挑战，但婚姻传统并不是一成不变的。我国古代的"父母包办"现已被"自由结婚"所替代，半个世纪前的民国时期还可以"一夫多妻"，但现在多妻制已为法律所废除。以传统来拒绝同性结婚看来并没有说服力。

也有人认为，婚姻是两个人的私事，法律不应当干涉个人的私事，既然两个同性的成年人愿意结婚，法律为什么非要"棒打鸳鸯"呢？

但是婚姻关系似乎从来就没有被当作是单纯的个人私事。在传统社会条件下，基于婚姻关系所形成的家庭是社会的基本生产单位，以婚姻关系为中心所形成的复杂的社会关系网络也构成了社会组织关系类型的一部分。尤其重要的是，婚姻还有一种身份等级维系功能，不同等级之间的联姻可能会对现有的社会结构形式构成威胁。因此，婚姻从来都没被看作是一个单纯的私人事务，它连接着个人与社会的两端，是个人空间与公共领域的结合部和连结点。尽管在现代社会条件下，婚姻的传统功能已大大弱化，甚至部分功能已基本消失，但没有人会否认，婚姻关系仍然承载着特定的社会功能，它仍然是社会网络结构中的一个重要组成部分。

我们在此讨论的重点并不是同性婚姻是否具有正当性，而是通过这个例子来说明婚姻问题的复杂性。在讨论当前具体的婚姻制度时，我们的眼光不能单纯地着眼于制度本身，还应注意到婚姻关系背后所隐含的个体与社会的不同维度。

不管人们对婚姻的定义有着怎样的分歧，人们至少对婚姻的以下特点存在普遍的认同：婚姻是私人之间结成的稳定的共同生活关系，尽管婚姻是私人之间的结合，但婚姻承载着某种其他关系所无法替代的社会功能，因此婚姻关系的内容向来都不是完全由个体自由设定的，婚姻关系中的权利义务更多地是由法律事先预设的。在此意义上，无论婚姻是否应当由法律来定义，其内容以及婚姻关系中的双方或各方之间权利义务的具体内容事实上都是由法律来设定的。

我国《婚姻法》没有专门对婚姻进行定义，但从相应条款中完全可总结出对婚姻的一般定义：一男与一女之间经依法登记而结成的稳定的共同生活关系。同性婚姻、一夫多妻或一妻多夫在我国婚姻法上不被认可。

拓展阅读

婚姻的本质

关于婚姻的本质至今已形成多种不同的认识，其中较有影响的有以下几种：

一种是契约观点。这种观点认为婚姻关系本质上是一种契约关系，这种认识最早是由康德提出的，他是在一种极为狭隘的意义上提出的，认为婚姻是一种性关系契约。但是这种观点却被西方很多学者所接受，劳埃德·R·科恩说："婚姻的本质在于它是由两个符合法定条件的成年人自愿达成的协议……婚姻关系的核心部分在于彼此提供补充式(互惠的)服务。"婚姻契约观点在当代婚姻法立法上也有明显的体现，协议离婚更多地体现了婚姻的契约特征。我国《婚姻法》修改时增加了婚前财产约定的内容，美国则批准了《统一婚照前协议法》，社会上目前还出现了分居协议，约定分居期间双方的一些婚姻法规定之外的更多的自由。有人认为，婚姻契约论有着十分积极的意义，认为它使婚姻成为婚姻当事人自己的事务，而不再被视为对家庭或者家人的义务或责任，当婚姻受第三人破坏时，可以要求第三人和违约的一方承担责任。

婚姻契约论无论受到怎样的推崇，其错误都是明显的。从上面对婚姻的产生所做的分析中可以看出，婚姻从来都不单单是两个人之间的关系，它体现着更为复杂的社会需求。契约论观点着眼于个人的自由与权利，但婚姻关系的意义主要并不在于权利，而在于针对社会的义务和责任，契约关系强调个人的自由在根本内容上与现实中的法律的强制性规定是不符合的，因为"其他合同可以经双方当事人在协商一致的基础上修改或者重新签订，但婚姻关系一旦形成，法律便介入其中，并规定当事人各种义务和责任。"

还有一种观点认为，婚姻本质上是一种伦理性关系。这种观点是黑格尔提出的，他认为婚姻是建立在道德和理性基础上的，是一种伦理关系。黑格尔所论证的实际上并非现实存在意义上婚姻的本质，他在人的抽象存在意义上表达了一种婚姻基础之上理想的爱的观念。伦理从来都是在特定社会条件下的理想化要求，它不能揭示婚姻的内在性质。

还有人认为，婚姻关系是一种利益关系。这种观点认为，无论对于国家和社会，还是对于个人，婚姻都是一种利益，而且是重大利益。从个人的角度上，婚姻作为一种利益必然有个人的成本投入，这种投入的目的就是为了享受婚姻关系带来的利益。另一方面，国家和社会对婚姻也享有利益，可以规范两性关系的秩序，实现人类繁衍。这种认识看到了婚姻关系上的利益，有利于在规范婚姻制度时平衡不同的利益关系。但是应该说，任何一种社会关系都体现着某种利益，利益只能说是社会关系中所包含的具体内容，而不能说利益是社会关系的本质。

婚姻基于个体生存需要构建起了一个私人空间，然而婚姻从产生之日起，从来都不是一个单纯私人意义上的事情，从一开始它便挑起了个体生存与社会责任的双重重担。婚姻的生产组织功能在满足个体生存需求的同时，也为社会发展提供了基本的物质条件；婚姻的社会组织功能是基于个人关系而形成的，但由此形成了社会的基本组织结构网络；婚姻的互助功能解决的是个人生存问题，但无疑担负起至少是减轻了社会的负担；婚姻在人口繁衍上的功能在实现个体需要的同时，也是社会发展必不可少的前提。可见，婚姻连接着个人与社会两端，是个人空间与公共领域的结合部、连结点。

婚姻的上述社会功能中，用以连接个人和社会的最基础性的功能是互助功能，无论是生产功能、组织功能还是生育功能，在很大程度上都以互助功能为条件。互助功能使婚姻家庭形成了一个有着共同利益的共同体，"一人得道，鸡犬升天"的裙带关系制度使婚姻关系的互助功能得到最大程度的体现，也是婚姻实现其他社会功能最为基础同时最为强大的动力。

婚姻的互助功能还通过解决个人生存问题而担负着社会责任。从个人的角度来说，个体生存条件的不完全，即社会不能提供充分的个体生存保障，需要通过特定的互助形式来弥补社会保障之不足。这种不足主要表现为两个方面：一是生活上的互助；二是养老。在社会没有提供充分保障的情况下，前者主要是在配偶之间进行的，后者主要是在父母子女之间进行的。从社会的角度，为解决个人的这种生存问题而进行的生活扶助和子女抚养分担的却是社会的负担。如果没有基于婚姻关系而形成的这种责任，无疑社会将会付出巨大的成本来解决儿童抚养和个人疾患期间的照顾和护理。这一工作是繁重同时也是繁琐的，婚姻关系使这一工作得以在分散状态下有效的解决。可以说，婚姻承担了绝大部分应通过社会解决，而社会无法解决好的社会问题。

如果社会能够为个人生存提供充分的保障，婚姻与国家就社会责任的分配就不再有意义，从而，婚姻作为社会基本关系构成的基础意义也会大大降低，性的关系更多地成为生理和情感上的需求，对稳定性的要求因而也会减弱。

因此，婚姻关系从本质上说，它是社会责任通过婚姻在社会和个人之间的分配机制。在传统社会中，社会生产与社会结构与家庭生产和结构形式是高度一致的，社会责任主要通过婚姻关系基础上的家庭来承担。现代社会条件下，一方面，个人基于生产需要对婚姻关系的依赖大大降低，另一方面，社会福利使社会承担了更多的对个人生存问题的负担，这在很大程度上改变了传统社会中个人与社会的责任分配方式，传统社会中个人与社会需求的高度一致性也被打破了。但是应当注意到，社会并没有完全解决个人生存的所有问题，社会不可能为个人提供充分的生活照顾，这些功能仍需通过婚姻关系来实现。也就是说，婚姻所承载的社会功能虽然减弱了，但仍没有发生质的改变。

（摘自王森波《同性婚姻法律问题研究》，中国法制出版社，2012 年）

2. 婚姻缔结条件

不同国家对婚姻缔结的条件有不同的规定，比如有的国家允许同性结婚，有的国家允许一夫多妻，还有的国家可能会因为宗教或种族的原因禁止某些人之间通婚。关于结婚年龄各国也有不同的规定，目前大多数国家规定最低婚龄为 18 周岁，但也有国家规定年满 15 周岁就可结婚。

根据我国法律规定，婚姻必须同时具备以下条件才能生效：

(1) 双方性别分别是男和女；

(2) 双方完全自愿；

(3) 双方均达到法定结婚年龄，即：男性满22周岁，女性满20周岁。

(4) 双方不属于直系血亲和三代以内旁系血亲；

(5) 双方均没有医学上认为不宜结婚的疾病；

(6) 双方均无配偶；

(7) 依法经过登记。

对婚姻缔结条件的规定意味着对婚姻的限制，比如性别为男和女的要求意味着不认可同性结婚。婚姻缔结条件的规定常常与法律的地域效力范围内的风俗与文化相联系，同时也有立法者为实现婚姻所承载的社会功能所进行的考量。但无论如何，不可否认的事实是，立法者立法时的考量并不一定是适当的，而且，尤其重要的是社会是发展变化的，影响立法者对婚姻缔结条件的考量因素同样也是不断变化的，这就需要我们对现行立法所规定的条件不断进行重新审视。我国《婚姻法》所规定的缔结条件是否都是适当的，同样也值得我们重新思考。

拓展阅读

关于特殊疾病患者缔结婚姻的自由问题

《婚姻法》规定，患有医学上认为不宜结婚的疾病的，不能结婚。但对何为医学上认为不应该结婚的疾病，《婚姻法》上未予明确。1995年开始实施的《母婴保健法》第八条规定婚前应检查的项目包括：严重遗传性疾病；指定传染病和有关精神病三大类，但未明确具体的疾病。但从该法第九条和第十条规定看，法律禁止患有某些疾病的人不能结婚主要是出于传染和遗传因素的考虑。

但是，这种基于婚姻关系的社会维度的考虑是不是有理由成为对个体自由的限制呢？如果双方均患有同样的传染疾病，就无所谓传染问题，或虽患有遗传疾病但双方均同意结婚并决定不生育并已采取相应措施的，如果法律仍禁止其结婚，似乎并无充分的理由。婚姻的功能并不单纯是为了生育繁衍，没有生育能力者也并未因不能实现婚姻的繁衍功能而被禁止结婚。如果双方愿意相互依靠、相互照顾，法律似亦无限制的必要。同时，在此情况下的限制不仅偏离了立法目标，也有干涉当事人婚姻自由权之嫌。

2003年国务院颁布的《婚姻登记条例》中规定婚姻登记时不再强制要求婚前医学检查，这意味着是否患有不应当结婚的疾病不再是结婚时法定的审查事项，而是由当事人自己把握。从某种意义上，这似乎是对这一项禁止性规定的松动。因为如果当事人不知道自己患有病症，或虽然知道但不说明的，至少在办理结婚登记时不再存在障碍。但相应的法律仍未做出修改，因此对一方或双方患有不应结婚疾病的，仍可以作为宣告婚姻无效的理由。

3. 婚姻的无效与撤销

不符合上述条件的，婚姻关系无效。应注意的是，婚姻无效仅表明婚姻关系不被法律认可，关系双方无法得到婚姻意义上的法律保护。在实践中，针对不同情况，婚姻无效有不同的处理方式：

(1) 当事人未办理登记的，双方关系不产生婚姻效力，如果没有其他导致婚姻无效的事由，可以补办登记手续，婚姻关系自补办结婚登记手续后生效。

(2) 未达法定结婚年龄而办理婚姻登记的，婚姻关系的效力从双方均达到法定结婚条件时起算。已经登记且已达到法定结婚条件的，当事人不得再以登记时未达到结婚条件而申请婚姻无效。

(3) 违背当事人意愿胁迫结婚的，当事人可自结婚登记之日起 1 年内请求撤销，当事人未申请人撤销的，婚姻关系有效。

(4) 当事人以结婚登记程序存在瑕疵为由要求撤销结婚登记的，不属于民事案件审理范围，应依法申请行政复议或者提起行政诉讼。

无效或被撤销的婚姻，婚姻关系自始无效。当事人之间不具有夫妻的权利和义务。同居期间所得的财产，由当事人协议处理；协议不成时，由人民法院根据照顾无过错方的原则判决。对重婚导致的婚姻无效的财产处理，不得侵害合法婚姻当事人的财产权益。当事人所生的子女，适用有关父母子女的规定。

(二) 夫妻之间的权利和义务

关于夫妻之间的权利和义务，我国《婚姻法》中明确规定的实际只有两条：一是第 20 条规定的夫妻互相扶养的义务；二是第 24 条规定的夫妻之间有相互继承遗产的权利。此外，尽管第 13 条规定了夫妻在家庭中地位的平等权、第 14 条规定了使用自己姓名的自由权、第 15 条规定了工作学习自由权、第 16 条规定了计划生育义务，但这些权利和义务要么是人格权或社会性权利，要么是社会性义务，显然并不是严格意义上的夫妻之间的权利和义务。

但是夫妻之间的权利和义务显然并不局限于继承权和扶养义务，透过《婚姻法》的具体条文，我们还能发掘出很多条文中没有明示，但现实中实际存在的权利和义务。

1. 夫妻之间的权利

(1) 继承权

夫妻之间有相互继承的权利，这一权利是《婚姻法》明文规定的权利。夫妻之间不仅有法定的相互继承的权利，而且配偶与父母和子女是同顺位，也是第一顺位继承人。

(2) 家事代理权

家事代理权，是指夫妻因日常家庭事务与第三人为一定法律行为时相互代理的权利。夫妻一方在行使日常家事代理权时，无论对方对该代理行为知晓与否、追认与否，夫妻双方原则上均应对该行为的法律后果承担连带责任。

我国《婚姻法》中没有明确规定家事代理权，但第 17 条常被认为是我国婚姻法关于家事代理权的依据，该条规定，夫妻对共同所有的财产，有平等的处理权。最高人民法院关于适用《中华人民共和国婚姻法》若干问题的解释(一)第 17 条对此条中的平等处理权解释为两层意思：

① 夫或妻在处理夫妻共同财产上的权利是平等的。因日常生活需要而处理夫妻共同财产的，任何一方均有权决定。

② 夫或妻非因日常生活需要对夫妻共同财产做重要处理决定，夫妻双方应当平等协商，取得一致意见。他人有理由相信其为夫妻双方共同意思表示的，另一方不得以不同意或不知道为由对抗善意第三人。

家事代理权不仅是夫妻共同生活的法律要求和日常生活顺利进行的必要保障，也是维护财产交易安全、保障第三人利益的一项重要措施，有着非常重要的现实意义。但是，家事代理权作为法定的代理权，不一定符合另一方的意思，在这种情况下，应当对代理的范围和方式作出明确的规定，否则，容易被一方利用成为侵犯配偶权益的工具。然而，目前我国的法律及相关司法解释，只是确认了这一制度，对它的范围、具体适用等问题均没有进一步明确，由此在实践中产生了很多问题。

拓展阅读

夫妻共同债务的难题

根据《婚姻法》规定，夫妻共同生活期间所取得的财产收益，无论是一方取得的还是双方共同取得的，除双方事先有约定或法律有明确规定的以外，归双方共同所有。同样，夫妻共同生活期间所负的债务，无论是以个人名义所负的债务还是以双方名义共同所负的债务，原则上均属于共同债务。由于涉及夫妻以外的第三人，因此即使夫妻之间关于债务的承担约定由单方自行承担，除非第三人明确知道该约定，否则并不能对抗第三人。就此，我国《婚姻法》第 19 条规定，夫妻对婚姻关系存续期间所得的财产约定归各自所有的，夫或妻一方对外所负的债务，第三人知道该约定的，以夫或妻一方所有的财产清偿。最高人民法院《关于适用中华人民共和国婚姻法若干问题的解释(二)》第 24 条也规定，债权人就婚姻关系存续期间夫妻一方以个人名义所负债务主张权利的，应当按夫妻共同债务处理。但夫妻一方能够证明债权人与债务人明确约定为个人债务，或者能够证明属于婚姻法第 19 条第三款规定情形的除外。

但是，对于夫妻一方以自己的名义所负债务涉及的第三人，在负债一方不配合或其本来就与第三人串通的情况下，由配偶去证明该第三人明知他们夫妻之间的约定几乎是不可能的。在这种情况下，该法律规定常被恶意的一方所利用。比如，与第三人串通通过虚构债务的方式达到由配偶在离婚时少分割财产或套取配偶财产的目的。

为此，2017 年 3 月 1 日，最高人民法院对《解释(二)》第 24 条又作了补充规定，在原来规定的基础上又增加了以下两款规定：

夫妻一方与第三人串通，虚构债务，第三人主张权利的，人民法院不予支持。

夫妻一方在从事赌博、吸毒等违法犯罪活动中所负债务，第三人主张权利的，人民法院不予支持。

然而，这两条补充规定并未解决实际的问题，如果配偶主张债务属于与第三人的串通，同样面临举证责任的困难。对于赌博和吸毒等违法犯罪活动所负债务，如果是直接的“赌债”“毒债”或其他因违法犯罪活动所负的债务，本来就不应由他人承担，故无须该条来画蛇添足。而对于类似于用正常借款用于赌博活动，而出借人不明知的情况，如果简单地认定为个人债务，又涉及善意第三人保护问题。因此，该补充解释一出台，就受到了不少批评。

事实上，以一方名义所负担债务应否作共同债务处理问题，其核心问题是如何平衡配偶方与作为债权人的第三人之间的关系问题。如果对以一方名义所负担债务简单地规定为个人债务，则很容易被夫妻利用作为逃避债务的工具。但保护第三人利益同时也应充分考虑配偶利益。

以个人名义所负债务应否作为夫妻共同债务处理的问题，本质上也是一个家事代理权的问题。在法律上明确家事代理权的范围并通过举证责任的合理分配，完全可以有效地解决第三人与配偶之间的利益冲突。对于属于家事代理权范围内以个人名义所负担的债务，可以作为夫妻共同债务。对于不属于家事代理权范围内的事务，如较大数额的负债，原则上作为个人债务处理，除非债权人能够证明夫妻另一方在债务产生时同意或事后曾明确表示认可的。这种处理方式实际上将举证责任分配给第三人来承担，由于第三人作为债权人在债权债务关系形成时有更大的主动权，对矛盾的产生有更强的回避能力，故让其承担举证责任可以更有效地避免纠纷的产生。

根据各国立法的规定及我国的实际情况，夫妻相互可代理的家事，应理解为家庭生活的共同事项，如购物、保健、衣食、娱乐、医疗、雇工、子女教育等。但对一些家庭生活中的重大事项，应对家事代理权作出限制性规定，比如送养或收养子女，处置与家庭生活密切相关的价值较大的财产，均应共同协商后决定，不宜由一方直接代理；又比如与配偶人身相关联的事务，如继承权的放弃以及劳动报酬的领取等，也不能代理。

(3) 生育权与配偶权

值得讨论的是近年来常被提及的配偶权和生育权问题。配偶权和生育权是一种权利吗？如果是权利，其基本内容是什么呢？在夫妻关系存续期间，妻子未经丈夫同意而堕胎，妻子侵犯了丈夫的生育权吗？丈夫背叛妻子与第三者通奸，丈夫侵犯了妻子的配偶权吗？如果丈夫享有生育权，那么妻子有没有不生育的权利？其不生育的权利又如何保障呢？如果妻子享有配偶权，这种配偶权包含一种对丈夫的情感和性的独占权吗？配偶权的内容又是什么呢？

实际上，所谓的配偶权和生育权，与我们前面所讨论的人格权和财产权有本质的不同。人格权和财产权是作为一个独立的个体而享有的权利，而基于特定的夫妻关系被表述为“权利”的权利属于关系中的权利，由于主体性权利是关系设立的前提，因此这种关系中的权利在任何情况下都不能与主体性权利相抵触。同时，这种权利只存在于关系中，并以关系的存在为前提，因此这种权利对关系以外的第三人没有任何效力。

2. 夫妻之间的义务

(1) 相互扶养的义务

相互扶养的义务是《婚姻法》明确规定的夫妻之间相互负担的唯一法定义务，该法第 20 条规定，夫妻有互相扶养的义务。扶养义务主要指一方因病或受伤害丧失独立生活能力时，另一方所负担的提供生活费用并照顾其生活的义务。如果负有扶养义务的一方不尽义务，另一方可以要求或请求人民法院判令其支付扶养费。

扶养义务适用的是较为特殊的情形，实际上在夫妻共同生活期间，双方之间最基本的义务是生活互相扶助、互相照顾的义务，可简称为互助义务。但由于这种义务过于频繁，并且这种义务一旦具体化，都成为琐碎的鸡毛蒜皮似的家务事，因此并未受到，实际上也很难受到法律的关注，因此没有被纳入法律的调整范围。

(2) 忠诚义务与同居义务

有人认为作为夫妻，同居和忠诚也是一项义务，并且是法律明确规定的义务。如《刑法》中规定的重婚罪即是对违反忠诚义务的惩罚，又如《婚姻法》中规定的分居达一定期限或与他人同居可以作为法院判决离婚应考虑的因素，以及因与他人同居而导致离婚时对方可以请求损害赔偿等，都是法律关于违反义务所应承担的法律后果的规定。

但这样的认识并非没有问题。重婚罪是对“一夫一妻”基本婚姻制度的维护，分居及与他人同居不过是考察“感情是否破裂”的因素，很难说是对同居义务和忠诚义务的规定。而且，如果同居构成一项义务，拒绝与丈夫同居的妻子应当承担什么样的责任？这种义务可以强制执行吗？答案显然是否定的。既然违反这种义务既不应被课以责任也不能强制履行，那么这样的义务又有何现实意义呢？

实际上，婚姻关系作为一种由个体依赖自己的意志自我设定的关系，无论夫妻之间的关系是由法律事先预设的还是由自己设定的，都必须以不侵犯个体的主体性权利为前提，如果限制或影响了主体性权利，那么这种义务的设定便是有问题的。如果这种有问题的设定是法律的设定，则是本身的问题；如果是个体的设定，则这种设定不能发生法律效力。

我们并不否认同居是婚姻关系的基本内容，忠诚是夫妻关系中应当倡导的义务，但是由于这种义务与个体的人身与情感相联系，因此无法强制履行，最多只能作为一种离婚的条件来对待。如果由此构成导致婚姻破裂的主要原因，在离婚分割财产时予以适当照顾也未尝不可，但这种照顾主要是以对导致婚姻破裂的责任为基础，似不宜视为是对违反义务的法律责任。

(3) 约定义务

合同关系中的义务主要是自我设定的义务，合同法上有关合同义务的规定除部分规定属于强制性规范，当事人无权规避和变更外，大多数属于任意性规范，主要起补充与解释作用。而婚姻关系不同，由于其所承载的特定的社会功能，婚姻关系的内容大多是由法律事先设定的，并不允许个体依自己的意志随意改变。但所谓的不允许并不是说改变法律规定要承担什么法律责任，而是这样的改变不受法律的保护。

但是，婚姻关系也不是绝对地不考虑个体意思的表达，尤其是近年来，随着婚姻社会功能的淡化，婚姻关系更多地被视为是一种私人关系，因此赋予了个体在关系内容上更大的自由，比如家庭财产约定制就允许婚姻关系双方自己决定财产的归属方式。但是，并不是任何约定者都能获得法律的认可。比如夫妻双方约定互负忠诚义务，在婚姻关系存续期间违反忠诚义务的，赔偿100万元。这样的约定是不能得到法律支持的。

感情本身是易变的，法律不能要求所有的人都对爱情忠贞不渝。是否继续爱一个人，甚至是否继续维持婚姻关系，本人享有自主决定权。这种自主决定权在性质上属于主体性权利的范畴，不宜通过约定来予以限制，更不应将感情作为交易的对象。至少在法律上不宜给予鼓励，因为这不可避免地会导致一系列新的问题。

(三) 离婚

1. 办理离婚的途径

离婚遵循双方自愿的原则，法律原则上不予干涉。在对子女和财产问题已有适当处理时，可到婚姻登记机关申请办理离婚登记手续。婚姻登记机关原则上不得干涉。

一方要求离婚，另一方不同意离婚的，或者就财产和子女问题经协商不能达成一致的，可向人民法院起诉请求裁判。人民法院经审理认为夫妻感情确已破裂的，应判决离婚，并对子女和财产分割的请求一并处理；如果法院认为夫妻感情尚未破裂的，可驳回离婚的诉讼请求。

2. 人民法院判决离婚的根据

判决离婚的唯一条件是夫妻感情破裂，但何为感情破裂，却是一个复杂的问题。我国《婚姻法》第32条规定下列情况经调解无效，可以认定为感情破裂，判决离婚：

(1) 重婚或有配偶与他人同居的；

(2) 实施家庭暴力或虐待、遗弃家庭成员的；

(3) 有赌博、吸毒等恶习屡教不改的；

(4) 因感情不和分居满两年的；

(5) 一方被宣告失踪，另一方提出离婚诉讼的，应准予离婚。

除此之外，最高人民法院1989年颁布的《关于人民法院审理离婚案件如何认定夫妻感情确已破裂的若干具体意见》规定有下列情形之一的，如果一方坚决要求离婚，经调解无效，也可视为夫妻感情确已破裂，原则上应当判决准予离婚。

(1) 一方患有法定禁止结婚的疾病，或一方有生理缺陷及其他原因不能发生性行为，且难以治愈的；

(2) 婚前缺乏了解，草率结婚，婚后未建立起夫妻感情，难以共同生活的；

(3) 婚前隐瞒了精神病，婚后经治不愈，或者婚前知道对方患有精神病而与其结婚，或一方在夫妻共同生活期间患精神病，久治不愈的；

(4) 一方欺骗对方，或者在结婚登记时弄虚作假，骗取《结婚证》的；

(5) 双方办理结婚登记后，未同居生活，无和好可能的；

(6) 包办、买卖婚姻，婚后一方随即提出离婚，或者虽共同生活多年，但确未建立起夫妻感情的；

(7) 因感情不和分居已满三年，确无和好可能的，或者经人民法院判决不准离婚后又分居满一年，互不履行夫妻义务的；

(8) 一方与他人通奸、非法同居，经教育仍无悔改表现，无过错一方起诉离婚，或者过错方起诉离婚，对方不同意离婚，经批评教育、处分，或在人民法院判决不准离婚后，过错方又起诉离婚，确无和好可能的；

(9) 一方重婚，对方提出离婚的；

(10) 一方好逸恶劳、有赌博等恶习，不履行家庭义务，屡教不改，夫妻难以共同生活的；

(11) 一方被依法判处长期徒刑，或其违法，犯罪行为严重伤害夫妻感情的；

(12) 一方下落不明满二年，对方起诉离婚，经公告查找确无下落的；

(13) 受对方的虐待、遗弃，或者受对方亲属虐待，或虐待对方亲属，经教育不改，另一方不谅解的；

(14) 因其他原因导致夫妻感情确已破裂的。

3. 离婚的限制

由于婚姻关系本身承载一定社会功能，为促进社会功能的实现，法律原则上是要维护婚姻的维持。在某些国家的某些历史时期，离婚甚至曾被法律所禁止。同时，婚姻关系是一种长期稳定的共同生活关系，当事人为维持这种关系常常有着非同寻常的期待，并为此投入了非常大的精力，轻易地解除这种关系既不经济，有时也不公平。不仅如此，法律有时还需要考虑特殊群体的利益保护，因此会对离婚进行不同程度的限制。根据我国婚姻法规定，对离婚的限制主要体现在以下几个方面：

(1) 对于一方提出离婚，而另一方不同意离婚的，人民法院认为夫妻感情尚未破裂的，可以不判决离婚；

(2) 现役军人的配偶要求离婚，除军人一方有重大过错的情况外，须征得军人同意；

(3) 女方在怀孕期间、分娩后一年内或终止妊娠六个月内，男方不得提出离婚。女方提出离婚的，或人民法院认为有必要受理男方离婚请求的，不在此限。

三、家庭财产

(一) 家庭财产共有制度

家庭是一个共同体,承载着特定的社会功能,因此,制度的设计应考虑如何维持关系的长期稳定。财产共有制度显然是一个不可替代的纽带,有助于将家庭关系中最为脆弱的夫妻关系牢固地联结在一起。

1. 共同财产的认定

基于婚姻关系而组成的家庭是一个由夫妻共同经营、分工合作的组合体,因此《婚姻法》规定,婚后取得的财产,除法律特别规定外,一律视为是夫妻共同财产。主要包括:

(1) 工资、奖金;

(2) 生产、经营的收益,但个人财产婚后的孳息和自然增值除外;

(3) 知识产权的收益;

(4) 继承或赠与所得的财产,但在遗嘱或赠予合同中明确只归一方的除外;

(5) 其他应当归共同所有的财产。

关于其他应当归共同所有的财产,根据最高人民法院《婚姻法解释(二)》第 11 条解释,主要包括一方以个人财产投资取得的收益、双方实际取得或者应当取得的住房补贴和住房公积金以及双方实际取得或者应当取得的养老保险金或破产安置补偿费等。但应当注意的是,《婚姻法解释(三)》对一方以个人财产投资取得的收益又增加了例外式的补充规定,即个人财产投资在婚后取得的收益,如果该收益属于孳息或自然增值而取得的,则不属于共同财产。

家庭财产的共同所有同时也意味着债务的共同承担,就此前文已经讨论,在此不再赘述。

2. 共同财产的例外

家庭共同财产制度不能绝对化,夫妻关系是夫妻共同自我设定的关系,随时有可能解除,共同财产制度应充分考虑到家庭关系中最为脆弱的夫妻关系的变化,避免因这种变化而带来不公平的结果。基于此,家庭财产共有原则同时还为个人财产保留了充分的空间。

个人财产制度原则上是基于夫妻关系的角度而设计的,该设计将夫妻共同财产限定于夫妻共同生活期间所取得的财产,将婚前财产以及虽是婚后取得但具有较明显的个人归属性的财产则划归了个人所有。个人所有的财产主要包括:

(1) 一方的婚前财产;

(2) 一方因身体受到伤害获得的医疗赔费、残疾人生活补助等费用;

(3) 遗嘱或赠予合同中确定只归夫或妻一方的财产;

(4) 一方专用的生活用品;

(5) 军人的伤亡保险金、伤残补助金、医药生活补助费。

3. 约定财产制

尽管婚姻所担负的社会功能,尤其是互助功能在现代社会条件下并未完全消失,但也越来越淡化,婚姻关系越来越发展成为一种私人之间的"纯粹关系"。个人的意愿在家庭关系,尤其是婚姻关系中受到了越来越多的重视。婚姻关系中的权利义务不再完全取决于法律的预设，逐渐开始允许夫妻双方根据自己意愿自行设定婚姻关系的具体内容，约定财产制度即是在这种情况下应运而生的。2001年，我国对《婚姻法》进行了修订，允许夫妻双方约定婚姻关系存续期间所得的财产以及婚前财产归各自所有、共同所有或部分各自所有、共同所有。

约定财产制并不能依据约定将夫妻财产完全分清，比如共同债务问题上就存在很大局限，但仍对传统夫妻共同财产制度造成了巨大的冲击。约定财产制在夫妻关系中更多地体现了个体的意愿，也为夫妻处理家庭财产问题提供了更多的自由空间。但是也应注意到，即使在现代社会条件下，尽管婚姻关系在功能上越来越私人化，但婚姻关系背后所涉及的个体能力、社会背景、经济状况，甚至社会观念等因素都是不可忽略的。约定财产制是否能够真正地体现男女婚姻关系中的平等，是否能真实地反映双方的共同意愿，需要打上一个大大的问号，其对婚姻关系的影响也需要在实践中进一步予以验证。

（二）离婚时的财产分割

1. 分割原则

夫妻离婚时财产分割首先应尊重双方的意见，由双方协商解决。只有在双方就财产分割不能协商一致的情况下，才由人民法院分割。这里所说的财产分割原则，指的也是人民法院在对夫妻共同财产进行分割时的裁判原则。

（1）男女平等原则。男女平等原则既反映在《婚姻法》的各条法律规范中，又是人民法院处理婚姻家庭案件的办案指南。该原则体现在离婚财产分割上，夫妻双方有平等地分割共同财产的权利，平等地承担共同债务的义务。

（2）照顾子女和女方利益原则。这里的“照顾”，既可以在财产份额上给女方适当多分，也可以在财产种类上将某项生活特别需要的财产，比如住房，分配给女方。毕竟从习惯势力上、从传统因素的影响所造成的障碍上、从妇女的家务负担及生理特点上讲，一般妇女在离婚后寻找工作和谋生能力方面也较男子要弱，更需要社会给予更多的帮助。同时，在分割夫妻共同财产时，要特别注意保护未成年人的合法财产权益。未成年人的合法财产不能列入夫妻共同财产进行分割。

（3）有利生活、方便生活原则。在离婚分割共同财产时，不应损害财产效用、性能和经济价值。在对共同财产中的生产资料进行分割时，应尽可能分给需要该生产资料、能更好发挥该生产资料效用的一方；在对共同财产中的生活资料进行分割时，要尽量满足个人从事专业或职业需要，以发挥物的使用价值。不可分物按实际需要和有利发挥效用原则归一方所有，分得方应依公平原则，按离婚时的实际价值给予另一方相应的补偿。

2. 共同财产的析分

（1）普通财产的析分

对普通财产的析分，首先要区分共同财产还是个人财产，对于属于共同财产的，一般按财产价值进行分割。不能分割的，可根据有利生活、方便生活的原则进行分割。

（2）有价证券的析分

夫妻双方分割共同财产中的股票、债券、投资基金份额等有价证券以及未上市股份有限公司股份时，协商不成或者按市价分配有困难的，人民法院可以根据数量按比例分配。

（3）股权的析分

对于夫妻共同财产中以一方名义在有限责任公司的出资额，另一方不是该公司股东的，按以下情形分别处理：

① 夫妻双方协商一致将出资额部分或者全部转让给该股东的配偶，过半数股东同意、其他股东明确表示放弃优先购买权的，该股东的配偶可以成为该公司股东；

② 夫妻双方就出资额转让份额和转让价格等事项协商一致后，过半数股东不同意转让，但愿意以同等价格购买该出资额的，人民法院可以对转让出资所得财产进行分割。

（4）合伙企业投资的析分

共同财产中以一方名义在合伙企业中的出资，另一方不是该企业合伙人的，当夫妻双方协商一致，将其合伙企业中的财产份额全部或者部分转让给对方时，按以下情形分别处理：

① 其他合伙人一致同意的，该配偶依法取得合伙人地位；

② 其他合伙人不同意转让，在同等条件下行使优先受让权的，可以对转让所得的财产进行分割；

③ 其他合伙人不同意转让，也不行使优先受让权，但同意该合伙人退伙或者退还部分财产份额的，可以对退还的财产进行分割；

④ 其他合伙人既不同意转让，也不行使优先受让权，又不同意该合伙人退伙或者退还部分财产份额的，视为全体合伙人同意转让，该配偶依法取得合伙人地位。

（5）独资企业投资的析分

夫妻以一方名义投资设立独资企业的，对该独资企业中的共同财产进行分割时，按照以下情形分别处理：

① 一方主张经营该企业的，对企业资产进行评估后，由取得企业一方给予另一方相应的补偿；

② 双方均主张经营该企业的，在双方竞价基础上，由取得企业的一方给予另一方相应的补偿；

③ 双方均不愿意经营该企业的，按照《中华人民共和国个人独资企业法》等有关规定办理。

3. 房屋的归属与分割

由于房屋在家庭共同财产中所占的比重越来越大，房屋问题在离婚财产分割中受到了越来越多的关注，因此在此专门予以讨论。

根据《婚姻法》规定和《婚姻法解释（三）》的解释，对于房屋的归属问题按以下原则认定：

（1）对于婚后双方用共同财产购买的房屋，无论权属证书登记在哪一方名下，均认定为共同财产。婚前一方购买的房产属于购买方的个人财产。

（2）婚后由一方父母出资为子女购买的房屋，产权登记在出资人子女名下的，视为只对自己子女一方的赠与，该不动产应认定为夫妻一方的个人财产。

由双方父母出资购买的不动产，产权登记在一方子女名下的，如果双方没有特别约定，该不动产视为双方按照各自父母的出资份额按份共有。

（3）夫妻一方婚前签订不动产买卖合同，以个人财产支付首付款并在银行贷款，婚后用夫妻共同财产还贷，不动产登记于首付款支付方名下的，离婚时该不动产由双方协议处理。

依前款规定不能达成协议的，人民法院可以判决该不动产归产权登记一方，尚未归还的贷款为产权登记一方的个人债务。双方婚后共同还贷支付的款项及其相对应财产增值部分，离婚时由产权登记一方对另一方进行补偿。

(4) 婚姻关系存续期间，双方用夫妻共同财产出资购买以一方父母名义参加房改的房屋，产权登记在一方父母名下，离婚时另一方主张按照夫妻共同财产对该房屋进行分割的，人民法院不予支持。购买该房屋时的出资，可以作为债权处理。

拓展阅读

我国离婚财产分割制度存在的问题

我国婚姻法及司法解释对离婚财产分割的规定似乎并无明显的缺陷，但是，这种规定却对双方在婚后因家庭分工的不同而导致的变化未能予以充分考虑。在我国现实条件下，这种忽略在大部分情况下导致了对女性极为不公平。

设想：男甲与女乙系大学同学，大学毕业后，男甲父母出资购买了一套房作为儿子婚房。结婚后，男甲在一家大型公司工作，收入较高足以支付家庭生活开支，为更好地照顾子女，女乙辞去了工作，专门在家负责照看教育子女并处理家务。男甲此时经单位同意，在职攻读了博士学位，并很快成为公司高层的技术骨干。

后男甲在业务关系中结识了女丙，女丙年轻漂亮深得男甲喜爱。男甲提出与女乙离婚，并提出孩子由自己抚养，可免除女乙抚养费。除房产属男甲个人财产归男甲外，家庭存款 10 万元和其他财产价值约 10 万元可全部分给女方。

女乙离婚后，虽分得了 20 万元财产，但此时房价已涨至每平方 2 万元，只好先以每月 1 500 元的价格租了一套 30 平方的房子。由于其已年至不惑且多年未外出工作，所学知识早已过时，找工作面临极大压力，不得已为人做家政服务，靠每月 3 000 元的收入艰难度日。

这一案例是我假想的一个案例，但相信没有人会否认这种情况在现实生活中的真实存在。

在我国当前离婚财产处理方式的前提下，如果让女乙重新来过，她会怎么做呢？

(1) 让男甲同意房屋属共同财产，并到公证处办理婚姻财产公证。

(2) 如果男甲不同意将房产作为共同财产，宁肯先不要孩子，砸锅卖铁也要再买一套，再买的房子属共同财产，可避免离婚后因房价上涨所带来的压力。

(3) 坚决不辞职，家务大家一起担，忙不过来的话，孩子能不要先不要。

(4) 不同意以压缩开支并以承担更多家务为牺牲供养男甲读博士。

如果这样，家庭生活会比原来更好吗？如果是这样，家庭的温情脉脉是不是要为冰冷的金钱利益所取代？然而，我们到底应该指责谁呢？因此，夫妻双方在婚后因家庭分工的不同而导致的变化应在法律上给予充分的考虑。婚前房产虽属个人财产，但婚后的增值应视为是另一方的机会成本投资，而不应单纯地视为是自然增值。同时，因一方对家庭的付出而降低的独立生存能力或另一方提高的独立生活能力应在离婚时按照一个合理的标准进行补偿。

我们每一个人都应当充分认识到：为家庭生活所做的付出具有价值！法律在任何情况下都不应对此视而不见！

(三) 遗产继承

1. 确定遗产归属的方式

遗产指个人生前的个人财产，遗产继承解决的是个人财产在本人死亡后的归属问题。就此问题，一般可以有三种解决方式：一是收归国有，苏联十月革命后很多地方就曾采取过这种方式；二是由被继承人生前指定的人继承，即遗嘱继承；三是由法律规定由特定的人继承，即法定继承，法定继承的继承人一般是死者的亲属。

对于私人财产，本人有处分的自由，对于其死后的归属，也应充分尊重并体现本人的意志。如果法律强行规定不符合本人意思的处理方式，则本人无疑会在生前通过各种手段来处分财产，以逃避法律的适用。如果是这样，这样的法律应当说是有问题的。由此可以说，无论继承法承载着什么的社会功能，其最为基础同时也是最为核心的问题一定不能脱离被继承人生前的意志，否则，这样的法律不仅可能形同虚设，而且它将迫使当事人规避法律，从而不可避免地会使法律的权威性受到破坏。更甚者，由于本人的财产在死后的归属不能由自己所左右，还可能会影响本人创造财富的积极性，从而可能会影响到社会的进步与发展。

立足于这样的角度，简单地采取收归国有的方式显然不是最佳的选择。最佳的选择应是由本人事先依据自己的意愿做出安排，即遗嘱继承。但是，在本人没有立遗嘱，比如因事故死亡未及立遗嘱的情况下，需要法律规定遗产的归属。在这种情况下，法律应如何来确定继承人呢？法律确定继承人的原则应是推定原则，即根据通常情况推定被继承人的意思。一般情况下，被继承人会将遗产指定给与自己关系最为亲密的人继承，而与本人最亲密的人无疑是自己的家庭成员。因此，法定继承人原则上是在被继承人的亲属中指定的，并按亲疏远近来确定不同的继承顺位。

然而，被继承人处分遗产的自由并不是继承法所应考虑的唯一因素。立足于社会的角度，尤其对是一些大型私人企业的传承，继承法应避免因遗产被分割而造成对企业社会效益的影响。同时，继承上的不劳而获在很多人看来是对获得财富的机会平等原则的破坏，尽管百分之百的机会平等从来都没有真正地存在过，但通过继承法来实现某种程度的再分配，这一点很容易成为立法者干预继承的理由。

总之，继承法虽然表面上不过是个体对其财产的死后处分问题，但这一问题却触及各种不同的价值原则冲突。因此各国继承法都不同程度地对被继承人的遗产和自由处分权进行了限制，但限制的程度和方式各国法律存在很大的差异，这种差异一般情况下取决于一个国家的历史传统和当时占主导地位的社会观念。

根据我国《继承法》规定，继承包括法定继承、遗嘱继承、遗赠和遗赠扶养协议四种。其中遗赠扶养协议效力优先，遗嘱效力次之，遗赠再次。没有遗赠扶养协议，也没有遗嘱和遗赠时，或虽有但无效的情况下，才适用法定继承。

2. 继承方式

（1）法定继承

法定继承，是指按照法律直接规定的继承人范围、继承顺序和遗产分配原则等进行财产继承的一种继承制度。

法定继承人的范围包括：配偶、子女、父母、兄弟姐妹、祖父母、外祖父母，以及对公婆或岳父母尽了主要赡养义务的丧偶儿媳与丧偶女婿。

上述继承人按照以下顺序继承：

第一顺序：配偶、子女、父母，以及对公婆或岳父母尽了主要赡养义务的丧偶儿媳与丧偶女婿。

第二顺序：兄弟姐妹、祖父母、外祖父母。

继承开始后，由第一顺序继承人继承，第二顺序继承人不继承。没有第一顺序继承人继承的，由第二顺序继承人继承。同一顺序继承人，对遗产有平等的继承权，但在遗产分配时，尽主要赡养义务的人可适当多分。

在法定继承中，如果被继承人的子女先于被继承人死亡的，被继承人的子女的晚辈直系血亲可以代替其父母的继承顺序继承被继承人的遗产，这种情况称为代位继承。继承人在继承开始后、遗产分割前死亡的，其应继承的遗产应当转由他的合法继承人来继承，这种情况称为转继承。

案例链接

案例一：

溥仪去世时，无父母子女，其配偶李淑贤作为第一继承顺序的唯一法定继承人，继承了溥仪的全部遗产，包括其《我的前半生》一书的著作权中的全部财产权利。后李淑贤去世，由于其本人没有法定的继承人，其全部财产包括从溥仪那里继承来的财产全部收归国有。但此时溥仪的弟弟溥任还健在，他作为溥仪的第二顺序继承人本来享有继承权，但由于李淑贤的继承权行使而使其继承权彻底地丧失。在法律上，李淑贤哪怕只比溥仪多活了一分钟也会导致溥仪的弟弟丧失继承资格。

案例二：

李健与张英夫妇生育两个孩子，在北京有一套面积150平方米的住房，市价约1 600万元。2017年2月，张英不幸因交通事故去世。同年4月，张英的母亲去世。5月，在老家临沂生活的张英的姐姐张敏找到李健，认为张英去世时，房子的一半应属遗产，其母亲有权继承遗产的四分之一即200万元，其母亲去世后，该遗产应由张敏和张英的子女继承（代位继承），张敏应继承的份额为100万元，特要求李健向其支付100万元。

这两个案例反映了我国法定继承中所存在的问题。继承本质上是个人财产的传承问题，是个人财产权的延伸，如果制度制定使财产过早地被充公，无疑是对个人财产的不尊重和变相掠夺，必然会产生一系列负面效应。因此，在制度制定上应尽可能地延缓遗产的归公过程。同时，法定的遗产继承人的范围和继承顺序原则上是依据亲等来确定的，在存在直系亲属的情况下，如果旁系亲属也享有继承权不符合一般的社会心理。如果按亲等来确定继承人范围和继承顺序，配偶的身份就成为一个非常特殊的身份，因为他（或她）很难被确定亲等。

基于上述情况，有人提出应对我国法定继承的继承人顺序进行修改，首先，父母不应作为第一顺序继承人，其次，配偶不宜确定继承顺位，只要存在其他法定继承人，不管是哪一顺位，配偶都和他们共同继承并分割遗产。

我国继承法已通过了三十余年，随着社会的发展，很多规定，尤其是法定继承部分都值得重新审视。

(2) 遗嘱继承

遗嘱继承是指被继承人生前通过立遗嘱的形式，确定遗产的分配方式。由于遗嘱继承人是按照遗嘱由遗嘱人指定的，所以又称指定继承人。法律一般不限定遗嘱继承人的范围。可以是法定继承人，也可以不是法定继承人，可以是法定继承人中的一人，也可以是法定继承人中的数人。但无论指定何人继承，遗嘱必须保留法定继承人中的未成年人和无劳动能力人以及胎儿应得的继承份额，指定继承人对遗产中属于特留财产部分无权继承。遗嘱人还可以把财产遗赠给国家、集体组织、社会团体和法定继承人以外的其他个人。

(3) 遗赠

遗赠，是指公民通过设立遗嘱，将其个人所拥有的财产的一部分或者全部，待其死亡后无偿赠送给国家、集体组织、社会团体或者法定继承人以外的其他人的行为。

遗赠的设立应当对缺乏劳动能力又没有生活来源的继承人保留必要的遗产份额。同时，对出生后将成为法定继承人的胎儿，亦应保留继承份额。

(4) 遗赠扶养协议

遗赠抚养协议，是遗赠人与扶养人签订的关于扶养人承担遗赠人生养死葬的义务，遗赠人将自己的财产于死后赠与扶养人的协议。扶养人可以是公民也可以是集体经济组织。

3. 继承权的丧失

继承权作为一项权利，继承人有权放弃，但必须以明示的方式作出放弃表示。继承权也可因法定原因而丧失，我国《继承法》第7条规定：

继承权人有下列行为之一的，丧失继承权：

(1) 故意杀害被继承人的；

(2) 为争夺遗产而杀害其他继承人的；

(3) 遗弃被继承人的，或者虐待被继承人情节严重的；

(4) 伪造、篡改或者销毁遗嘱，情节严重的。

1. 思考与讨论

(1) 夫妻二人培育的胚胎，你认为可以由第三人代孕吗？代孕妈妈与其生育的孩子之间是一种什么关系呢？

(2) 你认为父子之间断绝父子关系的协议有效力吗？

(3) 李某与张某均为未婚青年，二人交往一段时间后，决定同居共同生活，并达成以下同居协议：同居期间，李某为张某每月支付1万元作为生活费用。合同期限三年，在合同有效期内，任何一方不得单方解除合同，否则向对方支付违约金10万元。一年后，李某又有了新欢，提出与张某分手，并不再向张某支付生活费用。

张某向法院提起诉讼，要求李某支付违约金10万元。李某反诉称其每月向张某支付的1万元没有法律根据，张某应当返还。

如果你是法官，你将如何判决？

2. 课外阅读

(1)《中华人民共和国婚姻法》；

(2) 最高人民法院《关于适用中华人民共和国婚姻法若干问题的解释(一、二、三)》；

(3)《中华人民共和国收养法》；

(4)《中华人民共和国继承法》；

(5)《生育制度》，费孝通著；

(6)《亲密关系的变革》，[英]吉登斯著；

(7)《婚姻二十讲》，萧瀚编。

第九讲

国　家

国家，对于所有人来说都不是一个陌生的词语。我们从小就受到爱国主义教育，培养对国家的自豪感与荣誉感，培养抵御外来侵略的决心与信心。但是，国家到底是什么？为什么要有国家？我们和国家应当是一种什么样的关系？这些问题，对很多人而言，可能又显得极为陌生。

国家所涉及的问题主要是《宪法》问题，立足于宪法的角度，国家的问题主要包括两个方面：一是国家权利的配置方式与运行方式；二是国家与公民的关系。除了上述两方面问题外，我国宪法还涉及社会分配制度。这一讲只讨论前两个问题，社会分配问题在下一讲中再予以讨论。

一、国家的意义

(一) 什么是国家

人们常立足于不同的角度来定义国家：从广义的角度，国家是指拥有共同的语言、文化、种族、血统、领土、政府或者历史的社会群体；从狭义的角度，国家是一定范围内的人群所形成的共同体形式；在社会科学和人文地理范畴，国家是指被人民、文化、语言、地理区别出来的领土或被政治自治权区别出来的一块领地；立足于国家权力，国家则是一个享有自治权的国家机构主权所达到的范围。

20 世纪初，学者们创立了国家三要素理论，依此理论，国家乃是领土、人民和政治权力的统一。

1. 领土

领土包括领土、领海和领空，还包括一国的使馆、船舶和飞行器内的区域。作为国家的基本要素，领土并不只是供人居住的一片土地，它还构成了国家或民族的历史、文化和宗教记忆的一部分。因此，它寄托着生活于此的人民对这片土地的情感依赖，寄托着他们对这片土地上所形成的历史传统和宗教文化的思想认同，是联系人民并使他们进一步相互认同的纽带。

领土是国家的物质载体，没有领土，便不存在国家。

2. 人民

所谓人民，在过去，特别是在西欧，首先是指一个民族；在现代，则是指所有服从于一个主权权力的人民。它可以是一个民族，也可以包括若干民族；可以是基于历史的原因而成为国民的人，也可以是归化了的外国移民。人民是一个集合概念，但人民并不是单纯的人的集合，往往蕴含着共同的民族情感或共同的文化认同。在现代意义上，人民并不是国家的臣民，相反，他们常被称为国家的主人。在现代国家中，他们首先是政治中的一个最重要角色，是一个国家政治权力合法性的唯一来源，是一国的主权者。按照自然法理论及现代民主理论，人民在国家权力出现之前便已存在，或者说国家是他们的创造物。

组成人民的单一的个体称公民，公民意味着一种成为一国国民的资格，还意味着参加国家事务的资格。当公民离开自己的国土时，并不失去作为本国人民的资格。可以说，公民超越了人们在经济地位、文化、职业上的差异，使人们有了一个基于国家而存在的共同身份。在国际法中，人们用国籍来区分不同国家的公民资格。

从某种意义上说，人民构成了国家的核心要素，是国家存在的前提，同时也是国家存在的目的。

拓展阅读

国　籍

国籍是指一个人属于某一个国家的国民或公民的法律资格，表明一个人同一个特定国家间的固定的法律联系，是国家行使属人管辖权和外交保护权的法律依据。

大多数人通过出生取得国籍，有两种方式：一种是不论出生在何地，只要其父母一方为本国人，则子女就获得父母一方或两方的国籍，这种原则称为血统主义，又称为属人主义。另一种是无论父母是哪国人，只要出生在该国的领土内，即自动获得该国国籍，这种原则称为出生地主义，又称为属地主义。

我国采用以血统主义为主、出生地主义为辅的混合主义原则，包括三项内容：一是父母双方或一方为中国公民，本人出生在中国的具有中国国籍；二是父母双方或一方为中国公民，本人出生在外国的，具有中国国籍，但若父母双方或一方为中国公民且定居外国，本人出生即有外国国籍的，则不具有中国国籍；三是父母无国籍，或国籍不明，定居在中国，本人出生在中国的，具有中国国籍。

目前，大多数国家采用血统主义和出生地主义相结合的原则。

根据出生取得国籍，并非是按照个人意愿的一种方式，在符合相关条件的前提下，一个人还可以通过加入取得一个国家的国籍。比如，基于婚姻或收养关系可申请配偶或收养人所在国的国籍，单纯的自愿申请也可以取得一国国籍，这种情况称为归化。无论是基于婚姻或收养，还是单纯的归化，各个国家对入籍条件都有一定的限制。

根据我国《国籍法》第7条规定，外国人或无国籍人申请加入中国国籍须具备两个前提：一是申请人须愿意遵守中国宪法和法律；二是须出于本人自愿。同时必备条件如下：①申请人是中国人的近亲属；②申请人定居在中国；③有其他正当理由。若本人未满18周岁，可由监护人或其他法定代理人代为办理申请手续。在国内，可以向当地市、县公安局申请；在国外，可向中国外交代表机关或领事机关申请。上述机关负责受理申请并审查申请人是否符合法律规定，然后由中国公安部审批。公安部批准并由有关公安机关发给证书后，申请人取得中国国籍，同时丧失外国国籍。

由于各国对国籍的规定不同，往往会在特殊情况下出现双重国籍或无国籍的现象。例如，采取血统原则国家的公民，在采取出生地原则国家生的小孩，就同时具有两个国家的国籍。我国不承认本国公民拥有双重国籍。

3. 政权

政权指政治权力，指管理国家事务的力量。在构成国家的要素中，它常指一个行使管理国家事务职能的中央政府。在现代国家中，政府是一国政治生活中必不可少的角色，在国内事务中，它合法地管理着人民，公正地处理人民之间的冲突；在国际事务中，它代表国家处理国家之间的事务。

如果将国家看作是一个法人，政府就是组成该法人的机关，没有法人的机关，就不能形成法人的意志。同样，没有政府，组成人民的诸个体的意志便无法转化成国家的意志。如果把一个国家比喻成一个人，领土是人的躯干，人民是流淌在身体的血液，政府则相当于人的大脑，因而是国家必不可少的组成部分。

应予注意的是，这里所说的政府并不是严格意义上的政府机关，而只是一个笼统的说法，泛指一国行使国家职能的政权组织。

一国的政治权力的取得常常与暴力相联系，如暴力夺权、暴力革命等。但是，政权的取得和行使绝不是一个单纯的暴力问题。从根本上说，一个政权的合法性源于人民的支持，只有得到人民支持的政权才能得以维持并保持稳定，也只有能够得到人民的支持的政权才具有行使国家权力的合法性。

（二）为什么需要国家

1. 国家的基本职能

周星驰导演的电影《功夫》中自始至终都没有出现任何国家和政府的影子，显然导演有意将故事置于一种典型的无政府主义的背景中。立足于这一角度，可以说，这部电影讲述的是无政府状态下社会的运转方式。街头小混混阿星为什么要想方设法加入“斧头帮”？因为他没有能力维护自己的权益，需要一个更强大的势力的庇护。但他加入斧头帮并不单单是为了不受欺负，在某种程度上还试图借此去欺负别人。如果没有一个外在的力量约束，像“斧头帮”这样的黑恶势力总是容易得到快速的发展。在这种情况下，无力与斧头帮对抗的人又能如何选择呢？要么躲避，要么屈从，要么抗争。无论如何，其所遵循的规则只能是一种弱肉强食的“丛林规则”。

为解决人类和平与社会秩序问题，避免相互斗争中的牺牲和消耗，人们需要一个外在的力量来保证任何个人的权益免受他人的侵犯，并建立一种以某种强制力为保障的和平解决纠纷的机制。这种外在的力量就是国家。有了国家，我们便可以不再惧怕“斧头帮”。

由此，我们可以总结出国家存在的最为根本的目的，即：保护国民的权益免受侵犯，惩罚不义之举以实现正义，维护稳定而和平的社会秩序。这一目的从根本上说体现的是国家的安全职能，也称为政治职能。从另外一个角度，也可以说是对内的安全保障职能和对外的国防职能。无论如何称呼，它体现的是国家的最基本的职能，表达的是国家对国民的最为基本的承诺。

但国家的职能并不局限于政治职能，还具有对经济文化以及其他公共事务的管理职能。其中，经济职能是指政府为国家经济的发展，对社会经济生活进行管理的职能。一般来说，在经济方面，国家承担着宏观经济调控职能和市场监管职能；文化职能是指政府对文化事业，包括科学技术、文化教育和体育卫生等方面所实施的管理职能；除政治、经济、文化职能以外，政府必须承担具有社会公共性、无法完全由市场解决的其他事务的引导与管理职能，如社会保障的组织、生态环境的保护、社会化服务体系的建立、社会公共产品的服务等。

2. 国家的另一面

国家的职能是通过国家机关来实现的，国家机关经过人民的授权来行使国家权力。国家权力借助于警察、军队、监狱等国家机器，拥有强大的力量。尽管对于制止侵犯、惩罚不义、抵御外侮，国家权力都是必不可少的，但它同时也像是一头凶猛而难以驾驭的猛兽，如果不加以约束，很容易演变成为侵犯公民权益的“公害”。

拓展阅读

利 维 坦

利维坦英文为 Leviathan，在《圣经》中是象征邪恶的一种海怪，英国资产阶级革命时期的政治思想家托马斯·霍布斯于 1651 年出版了以此命名的著作——《利维坦》，用以比喻强势的国家。其中，主权是它的灵魂，官员是它的关节，奖惩是它的神经，财富是它的实利，安全是它的事业，顾问是它的记忆，公平法律是它的理智，和平是它的健康，动乱是它的疾病，而内战则是它的死亡。

书中描述，在上帝造人之后，人请求上帝：“上帝啊，我们太弱小了。请你再创造一个英雄吧，让他保护我们。”上帝说：“英雄在保护你们的同时，也会欺压你们，吃你们。”后来人们为了抵御各种外来的风险，自己创造了一个利维坦，创造了一个能让他们有归属感的庞然大物——政府，但政府这个利维坦有双面的性格。它由人组成，也由人来运作，因此也就具有了人性的那种半神半兽的品质，它在保护人的同时，又在吃人。所以，就有了人类社会的最高理想就是把利维坦关进笼子里，亦即将权力关进笼子里的说法。

《利维坦》分为四个部分。第一部分开宗明义宣布了作者的彻底唯物主义自然观和一般的哲学观点，声称宇宙是由物质的微粒构成，物体是独立的客观存在，物质永恒存在，既非人所创造，也非人所能消灭，一切物质都于运动状态中。第二部分是全书的主干，主要描述自然状态中人们都享有“生而平等”的自然权利，又都渴望和平安定的生活，于是基于人的理性，人们相互间同意订立契约，放弃各人的自然权利，把它托付给某一个人或一个由多人组成的集体，这个人或集体能把大家的意志化为一个意志，能把大家的人格统一为一个人格，大家则服从他的意志，服从他的判断。第三部分《论基督教国家》旨在否认自成一统的教会，抨击教皇掌有超越世俗政权的大权。第四部分《论黑暗的王国》，主要矛头是针对罗马教会，大量揭发了罗马教会的腐败黑暗、剥削贪婪的种种丑行劣迹。

(三) 国家的起源

关于国家的起源，历史上学说纷纭，莫衷一是。有自然说、契约说、武力说、私有制说、氏族说等。其中，最具有代表性的有契约论和阶级论。

1. 社会契约论

社会契约论是西方国家学说的基石，几百年长盛不衰，并已内化为西方人的一种习惯的思维方式。契约论是将国家的起源建立在自然状态假设基础上的推论。它认为，国家不过是个体为避免相互之间的冲突而订立的契约，约定由专门的国家机关来保护个体的权益，管理社会事务、解决人与人之间的争端。这一学说对于反对封建时代贵族特权，驳斥“君权神授”有着积极的意义，为资产阶级革命的正当性提供了有力的理论依据。

社会契约论的基础在于理论家对自然状态的描述，但不同的人对自然状态的描述却是不一样的。英国哲学家霍布斯认为，在自然状态下，人与人之间虽然是平等的，但充满着“每个人对每个人的战争”。在霍布斯的观念里，自然状态就是战争状态，而战争起源于自私的人们对有限资源的争夺。建立国家的作用就在于,通过限制个人的权利,从而避免个人可能对他人造成的侵害。

与霍布斯的凶残、仇杀的战争状态截然不同,在洛克的笔下所展现的自然状态,是一种田园式的自由状态。在这种自然状态中,人人都享有平等的自然权利。由于在实践上自然法经常被忽略,因此政府的保护是必要的,所有的政府都只是人民所委托的代理人,当代理人背叛了人民时,政府就应该被解散。

2. 阶级论

阶级论是马克思主义的国家起源学说,这种观点认为国家不是从来就有的,而是社会发展到一定历史阶段的产物。在阶级社会以前,社会组织不是国家,而是以血缘关系为基础的氏族和部落或更大的部落联盟。随着生产力的发展和剩余产品的出现,形成了阶级,一个阶级对另一个阶级的统治需要借助于强制性力量来实现,由此形成了国家。因此,国家是历史的范畴,是社会生产力发展到出现私有制和阶级这个阶段的必然产物,是阶级矛盾不可调和的产物和表现,是一个阶级压迫另一个阶级的工具。

应予注意的是,上述关于国家起源的学说,并不是在真正的历史意义上对国家产生所做的描述,而是对国家起源内在逻辑的理论抽象,从根本上所表达的是对国家的本质及其与个体的关系的认识。社会契约论与阶级论分别代表的是针对国家本质及其与个体之间的关系的两种不同的视角与立场。社会契约论立足于公民权的保护来论证国家存在的必要性,采取的是一种被统治者的立场;阶级论则立足于国家统治目标的实现来论证国家存在的必要性,立足的是一种统治者的立场。但无论何种立场,它们都隐含着对国家与公民关系的基本态度,反映着国家与公民关系的基本观念。

二、国家权力

权利不仅划定了个体不受侵犯的范围,从另一个角度说,它同时也划定了国家权力行使的最终边界。但是,单纯的被动的防御在很多情况下是不起作用的,公民的自由也不应被限制在权利所圈定的狭小的空间。就像对付猛兽一样,最好的方式不是把自己限定在特定的安全地带,而是要考虑如何将猛兽驯服并关进笼子里。对权力这头猛兽,将其关进笼子里意味着直接划定权力行使的边界,以防止其横冲直撞、肆意泛滥。同时,权利尽管高贵,但天性柔弱,缺乏有力的约束力量,因此对权力的约束仍需要借助于权力来实现,这意味着必须要通过一定的方式使权力与权力相互制衡。

(一) 国家权力的基本构造

1. 国家权力的纵向构造——国家结构形式

一般而言,国家结构形式指的是作为整体的国家与各个组成部分的关系,也即国家整体与部分、中央政府与地方政府之间关系的基本模式。国家结构形式从制度上规定了权力在各级政府间的分配,体现的是国家权力的纵向划分,或者说权力的纵向构造。国家结构的基本形式主要有单一制和联邦制两种形式。

(1) 单一制

单一制国家是由若干普通行政单位或自治单位组成的单一主权的国家,各组成单位都是国家不可分割的组成部分。在单一制国家，全国只有一部宪法和一个统一的法律体系；只有一个中央政权机关，各地方的自治单位或行政单位受中央统一领导；每个公民只有一个国籍；国家在国际关系中是唯一的主体。当前世界上的大多数国家都采用了单一制的国家结构形式，我国是统一的多民族的单一制国家。

(2) 联邦制

联邦制国家是由若干成员单位(共和国、州、邦等)组成的统一国家，如美国、印度等。在联邦制国家中，联邦和各成员单位有自己的宪法和法律，都有各自的国家机关体系；公民常常具有双重国籍，既是成员国的公民，又是联邦的公民；联邦和各成员单位依据宪法划分权力，联邦的权力是来自各成员单位的授予。但在国际关系中，各成员单位一般没有独立对外交往的权力。

拓展阅读

不同国家结构形式的趋中与融合

国家结构是对不同层次的国家权力的纵向划分，无论何种国家结构形式，都面临着中央与地方权力的划分问题。随着社会经济的发展，不同国家结构之间也出现了趋中和融合的趋势。比如联邦制内出现了中央权力加强的要求，而单一制国家内也面临着各种分权的压力。为了既维护主权统一又适应变化了的权力结构要求，两种制度各自引入了单一制和联邦制的因素，出现了联邦制和单一制的结合，美国和法国是两方面结合的典型。

自1789年美国制宪会议确立了联邦制以来，美国经历了从"二元联邦主义""合作联邦主义"到"新联邦主义"的发展。所谓"二元联邦主义"，是指保留州政府的大量权力，对联邦政府的权力进行了很大的限制，州与州之间的事务归联邦管理，州内部事务由州政府管理。从南北战争结束后宪法第十四修正案的通过到20世纪30年代，中央政府权力不断增长，逐渐在财政、福利、司法等方面参与州政府管理的事务，"二元联邦制"逐渐走向消亡。20世纪30年代至70年代是"合作联邦主义时期"，各个层级的政府在履行其特定职能时不是相互隔离和相互独立，而是相互连接和相互合作。"合作联邦主义"后期，随着美国联邦政府权力的扩大，对州政府和社会经济事务的干预越来越多，美国国内产生了许多问题，于是走向"新联邦主义"，权力回归州政府和人民手中，改变美国联邦政府权力日益集中的趋势，恢复联邦与州之间权力关系的平衡。从保持权力关系的相对平衡，到相对平衡的权力关系被打破，再到重新寻求平衡权力关系的过程，反映了美国联邦政府和州政府之间的权力争夺，也表明了美国联邦制的"弹性"。

法国是传统的单一制中央集权国家，中央政府对地方政府进行直接的行政控制。第二次世界大战后这种高度集权制度不适应经济飞速发展的需要，迫切需要进行改革。1982年3月2日通过的《关于市镇、省和大区的权利和自由法》拉开了地方分权改革的序幕。改革将法国的辖区划分为大区、省和市镇三个层次，确定了大区作为行政单位的地位，扩大地方自治，地方各级议会从单纯的议事机构转变为"议政合一"机构，通过审议自由管理本地区事务，议会主席为地区辖区最高行政长官，取消中央对地方各级政府的监督，一些过去由中央管理的事务下放给地方管理。总体而言，法国地方分权改革涉及决策权和管理权的下放，地方议会作用的扩张，政府财政、预算、税收功能的重新界定，导致了法国中央与地方关系的深刻变化，地方自治团体开始掌握地方事务，减轻了中央负担，扩大了地方民主。

此外，我国实行的"一国两制"也是对传统单一制结构的突破。"一国两制"就是在一个中国的原则基础上，大陆实行社会主义制度，香港、澳门实行资本主义制度。"一国两制"中的"一国"是核心，体现了统一国家主权的原则;“两制”表现了香港、澳门拥有高度自治权,体现了主权和治权的辩证统一关系,在理论上和实践上丰富了单一制的内涵。

(参见景跃进、张小劲《政治学原理》,中国人民大学出版社,2015 年)

2. 国家权力的横向构造——政权组织形式

一国的政治权力一般由该国的中央政府行使,中央政府是一国的最高国家行政机关,集中行使国家的国防、外交、财政、内政等行政职权。世界各国中央政府有不同的名称,如国务院、政务院、国务委员会、部长会议、内阁。其组织形式也不同,有的政府由议会中占多数席位的政党或政党联盟组成,对议会负责,议会有权监督政府并提出质询,甚至提出不信任案迫使政府辞职,如英国。有的政府以选举产生的总统为首脑,由他直接组织和领导,只对总统负责而不对议会负责,如美国。还有的政府由议会选举产生并对议会负责的总统为行政首脑,他直接干预由内阁总理及各部部长组成的政府,议会有权监督、撤换政府,如法国。我国的中央政府是国务院。

在我国,全国人民代表大会是最高国家权力机关,国务院作为最高行政机关,它的权力来源于全国人民代表大会,是最高权力机关的执行机关。国务院并不代表国家从事国事活动,国事活动在我国由国家主席代表中华人民共和国行使;根据全国人民代表大会常务委员会的决定,国家主席还行使派遣和召回驻外全权代表,批准和废除同外国缔结的条约和重要协定等职权。

国家政权组织形式即政体,是国家政治体系运作的形式,指当政者采取什么形式来组织政权,反映的是国家权力的横向构造。当今世界各国的政体主体有两种形式,即君主制政体和共和制政体。

(1) 君主制

君主制国家的最高权力在实际上或名义上掌握在君主个人手中,君主终身任职并且实行世袭的政权组织形式。君主制政体已有四五千年的历史,古代的奴隶制国家、封建制国家,多实行君主制政体。

历史上的君主制多为专制君主制,君主拥有至高无上的权力,君主的意志就是国家的意志,臣民必须绝对服从。目前世界上仍有十几个国家属于专制君主制国家,如沙特、科威特、摩洛哥等。

除专制君主制,还有一种君主制称立宪君主制,立宪君主制政体下,君主是“虚位君主”,仅是国家象征,并不直接支配国家政权的运行,国家最高权力一般由议会行使。第二次世界大战后,实行这一政体的国家有英国、荷兰、卢森堡、比利时、瑞典、日本、泰国等。

(2) 共和制

共和制是指国家的最高权力机关和国家元首由选举产生,并有一定任期的政权组织形式。共和制又可分为议会共和制、总统共和制和委员会共和制等形式。

在议会共和制国家中,议会拥有立法、组织和监督政府(内阁)等权力。政府(内阁)由占议会多数席位的政党或政党联盟来组织,政府对议会负责,当议会通过对政府不信任案时,政府就得辞职或呈请国家元首解散议会,重新选举;作为国家元首的总统只拥有虚位,没有实权。实行议会共和制的国家有法兰西第三共和国、意大利、德国、奥地利、印度等。

在总统共和制国家中,总统既是国家元首又是政府首脑,总揽行政权力,统率陆、海、空三军，行政机关(政府)和立法机关(议会)相互独立，由当选的总统组织政府。美国是历史上最早实行总统制共和制的典型国家。墨西哥、巴西、阿根廷、埃及、印度尼西亚等国也实行总统共和制。

委员会共和制是一种特殊政府组织形式，又称合议制，其代表国家为瑞士。在这种政体中，国家最高行政机关是由联邦议会两院联席会议选出委员组成的联邦委员会；联邦委员会委员多数选自议员，但一旦当选，须辞去议员职务，不得兼任其他公私职务；委员实行集体领导，集体议事和集体负责制度；每年从 7 名委员中选一名联邦主席和一名联邦副主席，事实上，主席和副主席按照进入联邦委员会的先后顺序，轮流担任，任期 1 年，不得连任；联邦主席对外作为国家元首行使元首在外交礼仪方面的职权，对内兼任政府首脑，负责主持联邦委员会会议，但无裁决权，也无权解散议会。

(3) 我国的人民代表大会制

人民代表大会制度是我国的政权组织形式，人民代表由选民在民主选举的基础上产生，各级人民代表大会代表分别组成地方各级和全国人民代表大会，人民代表大会是权力机关，全国人民代表大会是国家最高权力机关。国家行政机关、审判机关和检察机关均由人大产生，对人大负责，受人大监督。

拓展阅读

全国人民代表大会的职权

全国人民代表大会是最高国家权力机关。根据宪法的规定，全国人民代表大会主要行使以下职权：

一、修改宪法、监督宪法的实施。宪法是国家的根本大法，具有最高的法律效力，只有全国人民代表大会才有修改宪法的权力，其他任何国家机关和政党、组织都没有这项权力。宪法的修改，须由全国人民代表大会常务委员会或者五分之一以上的全国人民代表大会代表提议。无论是对宪法的全面修改，还是个别条文的修订，都必须经过全国人民代表大会全体代表的三分之二以上的多数通过。

二、制定和修改国家的基本法律。宪法规定，全国人民代表大会制定和修改刑事、民事、国家机构和其他的基本法律。

三、选举、决定、罢免国家机构组成人员。根据宪法和法律规定，全国人大选举和罢免全国人大常委会委员长、副委员长、秘书长和委员；选举和罢免国家主席、副主席；根据国家主席提名，决定国务院总理人选；根据国务院总理提名，决定国务院副总理、国务委员、各部部长、各委员会主任、审计长和秘书长人选，并有权罢免上述人员；选举中央军事委员会主席；根据中央军事委员会主席的提名，决定中央军事委员会其他组成人员，并有权罢免上述人员；选举和罢免最高人民法院院长、最高人民检察院检察长；通过全国人大各专门委员会的主任委员、副主任委员和委员人选，并有权撤销上述人员的职务。

四、决定国家的重大事项。包括审查和批准国民经济和社会发展计划和计划执行情况的报告，审查和批准国家的预算和预算执行情况的报告，批准省、自治区和直辖市的建置，决定特别行政区的设立及其制度，决定战争和和平问题，作出各种授权决定等。

五、监督国家机关。全国人大行使的监督权是国家最高形式的监督权。宪法规定，全国人大常委会对全国人大负责并报告工作，国家的行政机关、审判机关、检察机关都由人民代表大会产生，对它负责，受它监督，中央军事委员会主席对全国人大负责，中央军事委员会受全国人大监督。根据宪法和法律的规定，监督的主要形式，是听取和审议全国人大常委会、国务院、最高人民法院和最高人民检察院的工作报告。另外，法律还规定，全国人民代表大会会议期间，一个代表团或者30名以上的代表联名，有权书面提出对国务院或者国务院各部、各委员会，最高人民法院，最高人民检察院的质询案。

(二) 国家权力的基本类型

既然权力是为权利而存在的，那么对于权力的设置便不应脱离权利的视角与立场。立足于权利的视角与立场，我们需要什么样的权力呢？

1. 行政权

国家存在的前提是为了保护人民的权益不受侵犯，并在此前提下实现对公共事务的管理。因此国家需要享有惩罚不义的权力和对公共事务进行管理的权力，否则，国家便丧失了其存在的意义。这种维护秩序并管理社会的权力即行政权，它是与国家相伴而生的，是国家存在的应有之义。我国最高行政机关是国务院，地方各级行政机关是各级政府。

行政权的行使范围相当广泛，包括公安与国家安全、民政、司法行政、人事、科技、教育、文化体育、医疗卫生、计划生育、城乡建设、环境保护、财政、国有资产管理、税务、金融监管、地质矿产、能源交通、铁路民航、邮电信息、土地水利、农林牧渔、海关物价、市场监管、社会保障、劳动监察等各行各业，几乎无处不在。

从权力行使方式上，行政权既可以提供公共服务，也可以为社会或市场活动提供政策引导；既可以通过行政许可对个体从事某种活动的资格进行限制，也可以通过行政强制来迫使个体履行某种义务，它甚至可以对个体行为进行监管或处罚。可以看出，行政权不仅是管理权，还是执行权甚至处罚权。其行使特点有明显的强制性与主动性，可以说是所有权力类型中最强势、最张扬，也是最霸道的一种权力。同时，行政权本身的目的决定其对相关事务需要快速高效地做出反应，又要求行政权必须确保其效率与效果。

行政权自身的特点决定着权力约束的关键点：

(1) 行政权广泛的监管职能容易导致权力寻租，极易滋生腐败。如何防止行政权的腐败是一个非常重要而又复杂的课题。很多国家从增加权力行使过程中的透明度、合理的职责分工、明晰的责任追究制度、官员个人财产公开、多元化的监督体系等方面来遏制腐败现象，收到了较好的效果。

(2) 行政权的主动性与强制性决定着该权力的攻击性，而且，其权力越大，管理的范围越广，意味着个体的自由范围越窄，个体行为受到的限制越多。因此如何限定行政权的边界就成为约束行政权的关键。就此问题，将在下文中专门进行讨论。

(3) 行政权的管理职能要求其工作效率必须是高效的，由此对行政权的运行方式提出了很高的要求。提高工作效率、强化服务意识、避免官僚作风是对行政权运行方式的基本要求。机构臃肿、人浮于事、部门之间相互推诿扯皮等应是行政权力行使之大忌。为此，需要考虑人事任免制度、机构组织形式、权力运作程序、奖惩考核机制等各种因素的影响。

2. 立法权

行政权是国家存在的必要性的体现，没有行政权，国家也将没有存在的必要。但是，行政权并非国家自生的，从本质上讲，它来源于人民的授予，所有的现代民主国家都承认这一点。但问题在于，众多孤立的公民个体的意见并不一定完全一致，他们如何完成这一权力的授予呢?

在现代国家的政治体制下,授权是通过立法机关来实现的。立法机关往往由人民的代表组成,能够代表人民并将人民诸个体意志转化为国家意志——法律,并通过立法来实现权力的授予,这一有权授予权力的权力称为立法权。

立法机关形式上是制定法律的机关,立法权是制定、修改和废止法律的权力,其本质是人民意志的代表机关,是将人民意志转化为国家意志的机关。法律固然是行为规范,法律固然有其内在的原则与规律,但是法律并不是所谓法律专家们的学术成果,而是人民意志的反映。通过法律来确定行政权的行使范围,来明确行政权的行使方式,体现的是人民通过立法权对行政权的约束与限制,也是通过权力(立法权)对权力(行政权)的制约。历史上专制君主政体下,专制君主不仅是最高行政首脑,而且,他的意志就是国家的意志,他的命令即是国家的法律,根本不存在人民的意志,也不存在独立于行政权之外的立法机关。在此意义上,立法权是现代民主政治的产物,是分权的结果。西方大多数国家的立法权由议会行使,我国则是由人民代表大会行使。

但是,所谓的民主,绝不是简单的一人一票制,需要有严格的名额分配原则、选举程序、制度保障、监督机制和惩戒措施。无论采用什么手段,最终的目的只有两个:一是如何确保代表有广泛的代表性,能代表各利益团体的利益;二是如何确保他们能够真实地表达所代表的群体的意见,而不是在被收买、被操纵、被欺骗或被胁迫的情况下作出的表示。如果立法权的制度设计无法确保这两点,这样的制度就只能是被操控的玩偶,就可能演变成为灾难性的力量。这样的民主也不能称其为民主,只能是一种"乌合之众"的非理性狂欢。在这样的情况下,立法权即使没有被用来作恶,也不过形同虚设。

拓展阅读

《浪潮》的启示

2008年,德国导演丹尼斯·甘塞尔将德国小说家托德·斯特拉瑟的小说《浪潮》搬上银幕。故事讨论的是一个我们平时也许从没有思考过的问题:在一个现代文明民主的社会中,创建一个如同法西斯般的社会组织需要多久?答案令人震惊——7天。

新学期伊始,学校举办了一个以"国家体制"为主题的活动周。富有才华而又精力充沛的体育老师赖纳·文格尔本来已经选定了"无政府主义"的课程,没想到却被同事捷足先登;他只好无奈接受了"独裁政治"的教学任务。课堂上,学生们表现出不屑,一致认为纳粹德国不可能在现代社会重现。

面对着这些大部分只为修学分而出勤的学生们,他心血来潮,决定组织一次活动,让学生们体验一下真实的独裁政治。于是,"浪潮"诞生了。被激发了兴趣的学生们商定了统一的标志、服装与手势,而文格尔老师则要求学生们必须严肃地尊称自己为"文格尔先生"。当堂,他便令学生们起立集体用力踏步,将楼下的"无政府主义"课堂搅得不得安宁。短暂的磨合后,大家都适应并爱上了它。

于是,兴奋的学生们或粘贴、或涂鸦,让"浪潮"的标志一夜之间出现在全城的每一个角落,一名格外狂热的学生(他是个孤儿)为此甚至不顾生命危险徒手爬上了一栋在建的大楼顶端,在圆形屋顶上喷涂上一个巨大的标志。次日,这座楼上的标志便登上了报纸头条;他还从网上购买了仿真枪,以威吓那些认为"浪潮帮"侵占了自己地盘而前来挑衅的小混混;他甚至整夜整夜坐在文格尔的家门外,称自己要保卫领袖文格尔先生……

"浪潮"不断发展壮大。学生们甚至自发占据了学校的某运动场地,不准非"浪潮"成员进入。渐渐地，一些学生，以及文格尔的硕士妻子，感觉到事情有点不太对劲。他们劝他立即停止这场闹剧，然而此时他也已沉浸在巨大的权力欲与成就感中无法自拔。他曾因自己与妻子间悬殊的学历差距而自卑，然而在“浪潮”中他感到了前所未有的满足。那些觉悟的学生们想方设法试图阻止活动的继续，却被同学视为叛徒而遭到孤立甚至报复。

终于，妻子的决然离去以及第六天一场水球比赛上学生们的大打出手，让文格尔惊觉事态的失控。于是，他在第七天将“浪潮”的所有成员召集到礼堂，点明一周以来他们所作所为之恐怖，意图就此结束课程。然而晚了，那名狂热的孤儿学生因此而精神崩溃，开枪射杀了一名同学后饮弹自尽。影片的最后，文格尔被警察带走，而觉醒的学生们相拥而泣……

我们是不是认为这部电影的情节过于荒诞，我们能想象吗？这种荒诞的情节却并非是作家的凭空想象，而是改编自 1967 年发生在美国加利福尼亚州一所中学里的一个真实事件。

为什么会这样？在人的本性里有一种极权主义的趋向吗？由此我们看到的是“民众”的力量，同时也是“民众”的恐怖，是“民众”的非理性。设想一下，如果文格尔先生想立一部强化浪潮组织的法律，他能遇到障碍吗？

德国纳粹时期臭名昭著的《授权法》同样也是以这样“民主”的方式通过的。1933 年 3 月 14 日，议会以 441 比 94 通过了《终止人民和国家痛苦法》，即通常说的《授权法》。该法授予内阁如下权力：无须议会同意即可通过法律；在必要的时候可以违背宪法；总理有权发布法律。这部法律实际上废除了《魏玛宪法》所建立的议会民主制度，并成为希特勒在后来 12 年实行独裁专制的合法基础。

立法权是一种民主式的权利，它无论如何不能由少数人所掌控，否则立法权会成为少数人“合法”地侵害公民权益的工具。但是，集合起来的民众会严重削弱个体本来具有的道德责任感，因而常常表现出典型的“非理性”特征，它不仅不会走向“民主”，反而可能是国家和人民的灾难。

因此，立法权的核心问题是如何确保代表能真正地代表人民，并避免“民众”的非理性被煽动并被利用。围绕着这样的思路，尽管我们仍然可能会产生“路线性”的分歧，但却有助于我们在如何避免“非理性民主”问题上进行更多的思考。

立法权是人民意志的体现，在性质上属于一种民主化的权利，是由人民推选出的、代表不同群体和不同阶层利益的代表们依一定的原则和程序、通过表决的方式来行使的。因此，必须保证代表能真正代表各不同阶层或利益团体的利益。

3. 司法权

国家产生的早期阶段，并没有独立的司法权，司法权大多只是行政权的附庸或者是行政权的一个分支。即使是古代罗马的裁判官制度与现代意义上的司法权也有很大的不同。古代罗马的裁判官并不是专门作为特别行使司法权的官员而设立的，而不过是比执政官低一级的下级同僚，当执政官缺席时，则由裁判官行使城邦行政管理的广泛职权，他可以召集民众会议甚至是元老院会议，可以提出立法提案等。在行省，裁判官则完全代替了行政长官的职位。种种迹象表明，裁判官只不过是罗马共和国高层领导集团的一名成员，他所广泛享有的权利是一种治权的表现。我国直到 20 世纪的清末时期仍然没有独立的司法权。

司法权的独立源于中世纪晚期出现的对政府官员违法行为的控告与审判，由于是对政府官员的审判，需要一个独立于行政机构的专门组织来行使，从而使司法权开始从行政权的隶属下独立出来。启蒙运动时期，为限制政府权力，分权制衡理论为司法权的独立提供了充分的理论论证，司法权终于成为一种独立于立法权与行政权之外的国家权力。

司法权作为裁判权，是纠纷解决权，不仅要解决私人之间的争议，而且还要解决个体与国家权力之间的冲突与争议。在此意义上，司法权又不仅仅是一种裁判权，同时还是对行政权的一种制约力量。无论是对行政权的制约，还是单纯的纠纷解决，均要求司法权的公正性，不具有公正性的司法权不仅不能实现权力设置的目标，反而会成为危害社会公平正义的源头。因此如何确保司法权的公正性是约束或者说规范司法权的最为核心问题。

公正性来源于两方面：一是确保中立性，中立性要求司法权与所讼争的标的没有任何利害关系，同时要求其不受任何机构和个人的控制或任何形式的影响——司法权的独立性，这是司法权公正行使的基本前提。不具备这一前提，中立性就只能是一句空话。中立性还要求司法权的被动性，主动性易生先入之见，主动行动的原初动机也不可避免地会左右，至少是影响法官的裁断。二是避免恣意。中立性是公正性的前提，但只有中立性还不够，还需进一步避免司法权的任性与恣意，从而才能使法官认真负责地行使权力。避免恣意的关键在于纠纷解决机制的程序设计，庭审过程以及判决文书的公开基本可以确保司法权在阳光下行使。同时，诉讼双方的对抗也可对法官形成有效的监督与约束。

应当注意的是，对司法权的监督主要是对人——法官的监督和对程序的监督，而不是对裁判结果对错的监督。因为对于在严格依照诉讼原则和诉讼程序的基础上作出的裁判，也许没有任何其他人会比直接主持审判的法官更有发言权，如果监督者可以对裁判的对错作出评判，其更具有公平正义性的根据又何在呢？我们不是说法官不会犯错，但是，在法官与案件不存在任何利害关系且与任何一方当事人也不存在任何特殊关系的情况下，在严格依照法律程序进行审理的前提下，同时在法官本人将其判决理由完全公开以接受公众监督评判的前提下，法官原则上也就不存在任何枉法裁判的动机。尽管我们不能由此排除法官犯错的可能性，但是我们不能因此引入另一种力量，那也许只会使公正的实现更加具有不确定性。

司法的灵魂是“公正”，公正实现的关键在于“中立”。司法权是社会正义的守护力量，它是神圣的；同时，司法权又是被动的，因而也是最柔弱的。失去了中立性，司法权将不再神圣，不仅不可能实现公正，还会变成被行政权玩弄于股掌的工具。

（三）国家权力的边界

对于上述三种国家权力，立法权与司法权均有特定的职能，有着清晰的边界，而且在某种意义上，均具有限制行政权力的功能。因此，所谓的对权力的约束，其核心在于对行政权的约束。对行政权，除了在行使过程中要进行约束外，还需要明确界定权力的边界，不使其横冲直撞，避免其肆意泛滥。

权力的边界是一个非常复杂的问题，无论是在理论上，还是在各国的政治实践中，这一问题都是一个从来都未能达致统一认识的问题。此处的讨论同样也无意于给出一个确定的答案，但是通过讨论我们至少可以了解人们对待这一问题的基本态度与立足点。

1. 小政府理论

有人认为，国家存在的必要性仅在于保护个体的自由，一个政府只要有足够的能力保护每个人的自由、防范侵犯自由的行为即可，过大的权力会影响到个体的自由，也缺乏充分的正当理由。根据这种认识，政府应是一个小政府，或者说有限政府，国家权力应尽可能地受到限制。小政府不是无政府，学者们相信保留一个最小化的政府来维持个人自由是必要的。

小政府主义认为政府应当“小”，但学者对“小”到何种程度也存在分歧。一种观点认为，政府应该限制在“最小化”或是“守夜人”的功能上，这种认识一般将国家权利限定在法庭、警察、监狱、防卫部队等方面。另一种观点则认为，必要的公共建设，如修筑道路、印制并管理货币等也是政府应有的职能。尽管存在这样的分歧，但学者们通常都反对政府在经济上进行财富重新分配和补贴。不过，他们并不是绝对地反对再分配和补贴，而是仅以使弱势者能够生存从而维护社会稳定为限。

美国哈佛大学教授罗伯特·诺齐克是最小化政府的积极倡导者，他在其《无政府、国家与乌托邦》一书中说：“我们对于国家的结论便是最小化的政府，限制在提供保护以制止暴力的最小功能上，如偷窃、诈欺，并且监督人们互相订定之契约的执行等，这些都是正当的。但若再进一步扩张国家，便会侵犯到个人的权利，这便是不正当的。最小化的国家便是以这些作为原则，政府不可以动用强制的手段逼迫某些市民去援助其他市民，或是为了政府自身的利益以及进行保护服务而去禁止人们的行动。”

图 9-1　哈耶克
(1899—1992)

关于政府职能的边界问题，还应介绍一下诺贝尔经济学奖获得者哈耶克(图 9-1)的思想。哈耶克被视为是新自由主义的代表人物，当然也坚持有限政府的基本原则。他认为，人的理性和对知识的掌握是有限的，不可能仅凭理性“建构”出完美的制度。相反，制度是“自生自发”的，是在长期的“试错”过程中形成的。因此，寄希望于政府全方位“建构”社会制度只能走向对个人的奴役。但他同时也认为，政府并不单纯是“守夜人”的角色，它还应当运用征税的权力为人们提供因种种缘故而不能提供或不能充分提供的一系列服务。由此，他认为，国家权力应限定在三个方面，即：社会秩序的维护、保卫国防和征收税款以资助政府的服务性活动。

图 9-2　凯恩斯
(1883—1946)

2. 大政府理论

与小政府主义相对应是大政府观念，但这里所说的大政府并不是说政府越大越好，而是说政府不仅仅只限于“守夜人”和“公共建设”的功能，而是应当积极介入经济活动。英国经济学家凯恩斯认为市场是不完善的，社会总供给和社会总需求难以自动实现均衡。为了解决有效需求不足的问题，他主张放弃经济自由主义，代之以国家干预的方针和政策，通过增加政府支出，以公共投资的增量来弥补私人投资的不足。凯恩斯(图 9-2)的理论被称为凯恩斯主义，该理论成为罗斯福新政和战后许多国家政府干预经济的理论依据。

图 9-3　桑斯坦

哈佛大学法学院桑斯坦(图 9-3)教授也表达了类似的思想，他从法学的角度表达了“重建规制国”的理想。他认为，在自由放任的状态下，由于协调难题和集体行动困境的存在，可能出现混乱和非理性的状态。而那些经常被讥为“父爱式”的规制，恰恰既有助于提高整体社会福利，同时又增强了私人的行动能力，促进了私人选择。而且，自治和福利并非是单纯的满足私人偏好。私人偏好的形成受到可得机会、信息和社会压力等条件的限制，很多情况下实为无奈或无知之举。通过规制改变可得机会和信息等限制性条件，往往可以改变在不合理条件下形成的私人偏好，从而促进偏好形成过程中的自治，并增加福利收益。当然，规制国并非要实行计划经济与全能政治，它只是在整体上认可契约自由和私人秩序的前提下，在特定领域中对其加以限制。

3. 确定权力边界的一般原则

大政府与小政府之争讨论的是国家权力的合理边界，反映了人们对政府权力的警惕与期待相交织的复杂情感，这一问题并无，也许永远也不会有标准的答案。从实践中看，“最小政府”更多地反映的是学者们对国家权力的一种态度，现代世界各国，几乎没有国家将之用于政治实践。面对“越来越大”的政府，如何确保政策的有效以及如何避免因权力缺乏必要的约束而滋生的各种负面问题已足以使人焦头烂额，在很大程度上，这些现实的问题似乎已经遮蔽了人们深度观察的视线。

然而，无论存在怎样的争议，我们都必须为权力划定一个基本的边界，至少，对于如何划定权力的边界应当寻求一个共同的立足点，并立足于此来确定一个基本的标准或原则。

“大政府”或“小政府”的观念常常与个体的自由问题相联系，从某种意义上，自由的范围也是权力的范围，个体自由的边界也是权力行使的边界。

“小政府”常常立足于密尔的无害原则来确定权力的边界，并借助于亚当·斯密的理论来论证个体自由与公共目标追求的一致性。亚当·斯密论证了公众利益与私人利益之间的一致性，他说：“虽然个人所追求的仅仅是自己的安全和私利，但是，在他这样做的时候，有一只看不见的手在引导着他去实现另外一种目标，尽管该目标并非是他的本意。追逐个人利益的结果，使他经常地增进社会的利益，其效果要比他真的想要增进社会的利益时更好。”

主张“大政府”的人往往立足于经济学对个体行为选择的深刻洞见的基础上，他们认为，个体自由与公共利益的一致性所适用的是完全竞争情况下的市场经济。然而，在很多情况下市场的竞争并不是完全竞争，其中最重要的三种情况是：不完全竞争，溢出效应和公共产品。其中，不完全竞争指的是带有垄断性质的竞争，它使“优者无法胜出”；溢出效应指一个组织在进行某项活动时，不仅会产生活动所预期的效果，而且会对组织之外的人或社会产生的影响；公共产品是指不可分割而且不具有排他性，每个人都可受益的公共设施。对于上述情况，单纯依赖个体的自治无法解决其负面效应。这就要求政府在医治这些“疾病”中扮演一定角色。

结合两方面的观点以及权力的来源，也许我们可以为权力的边界设定明确以下两个最为基本的原则或者说标准：

(1) 权力必须经法律的明确授权才能行使，凡法律没有明确授权的，就是禁止的。而对个体的权利，则需要法律的明文规定才能够予以限制，凡是法律没有禁止的，便是允许的。

(2) 只有在社会存在自身无法避免且无法自我痊愈的“疾病”时，权力才有存在的必要。在此意义上，权力不应成为社会运行机制的操控者，而应是其维护者。

三、公民的基本权利与义务

(一) 权利的宪法意义

国家与公民的关系问题是国家理论中的最根本的问题,也是《宪法》的核心问题。因为无论从何种角度看,国家权力机关的设置和行使、国家的政治和经济制度等,其最终的目的都是为公民提供更好的生活条件。在这一意义上,我们说公民是目的,国家和政府是手段。在任何情况下,手段必须为目的服务。任何国家制度和政策如果偏离了这一目的,国家和政府不仅不再存在任何正当性,反而会成为人民的反面,成为侵犯公民权益的怪兽——“利维坦”。但是,在强大的国家权力面前,公民个体的力量是弱小的,根本无法与国家的力量相抗衡。为了能在国家与公民之间维护一种健康的关系,必须对国家权力进行有效的约束,以防止其对公民权益造成侵害,同时为公民提供必要的防御性武器,从而将公民有效的保护起来,来抵御来自国家权力的侵害。这种防御性武器即是权利。

与权力相比,权利没有任何进攻性,但是,它是建立在国家与公民之间的一道屏障,是为权力划定的不得逾越的最后边界。在此意义上,国家与公民的关系就是权力与权利的关系,维护一种健康的国家与公民之间关系的关键在于对权力的有效约束以及对权利的有效保护。

(二) 公民权利的类型

任何一个国家的《宪法》,无论是成文的还是不成文的,都有关于公民基本权利的规定,我国《宪法》也不例外。根据我国《宪法》规定,公民的基本权利主要包括以下几类:

1. 个人权利

这类权利是公民本来就应当享有的不受国家任意干涉的权利,它具有自然权利的性质,国家在任何情况下都必须予以尊重并提供保护。我国《宪法》中规定的这类权利主要有:

(1) 财产权。《宪法》第 13 条:公民的合法的私有财产不受侵犯。国家依照法律规定保护公民的私有财产权和继承权。国家为了公共利益的需要,可以依照法律规定对公民的私有财产实行征收或者征用并给予补偿。

(2) 言论自由权。《宪法》第 35 条:中华人民共和国公民有言论、出版、集会、结社、游行、示威的自由。

(3) 宗教信仰自由权。《宪法》第 36 条:中华人民共和国公民有宗教信仰自由。任何国家机关、社会团体和个人不得强制公民信仰宗教或者不信仰宗教,不得歧视信仰宗教的公民和不信仰宗教的公民。国家保护正常的宗教活动。任何人不得利用宗教进行破坏社会秩序、损害公民身体健康、妨碍国家教育制度的活动。宗教团体和宗教事务不受外国势力的支配。

(4) 人身自由权。《宪法》第 37 条:公民的人身自由不受侵犯。任何公民,非经人民检察院批准或者决定或者人民法院决定,并由公安机关执行,不受逮捕。禁止非法拘禁和以其他方法非法剥夺或者限制公民的人身自由,禁止非法搜查公民的身体。

(5) 人格尊严权。《宪法》第 38 条:公民的人格尊严不受侵犯。禁止用任何方法对公民进行侮辱、诽谤和诬告陷害。

(6) 住宅空间权。《宪法》第 39 条:公民的住宅不受侵犯。禁止非法搜查或者非法侵入公民的住宅。

(7) 通信自由权。《宪法》第40条:公民的通信自由和通信秘密受法律的保护。除因国家安全或者追查刑事犯罪的需要,由公安机关或者检察机关依照法律规定的程序对通信进行检查外,任何组织或者个人不得以任何理由侵犯公民的通信自由和通信秘密。

2. 政治权利

政治性权利并不是每个人天生固有的权利,而是随国家的建立而生成的权利。我国《宪法》规定的政治性权利主要包括:

(1) 选举权与被选举权。《宪法》第34条:年满18周岁的公民,不分民族、种族、性别、职业、家庭出身、宗教信仰、教育程度、财产状况、居住期限,都有选举权和被选举权;但是依照法律被剥夺政治权利的人除外。

(2) 出版、集会、结社、游行、示威的权利(《宪法》第35条)。这项权利从某种意义上也属于个人权利,但结社、游行、示威的权利主要在于政治意愿表达,因而将其列入政治性权利的范畴。

(3) 批评建议权、申诉控告、检举权。《宪法》第41条:公民对于任何国家机关和国家工作人员,有提出批评和建议的权利;对于任何国家机关和国家工作人员的违法失职行为,有向有关国家机关提出申诉、控告或者检举的权利,但是不得捏造或者歪曲事实进行诬告陷害。对于公民的申诉、控告或者检举,有关国家机关必须查清事实并处理,不得压制和打击报复。由于国家机关和国家工作人员侵犯公民权利而受到损失的人,有依照法律规定取得赔偿的权利。

3. 社会权利

国家存在的目的在于保护公民权益,同时也具有对社会事务的管理职能,每个公民都有权获得国家在社会管理过程中提供的社会保障和福利,由此形成社会性权利。我国《宪法》中规定的这类权利主要包括:

(1) 劳动权。《宪法》第42条:国家通过各种途径,创造劳动就业条件,加强劳动保护,改善劳动条件,并在发展生产的基础上,提高劳动报酬和福利待遇。

(2) 休息权。《宪法》第43条:国家发展劳动者休息和休养的设施,规定职工的工作时间和休假制度。

(3) 社会保障权。《宪法》第45条:公民在年老、疾病或者丧失劳动能力的情况下,有从国家和社会获得物质帮助的权利。国家发展为公民享受这些权利所需要的社会保险、社会救济和医疗卫生事业。

(4) 受教育权。《宪法》第46条:中华人民共和国公民有受教育的权利和义务。

(三) 公民对国家负担的义务

公民享有权利,同时也应当履行义务,从而保障国家机关的正常运转。我国《宪法》虽然规定了公民各种各样的义务,如父母抚养子女的义务、子女赡养父母的义务和计划生育的义务,又比如遵守劳动纪律,遵守公共秩序,尊重社会公德等义务,但这些义务并不是严格意义上的个体针对国家的义务。《宪法》还规定公民有维护国家的统一和全国各民族的团结、遵守宪法和法律、维护国家荣誉和利益等义务,但这些义务虽形式规定为积极义务,但本质上仍是消极义务,只要没有违反宪法和法律的规定,原则上就不存在对上述义务的履行强制。

真正意义上的公民对国家所负担的积极义务只有两个:一个是纳税义务,这是保证国家机器正常运转的资金来源;二是兵役义务,这是国家维护国家安全的力量的来源。

事件链接

1936年，像所有美国公立中小学一样，宾夕法尼亚州东部矿区的麦诺斯维尔(Minersville)小学要求学生每天都向国旗致敬，并宣读《效忠誓词》。一天，10岁的威廉(William)和12岁的莉莲(Lilian)突然决定不再向国旗致敬。原来，威廉和莉莲的父母是“耶和华见证会”(the Jehovah's witnesses)的信徒。他们认为向国旗致敬违反他们的教义。但向国旗致敬是当时宾夕法尼亚的一项州法律，学校必须执行。校方只好要他们退学。

威廉和莉莲的父亲戈比蒂斯(Gobitis)向宾夕法尼亚州的联邦地方法院控告麦诺斯维尔学校侵犯他家的宗教自由。法院判他胜诉，指出“向国旗致敬不能作为学童到该校上学权利的一个条件”。学校不服，上诉到联邦第三巡回上诉法院，结果仍然维持原判。学校还是不服，1940年向联邦最高法院上诉，1940年6月3日，最高法院判决戈比蒂斯败诉。判决意见认为：当个人的宗教信仰与政治社会的利益相抵触时，当事人不能推卸其政治责任。而向国旗致敬就是这样一种不能推卸的政治责任。

该判决引起了广泛批评。美国中西部最有影响的一份报纸《圣路易斯邮报》的评论很有代表性：“如果爱国情操依赖这样的做法——违反人民最基本的宗教自由来培养的话，那么，爱国情操就不再是高尚的，而是一种通过法律来灌入我们喉咙的东西。”

两年后，一个叫沃尔特·巴内特(Walter Barnett)的人因同样的原因，他的两个女儿被学校除名了，他向当地法院提起诉讼，法院判决原告胜诉。教育部门遂上诉最高法院。这次最高法院支持了原告的请求。

大法官杰克逊起草并宣布的多数意见认为，《权利法案》的根本目的，是使一些基本权利远离政治纷争所引起的难以预料的变化，把它们置于多数人和官员无法触及的地方，并把它们确立为由法院来处理的法律原则。个人对生命、自由、财产的权利，言论自由、信仰自由和结社自由的权利，以及其他基本权利，是不可以诉诸投票的，它们不取决于任何选举的结果。最后，杰克逊充满诗意地指出：“如果在我们宪法的星空下有一颗不变的星辰，那就是，无论是在政治、民族主义、宗教，还是在其他舆论的问题上，没有任何官员，不管其职位高低，都无权决定什么是正确的，也无权用言语或行动来强迫公民表达他们的信念。”另一名法官在补充意见中则写道：“强制表达出来的言辞除了自欺欺人外，并不能证明忠诚。对国家的热爱必须发自自主的心灵和自由的心智。”

1. 思考与讨论

(1) 2007年11月26日广东省东莞市第32次党政领导班子联席会议研究决定，从2009年1月1日起，在全市范围内禁止养猪。东莞市政府称，“禁猪”的首要原因是东莞环境容量日趋窘迫，不堪承受养猪业的污染之重。东莞市政府提供的资料表明，一头猪排放的污染负荷相当于7个至10个人排放的污染负荷。东莞现有75万头生猪，要新建一座日处理132万吨的污水处理厂，才能有效净化处理。按照现在每吨0.8元的污水处理费计算，一年需要4亿多元污水处理费。东莞市副市长梁国英说，分散、简陋的畜禽养殖场，不仅严重污染地表水源、污染空气环境，而且六成养殖场采用溯水养殖，易发食品安全的事件。前几年群众写信投诉，人大代表、政协委员多次提出意见，强烈要求整治养殖业污染。他还说：“从社会细化分工的角度看，一个城市总是优先侧重发展优势产业，将一些产业淘汰转移出去也有利于其他地区发展生猪生产，各地区之间按照比较优势进行分工。”

此“禁猪令”一出，引发社会广泛关注。随着社会上的指责之声日益浓密，2008年3月6日，全国人大代表、东莞市市长李毓全在北京接受新快报和人民网联合采访时透露，饱受争议的“东莞2009年起禁止养猪”的政策已经取消。

对于东莞市取消“禁猪令”的原因，有关部门负责人称“现在还不便透露具体原因”。专业人士认为，取消“禁猪令”可能有如下几方面的原因：首先，中央一直关注老百姓的“菜篮子”，已明确规定要保证老百姓吃上猪肉，同时，老百姓也呼吁东莞市能继续养猪。其次，东莞禁猪之后，将不得不从外地引进生猪，这将增加猪肉的成本。最后，政府也会制定一些相关的法规，减少养猪户因为养猪所造成的污染。此外，近来猪肉价格高居不下，也是东莞市政府考虑取消“禁猪令”的一个原因。

你如何认识“禁猪令”，你认为它超越了权力的边界吗？

(2) 习近平总书记说：“要把权力关进笼子里。”对此你是如何理解的？

(3) 基层法院法官在判决前常向上级法院请示，请对此做法进行评述。

2. 课外阅读

(1)《中华人民共和国宪法》；

(2)《中华人民共和国行政处罚法》；

(3)《中华人民共和国行政强制法》；

(4)《中华人民共和国行政许可法》；

(5)《中华人民共和国立法法》；

(6)《中华人民共和国公务员法》；

(7)《中华人民共和国法官法》；

(8)《共产党宣言》，[德]马克思、[德]恩格斯著；

(9)《常识》，[美]潘恩著；

(10)《政府论》，[英]洛克著。

第十讲

社　会

社会是人与人之间各种关系的集合，任何人都是社会的存在。与国家借助于权力来确保国家机器运行的方式不同，支撑社会运行的，是人们在长期的社会生活中形成的风俗、习惯及文化。社会具有某种自生自发的秩序和自我修复的功能，市民社会越成熟发达，其对国家权力的依赖性就越小，其自身的秩序维护与自我修复功能就越强，从而抵御权力侵犯的能力就越大。但是，社会与国家的关系绝不是对立的关系，社会自生自发状态有其自身的局限，需要通过国家管理手段来矫正社会的不公，并为弱者提供最基本的生存保障。

这一讲主要讨论三个问题：社会分配、人的生存保障和弱者权益保护，它们体现的都是国家对社会生活的干预。

一、社会分配

分配制度一般指劳动产品的分配制度，但广义上的分配制度也包括各种社会资源的分配，以及可能会影响到分配的各种事实或政策因素。社会分配是社会基本制度，决定着个体可以通过什么样的方式获得财富，从而也就决定着个体的生存方式。

社会分配的核心问题是分配公平，没有分配的公平，便不存在公平的社会，因此分配公平问题是评价一个社会是否健全的重要因素。

(一) 社会分配的基本模式

让我们首先来设想一下，在没有任何外力作用下，分配完全依赖于参与的主体，他们会如何分配呢？我们可以把所有社会资源比喻成一块蛋糕，在没有任何外力的作用，也不存在任何让众人信服的权威的情况下，立足于人的本性，分配方式基本上可以说是斗争的结果。第一次分蛋糕，几个特别强壮的人分到了更多的蛋糕。第二次分蛋糕的时候，所有人都经过刻苦锻炼变得十分强壮，但有几个人亮出了剑，结果带剑的人分到了更多的蛋糕。第三次所有的人都带了剑，但几个人又掏出了枪，持枪者分到了更多的蛋糕。第四次分蛋糕的时候，可能每个人都会端出大炮，大家这时候只好平分了。

这种引申是很夸张的，不过，在每个人都想使自己利益最大化的这一心理学前提下，这种引申是符合逻辑的。也就是说，有没有外力作用的情况下，社会资源的分配方式和分配结果取决于参与分配的各种力量之间的对比。

我们看到，如果没有一种力量的干预，发展到最后，人们仍然按原来的分配方法分蛋糕，但分配的成本却增加了无数倍。因此，在社会分配问题上，需要一个大家都信服的权威，或一个大家都不能抗拒的力量来主持分配才有可能避免上述恶性的分配竞争。那么，如果由国家来主持分配，国家又会如何分配呢？

第一种：大家不都有大炮吗？好，平均分，谁也不多谁也不少。

第二种：举手表决，张三不地道，不分给他，大家一致通过。

第三种：大家站在同一起跑线上，喊一、二、三抢，谁抢多少是多少。

第四种：大家都先每人分一点，然后再站在同一起跑线上，喊一、二、三抢，谁抢多少算多少。

第五种：大家先抢，抢完了各拿出三分之一，分给抢不着的。

第六种：你们有炮不是吗？我有导弹，不过大家放心，我并不独吞，要是谁不听话，我就轰了谁，要是听话，我可以分一点蛋糕渣给他尝尝。

我想大概就这么多分法，有人可能会说还有一种共产主义分法，按需分配，谁能吃多少就分多少。但这种分法需要具备一个前提，即蛋糕的数量必须足够多，大家能吃多少就有多少，我们这里只有一个蛋糕，不具备这样的前提，故对此分法不予讨论。

第一种分法是大锅饭，我们原来吃过大锅饭。大锅饭表面上是最公正的，但不利于激发人的积极性。这个蛋糕吃完，谁也不做第二个蛋糕了，要吃大家一块吃，要饿大家一块饿。

第二种分法是庸俗的民主式分法。之所以称之为“庸俗的”，是因为这种所谓的民主不过是“大多数人的暴政”，但前边已经讨论过，多数人意见不能成为剥夺少数人权利的理由。

第三种分法是自由主义分法。这种分法体现了优胜劣汰的法则，可以激发个人潜力，但在这种情况下，罗尔斯所说的“社会上最弱势的那部分人”的利益无法得到保障。而且，当“最弱势的那部分人”的基本生存问题受到威胁的时候，整个社会的安全与秩序也必将受到威胁。

第四种和第五种分法都具有某种福利国家的性质，只是前者先行解决全体国家的基本生存保障，而后者仅对那些无法维护自己基本生存条件的人才提供某种福利性救济。

第六种分法是专制主义分法，我国几千年的封建社会历史一直是这样分配的。

蛋糕的分法反映的是一个国家的基本经济制度，同时也反映着一个国家社会分配的基本模式。立足于不同的角度，尽管任何一种分配方法都可以得到辩护，但没有人会否认，分配公平问题是评价一种分配办法是否具有正当性的最核心的评判根据。只是对什么样的分配方式是公平的，不同的人认识不同而已。

（二）公平分配的影响因素

公平分配问题在很大程度上似乎已成为一个与意识形态相关的问题，总是夹杂着某种宗教般的个体化情绪，从而使之成为一个很难说清楚的问题。既然公平本身的问题说不清楚，我们不妨绕过它，来讨论一下影响分配的因素。哪些因素会影响到具体的分配呢？我们又应该如何评价各种影响因素的公平与否呢？

1. 所有制形式

所有制形式指生产资料的占有形式，所有制形式的变革一般是伴随着政权的更替而进行的，并通过法律，通常是宪法来予以确认的。所有制形式与政权的性质相联系，代表的社会最原初的分配，因而构成其他一切影响分配的各种社会因素的基础。比如中华人民共和国成立初期通过社会主义改造运动将私营工商业和土地收归国有。我国实行公有制为主体，多种所有制形式并存的所有制形式。目前，我国的一切自然资源，包括土地、河流、矿藏、山林等均为国家所有或集体所有，其他财产根据具体情况，分别归属于国家、集体或私人所有。

2. 分配原则

这里的分配原则并不是指对一切社会资源分配都适用的原则，而是特指对劳动产品的分配原则，准确地说是劳动产品的分配根据。我国当前社会主义的分配原则是按劳分配，实际上表达的是劳动产品的分配根据，而不是对其他财产的分配根据。由于这种说法已成为约定俗成的用法，本书仍沿用之。

劳动产品的分配根据有多种，比如按劳动付出分配、按资本投入分配、按技术能力分配等等。但不管根据什么，从根本上说，分配的根据在于贡献，对收益的贡献越大所得越多，贡献越小所得越少。在此意义上，劳动付出、资本投入、技术能力等只不过是考察贡献大小的具体项目指标。对不同指标的贡献大小如何评价，会受到市场因素的影响，比如劳动力短缺时，对劳动力的评价会提高，而当资本短缺时，资本的作用在分配时可能会更受重视。

立足于个体的角度，分配原则所依据的各种指标实际上所体现的均是个体的能力，劳动付出是劳动能力、资本是经济能力、技术是技术能力，甚至有时候还包括获得机会的能力等。这样，劳动产品的分配原则也可以说是定位于个体的能力。在多数人眼里，无论是什么样的所有制形式，也不管受什么因素的影响，社会分配的最终结果都应与个体的能力成正相关关系。如果社会分配不能体现出个体能力的差异，这样的社会分配很难说是公平的。

3. 社会因素

所有制形式和分配原则分别代表的是政治因素和个体因素。如果仅仅有这两种影响因素，那么在所有制形式不变的情况下，社会分配就完全取决于具体的分配原则，或者说完全取决于个体能力。当社会分配完全与个体能力有关的时候，我们就很难质疑社会分配的公平性。但生活经验和直观感受告诉我们实际情况并非如此，问题出在哪里呢？

个体能力属于个人因素，但个体的能力是本人能够左右的吗？比如一个流浪汉不能到一个豪华大酒店就餐，对此他不能归咎于任何人，因为他没有这样做的经济能力。但是，能力并不是单纯的个体问题，而是涉及复杂的社会因素，流浪汉没有到大饭店就餐的能力，也许并不是因为他天生就游手好闲，他也许没有机会受到良好的教育，或者社会选择机制没有给他提供充分的选择机会。一个人无论多么渴望摆脱贫穷，但当社会并未为之提供足够多的机会时，他无法挣更多的钱。在各种社会影响因素面前，个人常常是无能为力的，他无法改变，无法完全依照自己的意志选择自己的行动。在很多情况下，他们的选择似乎是不得已而为之，因为他们没有更好的选择。这种情况也并不是只要个人做出努力，就一定能够实现自己的心愿，即使通过个人的努力已经万事俱备，但何时能等到东风仍然取决于复杂的社会因素。

除了能力外，还有机会。在普通人看来，机会似乎只是与运气和能力相关的东西，没有运气碰不到，没有能力又抓不着。我们不能不否认机会和运气、能力的关系，但是影响机会的因素并不只有这两项。比如一个在上海工作的人仅仅因为不具有上海户籍而没有资格买房，其子女也不能取得上海的高考报名资格。这是单纯的机会问题吗？又比如某机关招聘公务员，招聘条件要求是男性且身高不低于 170 厘米，一个人身高不符合条件要求仅仅是一个运气问题吗？

当我们在讨论个人因素包括机会时，忽略了太多这些因素背后所存在的问题。我们应当考虑是不是为所有人提供了平等的机会，是否对从事某项活动的资格设置了不公平的条件，是否对某些人给予了照顾而对另外一部分人进行了限制。甚至，当一定的利益格局已经形成并趋于固化时，看似公平的竞争可能早已失去了公平竞争的前提。

（三）社会公平的实现途径

对于如何实现社会分配，人们提出了各种各样的理论，但无论何种理论，下述几个问题都是我们不得不考虑的，从某种意义上，这些问题是社会公平实现不可绕过的必经途径。

（1）通过立法消除与个体能力无关因素的影响；

（2）提供平等机会，在法律和政策上避免不公平的条件限制；

（3）为社会全体成员提供公平的教育机会，以尽可能降低非个体因素导致的能力差异；

（4）通过专门的立法维护平等的交易关系与公平的竞争秩序。

拓展阅读

平等：一种抗议性理想

要想造成不平等，我们只须听任事情的自然发展即可。可是，假如我们想追求平等，那就决不能有丝毫松懈。托尼附和卢梭的说法写道："不平等易，因为它只需要随波逐流；平等难，因为这需要逆风而动。"不平等可归因于天意，而平等只能是人类行为的结果。不平等是"自然"，平等打破自然。如果一种社会秩序渗透了这样的信念：每个人都应在他或她的本分之内生活，那就可以说，这样的社会秩序能够自立不坠。但追求平等的社会是跟自己作战，即跟自身的内在惯性定律作战的社会。一旦开始追求平等，曾经被认为是"自然"存在的权力、财富、地位及生存机会等方面的差异，就不再是一成不变地被人所接受的差异了。因此，通过要求自由并紧接着，以更强大的力度要求平等，人是在要求一种不再服从必然的和天命般的组织形式的社会。

平等首先突出地表现为一种抗议性理想。实际上是和自由同样杰出的抗议性理想。平等体现并刺激着人对宿命和命运、对偶然的差异、具体的特权和不公正的权力的反抗。我们还会看到，平等也是我们所有理想中最不知足的一个理想。其他种种努力都有可能达到一个饱和点，但是追求平等的历程几乎没有终点，这尤其是因为，在某个方面实现的平等会在其他方面产生明显的不平等。因此，如果说存在着一个使人踏上无尽历程的理想，那就是平等。

只要我们能够只坚信作为抗议性理想的平等，事情就单纯得多了。然而，一旦我们着手整理一份不平等——我们失去的平等的详细清单，我们很快就会发现，越是想把它罗列清楚，清单就越会变得没完没了。毫无疑问，这就是我们通常把这个清单限定在"不公平的不平等"及相应的"正当的平等"这一小范围中的原因之一。那么我们就要问了：以什么为根据去选定某些平等为公正的或正当的平等？接踵而来的问题是：有效解决不公正的不平等的途径与手段是什么？然而，一旦我们掌握了那些手段，第三个问题又冒出来了：这些手段和用于其他目标的手段能够协调一致吗？例如，平等的手段和自由的手段能够相容吗？

论述平等问题的作者们在发布陈情书抨击不平等的罪恶时，都是辩才滔滔，令人倾倒的。但是他们在处理如何实现平等的理想这一问题时，其论据却日渐空洞和缺乏说服力。作为表示抗议的理想，平等是有感召力的，也是容易理解的；作为提出建议的理想，以及作为一种建设性理想，我认为没有什么能像平等那样错综复杂了。实际上，我们越是致力于争取更大的平等或更多的平等，我们就越有可能陷入迷津。

（摘自［美］萨托利《民主新论》，上海人民出版社，2009 年）

二、生存保障

(一) 我国当前的社会保障体系

社会保障指当个体遭遇年老、疾病、失业等情形并由此影响到其基本生存时，国家通过一定方式为其提供的用以维持生存的保障性措施。社会保障不同于义务教育，义务教育的立足点主要在于社会公平，而社会保障的立足点在于生存保障。社会保障也不是特定群体的福利，而是关系到全体国民的基本生存。如果个体基本生存问题不能得到有效的解决，必然会诱发一系列社会问题，从而影响社会的健康发展，影响社会的安全与稳定。

目前，我国的社会保障制度实际上是四条线：分别是公务员的社会保障体系、企事业单位职工的社会保障体系、农村居民的社会保障体系、城镇居民的社会保障体系。其中，公务员的社会保障体系虽未专门建立，但其养老和医疗保障实际上是由财政负担的，而农村居民与城镇居民的社会保障主要以自愿为前提，现在尚未做到全面覆盖，且社会保障水平较低。目前只有企事业单位职工的社会保障体系实现了制度化，并于2010年通过了专门的《中华人民共和国社会保险法》用以规范调整企事业单位职工的社会保障问题。

当前，有人呼吁建立统一的社会保障制度，在社会保障问题上实现基本的社会公平与公正，但从目前情况来看，完成这一目标还有很长的路要走。由于公务员、城镇居民和农村居民的社会保障问题目前尚没有专门的立法，政策变动较频繁，故本讲只介绍《社会保险法》中所确定的社会保障制度。

(二) 社会保险法

从社会保障的资金来源看，全球的社会保障模式，大致可分为国家福利、国家保险、社会共济和积累储蓄四种。目前我国《社会保险法》所规定的社会保障制度，一般被认为属于社会共济模式，它以强制性的社会保险方式向企业和个人融资，由此形成社会保险统筹基金用以解决个体的社会保障，当基本保险统筹基金资金不足时，再由政府进行补贴。具体的保障项目包括基本养老保险、基本医疗保险、失业保险、工伤保险和生育保险五项。

1. 基本养老保险制度

养老保险金由用人单位与劳动者本人共同缴纳，用人单位以上年度本单位工资总额为缴费基础，劳动者以上年度本人工资为缴费基数，分别按照21%和8%缴纳。参加基本养老保险的个人，达到法定退休年龄，并且累计缴费满15年的，可以按月向社会保险部门领取基本养老金。基本养老金由统筹养老金和个人账户养老金组成，缴费不足15年的人员可以缴费至满15年。

2. 基本医疗保险制度

由于中国各地经济发展水平不同，医疗服务提供能力和医疗消费水平等差距都很大，《社会保险法》对基本医疗保险待遇项目和享受条件未作统一规定，国务院相应的法规和规章中也只对基本医疗保险起付标准、支付比例和最高支付限额等作了原则规定，具体待遇给付标准由统筹地区人民政府按照以收定支的原则确定。

目前，职工医疗保险缴费比例一般是用人单位按缴费基数的8%缴纳，职工本人按缴费基数的2%缴纳。参加基本医疗保险的人员，对于诊疗过程中发生的符合基本医疗保险药品目录、诊疗项目、医疗服务设施标准以及急诊、抢救的医疗费用,在社会医疗统筹基金起付标准以上与最高支付限额以下的费用部分,由社会医疗统筹基金统一比例支付。

3. 工伤保险制度

工伤保险是指对劳动者在生产经营活动中遭受意外伤害或职业病,并由此造成死亡、暂时或永久丧失劳动能力时,给予劳动者实用性法定的医疗救治以及必要的经济补偿的一种社会保障制度。我国工伤保险费从工伤保险基金中支付,该基金由用人单位缴纳的工伤保险费形成,职工个人不缴纳工伤保险费。

对于劳动者在工作过程中造成的伤害,不管是何种原因引起的,不论本人是否有过错,只要不是因故意犯罪、吸毒酗酒或自残自杀而造成的伤害,均不影响享受工伤保险待遇。

对参加工伤保险的职工发生工伤时,可享受工伤待遇。工伤待遇除了治疗工伤的医疗费用和康复费用外,还包括工伤治疗住院期间的伙食补助费、到统筹地区以外就医的交通食宿费、安装配置伤残辅助器具所需费用、生活不能自理的经劳动能力鉴定委员会确认的生活护理费、一次性伤残补助金和一至四级伤残职工按月领取的伤残津贴、终止或者解除劳动合同时,应当享受的一次性医疗补助金。对于因工死亡的,其遗属可按规定领取丧葬补助金、供养亲属抚恤金和因工死亡补助金。

4. 失业保险制度

失业保险金一般由用人单位和劳动者分别按照缴费基数的 2%和 1%缴纳。

对于参加失业保险的人员,失业后可以按规定领取失业保险金。失业人员失业前所在单位和本人按照规定累计缴费时间满 1 年不足 5 年的,领取失业保险金的期限最长为 12 个月;累计缴费时间满 5 年不足 10 年的,领取失业保险金的期限最长为 18 个月;累计缴费时间 10 年以上的,领取失业保险金的期限最长为 24 个月。重新就业后,再次失业的,缴费时间重新计算,领取失业保险金的期限可以与前次失业应领取而尚未领取的失业保险金的期限合并计算,但是最长不得超过 24 个月。失业保险金的标准,按照低于当地最低工资标准、高于城市居民最低生活保障标准的水平,由省、自治区、直辖市人民政府确定。

5. 生育保险制度

生育保险费由用人单位缴纳,职工本人不缴纳生育保险费。用人单位已经缴纳生育保险费的,其职工享受生育保险待遇,生育保险待遇包括生育医疗费用和生育津贴。职工未就业配偶只享受生育医疗费用待遇。

三、弱者保护

(一) 社会救助

所谓社会救助是指国家对于遭受自然灾害、失去劳动能力或者其他低收入公民给予物质帮助或精神救助,以维持其基本生活需求,保障其最低生活水平的各种措施。社会救助针对的是特定群体,主要是无法维持基本生活需求的贫困人员或因灾害疾病等原因而临时遭受困厄的人员。

1. 政府的救助义务

在国家没有制定统一的社会救助法的情况下,社会救助主要通过政府救济和公民捐助来解决。2014 年,国务院通过了《社会救助暂行办法》,自 2014 年 5 月 1 日起施行,这是目前我国规范政府救助问题的主要依据。该办法规定政府应实施救助的情况包括:

(1) 最低生活保障

对共同生活的家庭成员人均收入低于当地最低生活保障标准,且符合当地最低生活保障家庭财产状况规定的家庭,国家给予的最低生活保障。

(2) 特困人员供养

对无劳动能力、无生活来源且无法定赡养、抚养、扶养义务人,或者其法定赡养、抚养、扶养义务人无赡养、抚养、扶养能力的老年人、残疾人以及未满 16 周岁的未成年人,国家给予特困人员供养。为他们提供基本生活条件,提供疾病治疗,对生活不能自理的给予照料。

(3) 受灾人员救助

对基本生活受到自然灾害严重影响的人员,国家提供生活救助。主要包括应急救助、过渡性安置、重建求助等内容。

(4) 医疗救助

最低生活保障家庭成员、特困供养人员、县级以上人民政府规定的其他特殊困难人员可以申请医疗救助。由政府对救助对象参加城镇居民基本医疗保险或者新型农村合作医疗的个人缴费部分,给予补贴;如果救助对象经基本医疗保险、大病保险和其他补充医疗保险支付后,个人及其家庭难以承担的符合规定的基本医疗自负费用,由政府给予补助。

此外,对需要急救但身份不明或者无力支付急救费用的急重危伤病患者给予救助。符合规定的急救费用由疾病应急救助基金支付。

(5) 教育救助

对在高中教育(含中等职业教育)、普通高等教育阶段就学的最低生活保障家庭成员、特困供养人员,以及不能入学接受义务教育的残疾儿童,根据实际情况国家给予适当教育救助。教育救助根据不同教育阶段需求,采取减免相关费用、发放助学金、给予生活补助、安排勤工助学等方式实施,保障教育救助对象基本学习、生活需求。

(6) 住房救助

国家对符合规定标准的住房困难的最低生活保障家庭、分散供养的特困人员,给予住房救助。主要通过配租公共租赁住房、发放住房租赁补贴、农村危房改造等方式实施。

(7) 就业救助

国家对最低生活保障家庭中有劳动能力并处于失业状态的成员,通过贷款贴息、社会保险补贴、岗位补贴、培训补贴、费用减免、公益性岗位安置等办法,给予就业救助。

最低生活保障家庭有劳动能力的成员均处于失业状态的,县级以上地方人民政府应当采取有针对性的措施,确保该家庭至少有一人就业。最低生活保障家庭中有劳动能力但未就业的成员,应当接受人力资源社会保障等有关部门介绍的工作;无正当理由,连续 3 次拒绝接受介绍的与其健康状况、劳动能力等相适应的工作的,县级人民政府民政部门应当决定减发或者停发其本人的最低生活保障金。

(8) 临时救助

因火灾、交通事故等意外事件,家庭成员突发重大疾病等原因,导致基本生活暂时出现严重困难的家庭,或者因生活必需支出突然增加超出家庭承受能力,导致基本生活暂时出现严重困难的最低生活保障家庭，以及遭遇其他特殊困难的家庭，可以申请临时救助。

(9) 对流浪乞讨人员的救助

国家对生活无着的流浪、乞讨人员提供临时食宿、急病救治、协助返回等救助。

公安机关和其他有关行政机关的工作人员在执行公务时发现流浪、乞讨人员的，应当告知其向救助管理机构求助。对其中的残疾人、未成年人、老年人和行动不便的其他人员，应当引导、护送到救助管理机构；对突发急病人员，应当立即通知急救机构进行救治。

以上各项救助项目的救助标准，一般应由省级或设区的市级人民政府确定并公布。

2. 慈善

慈善也属于社会救助的范畴，但慈善本质上属民间行为，是以自愿为基础的，并非政府义务。所以慈善可以说是个体自愿为他人，尤其是穷困者提供帮助的行为。慈善源于人的善良天性，基于自愿而实施的行为是本人自主的选择，因此，如果是单纯的一对一方式而实施的慈善行为，法律原则上不应干涉，一般情况下也没有必要制定专门的法律来予以调整。

但是，慈善活动在大多数情况下是专门的慈善机构来实施的，慈善基金主要来源于募捐。在这种情况下，捐赠人与受捐人之间并不是直接的捐赠与受捐的关系，而是由慈善机构来居中运作的间接关系。如果慈善机构骗捐或挪用善款，无疑将是对捐赠人的欺骗与伤害，整个慈善事业也将受到严重破坏。因此，对于慈善活动，需要严格规范慈善机构的行为。

拓展阅读

山东聊城"转捐门"事件

家住聊城的闫森是一名初三的学生。2013年3月14日凌晨，他突发脑出血，经医生全力抢救无效死亡。弥留之际，他的父母做出了一个艰难的决定，捐出孩子的器官，挽救更多的人。闫森一共捐出了两个肾脏、一个肝脏、两个眼角膜，帮助3人获得新生，两人重见光明，其中也包括闫森身患尿毒症的姐姐。5名患者术后都恢复良好，但闫家为了给女儿治病，欠下了40多万元的债务。考虑到这个家庭的不幸，闫森生前就读的聊城市文轩中学开展了捐款活动，短短几天就募得31万元。

在文轩中学下发的《爱心倡议书》中，对于闫家的叙述是："闫森同学的父亲是原聊城酒厂的下岗工人，患有糖尿病；母亲无业，家庭没有稳定的收入来源。去年，上大三的姐姐闫淑青因查出尿毒症被迫休学一年，目前每周透析两次，已花去40余万元，家庭情况十分困难。"

据聊城文轩中学的爱心捐款倡议书显示，捐款是学校在知道闫森事迹后，由聊城文轩中学政教处、聊城文轩中学团委、聊城文轩中学2010级二部于3月20日发起，并成立了募捐委员会，以帮助闫森家庭。聊城文轩中学公开资料显示，此次募捐共计捐款311 674.04元，其中学生捐款合计297 969.04元，领导及部分教职工捐款13 705元。

5月28日，闫淑青的父亲闫玉房突然收到一封文轩中学发来的快递，被告知在分两次给闫淑青支付6万元治疗费后，剩余25万元善款全部捐赠给聊城市慈善总会。而这笔爱心款在被转捐前，闫家人并不知情。

慈善总会一名叫于栋的工作人员对她说，"不管是谁捐款，我们都得要，要了可以捐给那些更困难的人。"记者就此拨通于栋的电话，于栋承认："我们的系统排查是有问题，但捐款一旦进入慈善总会，就不能再退出。"而此前，学校曾经向当地红会申请捐款，红十字会表示"不受理"，一名不愿透露姓名的工作人员说，红十字会之所以不收，是考虑到学校并不是这笔钱款的所有权人。

慈善总会工作人员表示，如果闫森的姐姐治病还需费用，可以向慈善总会提出申请来解决困难。

闫淑青的母亲王万荣在接受齐鲁网记者采访时说，事发后，他们找到聊城市慈善总会，但对方表示，最多只能给他们一万元。

该事件充分暴露出募捐组织者在处理善款上所存在的问题，作为募捐者的学校不清楚自己的角色定位，不知道自己的权利与义务何在。在这一事件中，不仅受捐人未能得到善款，捐赠人的善意也被严重忽视甚至践踏。浓浓的善意最终所留下的却是深深的伤痛与无奈的叹息。

2016 年，我国颁布了《中华人民共和国慈善法》，对慈善机构登记注册条件、公开募捐资格的审批、公开募捐行为的限制、募慈善财产的管理使用以及违法应承担的法律责任等事项进行了规范。

3. 救助

严格意义上的慈善活动主要包括两类：一是对受捐人直接的捐赠或提供服务的活动，二是为慈善目的募集善款的活动。《慈善法》所调整的也是这两类行为，而且主要是第二类活动。个体因遭遇特殊情况而公开请求帮助的行为不属于《慈善法》调整的对象，不受《慈善法》规定的限制。

比如，《慈善法》规定未取得公开募捐资格的任何个人或慈善机构不得公开募集善款，但个体基于求助而公开索取帮助并提供账号的行为属于求助行为，不属于慈善行为，不受《慈善法》的调整。如果捐赠人与求助人之间发生争议，可适用民法予以调整。如果存在虚构事实或夸大事实骗捐，因而构成诈骗的，可适用刑法追究刑事责任。

拓展阅读

罗一笑事件

2016 年 11 月 30 日，很多人的微信朋友圈都被一篇题为“罗一笑，你给我站住”的文章刷了屏。这是一篇为爱女筹集善款的文章，执笔者叫罗尔。他年仅 5 岁的女儿罗一笑罹患白血病。有消息称，转发一次，罗一笑便能得到 1 块钱。

100000＋的阅读与点赞，超过 11 万人打赏，募集数百万善款，这个故事到这里，看起来皆大欢喜。

但不久，事态发展急转直下……

坐拥 3 套房、2 台车、一家广告公司，在随后的爆料中，罗尔的财产及发文目的都被曝光，这让许多网友的愤怒之情瞬间被点燃，人们纷纷指责这是营销公司“小铜人”策划的一起营销事件。

11 月 30 日，小铜人公司公布整个活动募集到的具体金额约为 270 万元，包括：截至 11 月 29 日凌晨，“小铜人”公司根据转发量捐款 30 多万元，“P2P 观察”公众号的爱心得到打赏 10 万余元，刘侠风接受的个人捐款 2 万余元，罗尔公众号的爱心打赏 207 万元等。

同一天，深圳市儿童医院官方微博发布通报，对罗一笑的病情和费用也做了说明：孩子 9 月至今，共住院三次。前两次，分别为 28 天、29 天。此次住院费用结算截至 29 日。三次住院合计总费用为 204 244.31 元，医保支付 168 050.98 元，自付项目为 36 193.33 元，平均的自付费比例为 17.72%。

2016 年 12 月 1 日上午，罗尔及文章推送者刘侠风发布一份“关于罗一笑事件的联合声明”，声明中称因“罗一笑事件”传播远超预期，带来不好的社会影响，“作为当事人，在此深表歉意”。微信官方活动信息发布平台“微信派”发布了《关于“罗某笑事件”赞赏资金的说明》，决定将罗尔事件的赞赏资金在三天内(12 月 3 日 24:00 前)进行原路退回。12 月 3 日，罗尔在其公众号撰文《感谢让我懂得爱的人》表示，已将所收到的 2 525 808.99 元的赞赏金委托相关单位返还。

12 月 24 日，罗尔女儿罗一笑去世。

(二) 特殊群体的保护

有些人天生就是弱者，有些社会中，制度使一些人成为弱者。罗尔斯说，当制度的平等设计使社会上条件最不利的人不能得到公平地对待时，制度应适当作出不平等安排。这是社会正义的体现，也是"无知之幕"下任何人都同意的理性选择。而且，弱者往往不是自己选择的结果，常常是自己无法左右的结果，甚至是社会不公平的产物。因此，法律不能对弱者视而不见。

我国为保护弱者利益，先后颁布了一系列法律：1991 年通过《中华人民共和国未成年人保护法》，规定了对未成年人的家庭保护、学校保护、社会保护和司法保护；1992 年通过《中华人民共和国妇女权益保障法》，规定了对妇女的法律保护；1996 年通过《中华人民共和国老年人权益保障法》，规定了老年人的家庭养老、社会保障和法律援助等内容；2008 年通过《中华人民共和国残疾人保障法》，对残疾人的康复、教育、劳动就业、社会保障等内容进行了规定。

未成年人、妇女、老年人、残疾人在普通人的意识里，都属于社会的弱者，他们作为与普通人平等的民事主体，享有与普通人平等的生存权利和其他权利。但是，由于他们在身体或智力上的不足或缺陷使得他们无法与普通人公平竞争，需要在法律上给予特殊的对待。

尽管我国现已颁布了一系列的法律，对弱者的法律保护均有了明确的法律依据。但上述法律的规定过于原则和笼统，法律条款的可操作性、各义务主体之间法定义务的衔接、责任的落实与执行等方面均存在诸多问题。

拓展阅读

南京饿死幼童事件

成都 3 岁幼童李思怡饿死事件尘埃未落，同样的悲剧再次在南京发生。

2013 年 6 月 21 日，南京市江宁区麒麟派出所社区民警王平元上门走访辖区泉水新村居民乐燕时，发现乐燕 3 岁和 1 岁的女儿饿死在家中。

2013 年 9 月 18 日，乐燕被南京市中级人民法院以故意杀人罪判处无期徒刑，剥夺政治权利终身。

在生命里的最后三个多月，李氏小姐妹曾迸发出柔弱但足够坚忍的求生本能。邻居、民警、社区和亲戚也都曾做出他们自认为称职的努力。

3 岁的李梦雪和 1 岁的李梦红的父亲李文斌因吸毒服刑，母亲乐燕是她们唯一的监护人。然而乐燕本人也是吸毒者，曾不止一次地将孩子丢在家中外出不归。

2013 年 3 月，3 岁的李梦雪被困在家中四五天后，自己打开房门跑了出来。这次"自救"事件震动了社区。人们开始关注这个"不正常"的家庭。

最先行动起来的是泉水社区居委会。居委会很快决定对李家进行救济，救济款每月为 800 元左右。因为担心乐燕乱花钱，王平元负责发放并监督。从 3 月 4 日发放第一笔救助款到 6 月 8 日后乐燕失踪，泉水社区居委会总共给乐燕发放 12 笔救助款，合计 2 300 余元。但乐燕仍是常常不回家。

社区居委会曾找过孤儿院，但孤儿院认为两个孩子父母均健在，不符合接受条件。

唯一一个常常想起孩子的人是李文斌的外婆王广红。李文斌从小在外婆家长大，和王广红感情颇深。李氏小姐妹出生之后，也主要是由她帮忙带大。

因为担心两个重外孙女的生活，王广红曾多次去泉水新村送饭。

王广红说，乐燕曾两次跟她提出，要把大娃娃交给她带，但她没敢答应。王广红本人也是当地有名的困难户，她的老伴偏瘫多年，身边还有一个痴呆女儿，都由 82 岁的她一手照顾。

5 月 17 日，农历四月初八，按江南传统要吃"乌饭"。这一天中午，王广红带着做好的"乌饭"打算送给孩子。她没能敲开门。但里面传来李梦雪的声音："太婆，门反锁了，我开不开，你找妈妈要钥匙。我饿死了。"门外太婆的眼泪淌下来。无奈回去后，当晚乐燕竟自动找上门，还带了一碗饭回去，说是给孩子吃。

王广红相信了，直至一个多月后接到两个孩子的死讯才追悔莫及——那其实是李梦雪留给外界的最后的生命讯息。

李梦雪和李梦红以悄然而无助地死去发出了对社会最严厉的拷问。对弱者的保护法律制度不能停留在一般性原则规定上，其可执行性问题和责任落实问题的确需要引起我们的重视了。李思怡和李梦雪的悲剧还会再一次上演吗?

(三) 不平等关系的平衡

我们都知道龟兔赛跑的寓言故事，抛开寓言所要表达的寓意，我们思考一下，如果真的让乌龟和兔子赛跑，这样的比赛公平吗?

但在现实中，的确有这样的赛跑。历史上，劳动关系与消费关系都是通过民法来调整的。前面已讲过，民法上所有的人都被视为是毫无差别的平等的主体，他们完全依照自己的意思来决定自己的选择。但是，在劳动关系和消费关系中，劳动者和消费者的选择真的是自己真实意思的反映吗?

在劳动关系和消费关系中，劳动者和消费者永远是弱势的一方。这种弱势产生的原因不在于劳动者和消费者自身，而在于劳动关系中双方地位的差别和消费关系中双方信息的不对等。如果完全依赖于当事人自己的"自由"来调整劳动者与用人单位、消费者与经营者的关系，那么这种"自由"最终只能是用人单位随意延长劳动时间并尽量免除自己责任的"自由"，以及经营者随意欺骗消费者的"自由"。这显然是不公平的。

怎么解决这种龟兔赛跑式的不公平? 方法就是限制用人单位和经营者的自由，而赋予劳动者和消费者某种用以对抗用人单位和经营者的权利。

1. 劳动关系的平衡

中华人民共和国成立初期，我国实行的是劳动力国家统一配置的劳动制度，其弊端是个体的择业自由受到严格限制，企业没有任何用人自主权。20 世纪 80 年代起，我国开始逐步推行劳动合同制度，并于 1994 年通过了《劳动法》，但是，我国劳动法律制度的改革初期在很大程度上并不是基于如何维护劳动者权益而进行的，其关键主要定位于如何增强企业活力，并为企业的用人自主权提供法律上的根据。在这种情况下，如何保护劳动者权益的问题在该法中规定的不够具体，可操作性不强。2007 年，我国颁布了《劳动合同法》，劳动关系的平衡在这部法律中才开始真正得以体现。其保护劳动者权益的内容主要体现在：

(1) 禁止用人单位在招录时以任何形式向劳动者收取费用。

(2) 为避免用人单位不签订劳动合同侵害劳动者权益，规定用人单位自用工满 1 年未订立劳动的，视为订立无固定期限劳动合同，报酬约定不明确的，实行同工同酬。

(3) 劳动者在同一用人单位连续工作满 10 年，或已经连续两次订立固定期限劳动合同的，续订劳动合同时劳动者有权要求订立无固定期限劳动合同。

(4) 严格限制用人单位借试用期之名侵害劳动者权益。规定劳动合同期限 3 个月以上不满 1 年的，试用期不得超过 1 个月；劳动合同期限 1 年以上不满 3 年的，试用期不得超过 2 个月；3 年以上固定期限和无固定期限的劳动合同，试用期不得超过 6 个月。同一用人单位与同一劳动者只能约定一次试用期。以完成一定工作任务为期限的劳动合同或者劳动合同期限不满 3 个月的,不得约定试用期。试用期包含在劳动合同期限内。劳动合同仅约定试用期的,试用期不成立,该期限为劳动合同期限。

(5) 限制用人单位报酬决定权。规定最低工资标准,规定试用期的工资不得低于本单位相同岗位最低档工资或者劳动合同约定工资的百分之八十,并不得低于用人单位所在地的最低工资标准。

(6) 禁止针对劳动者的违约条款,规定除涉及培训费用时,可约定劳动者不高于培训费的违约金外,其他情况下不得针对劳动者约定违约金。

(7) 限制用人单位劳动合同解除权,规定用人单位在特定情况不得解除合同。如劳动者因工伤丧失劳动能力的、女职工在孕期产期或哺乳期的,职工非因工负伤在规定的医疗期内的等等。

(8) 规定用人单位支付劳动补偿金的义务。非劳动者原因解除劳动合同的,用人单位应按劳动者在单位工作年限支付经济补偿金。标准为依工作年限每满 1 年支付 1 个月工资,但最多不超过 12 个月工资。

(9) 严格劳务派遣制度,规定被派遣劳动者享有与用工单位的劳动者同工同酬的权利,并将劳务派遣限定为临时性、辅助性或者替代性的工作岗位。

(10) 严格规定用人单位为劳动者缴纳各项社保费用的义务。

2. 消费关系的平衡

为保护消费者权益,我国于 1993 年颁布《中华人民共和国消费者权益保护法》。该法虽然规定了消费者的真情知悉权、自主选择权、安全保障权、公平交易的权利、依法求偿权、接受消费教育权、建立消费者组织权、批评监督权和获得知识权等 9 项权利,但除第 42 条的因欺诈双倍赔偿外,可操作性并不强。2013 年该法修订,消费者权益保护的可操作性大大增强。主要表现在:

(1) 强化了对消费者个人信息保护。规定经营者在收集使用消费者个人信息时,要明示收集使用信息的目的方式和范围,并经消费者同意,对收集的消费者个人信息必须严格保密,不得泄露、出售或者非法向他人提供。同时还规定,未经消费者同意或者请求,或者消费者明确表示拒绝的,不得向其发送商业性信息。

(2) 强化经营者义务,对公平交易的内容进行了具体化。比如明确规定经营者向消费者提供商品或者服务时,不得设定不公平、不合理的交易条件,不得强制交易。发现其提供的商品或者服务存在缺陷,有危及人身、财产安全的,应当立即向有关行政部门报告和告知消费者,并采取停止销售、警示、召回、无害化处理、销毁、停止生产或者服务等措施。采取召回措施的,经营者应当承担消费者因商品被召回支出的必要费用。

(3) 明确了消费者的退货权。规定经营者提供的商品或者服务不符合质量要求的,消费者可以依照国家规定、当事人约定退货。没有国家规定和当事人约定的,消费者可以自收到商品之日起 7 日内退货;7 日后符合法定解除合同条件的,消费者也可以退货,不符合法定解除合同条件的,可以要求经营者履行更换、修理等义务。

对于经营者采用网络、电视、电话、邮购等方式销售商品,除消费者定做品、鲜活易腐商品、电子产品或印刷品外,消费者有权自收到商品之日起 7 日内退货,且无须说明理由。

(4) 减轻消费者的举证责任。对于经营者提供的机动车、计算机、电视机、电冰箱、空调器、洗衣机等耐用商品或者装饰装修等服务，消费者自接受商品或者服务之日起 6 个月内发现瑕疵，发生纠纷的，由经营者承担有关瑕疵的举证责任。

(5) 明确并扩大了不同情况下的赔偿主体。规定网络交易平台、广告经或者与发布者、展销会组织者、柜台的出租赁均可成为赔偿义务主体。

(6) 进一步强化惩罚性赔偿。对于经营者提供商品或者服务有欺诈行为的，消费者可主张购买商品的价款或者接受服务的费用的三倍的赔偿；增加赔偿的金额不足 500 元的，为 500 元。对于经营者明知商品或者服务存在缺陷，仍然向消费者提供，造成消费者或者其他受害人死亡或者健康严重损害的，受害人有权要求所受损失两倍以下的惩罚性赔偿。

拓展阅读

最高院 23 号指导性案例

案情：2012 年 5 月 1 日，原告孙银山在被告南京欧尚超市有限公司江宁店（简称欧尚超市江宁店）购买“玉兔牌”香肠 15 包，其中价值 558.6 元的 14 包香肠已过保质期。孙银山到收银台结账后，即径直到服务台索赔，后因协商未果诉至法院，要求欧尚超市江宁店支付 14 包香肠售价十倍的赔偿金 5 586元。

裁判理由：(1)关于原告孙银山是否属于消费者的问题。消费者是相对于销售者和生产者的概念。只要在市场交易中购买、使用商品或者接受服务是为了个人、家庭生活需要，而不是为了生产经营活动或者职业活动需要的，就应当认定为“为生活消费需要”的消费者，属于消费者权益保护法调整的范围。欧尚超市江宁店认为孙银山“买假索赔”不是消费者的抗辩理由不能成立。

(2) 关于被告欧尚超市江宁店的责任承担问题。被告欧尚超市江宁店提出原告明知食品过期而购买，希望利用其错误谋求利益，不应予以十倍赔偿的主张，因前述法律规定消费者有权获得支付价款十倍的赔偿金，因该赔偿获得的利益属于法律应当保护的利益，且法律并未对消费者的主观购物动机作出限制性规定，故对其该项主张不予支持。

1. 思考与讨论

(1) 你认为对于未成年人保护，我们国家的法律还需要哪些改进？

(2) 我国有句俗话说，“救急不救贫”，从法律的角度，你认为这种说法有道理吗？

2. 课外阅读

(1)《中华人民共和国宪法》；

(2)《中华人民共和国社会保险法》；

(3)《中华人民共和国劳动合同法》；

(4)《中华人民共和国未成年人保护法》；

(5)《中华人民共和国妇女权益保护法》；

(6)《中华人民共和国残疾人保护法》；

(7)《中华人民共和国老年人保护法》；

(8)《中华人民共和国消费者权益保护法》；

(9)《论人类社会不平等的起源》，[法]卢梭著；

(10)《福利》，[英]诺曼·巴里著。

第十一讲

犯　罪

犯罪行为是危害社会的行为，也是违反义务的行为——主要是对法定义务的违反。但是，并不是所有的具有社会危害性的行为或违反义务的行为都构成犯罪，只有达到一定程度，通过其他途径不足以达到预防效果的情况下才将其纳入刑法的调整范围。这一讲，讨论犯罪。

一、罪与非罪的边界

犯罪的本质是社会危害性，不具有社会危害性的行为，不应认定为犯罪。我国《刑法》第13条规定，一切危害国家主权、领土完整和安全，分裂国家、颠覆人民民主专政的政权和推翻社会主义制度，破坏社会秩序和经济秩序，侵犯国有财产或者劳动群众集体所有的财产，侵犯公民私人所有的财产，侵犯公民的人身权利、民主权利和其他权利，以及其他危害社会的行为，依照法律应当受刑罚处罚的，都是犯罪，但是情节轻微、危害不大的，不认为是犯罪。

但是并不是所有的具有社会危害性的行为都应当规定为犯罪。比如，说谎骗人有没有社会危害性？随地吐痰有没有社会危害性？不礼貌的行为有没有社会危害性？又比如说话不算话——违约，欠钱不还等有没有社会危害性？应当说，这些行为或多或少地都具有一定的社会危害性。但如果这些都规定为犯罪的话，这个社会上的所有人也许都会沦为罪犯。所以，犯罪针对的是社会危害达到一定程度的行为，而不是所有具有社会危害性的行为。或者说，只有当通过社会道德、行政规制和民事赔偿手段不足以起到预防目的的情况下，才可以动用最为严厉的刑法手段。在这一意义上，刑罚应当谦抑，而不应过于张扬。

还应注意的是，任何犯罪的认定都与一个国家特定的历史文化以及现行制度相联系，是否构成犯罪也必然会受其影响。比如伊斯兰国家常将同性之间发生的性行为认定为犯罪，显然是受历史文化传统与宗教的影响。又比如我国计划经济时代将"投机倒把"视为犯罪，这种犯罪与我国当时特有的社会制度相联系，随着制度的改变，罪与非罪的认识也必然随之发生变化。

那么，什么样的行为应当被认定为犯罪呢？或者说，定罪的一般边界在哪里呢？一般情况下，下列行为在各国刑法上几乎均不认为是犯罪。

(一) 排除社会危害性的行为

刑法上，排除社会危害性的行为主要指正当防卫与紧急避险，也包括履行职责的行为，但一般不包括自助行为和受害人同意的行为。排除社会危害性的行为虽然造成了现实损害，但行为人实施这样的行为存在正当理由，从而阻却犯罪的认定。排除社会危害性的行为与民事责任抗辩事由中的正当理由在类型和认定原则上基本相同，可予以参照。

拓展阅读

正当防卫认定难在何处?

6月23日，山东高院就于欢故意伤害案做出二审判决，以故意伤害罪改判于欢有期徒刑5年。至此，这起引发社会广泛关注的案件画上句点。不过，由该案引发的核心问题——正当防卫制度适用的讨论仍在继续。

“正当防卫”首次出现在我国刑法中可以追溯到1979年。当时《刑法》第17条规定：为了使公共利益、本人或者他人的人身和其他权利免受正在进行的不法侵害，而采取的正当防卫行为，不负刑事责任。1983年严打以后，在正当防卫的认定上出现了明显偏差，尤其是指控机关，往往不敢轻易认定正当防卫，甚至防卫过当都不敢认定，正当防卫制度在司法适用中遇到阻力。

为了防止这一制度被虚置，立法机关对正当防卫制度做了较大幅度修改，对正当防卫的概念进行了增补，同时对防卫过当的内容作了界定，尤其第三款增加了“无限防卫权”。然而，尽管如此，司法实践中正当防卫的司法认定却并不尽如人意。在2015年一篇名为“正当防卫回归公众认同的路径”的研究论文中，研究者从全国各级法院公示的正当防卫案件中选取了224份判决书，并从中筛选出判决样本100份，最终数据显示，被认定正当防卫的判决比率为6%。

阮齐林在解释司法与立法间的偏差时称，司法机关在适用正当防卫的问题上较保守，本来是针对不法侵害进行的反击，应该承认防卫前提的却没有承认；另一方面，即使承认了防卫的前提，在是否适当的问题上也常对防卫人不利，没有过当的可能会认定防卫过当。

清华大学法学院张明楷教授在此前的分析文章中也称，我国故意伤害罪(主要是轻伤害)的司法现状相当异常，尤其是定罪率特别高，从刑法角度分析，其原因之一就在于将正当防卫认定为相互斗殴或者防卫过当，进而认定为故意伤害罪。

在立法不断对防卫人作出有利规定的情况下，司法何以没有体现这一变化，甚至日趋保守?

“中国的法官和检察官追溯有罪的倾向普遍比较严重，这种倾向在涉及正当防卫的案件时同样存在”，在北京大学法学院教授陈永生看来，正当防卫认定难的原因除此之外还包括来自被害人一方的压力，“正当防卫经常造成轻伤重伤甚至死亡，尤其在死亡的情况下，法院如果认定被告人完全没有责任，被害人家属可能会施加很大压力，甚至可能引发上访。所以很多地方采取的做法是折中处理，不认定正当防卫，但在判刑时相对判轻一些”。

阮齐林也认为，基于司法机关在案件办理中“唯结果论或者只重视死伤结果而忽视事情发生的是非曲直”“不太注重强调公民个人的私力救济”等原因，长期以来形成了司法判决的尺度，而这种尺度又成为一种习惯和标杆，继续影响新的案件处理。

于欢案二审宣判后，陈兴良在相关研讨会上表示，在我国司法实践中正当防卫认定极其困难，是因为认识上存在误区，包括认为只能对暴力行为防卫，对非暴力侵害不能防卫。而在于欢案中，不法侵害就主要表现为非法拘禁和侮辱。

(参见王梦遥《正当防卫难在何处?》，载于《新京报》，2017年07月02日第10版)

(二) 法律没有明文规定的行为

法律没有明文规定属于犯罪的行为，无论是否有社会危害，也无论是否造成什么样的后果，均不得认定为犯罪行为。这一原则被称为罪刑法定原则。罪刑法定简而言之就是：法无名文规定不为罪。我国《刑法》第3条规定：“法律明文规定为犯罪行为的，依照法律定罪处刑；法律没有明文规定为犯罪行为的，不得定罪处刑。”

知识链接

罪刑法定的早期思想渊源，一般认为是1215年英王约翰签署的《大宪章》第39条，它确定了“适当的法律程序”思想。该条规定：“凡是自由民除经其贵族依法判决或遵照国内法律之规定外，不得加以扣留、监禁、没收其财产、褫夺其法律保护权，或加以放逐、伤害、搜索或逮捕。”

罪刑法定的思想在17、18世纪启蒙思想家的著作中得到更为系统与全面的阐述，由此形成了一种思想潮流，与封建社会的罪刑擅断相抗衡。例如，英国哲学家洛克提出：“制定的、固定的、大家了解的，经一般人同意采纳和准许的法律，才是是非善恶的尺度。”法国著名启蒙学家孟德斯鸠也有类似的论述。贝卡利亚在其《论犯罪与刑罚》一书对封建社会的刑罚擅断进行了猛烈地抨击，表达了对实行罪刑法定原则的法治社会的无限向往。但罪刑法定真正成为刑法的基本原则，是近代刑法学鼻祖费尔巴哈有力倡导的结果，其“哪里没有法律，哪里就没有对公民的处罚”一语成为罪刑法定原则的经典表述。

罪刑法定从学说到法律的转变，是在法国大革命胜利以后完成的。1789年，法国《人权宣言》第8条规定：“法律只应规定确实需要和显然不可少的刑罚，而且除非根据在犯罪前已经制定和公布的且系依法施行的法律以外，不得处罚任何人。”在《人权宣言》这一内容的指导下法国制定了刑法典，并于1810年公布施行，该法第4条明确规定了罪刑法定原则：“没有在犯罪行为时以明文规定刑罚的法律，对任何人不得处以违警罪、轻罪和重罪。”1810年，《法国刑法典》一经颁行成为世界上大多数国家仿效的范本，遂使罪刑法定主义成为在大陆法系国家刑法中通行的刑法基本原则之一。

一般情况下，罪刑法定原则要求：

(1) 禁止适用类推。所谓类推，是指当法律没有明文规定时，类推适用相似的法律规定。我国1979年《刑法》规定了类推制度，1997年修订时取消了类推制度。

(2) 禁止适用习惯法。把成文法作为刑法的唯一渊源。对于刑法上没有明文规定的行为，不允许通过适用习惯法定罪。

(3) 禁止刑法溯及既往。对于行为的定罪量刑，只能以行为当时有效的法律为依据，行为后颁行的新法没有溯及既往的效力。

(4) 禁止法外刑，刑罚的名称、种类和幅度，都必须由法律加以确定。

拓展阅读

罪刑法定与刑法的解释问题

罪刑法定原则尽管提出了各种具体的要求，但在司法实践中，如何贯彻罪刑法定原则仍是一个非常复杂的问题。由于法律规定常常无法涵摄现实生活中的全部问题，也难以保证与社会发展的步伐相适应。在这种情况下，罪刑法定是否要求法律规定必须明确具体？刑法的适用是否允许作扩大解释？在解释时应受到怎样的限制？

法律规定不明确具体，容易导致口袋罪，没有明文规定的行为都可以装进去，由此常与罪刑法定原则相抵触。如流氓罪被取消前，就是一个典型的口袋罪。依1979年《刑法》第160条规定：“聚众斗殴，寻衅滋事，侮辱妇女或者进行其他流氓活动，破坏公共秩序，情节恶劣的，处七年以下有期徒刑、拘役或者管制。”1983年人大常委会《关于严惩严重危害社会治安的犯罪分子的决定》将流氓罪的最高刑提高到死刑。这里的问题是：哪些行为属于“其他流氓活动”？乱搞男女关系、男男同性性行为、以谈恋爱为名玩弄妇女、甚至跳“贴面舞”，在当时的司法实务中都被认定为是流氓罪。20世纪80年代初期著名影星迟志强因流氓罪获刑，其中涉及的犯罪事实就包括“跳贴面舞”。1997年《刑法》修订时，流氓罪被取消。

但是，类似流氓罪这样的口袋罪现行刑法中仍然存在。比如修订后的《刑法》第 225 条规定的非法经营罪。该条规定：

非法经营罪是违反国家规定，扰乱市场秩序，情节严重的下列非法经营行为之一：

（一）未经许可经营法律、行政法规规定的专营、专卖物品或者其他限制买卖的物品的；

（二）买卖进出口许可证、进出口原产地证明以及其他法律、行政法规规定的经营许可证或者批准文件的；

（三）其他严重扰乱市场秩序的非法经营行为。

这里同样有一个口袋条款，哪些是“其他严重扰乱市场秩序的非法经营行为”呢？据统计，1979 年之后，涉及非法经营罪的各种司法解释达 50 余个之多，比如：

1. 最高人民法院、最高人民检察院《关于办理盗窃、盗掘、非法经营和走私文物的案件具体应用法律若干问题的解释》规定的非法经营文物行为；

2. 最高人民法院《关于审理骗购外汇、非法买卖外汇刑事案件具体应用法律若干问题的解释》规定的非法经营外汇行为；

3. 最高人民法院《关于审理非法出版物刑事案件具体应用法律若干问题的解释》规定的非法经营出版物行为；

4. 最高人民法院《关于审理扰乱电信市场管理秩序案件具体应用法律若干问题的解释》规定的非法经营电信业务行为；

5. 最高人民法院、最高人民检察院《关于办理非法生产、销售、使用禁止在饲料和动物饮用水中使用的药品等刑事案件具体应用法律若干问题的解释》规定的非法生产、销售瘦肉精等行为；

6. 最高人民检察院《关于办理非法经营食盐刑事案件具体应用法律若干问题的解释》规定的非法经营食盐行为；

7. 最高人民法院、最高人民检察院《关于办理妨害预防、控制突发传染病疫情等灾害的刑事案件具体应用法律若干问题的解释》规定的预防、控制传染病期间哄抬物价的行为；

8. 最高人民法院、最高人民检察院、公安部《关于依法开展打击淫秽色情网站专项行动有关工作的通知》规定的非法经营网吧的行为；

9. 最高人民法院、最高人民检察院《关于办理赌博刑事案件具体应用法律若干问题的解释》规定的非法发行、销售彩票的行为；

10. 最高人民法院、最高人民检察院、公安部、中国证券监督管理委员会《关于整治非法证券活动有关问题的通知》规定的非法经营证券业务的行为；

11. 最高人民法院、最高人民检察院《关于办理生产、销售假药、劣药刑事案件具体应用法律若干问题的解释》规定的生产、销售假药、劣药的行为；

12. 最高人民法院、最高人民检察院《关于办理妨害信用卡管理刑事案件具体应用法律若干问题的解释》规定的使用 POS 机等方法套现的行为；

13. 最高人民法院、最高人民检察院《关于办理非法生产、销售烟草专卖品等刑事案件具体应用法律若干问题的解释》规定的非法经营烟草专卖品的行为；

14. 最高人民法院《关于审理非法集资刑事案件具体应用法律若干问题的解释》规定的非法发行基金的行为；

15. 最高人民法院、最高人民检察院、公安部《关于办理走私、非法买卖麻黄碱类复方制剂等刑事案件适用法律若干问题的意见》规定的非法买卖麻黄碱类复方制剂等行为；

16. 最高人民法院、最高人民检察院、公安部、国家安全监管总局《关于依法加强对涉嫌犯罪的非法生产经营烟花爆竹行为刑事责任追究的通知》规定的非法生产、经营烟花爆竹的行为；

17. 最高人民法院、最高人民检察院《关于办理危害食品安全刑事案件适用法律若干问题的解释》规定的非法生产、销售非食品原料及非法从事生猪屠宰、销售等行为；

18. 最高人民法院、最高人民检察院、公安部、农业部、国家食品药品监督管理总局《关于进一步加强麻黄草管理 严厉打击非法买卖麻黄草等违法犯罪活动的通知》规定的非法采挖、销售、收购麻黄草的行为；

19. 最高人民法院、最高人民检察院《关于办理利用信息网络实施诽谤等刑事案件适用法律若干问题的解释》规定的通过信息网络有偿提供删除信息服务，或者明知是虚假信息，通过信息网络有偿提供发布信息等服务的行为。

…………

在上述司法解释中，为他人提供有偿发布或删除网络信息服务的、利用 POS 机为他人变现的、未经批准从事证券业务或博彩活动的等都可认定为非法经营罪。

一般情况下，罪刑法定并不完全否定法律的解释，而且法律的适用也不可能离开必要的解释。但问题在于，解释是不是应当受到限制？解释的边界是什么？或者说解释在什么情况下才能与罪刑法定原则不违背？如果法院可以通过司法解释任意扩大条文适用范围的话，真正意义上罪刑法定原则也许将不再存在。

就刑法适用的解释而言，学者们提出一般应当符合三条标准：一是解释是否超出刑法条文语义之可能范围；二是解释是否超出了普通人的可预测范围；三是解释是否与刑法的相关条文的内容以及刑法的整体精神相协调。但即使如此，但在具体的司法实践中，上述标准如何掌握仍是一个令人困扰的问题。

(三) 本人无法控制的行为

犯罪针对的是人的“恶意”——故意或过失，而不是单纯的行为。如果损害是在本人不能预防并且无法控制的情况下导致的，这样的行为因其本人的不自主不应归咎于本人，对本人进行处罚便不具有正当性。同时，即使给予处罚也达不到教育和预防的目的，因本人不能预防且无法控制的行为不认定为是犯罪。

(四) 不可能产生实际损害的行为

有些行为，尽管行为人存在明显的主观上的“犯罪意图”，甚至有明确的“目标追求”，但该行为事实上永远不可能造成伤害，因而不应认定为犯罪。如私下的诅咒行为(公开诅咒可能构成侮辱)、巫蛊行为等。

拓展阅读

巫蛊之祸

巫蛊为一种巫术。在中国古代，人们认为使巫师祭祠或以桐木偶人埋于地下，诅咒所怨者，被诅咒者即有灾难。

征和二年(公元前 91 年)，丞相公孙贺之子公孙敬声被人告发为巫蛊咒武帝，汉武帝大怒，将被告发的人处死，后宫妃嫔、宫女以及受牵连的大臣共杀了数百人。汉武帝产生疑心以后，有一次，在白天小睡，梦见有好几千木头人手持棍棒想要袭击他，霍然惊醒，从此感到身体不舒服，精神恍惚，记忆力大减。江充与太子刘据、卫皇后有嫌隙，见汉武帝年纪已老，害怕汉武帝去世后被刘据诛杀，便定下奸谋，说汉武帝的病是因为有巫术蛊作祟造成的。于是汉武帝派江充为使者，负责调查巫蛊案。江充率领胡人巫师到各处掘地寻找木头人。从京师长安、三辅地区到各郡、国,因此而死的先后共有数万人。

接着,江充指使胡人巫师檀何言称:"宫中有蛊气,不将这蛊气除去,皇上的病就一直不会好。"于是汉武帝派江充进入宫中,直至宫禁深处,挖地找蛊。江充扬言:"在太子宫中找出的木头人最多,还有写在丝帛上的文字,内容大逆不道,应当奏闻陛下。"

太子刘据非常害怕,秋七月壬午(初九),刘据派门客冒充皇帝使者,逮捕了江充等人,并亲自监杀江充,又将江充手下的胡人巫师烧死在上林苑中。

刘据派侍从门客无且携带符节乘夜进入未央宫长秋门,通过长御女官倚华将一切报告卫皇后,然后调发皇家的马车运载射手,打开武器库拿出武器,又调发长乐宫的卫卒。庚寅(十七日),刘据兵败外逃,跟随刘据发兵谋反的,均被灭族。

刘据逃到湖县,被地方官围捕,估计难以逃脱,自缢而死。此时汉武帝也颇知太子刘据是因被江充逼迫,惶恐不安,才起兵诛杀江充,并无他意。事情水落石出后,汉武帝追悔莫及,便转手报复当初参与谋害刘据的人,丞相刘屈牦等相关人物被以各种理由被杀或自杀,被诛杀者牵连甚广,皇亲国戚以及显要官员,当时西汉政权的高层几乎均被牵涉其间,国本由此动摇。

(五) 单纯的思想表达

一个人单纯的思想,或正常表达自己观点认识的行为,只要不是恶意并公开地进行诽谤、煽动、造谣、侮辱,均不应当认定为犯罪行为。思想犯罪、因言获罪在西方中世纪宗教统治时期成为迫害有理性和良知的人士的工具,它所带来的灾难永远值得我们深刻反思。

拓展阅读

美国《反煽动叛乱法》的荣与衰

1937 年,在大洋彼岸的美国,有两起"危害国家安全"的政治案件被判决。一起是德扬诉俄勒冈案。德克·德扬因为违反《俄勒冈犯罪工联主义法》被判有罪。当时,他正在协助筹备一个由共产党主办的会议,被裁定有罪的唯一依据仅仅在于这次会议是共产党召集的。联邦最高法院一致裁决推翻原审判决,德扬无罪。大法官休斯写道:"为讨论合法议题而举行和平集会不构成犯罪。同样,为采取和平的政治行动而召开会议也不能被禁止。我们不能给那些坚持举办此类会议的人贴上罪犯标签。"

另一起是赫恩登诉劳里案。安杰洛·赫恩登是佐治亚州一名共产党领袖,还是个黑人,他被控"企图煽动暴乱"。最高法院以 5:4 的微弱优势推翻了原判决,欧文·罗伯茨在多数意见中写道:"他的共产党内地位及对其他党员的鼓动完全不能构成煽动他人暴乱的企图,如将在党内任要职以及鼓动其他党员的行为定为犯罪,甚至处以死刑,是对公民言论自由的不正当的侵犯。"

德扬和赫恩登是幸运的,如果他们生活在 1918 年的美国,极可能无法幸免。1918 年初,美国刚加入第一次世界大战,蒙大拿州颁布了一部《蒙大拿州反煽动叛乱法》,规定凡"散布、印刷、撰写或出版任何对政府、宪法、美国国旗或军服不忠的、亵渎的、暴力的、下流的、蔑视的、丑化的或者辱骂的言论",均构成犯罪,最高处罚金 2 万美元及最长 20 年刑期。接下来的一年,79 个蒙大拿人因此法案而锒铛入狱。其中一位是地产商,仅仅说了一句"因为我不买自由公债也不去扛那该死的国旗,他们就叫我德国鬼子",一个酒业推销员,声称战时食品管制是一个"天大的玩笑",更多的不过是在沙龙里谈了谈"国事"。

蒙大拿的爱国狂热只是全国症候的一个例证。事实上,国会在 1917 通过了被后人视为扼住言论自由咽喉的《反间谍法》(该法规定,在战争期间,任何人"恶意阻碍美国的征兵或服役"均构成犯罪),

并在1918年以增补案的形式将《蒙大拿反煽动叛乱法》的文本添入其中。有时,人们也把增补案这部分单独称为1918年《联邦反煽动叛乱法》。这一增补部分在1921年被国会取消,但它存在的三年时间里,有两千多人因此被起诉。

《蒙大拿反煽动叛乱法》的蓝本可追溯到1798年7月4日,联邦党人推动参议院通过的一项将煽动性诽谤定为联邦罪行的《反煽动叛乱法》。该法案规定,“发表、出版任何针对联邦政府、国会、总统的恶意、虚假、诽谤性的言论均构成犯罪”“不得散布蔑视、丑化联邦政府、国会或总统的言论,或者煽动善良的美国人民对于联邦政府、国会或总统的仇恨”,违者处两年刑期及2 000美元罚金。该法案在1801年3月3日自动失效。但在失效前,14人因它被捕,多数是支持杰斐逊的报社编辑和所有者。1801年杰斐逊就任总统,迅速特赦了所有因《反煽动叛乱法》而获罪的人。在几年后一封给友人的信中,他陈述了这么做的理由:“这是一部自始至终都绝对无效的法律,它好比国会命令我们集体扑倒、对着一尊金质偶像顶礼膜拜,而要我在旁时刻看守,揪出那些拒不从命的人。”

在此后的岁月里,将自由视为宪法生命的法律人或智者,在不同的时间里说出了下面的话:“一个有序的社会,不能仅仅依靠人们对惩罚的恐惧和鸦雀无声来维系”“那些为我们所痛恨的思想,同样自由”“压制批评不会为民主政府带来更多的合法性”“在任何一个宪政国家,意见的自由表达是权力的最终来源”。这些金子般的话语,都是对《反煽动叛乱法》极有力的反驳。

我个人读到最震撼人心的一段话来自霍姆斯大法官。1925年,在吉特洛诉纽约一案中,最高法院判决印发左翼宣言的极端分子吉特洛有罪,霍姆斯对判决结果表示异议,他写道:“所谓以暴力推翻政府,正是被告和他的左翼团体所抱持的政治信念的一部分,而这一企图并没有带来任何即刻的危险。有人说,本案中的宣言不仅是一种理论,更是一种煽动。事实上,每一种思想都是一种煽动。思想本身就会提供一种信念。因为唯有相信它,才会照着它行动;除非它被别的什么信念所取代,或者在采取行动之初,即因缺乏影响而告夭折。在更为严格的意义上,意见表达和煽动之间唯一的区别仅在于,说话人对结果所抱的热情。滔滔雄辩可使理智着火。但是,无论你如何看待摆在我们面前的这份冗长说辞,它都没有机会立即燎起一场熊熊大火。从长远来看,如果宣言中表达的信念最终会被大多数人接受,那么此时言论自由的唯一价值就在于:给它们一个机会,让它们得以表达。

1964年3月,大法官布伦南提交了关于沙利文诉纽约时报案的意见,其中写道:“对公共事务的讨论应该不受阻碍、富有活力和广泛公开,这些讨论包括对政府和公职人员激烈、苛刻,有时甚至是令人不快的尖锐抨击。”他接着将1798年的《反煽动叛乱法》作为分析核心,认为“尽管此法案从未受到最高法院的审查,但在历史的法院上,对其有效性的批评一直延续至今”。至此,《反煽动叛乱法》在自动失效163年后被宣布违宪。

2006年5月,蒙大拿州长布雷恩·施魏策尔为已过世的因1918年《蒙大拿州反煽动叛乱法》获罪的78人平反(79人中有一个早前获特赦)。

(摘自宋石男《反煽动叛乱法的荣与衰》,载于《看历史》,2011年5月号)

(六) 其他不宜认定为犯罪的行为

还有一些行为,尽管也存在社会危害性,但执行成本较大,且犯罪很难受到追究的行为。这种情况下不仅不能制止犯罪,反而会引起一系列社会问题。在人们的观念中,被追究刑事责任会被视为是“倒霉的运气”。同时,这种情况还容易滋生执法腐败。钓鱼执法、运动式执法以及选择性执法都是这种法律的必然伴生物。比如前文中曾讨论过的“通奸行为”“嫖娼行为”等。

还有一种行为被称为“无被害人的行为”,有人呼吁也不宜按照犯罪来处理。所谓无被害人的行为一般指成年人之间相互同意、且没有导致相互伤害的行为。通奸和嫖娼行为均属无被害人的行为，这些行为历史上都曾被视为犯罪行为，现在仍然被视为犯罪的无被害人的行为同样存在，如我国的“聚众淫乱罪”，又比如某些国家将同性之间自愿的性行为视为犯罪。

对这些行为是否应当一律从刑法中剔除，人们至今仍存在争议。对于哪些行为应认定为犯罪，哪些行为不宜再认定为犯罪，至今也没有形成一致的意见和标准。

二、犯罪构成理论

犯罪构成是由刑法所规定的，决定一个行为是否以及构成何种犯罪的各种主客观条件的总和。尽管刑法所规定的构成犯罪的条件是确定的，但对于一个具体的行为是否符合刑法所规定的某个罪名的条件，则需要借助于一些理论分析方法。用于分析犯罪构成的理论分析方法被称为犯罪构成理论。当前我国刑法学界较有影响的犯罪构成理论有两个：一个是源于苏联的四要件理论；另一个是源于德国的三要件理论。

拓展阅读

犯罪构成理论的历史演进

犯罪构成，又称为犯罪构成要件，指刑法规定的犯罪成立的条件。犯罪构成的理论在刑法学的理论体系中占有核心的地位。

从语源上，犯罪构成一词来自中世纪意大利的诉讼程序。18 世纪传到德国，被翻译成犯罪构成，但仍在诉讼法意义上被采用。19 世纪初，德国刑法学家费尔巴哈(A・Feuerbach)将其用到实体法中。他首次将刑法分则上关于犯罪成立的条件称为犯罪构成，提出犯罪构成是违法行为中所包含的各个行为或事实的诸要件的总和，是适用刑罚的前提条件。20 世纪初，德国刑法学者贝林格(E・Beling)提出的构成要件理论，他在批判 19 世纪刑法总论仅从抽象概念出发论述犯罪成立条件的基础上首次将刑法分则与总则的特殊构成要件概念化，他指出，犯罪是符合构成要件的、违法的、有责任的并对此有适合的处罚规定和满足处罚条件的行为。并认为，构成要件的符合性是犯罪成立的第一要件，同时犯罪还必须具备违法性及有责任诸要件。20 世纪 20 年代，德国的刑法学者麦兹格(Edmund Mezger)在批判贝林格犯罪构成理论基础上，指出犯罪构成有广义和狭义之分。广义指成立犯罪的一切条件，狭义的构成要件仅指构成特定种类犯罪的要素，包括行为及其侵害法益的结果，行为与结果之间的因果关系等客观的违法要素，但不包含故意与过失。

20 世纪 30 年代，新刑事古典学派的一些学者以目的行为论为基础，又提出新的犯罪构成理论。其代表人物有德国的里拉哈(Maurach)、魏兹尔(Welzel)和日本的木村龟二、平场安治等人。他们认为自 19 世纪以来的行为论，都把行为的意志内容排除在外。实际上人的行为是目的活动的实现，目的是行为的本质要素，目的与行为不可分，即行为是主观意志内容与其客观外部表现的统一体。因而，主张将故意与过失作为行为的主观要素纳入构成要件之内，并认为故意或过失是行为的本质要素，是构成要件的主观要素。因此在他们看来，犯罪构成要件应分客观与主观两方面，前者为侵害法益之行为，后者则包括动机、目的、倾向、故意(或过失)等。至此，犯罪构成的内容已包含了主、客观两个方面，与犯罪成立已成为同一概念。大陆法系国家刑法理论普遍采用三要件理论，即认为犯罪成立必须具备三个要件：构成要件符合性、违法性和有责性。在苏联，犯罪构成理论发展成为四要件理论，1946 年出版的特拉伊宁教授的《犯罪构成的一般学说》认为，所谓犯罪构成，是指苏维埃刑法所规定的说明危害行为特征的诸要件的总和，包括犯罪客体、犯罪客观方面、犯罪主体和犯罪主观方面四个要件。四要件犯罪构成理论曾一度成为社会主义国家犯罪构成的经典理论。

中华人民共和国成立后，我国的刑法理论深受苏联的影响，也接受了四要件的犯罪构成理论。但近几年，一些刑法学者对四要件理论提出了批评，刑法学界似乎也有回归德国三要件理论的趋势。

（本阅读材料主要根据付立庆《中国传统犯罪构成理论总检讨》一文整理而成，载于《刑事法评论》，2010年）

（一）四要件理论

四要件理论将犯罪构成的条件总结为四个方面，即主体要件、主观方面要件、客体要件和客观方面共四个要件，任何犯罪的认定必须完全符合这四个要件，缺乏任何一个要件都不能认定为犯罪。

如民政局局长李某因弟弟做生意资金不足，将100万扶贫款借给弟弟，结果生意亏损，不能返还。李某的行为构成犯罪吗？构成何种犯罪？犯罪理论本身作为一种理论分析方法，并不能直接回答上述问题，而必须结合刑法中的具体规定进行分析。李某行为是否构成犯罪，要先看他的行为与刑法规定的哪种犯罪比较契合。根据初步对照，《刑法》第384条有关挪用公款罪的规定似乎与李某的行为比较契合。该条规定：国家工作人员利用职务上的便利，挪用公款归个人使用，进行非法活动的，或者挪用公款数额较大、进行营利活动的，或者挪用公款数额较大、超过三个月未还的，是挪用公款罪，处五年以下有期徒刑或者拘役；情节严重的，处五年以上有期徒刑。挪用公款数额巨大不退还的，处十年以上有期徒刑或者无期徒刑。

李某的行为是否构成挪用公款罪呢？需要根据犯罪构成理论进行进一步分析。四要件理论从以下四个方面进行分析：

1. 主体要件

主体要件分为两类：一类是刑事责任能力要件，称为一般主体要件，不具有刑事责任能力的人实施的行为不构成犯罪。第二类是特殊要件，并不是所有的犯罪都要求特殊主体要件，只有部分犯罪规定特殊主体，比如贪污犯罪的主体要求是国家工作人员，又比如徇私枉法罪的犯罪主体要求是司法工作人员。还有一些犯罪，刑法规定单位也可构成犯罪，单位构成犯罪的，除单位可能会面临罚金之外，直接负责的主管人员和其他直接责任人员还要承担相应的刑事责任。

李某达到刑事责任年龄，没有精神病等法律规定不具有刑事责任能力的任何情形，符合犯罪构成的一般主体要件。挪用公款罪有特殊主体要求，要求犯罪主体是国家工作人员，李某身为民政局局长，属于国家工作人员身份，符合该罪规定的特殊主体要件。

因此，李某符合挪用公款罪规定的主体要件。

2. 犯罪的主观方面

主观方面是指的行为人的主观心理状态。犯罪行为的主观心理首先是故意，所谓故意，是指明知自己的行为会发生危害社会的结果仍然实施的一种心理状态。犯罪行为的主观心理状态还包括过失，所谓过失，指行为应当预见到自己的行为可能发生危害社会的结果，因疏忽未预见或因轻信能避免而实施行为，并导致这种危害结果发生的一种心理状态。过失行为只有法律明文规定的情况下才可构成犯罪。

在行为时既没有故意，也不存在法律所规定的过失，则不构成犯罪。不存在故意和过失的行为主要指的是不自主行为，认识错误尽管并不必然导致行为的不自主，但因其可以排除故意与过失，故对犯罪构成有着重要的影响。

认识错误包括“事实上的认识错误”和“法律上的认识错误”，对法律上的认识是否存在错误均不影响对行为性质的认定，对犯罪构成有影响的主要指的是“事实上的认识错误”。其中比较复杂的是关于是否存在明知问题的认定。现实生活中，个人常常因认识错误导致“不明知”，但单纯的对法律的认识错误不影响“明知”的认定，是否明知考察的是对行为的危害结果这一事实的明知，对法律是否存在认识错误在所不问。在司法实践中，事实上的认识错误主要包括以下几种：

(1) 客体认识错误

行为人预想侵犯的对象与实际侵犯的对象在法律性质上不同(分属不同的犯罪构成)。例如甲窃取了乙的提包，回家后打开提包发现里面还有一支手枪。甲窃取提包通常只有盗窃普通财物的故意，而事实上发生了窃取枪支的结果。因为枪支属于《刑法》第 127 条盗窃枪支罪的对象，而财物属于《刑法》第 264 条盗窃罪对象，分属不同的犯罪构成，体现了不同的客体——公共安全和财产权，所以甲发生的事实错误不仅仅是具体对象的错误而是客体错误。客体错误阻却行为人对错误的事实承担故意的罪责。甲仅在盗窃罪的限度内承担罪责，对误盗枪支的事实不承担故意的罪责。甲仅能成立盗窃罪。不过，甲如果将该枪持有，可成立非法持有枪支罪。

(2) 对象认识错误

行为人预想侵犯的对象与行为人实际侵犯的对象在法律性质上是相同的(属于同一构成要件)。例如，甲欲杀乙，却误认丙为乙而杀死了丙；甲预想侵犯的对象是乙，实际侵犯的对象是丙。由于乙和丙都是人，同属于《刑法》第 232 条规定的故意杀人罪的对象，甲不论是杀了丙还是杀了乙，都是剥夺他人的生命，都没有超出故意杀人罪犯罪构成之对象的范围，也没有使犯罪客体的性质发生变化。因此，甲仍然构成故意杀人罪既遂。

(3) 手段认识错误

行为人对犯罪手段发生误用，如甲本想使用毒药杀害张三，但因为误认而错用了一种无毒的药物。这种错误不影响罪过的性质，但由于这种行为并未造成所追求的犯罪结果，因而属于故意杀人未遂。但应注意的是，手段错误与“客观不能犯”不同。手段错误所采取的手段本来是存在危害性的，但“客观不能犯”情况下，行为人的手段本来就没有任何危害性。

犯罪的主观方面一般指的故意或过失的主观心理状态，在考察主观方面时，一般也是根据具体情况考察行为人是否存在故意或过失。但有的犯罪构成要求行为人具有特定的目的和动机，当法律对此作出明确规定时，犯罪的目的和动机也属于犯罪主观方面的内容。如《刑法》第 192 条规定的集资诈骗罪须有“非法占有的目的”，又如第 217 条侵犯著作权罪须“以营利为目的”才能构成，再如第 243 条诬告陷害罪的构成必须有“使他人受刑事追究”的意图。

李某明知扶贫款是专项资金，不得挪作他用，而将其挪用借给其弟用于经营活动，显系明知，存在犯罪的故意，符合犯罪的主观构成要件。

3. 犯罪客体

犯罪客体，一般将之定义为刑法所保护的、同时也是犯罪行为所侵犯的社会关系。这样的定义比较抽象，不宜被普通人所理解。还有人立足于法益来定义，但法益同样是一个比较抽象的词语。实际上，我们可以简单地将犯罪客体看作是犯罪行为所侵犯的正常的社会秩序，也可以将其理解为是一种关于社会危害性的表达。比如故意杀人罪侵犯的是每一个正常人的生存秩序，盗窃罪侵犯的是正常的财产所有秩序，贪污罪侵犯的是国家财产所有秩序和国家机关的正常活动秩序。

也有人批评犯罪客体在犯罪构成中并无实质性的意义，对具体的犯罪构成分析也几乎没有任何影响，认为应当从犯罪构成要件中删去。

拓展阅读

关于犯罪客体是否应作为犯罪构成的要件，持否定观点的理由主要有以下几点：

1. 犯罪客体实际上是保护客体，即刑法所保护的法益，它属于犯罪概念的内容。《刑法》第 13 条、第 420 条明文在犯罪的一般概念和军人违反职责罪的概念中说明了犯罪客体或法益。揭示犯罪的本质是犯罪概念的任务，而揭示犯罪本质，不仅要说明犯罪行为侵犯了法益，而且要说明犯罪行为侵犯了什么样的法益，否则就等于没有揭示犯罪本质。在犯罪概念中研究法益，则有利于揭示犯罪的本质。

2. 犯罪客体本身是被侵犯的法益，但要确定某种行为是否侵犯了法益以及侵犯了什么法益，并不是由犯罪客体本身来解决。从法律上说，要通过犯罪客观要件、主体要件和主观要件综合反映出来；从现实上说，要通过符合上述三个要件的事实综合反映出来。换言之，行为符合上述三个要件，就必然出现犯罪客体，不可能出现符合上述三个要件却没有客体的现象。

3. 犯罪客体与上述三个要件并不处于同一层次，犯罪客体是被反映、被说明的现象，而犯罪客观要件、主体要件与主观要件，都从不同角度说明行为侵犯的是何种法益以及侵犯程度；不仅如此，法益实际上对确定犯罪构成要件的内容具有决定性意义，将法益作为犯罪概念的内容而不作为构成要件，有利于以犯罪本质为指导解释刑法规定的构成要件。

4. 主张犯罪客体不是要件，并不会给犯罪定性带来困难。如上所述，一个犯罪行为侵犯了什么法益，是由犯罪客观要件、主体要件与主观要件以及符合这些要件的事实综合决定的；区分此罪与彼罪，关键在于分析犯罪主客观方面的特征。如果离开主客观方面的特征，仅仅凭借犯罪客体认定犯罪性质，难以甚至不可能达到目的。

5. 外国刑法将法益视为十分重要的概念，但没有任何人认为刑法保护的法益是构成要件。我国刑法理论关于犯罪客体是构成要件的观点来自苏联，但是，其一，苏联刑法学者中也有人(如布拉依宁)反对这种观点。其二，苏联刑法理论之所以认为犯罪客体是构成要件，只是因为“每一个犯罪行为，无论它表现为作为或不作为，永远是侵犯一定的客体的行为。不侵犯任何东西的犯罪行为，实际上是不存在的。”但是，任何犯罪都侵犯法益，并不等于法益本身是构成要件。例如，任何犯罪都违反刑法，但刑法本身并不是犯罪构成要件。可见，将犯罪客体作为构成要件，实际上有偷换概念之嫌。其三，特拉伊宁本人在论述犯罪构成因素时，分别论述了“表明犯罪客体的构成因素”“表明犯罪客观方面的构成因素”“表明犯罪主体的构成因素”“表明犯罪主观方面的构成因素”，他虽然论述了各种表明客观方面、主体与主观方面的因素，但他的确没有论述哪些因素是表明犯罪客体的构成因素，只是说明了犯罪客体的含义与作用。这正好说明，表明犯罪客体的因素来自其他构成要件，而不是其本身。其四，苏联刑法理论将犯罪客体纳入犯罪构成之中后，使犯罪构成要件丧失了实质意义而成为单纯的形式要件，正当防卫、紧急避险也被当作符合犯罪构成的行为。为了使这种行为无罪，又在犯罪构成之外以其没有社会危害性为由否认其犯罪性，于是，犯罪构成丧失了认定犯罪的法律标准的机能。

(本阅读材料的整理主要参考了童伟华博士论文《犯罪客体研究：违法性的中国语境分析》，武汉大学出版社，2005 年)

无论客体是否应当作犯罪要件，无论如何认识犯罪客体的定义，从社会危害性的角度，李某的行为都是有社会危害性的行为，符合犯罪客体要件。

4. 犯罪的客观方面

犯罪的客观方面一般由刑法分则的具体条文明确规定，主要指行为的方法手段、行为的情节、行为的后果、犯罪的时间和地点等因素，这些因素对于具体的犯罪而言，都可能会影响到犯罪的构成。如《刑法》第233条过失致人死亡罪的构成要求必须造成“他人死亡”的后果。又如244条强迫劳动罪必须以暴力、威胁或者限制人身自由的方法，才能构成。犯罪的地点和时间也影响到定罪问题，如第290条聚众冲击国家机关罪要求行为的地点必须在国家机关。又如421条战时违抗命令罪中所说的违抗命令必须发生在战争期间才构成犯罪。

挪用公款罪要求犯罪的客观方面包括以下几个方面：一是行为时利用了其职务上的便利；二是该款项挪用后的用途；三是挪用的时间与金额；对于更为严厉的刑罚的适用，还要求情节严重、数额巨大、不退还等条件。

李某作为局长将公款挪用其弟，符合利用职务上的便利挪用公款归个人使用的条件。挪用公款用于营利活动，要求挪用的数额较大并且超过三个月未还。根据最高人民法院《关于审理挪用公款案件具体应用法律若干问题的解释》(1998年5月9日施行)的解释，挪用公款归个人进行营利活动的或挪用公款归个人使用超过三个月未还的，以1万元至3万元为起点。李某挪用100万，而且不能返还，符合时间与金额的法定条件。故李某的行为符合犯罪构成客观方面的规定。

至于李某的行为应适用何种刑罚，还应进一步考察其他条件。根据《关于审理挪用公款案件具体应用法律若干问题的解释》的解释，挪用公款归个人使用，数额在300万元以上的，应当认定为“数额巨大”。具有下列情形之一的，应当认定为“情节严重”：

(1) 挪用公款数额在100万元以上的；

(2) 挪用救灾、抢险、防汛、优抚、扶贫、移民、救济特定款物，数额在50万元以上不满100万元的；

(3) 挪用公款不退还，数额在50万元以上不满100万元的；

(4) 具他严重的情节。

李某挪用公款的数额虽未达到300万，不属于数额巨大，但挪用的是扶贫款，符合情节严重的条件，故可以适用5年以上的刑罚。

(二) 三要件理论

三要件理论认为犯罪构成的要件为三个，分别是：行为与法律所规定的某犯罪条件的符合性，行为本身的违法性，以及行为的有责性。四要件理论的四个构成要件是平行关系，在考察犯罪构成时没有先后顺序，应同时考虑。而三要件理论的三个要件是递进关系，在考察犯罪构成时并不是平行推进，而是依次进行的。

仍以李某的挪用公款为例，如果以三要件犯罪构成理论来分析，首先要考察李某的行为是否与挪用公款罪规定的罪状相符，不相符，则不构成挪用公款罪，不再考察其他要件；相符，则进入第二层次，即该行为本身是否具有合法性。这一层次所考察的内容实质上是看是否有排除社会危害性的阻却犯罪的事由，比如正当防卫，职务行为等。如果存在阻却犯罪认定的事由，则不构成犯罪，不再考察其他要件，如果没有阻却犯罪认定的事由，则进入第三层次的考察，即行为的有责性。是否具有有责性一般从行为人的刑事责任能力、犯罪故意或者过失等方面考察。

拓展阅读

犯罪构成三要件说与四要件说之比较

当今世界，刑法领域内有三种犯罪论体系。其一是苏联等国采用的犯罪构成理论体系，将犯罪构成要件分为主体要件、客体要件、主观要件、客观要件四个部分，即通常所说的犯罪构成四要件说；其二是英美等普通法系国家采用的犯罪论体系，将犯罪成立条件分为犯意和犯行；其三是以德国和日本为代表的"三要件说"，三要件说认为犯罪构成要件应当是由构成要件该当性（即符合性）、违法性和有责性组成的三阶层递进式。

由于受苏联的影响，四要件说一直占据了我国犯罪构成要件理论的通说地位。而近三十年来，我国犯罪构成理论研究出现了百花齐放、百家争鸣的现象，不少学者对于四要件说进行了批判，同时也开始也对德日的三要件说进行了有益的探讨，四要件说的通说地位受到了质疑。虽然学术界仍然颇多争议，而司法考试已经先行一步，司法考试大纲采用了德日的三要件说理论，摒弃了苏联的四要件理论。

一、两学说之争

近年来，两学说之争也可谓刑法学界的热点问题，而守旧或者迎新两派一直争议颇多。

1. 支持四要件说

支持四要件说的学者认为，四要件说目前在我国仍然是适用的，而三要件说更有利于处理疑难案件的说法也缺乏事实依据，反而会带来判决的任意性。将两种学说进行比较可知，三要件说涵括了四要件说的所有要素，三要件说按照递进式的结构来对各个要素进行排列，而二者的入罪因素其实是相同的。一个行为无论是用三要件说或是用四要件说来评价，如果在危害行为、危害结果、因果关系、刑事责任能力、身份、罪过、目的、社会危险性等方面符合法律规定，就都符合了构成犯罪的积极条件。从这方面来看，在积极条件方面，三条件说只是排列组织方式不同于四要件说而已，要素上是一致的。

二者的区别主要在出罪方面。二者出罪上的最大区别在于递进式的三要件说在有责性这一阶层规定了阻却事由而出罪。而对于无期待可能性这样的阻却事由，确实缺乏法律明确规定，从理论上看，这种出罪具有无限性、随意性的危险。某一个行为在具备了构成要件该当性、违法性以及有责性中除了期待可能性以外的其他要件后，法官可以根据期待可能性的有无来确定是否出罪。而关于期待可能性虽有各种理论，但是这些理论本身就有缺乏明确性的问题，并且也无法律约束力，如此一来，是否具有期待可能性就全依赖法官的判断了，这会带来出罪随意性的风险。事实上，在许多情况下，期待可能性作为犯罪豁免的问题来处理，即行为已构成犯罪后，根据政策的考虑再豁免犯罪或许更便于兼顾法律适用的确定性和灵活性。

如前所述，犯罪构成四要件说在出罪上受到更大的限制，它严格区分犯罪成立和犯罪豁免两个范畴，从而形成犯罪构成和犯罪豁免两个相互联系又相对独立的两大定罪过程，它体现了严格的法治精神，因而限制了适用法律的任意性。而三要件说在出罪方面的随意性，使得法官拥有更多的自由裁量权。在法律理论完善、法官素质较高的国家，采用三要件说确实可以提高法律适用的效率。根据具体的案件事实，来灵活的运用构成要件出罪，或许更有助于实现公正。然而以我国目前法官群体的素养还有待提高的现状，贸然地推广三要件说，在某些有争议性的案件中可能会带来执法不公等一系列问题。

同时，支持四要件说的学者列举了贸然推行三要件说所面临的现实困境。部分学者认为通说仍以四要件为主，教科书以及法律教材都以四要件为通用观点。中华人民共和国成立以来，四要件说深入人心，无论是法官、检察官还是律师在司法实践中都采用四要件说，其成为约定俗成的规则，内地无论是司法人员还是理论研究人员，主要是依托国内教育，学习中国刑法学理论成长起来的，不具备学习、研究德日的三要件说理论的语言基础、知识结构，甚至认为移植德日刑法学，可谓"一厢情愿"。贸然换用一种观点，会带来很多问题。

2. 支持三要件说

支持三要件说的学者认为虽然在普通的刑事案件中，两种犯罪构成理论没有明显区别，但是旧理论对疑难案件往往束手无策。全国人大法律委员会委员、清华大学法学院副院长周光权认为，虽则四要件说在我国颇有基础，简洁明了，便于司法实务操作，但是由于其拼凑式的逻辑结构，使得其面对现实中的疑难案件遭遇困境，在客观上也造成了我国与刑法学界在共犯、紧急避险等问题上对话困难。此外，陈兴良教授一直呼吁中国刑法学转换犯罪构成理论。

支持者认为三阶层理论有更严密、体系强的优势。正是这种优势，使得三要件说在我国刑法学界的推广有切实意义。目前在刑法学界，要求将德日的三要件说理论引入我国刑法理论的呼声很高，有些学者甚至开始采用这种理论来编排自己的教材。

二、总结

首先，四要件说的支持者所列举的诸多理由过于限定在现有制度维持上，担心新理论的入侵带来的变动，这种因循守旧不能成为维持原状的正当理由。我们判断一种制度是否应当被革新，不能仅仅考虑它存在的时间长短。

此外，更为重要的是，四要件本身存在着许多不能克服的不足。正如支持四要件者所说，犯罪构成三要件实际上涵括了四要件的全部构成要件，但是这种涵括并非是简单的重新排列，而是进行了归纳，并设置了递进式的结构。三要件说将犯罪区分为违法性、有责性和该当性，这是一个逻辑推理的过程，并不是简单的罗列。

四要件说中，主观判断和客观评价同时地、一次性地完成。客观判断涉及危害社会的行为（作为及不作为）、危害社会的结果及犯罪的时间、地点、犯罪所使用的工具等附随情况。主观判断涉及罪过，即故意、过失。从这方面来看，存在主观和客观的关系不清晰、犯罪主体与犯罪构成要件的关系纠缠不清这些问题。缺乏评价的层次性，主观要件和客观要件同等重要，在平面式结构中看不出哪一个要件需要优先评价，也就无法防止人们先判断主观要件符合性是否存在。这种理论构架的直接后果就是人们在考虑主观要件之后才考虑客观要件，容易将没有法益侵害但行为人主观上有恶性的身体动静（但不是实行行为）认定为犯罪，从而人为扩大未遂犯的成立范围，刑法就可能在某些问题上无可避免地陷入主观主义的陷阱之中。正是这种可能性，使得四要件的运用，可能带来在疑难案件判决上对于罪刑法定原则的背离，有失公平。

而按照三要件说，对行为的客观判断和主观判断是分层次进行的。客观判断分两个步骤进行，即行为的犯罪构成该当性和违法性。主观判断就是对个人责任的判断。在前一个要件未明确之前，不允许讨论后一个要件，因此它具有很强的逻辑性和说理性，只有完全走完这一个过程，某一行为才会被认为是犯罪，中间有任何断裂即不能得出有罪结论。正是这种递进式的阶层设计，确保了主观判断不能先行于客观判断，使得三要件说有四要件说不可取代的地方。

综上所述，关于犯罪构成三要件说能否更好指导我国的刑事审判，现在看来，或许还面临着重重阻力，但是认真体会不难发现，三要件有其说服力，并且司法考试中方向的调整，也是一个助力，相信三要件说能够在我国有长足的发展。

（参见蒋冠宇《犯罪构成三要件说与四要件说之比较》，载于 https://www.chinacourt.org/article/detail/2013/03/id/929199.shtml）

(三) 我国刑法规定的犯罪类型

犯罪构成、犯罪形态等问题,包括下一讲要讨论的刑罚,都属于刑法总则的问题。总则问题讨论的是所有犯罪的共性问题,而具体的犯罪都是在分则中规定的。我国刑法将犯罪行为归为10类,目前共468个罪名。

1. 危害国家安全罪

危害国家安全罪,是指故意危害中华人民共和国国家安全的行为。

危害国家安全罪包括:背叛国家罪,分裂国家罪,煽动分裂国家罪,武装叛乱、暴乱罪,颠覆国家政权罪,煽动颠覆国家政权罪,资助危害国家安全犯罪活动罪,投敌叛变罪,叛逃罪,间谍罪,为境外窃取、刺探、收买、非法提供国家秘密、情报罪,资敌罪等共12个罪名。

2. 危害公共安全罪

危害公共安全罪,是指故意或者过失地实施危害不特定多数人的生命、健康和重大公私财产安全及公共生产、生活安全的行为。

危害公共安全罪包括:放火罪,决水罪,爆炸罪,投毒罪,交通肇事罪,破坏交通工具罪,失火罪,过失决水罪,过失爆炸罪,过失投毒罪,破坏交通设施罪等共52个罪名。

3. 破坏社会主义市场经济秩序罪

破坏社会主义市场经济秩序罪,是指违反国家经济管理法规,破坏社会主义市场经济秩序,严重危害国民经济的行为。

破坏社会主义市场经济秩序罪包括:生产、销售伪劣商品罪,走私罪,妨害对公司、企业的管理秩序罪,破坏金融管理秩序罪,金融诈骗罪,危害税收征管罪侵犯知识产权罪,扰乱市场秩序罪等共108个罪名。

4. 侵犯公民人身权利、民主权利罪

侵犯公民人身权利、民主权利罪,是指故意或者过失地侵犯公民人身权利、民主权利的行为。

侵犯公民人身权利、民主权利罪包括:故意杀人罪,故意伤害罪,强奸罪,奸淫幼女罪,强制职工劳动罪,过失致人死亡罪,过失致人重伤罪,拐卖妇女儿童罪,非法侵入住宅罪等共42个罪名。

5. 侵犯财产罪

侵犯财产罪,是指故意非法占有、挪用公私财物,或者故意毁坏公私财物,破坏生产经营的行为。

侵犯财产罪包括:盗窃罪,诈骗罪,抢夺罪,侵占罪,聚众哄抢罪,挪用特定款物罪,职务侵占罪,挪用资金罪,设施勒索罪,抢劫罪,故意毁坏财物罪,破坏生产经营罪等共13个罪名。

6. 妨害社会管理秩序罪

妨害社会管理秩序罪,是指妨害国家机关的社会管理活动,破坏社会正常秩序,情节严重的行为。

妨害社会管理秩序罪包括:扰乱公共秩序罪,妨害司法罪,妨害国(边)境管理罪,妨害文物管理罪危害公共卫生罪,破坏环境资源保护罪,走私、贩卖、运输、制造毒品罪,组织、强迫、引诱、容留、介绍卖淫罪,制作、贩卖、传播淫秽物品罪等共136个罪名。

7. 危害国防利益罪

危害国防利益罪，是指违反国防法律、法规，拒不履行国防义务或以其他形式危害国防利益，依法应受刑罚处罚的行为。

危害国防利益罪包括：阻碍军人执行职务罪，阻碍军事行动罪，破坏武器装备、聚众扰乱军事管理区秩序罪，煽动军人逃离部队罪，故意提供不合格武器装备罪，雇用逃离部队军人罪，聚众冲击军事禁区罪等 23 个罪名。

8. 贪污贿赂罪

贪污贿赂罪，是指国家工作人员利用职务上的便利，非法占有、挪用公共财物以及损害国家工作人员职务廉洁性的行为。

贪污贿赂罪包括：贪污罪，挪用公款罪，受贿罪，单位受贿罪，行贿罪，对单位行贿罪，介绍贿赂罪，单位行贿罪，巨额财产来源不明罪，隐瞒境外存款罪，私分国有资产罪，私分罚没财物罪等共 14 个罪名。

9. 渎职罪

渎职罪，是指国家机关工作人员违背公务职责，滥用职权、玩忽职守或者徇私舞弊，妨害国家机关正常职能活动，致使国家和人民利益遭受严重损失的行为。

渎职罪包括：滥用职权罪，玩忽职守罪，徇私枉法罪，枉法裁判罪，环境监管失职罪，放纵走私罪，商检失职罪，国家机关工作人员签订合同失职罪，动植物检疫徇私舞弊罪等共 37 个罪名。

10. 军人违反职责罪

军人违反职责罪，是指军人违反职责，危害国家军事利益，依照法律应当受刑罚处罚的行为。

军人违反职责罪包括：战时违抗命令罪、隐瞒谎报军情罪、拒传假传军令罪、投降罪、战时临阵脱逃罪、擅离玩忽军事职守罪等共 31 个罪名。

三、犯罪形态

（一）故意犯罪的完成与未完成形态

犯罪形态是指故意犯罪在其发展过程中的不同阶段，由于主客观原因而停止下来的各种犯罪形态，即犯罪既遂和犯罪预备、犯罪未遂、犯罪中止。其中，犯罪既遂是犯罪的标准形态，刑法分则所规定的刑罚都是以既遂为标准的，预备、中止、未遂为特殊形态。

犯罪行为是一个过程，但并非任何犯罪行为都能顺利得以实现，并非任何犯罪人都能实现预期的目的。有的人为了实行犯罪而准备工具、制造条件，但由于意志以外的原因未能着手实行；有的人着手实行犯罪后，由于意志以外的原因而未得逞；有的人在犯罪过程中，自动地放弃犯罪或者自动有效地防止犯罪结果发生；有的人则按预定计划实施了行为并发生了犯罪结果。于是，故意犯罪就会出现不同的形态。

故意犯罪形态只能存在于故意犯罪中，过失犯罪没有犯罪目的，不可能为犯罪实施预备行为；没有出现危害结果时，不可能成立过失犯罪。所以，过失犯罪没有犯罪预备、犯罪未遂与犯罪中止形态。由于过失犯罪没有未遂，也没有必要肯定其有犯罪既遂。所以，对于过失犯罪而言，只有成立与否的问题，而没有既遂与未遂的问题。

犯罪形态与量刑有着密切的联系，一般而言，未完成的犯罪应当比照既遂犯从轻、减轻甚至免除刑事处罚。

1. 犯罪既遂

犯罪既遂是行为人故意实施的行为已具备了某种犯罪构成的全部要件。一般情况下，既遂要满足两个条件：一是犯罪行为完成；二是犯罪所追求的结果发生。比如故意杀人，实施杀人行为但未致人死亡，不构成既遂，只有致人死亡的结果出现，才算既遂。但是有的犯罪既遂并不要求一定出现某种结果，只要犯罪行为实施完毕就可构成既遂。针对不同类型的犯罪，既遂的标准也不同。为确定不同情况下犯罪既遂的不同标准，犯罪可分为以下几种类型：

(1) 结果犯

有些犯罪不仅要求犯罪行为实行终了，而且也要求结果发生才构成既遂，这种犯罪称为结果犯。如故意杀人罪要求死亡结果，故意伤害罪要求伤害的结果等。

(2) 危险犯

危险犯不要求结果发生，只要求有结果发生的危险即是既遂，如《刑法》116 条“破坏交通工具罪”，破坏火车、汽车、电车、船只、航空器，足以使火车、汽车、电车、船只、航空器发生倾覆、毁坏危险，尚未造成严重后果的，处 3 年以上 10 年以下有期徒刑。这种犯罪只要造成某种危险即可构成，未造成严重后果不影响犯罪既遂的认定。

(3) 行为犯

行为犯指只要实施了某种行为，即构成犯罪，并且构成既遂，如伪证罪，只要行为人实施了伪证行为，无论该伪证是否被采纳，是否造成冤假错案的实际后果，都不影响既遂的认定。又比如刑讯逼供罪，只要实施了刑讯逼供的行为即为既遂。

2. 犯罪预备

犯罪预备是指为实施犯罪准备工具、制造条件的行为。有犯罪预备行为，因意志以外的原因而未能着手实行的，是预备犯。

预备犯虽然尚未着手实施犯罪，但主观上已有明确的犯罪意图，并且客观上已开始为实施犯罪准备工具或制造条件。应当注意的是，只有单纯的犯罪意图，而没有实施任何外在行为，不构成犯罪预备，不存在刑事责任。

3. 犯罪未遂

犯罪未遂指已着手实行犯罪，由于行为人意志以外的原因而未得逞的。所谓未得逞，对结果犯而言是指结果未发生，对于危险犯而言，是危险未形成，而对于行为犯，一般是指行为未完成。

未得逞的原因必须是由于行为人意志以外的原因所导致的。行为人意志以外的原因，是指行为人没有预料到或不能控制的主客观原因。从质上说，它指的是那些违背犯罪分子本意的原因。从量上说，那些意志以外的原因必须达到足以阻碍行为人继续实行犯罪的程度。对于犯罪过程中因遇到一些轻微的阻碍因素，例如在抢劫罪中遇到熟人，在强奸罪中由于被害人请求等原因而使行为人停止犯罪的，不属于犯罪未遂，应该认为是自动中止。

本人意志以外的原因并不排除行为人自身原因，如行为人能力不足、力量不够大等虽是其自身原因，但也属于意志以外的原因。

4. 犯罪中止

在犯罪过程中，本人自动放弃犯罪或自动有效地防止犯罪结果发生的，是犯罪中止。一般情况下，既遂以后无中止，比如盗窃后又返还的，不是犯罪中止。但危险犯是例外，如果本人采取有效的措施消除危险的，可以构成犯罪中止。

应注意的是，犯罪中止必须是本人主观上对犯罪意图的放弃，是本人内在的心理反应。本人内在的心理变化可以因外在原因而发生变化，并停止犯罪的，也属于中止。但这种停止不能是外在原因直接引致的停止，必须是外在原因影响下对犯罪的主动放弃。比如，某人欲实施盗窃看见警察心生害怕，不再行窃，属于中止；而其欲实施盗窃见警察在旁不便下手，没有实施盗窃行为，但并未放弃犯罪意图，故后者不属于中止，应属于犯罪预备；如果他已经实施盗窃，因看见警察不便继续实施，因行为已开始实施，只是本人意志以外的原因未能得逞，故属于盗窃未遂。

(二) 共同犯罪

共同犯罪分为一般共犯和特殊共犯即犯罪集团两种。一般共犯是指两人或两人以上共同故意犯罪，而三人以上为共同实施犯罪而组成的较为固定的犯罪组织，是犯罪集团。

1. 共同犯罪的认定

共同犯罪的主体，必须是两个或两个以上达到刑事责任年龄、具有刑事责任能力的人或单位。一个人单独犯罪，不发生共同犯罪问题。同时，共同犯罪人必须是达到刑事责任年龄、具有责任能力的人。一个达到刑事责任年龄的人和一个未达到刑事年龄的人，或者一个精神健全有刑事责任能力的人和一个由于精神障碍无刑事责任能力的人共同实施危害行为，不构成共同犯罪

从犯罪的客观方面来看，构成共同犯罪必须是共同犯罪人具有共同的犯罪行为。所谓共同的犯罪行为，指各行为人的行为都指向同一犯罪，互相联系，互相配合，形成一个统一的犯罪活动整体。共同犯罪中，每个人可能只参与了犯罪过程中的某一个环节，并没有参与整个犯罪过程，甚至有的人只是参与了犯罪谋划，并未直接实施犯罪行为，但由于其行为构成了整个犯罪活动中的组成部分，故均属于共同犯罪。

从犯罪的主观方面来看，构成共同犯罪必须是共同犯罪人具有共同的犯罪故意。所谓共同的犯罪故意，指各共同犯罪人均已认识到他们的共同犯罪行为和行为会发生的危害结果，并希望或者放任这种结果发生的心理态度，过失犯罪没有共同故意，故不存在共同犯罪。没有共同意思联络的故意犯罪，或者单方实施的超出共同意思联络之外的行为，不构成共同犯罪。例如，甲、乙二人都对丙有仇恨，两人都在丙的食物中下了毒，结果致丙死亡，甲、乙二人均构成故意杀人罪，但不构成共同犯罪。又如甲入室盗窃，乙外面望风接应，盗窃时甲对居住在室内的一名女子，实施强奸，则强奸是甲单独所为，不属于共同犯罪。此外，事后通谋的窝藏行为，包庇行为，不构成共同犯罪。因为这些行为与危害结果的发生没有因果关系。但事前通谋窝藏行为或包庇行为，支持和鼓励了实行犯的实行行为，通过实行行为引起危害结果的发生，因而与危害结果的发生之间存在因果关系，并且具有共同的犯罪故意，应成立共同犯罪。

2. 共同犯罪中的主要犯罪形态

根据在共同犯罪中所起的作用不同，可以将各个参与共同犯罪的人分为以下类型：

(1) 主犯

组织、领导犯罪集团进行犯罪活动或者在共同犯罪中起主要作用的，是主犯。主犯包括两类：一是组织、领导犯罪集团进行犯罪活动的犯罪分子，即犯罪集团中的首要分子；二是其他在共同犯罪中起主要作用的犯罪分子，即除犯罪集团的首要分子以外的在共同犯罪中对共同犯罪的形成、实施与完成起决定或重要作用的犯罪分子。

(2) 从犯

在共同犯罪中起次要或者辅助作用的，是从犯。从犯包括两种人：一是在共同犯罪中起次要作用的犯罪分子，即对共同犯罪的形成与共同犯罪行为的实施、完成起次于主犯作用的犯罪分子；二是在共同犯罪中起辅助作用的犯罪分子，即为共同犯罪提供有利条件的犯罪分子，通常是指帮助犯。

从犯是相对于主犯而言的。主犯是共同犯罪中的核心人物，没有主犯就不可能成立共同犯罪。在共同犯罪中，只有主犯(需两人以上)没有从犯的现象是存在的，而只有从犯没有主犯的现象则不可能存在。

(3) 胁从犯

胁从犯是被胁迫参加犯罪的人，即在他人威胁下不完全自愿地参加共同犯罪，并且在共同犯罪中起较小作用的人。如果行为人起先是因为被胁迫而参加共同犯罪，但后来发生变化，积极主动实施犯罪行为，在共同犯罪中起主要作用，则不宜认定为胁从犯。由于胁从犯是共犯人的一种，具有犯罪故意与犯罪行为，故行为人身体完全受强制、完全丧失意志自由时实施的某种行为，以及符合紧急避险条件的行为，不成立胁从犯。

(4) 教唆犯

教唆犯是指以授意、怂恿、劝说、利诱或者其他方法故意唆使他人犯罪的人。教唆犯所教唆的对象必须是达到刑事责任年龄、具有刑事责任能力的人。没有刑事责任能力的人只是被当作犯罪的工具，不是教唆他人犯罪，而是等同于自己间接实施。

教唆行为的形式没有限制，既可以是口头的，也可以是书面的，还可以是示意性的动作。教唆行为的方式多种多样，如劝告、嘱托、哀求、指示、利诱、怂恿、命令、威胁、强迫，等等。但教唆行为必须是唆使他人实施较为特定的犯罪的行为，让他人实施完全不特定的犯罪的，难以认定为教唆行为。但是，只要所教唆的是较为特定的犯罪，即使该犯罪的对象还不存在，而是以出现对象为条件的，也不失为教唆行为。例如，教唆怀孕的妇女在分娩后杀死婴儿的，教唆行为成立。教唆行为的成立不要求行为人就具体犯罪的时间、地点、方法、手段等作出指示。

对于教唆犯，应当按照他所教唆的罪定罪，而不能笼统地定为教唆罪，如教唆他人犯抢劫罪的，定抢劫罪；教唆他人犯放火罪的，定放火罪。如果被教唆的人将被教唆的罪理解错了，实施了其他犯罪，或者在犯罪时超出了被教唆之罪的范围，教唆犯只对自己所教唆的犯罪承担刑事责任。

(三) 罪数形态

行为人分别独立实施的犯罪一般分别定罪量刑，如一个人杀了人，同时还曾实施过诈骗，杀人和诈骗分别是两个相互独立的犯意和行为，则在处理时应分别处理，既要追究杀人罪，也要追究诈骗罪。但一个犯罪行为常常会同时符合两个或两个以上的犯罪构成要件，如为了杀人而放火的行为，是故意杀人罪还是放火罪？还是两个罪都构成？又如利用伪造的印章实施诈骗，即构成伪造印章罪，又构成诈骗罪，在定罪时，定一罪呢，还是定两罪呢？

1. 实质的一罪

实质的一罪是指在外观上具有数罪的某些特征，但实质上构成一罪的犯罪形态，或称为形式上的数罪、实质上的一罪。它包括想象竞合犯、结果加重犯和继续犯。

(1) 想象竞合犯

想象竞合犯，亦称想象数罪，是指行为人基于一个罪过，只实施了一个犯罪行为，但这一个行为却触犯了两个以上数个罪名的犯罪形态。对于想象竞合犯的处断，我国刑法理论界通常主张"从一从重处断"原则，即依照行为触犯的数个罪名中法定刑较重的犯罪定罪处刑，而不实行数罪并罚。比如通过放火来达到杀人的目的，犯罪分子只实施了一个行为，并且只有一个犯罪目的，但同时符合放火罪和故意杀人罪两个犯罪的构成要件。在这种情况下，并不按两个罪处理，而是按量刑较重的罪处理。

(2) 结果加重犯

结果加重犯是指故意实施刑法规定的一个基本犯罪行为，由于发生了更为严重的结果，刑法加重其法定刑的情况。由于结果加重犯只有一个犯罪行为，只是危害结果较为严重，故认定为一罪。

如《刑法》第 234 条规定，故意伤害他人身体的，处 3 年以下有期徒刑、拘役或者管制；故意伤害致人重伤的，处 3 年以上 10 年以下有期徒刑；致人死亡或者以特别残忍手段致人重伤造成严重残疾的，处 10 年以上有期徒刑、无期徒刑或者死刑。

根据这一规定，故意伤害致人死亡的，仍按故意伤害定罪，只是在量刑上加重其法定刑。

(3) 继续犯

继续犯也称持续犯，是指行为从着手实行到由于某种原因终止以前一直处于持续状态的犯罪，非法拘禁罪、窝藏罪、遗弃罪等是典型的继续犯。继续犯不管持续时间长短，均按一罪对待。

2. 法定的一罪

法定的一罪是指行为人本来犯有数罪，因为某种特定的理由，法律上将其规定为一罪的情形，包括结合犯和集合犯。

(1) 结合犯

结合犯是指数个各自独立的犯罪行为，根据刑法的明文规定结合而成为另一个独立的新罪的犯罪形态。我国刑法中没有结合犯的规定。

(2) 集合犯

集合犯是指行为人以实施不定次数的同种犯罪行为为目的，虽然实施了数个同种犯罪行为，刑法规定还是作为一罪论处的犯罪形态。比如长期"以赌博为业"的构成赌博罪，多次非法行医的构成非法行医罪，以牟利为目的制作、复制、出版、贩卖、传播淫秽物品牟利罪。

3. 处断的一罪

处断的一罪，又称裁判的一罪，是指本来是符合数个犯罪构成的数罪，但因其固有的特征，在司法机关处理时将其规定为一罪。包括连续犯、牵连犯和吸收犯。

(1) 连续犯

连续犯是指行为人基于同一的或者概括的犯罪故意，连续实施数个独立的犯罪行为，触犯同一罪名的情况。比如某人因医患纠纷心生怨恨，持刀闯入医院连续将多名医生和护士捅伤，尽管行为人每一个行为都可构成独立的故意伤害罪，但在裁判时只按一罪处理。

(2) 牵连犯

牵连犯，是指犯罪人以实施某一犯罪为目的，而其犯罪方法或行为同时又触犯其他罪名的犯罪。比如为诈骗而伪造公文印章，虽然伪造公文和印章也构成独立的犯罪，但由于行为人只有一个诈骗犯罪故意，故在处理时按诈骗处理。

(3) 吸收犯

吸收犯，指一个犯罪行为因为是另一个犯罪行为的必经阶段，组成部分或当然结果，而被另一个犯罪行为吸收的情况，在处理时，仅成立吸收行为一个罪名。例如，李某盗窃枪支后私藏在家，这一行为中，私藏枪支是罪，盗窃枪支也是罪，但在处理时，藏枪支的行为被盗窃枪支的行为所吸收，仅成立盗窃枪支罪。

1. 思考与讨论

(1) 有人认为：聚众淫乱、赌博等行为与通奸行为一样，均没有真正的被害人，因此不应被认定的犯罪。你对此有何评价？

(2) 2006年4月21日晚10时许，年轻保安员许霆到位于广州市黄埔大道西平云路上的一家商业银行的ATM取款机上取款，在取款过程中他发现取款机系统出现错误，本想取款100元，结果ATM出钞1 000元，而银行卡存款账户里却只被扣除1元。于是，许霆连续用自己的借记卡取款54 000元。当晚许霆的同伴郭安山得知后，两人结伙频繁提款，等郭回住所拿了借记卡后，许霆再次用银行卡取款16 000元，随后两人离开现场。4月22日凌晨零时许，两人第三次返回上述地点，本次许霆取款10万余元，连同前两次总计取款17.5万余元。

广州中级人民法院经审理认为，许霆在明知ATM有问题的情况下，连续多次提取银行的款项并携款潜逃，盗窃数额较大，行为已构成盗窃罪，判处许霆无期徒刑，剥夺政治权利终身，并处没收个人全部财产。

许霆提出上诉，高院发回原法院重审。2008年3月31日，广州中院经重审认为，被告人许霆盗窃金融机构，且数额特别巨大，依法本应适用“无期徒刑或者死刑，并处没收财产”的刑罚。但鉴于许霆是在发现银行自动柜员机出现异常后产生犯意，采用持卡非法窃取金融机构经营资金的手段，其行为与有预谋或者采取破坏手段盗窃金融机构的犯罪有所不同，从案发具有一定偶然性看，许霆犯罪的主观恶性尚不是很大。根据本案具体的犯罪事实、犯罪情节和对于社会的危害程度，最终判决许霆犯盗窃罪，判处有期徒刑5年，并处罚金2万元，追缴许霆的犯罪所得173 826元，发还受害单位。

你是否同意法院对许霆的判决？试以三要件犯罪构成理论对许霆行为是否构成犯罪进行分析，并与四要件说的分析过程进行比较。

2. 课外阅读

(1)《中华人民共和国刑法》；

(2)《犯罪与刑罚》，[意]贝卡利亚著。

第十二讲

刑　罚

刑罚是《刑法》的重要组成部分，其内容涉及如何对犯罪行为进行处罚，主要包括两个方面：一是处罚的方式，即刑罚的种类；二是量刑问题，亦即具体应当适用哪种刑罚，以及如何适用。

一、刑罚的种类

犯罪行为所应受到的惩罚称为刑罚，在汉语语义上，刑为身体刑，罚为财产罚，除死刑和限制人身自由的刑罚外，现代国家大多不再有其他形式的身体刑，也很少区分刑与罚。我国《刑法》规定刑罚的种类包括九种，其中五种是主刑、四种是附加刑。

（一）主刑

主刑是对犯罪分子独立适用的刑罚方法，一个罪行只能适用一个主刑，不能同时适用两个或两个以上主刑，也不能在附加刑独立适用时再适用主刑。我国刑法规定的主刑有五种：

1. 管制

管制，是指对犯罪分子不实行关押，交由公安机关管束和人民群众监督，限制其一定自由的刑罚方法。管制的期限为3个月以上2年以下，数罪并罚时最高不能超过3年。根据《刑法修正案（八）》第2条相关的规定，判处管制，可以根据犯罪情况，同时禁止犯罪分子在执行期间从事特定活动，禁止其进入特定区域场所以及接触特定的人。违反前述禁止令的，由公安机关依照《中华人民共和国治安管理处罚法》的规定处罚。

管制的刑期，从判决执行之日起计算，判决执行前先行羁押的，羁押1日折抵刑期2日。

根据《刑法》第39条的规定，被判处管制的犯罪分子，在执行期间，应当遵守下列规定：

（1）遵守法律、行政法规，服从监督；

（2）未经执行机关批准，不得行使言论、出版、集会、结社、游行、示威自由的权利；

（3）按照执行机关规定报告自己的活动情况；

（4）遵守执行机关关于会客的规定；

（5）离开所居住的市、县或者迁居，应当报经执行机关批准。

被判处管制的犯罪分子，管制期满，执行机关应即向本人和其所在单位或居住地的群众宣布解除管制，并且发给本人解除管制通知书。附加剥夺政治权利的，同时宣布恢复政治权利。

2. 拘役

拘役，是剥夺犯罪人短期人身自由，就近实行强制劳动改造的刑罚方法。

根据《刑法》第42条和第69条的规定，拘役的期限为1个月以上6个月以下。数罪并罚时，最高不得超过1年。拘役的刑期从判决之日起计算，判决以前先行羁押的，羁押1日折抵刑期1日。被判处拘役的犯罪分子，由公安机关就近执行。被判处拘役的犯罪分子在执行期间可以探亲，参加劳动的，可以酌量发给报酬。

3. 有期徒刑

有期徒刑，是剥夺犯罪分子一定期限的人身自由，实行强制劳动改造的刑罚方法。

《刑法》第45条规定，有期徒刑的期限为6个月以上15年以下。也就是说，在一般情况下，对犯罪分子所犯的一个罪一次判处的有期徒刑最高不能超过15年，最低不能低于6个月。但是，有两种情况例外：第一，根据《刑法》第50条的规定，《刑法修正案（八）》第4条的规定，判处死刑缓期执行的，在死刑缓期执行期间，如果确有重大立功表现，2年期满以后可减为25年有期徒刑；第二，根据《刑法》第69条的规定，《刑法修正案（八）》第10条的规定，数罪并罚时有期徒刑总和刑期不满35年的，最高不超过20年，总和刑期在35年以上的，最高不能超过25年。

有期徒刑的刑期，刑法规定从判决执行之日起计算；判决执行以前先行羁押的，羁押1日折抵刑期1日。被判处有期徒刑的罪犯，一般在司法行政机关管理的监狱执行。

4. 无期徒刑

无期徒刑是剥夺犯罪分子终身自由，并强制劳动改造的刑罚方法。

被判处无期徒刑的犯罪分子在执行期间，认罪伏法，接受教育、改造，确有悔改立功表现的，可获得减刑，由无期徒刑减为有期徒刑；如果实际执行10年以上，还可以获得假释。但累犯以及因杀人、爆炸、抢劫、强奸、绑架等暴力犯罪被判处无期徒刑的犯罪分子除外。在司法实践中，大多数被判处无期徒刑的犯罪分子，经过一段时间的改造，依法被减为有期徒刑，有的还得到假释。无期徒刑减为有期徒刑的，刑期从人民法院裁定减刑之日起计算。

5. 死刑

死刑是剥夺犯罪分子生命的刑罚方法。死刑是刑罚体系中最严厉的惩罚手段，只适用于罪行极其严重的犯罪分子。

《刑法》第49条规定，《刑法修正案（八）》第3条规定，犯罪的时候不满18周岁的人和审判的时候怀孕的妇女，不适用死刑。审判的时候已满75周岁的人，如果没有以特别残忍手段致人死亡的情况，也不适用死刑。

《刑法》第48条第一款规定，对于应当判处死刑的犯罪分子，如果不是必须立即执行的，可以判处死刑同时宣告缓期2年执行。

对被判处死刑缓期2年执行的犯罪分子，在死刑缓期执行期间如果没有故意犯罪，2年期满后，减为无期徒刑；在死刑缓期执行期间如果确有重大立功表现，2年期满后，减为25年有期徒刑；在死刑缓期执行期间，如果故意犯罪，查证属实的，由最高人民法院核准，执行死刑。

死刑缓期执行期间，从判决确定之日起计算。死刑缓期执行减为有期徒刑的刑期，从死刑缓期执行期满之日起计算。

根据《刑法》和《刑事诉讼法》的有关规定，判处死刑立即执行的案件，除依法由最高人民法院判决的以外，都应当报请最高人民法院核准；判处死刑缓期执行的案件，可以由高级人民法院判决或者核准。

（二）附加刑

附加刑，是补充主刑适用的刑罚方法。附加刑既可以附加于主刑适用，也可以独立适用。在附加适用时，可以同时适用两个以上附加刑。在独立适用时，主要是针对较轻的犯罪。我国刑法规定的附加刑有四种：罚金、剥夺政治权利、没收财产、驱逐出境。

1. 罚金

罚金是人民法院判处犯罪人向国家缴纳一定数额金钱的刑罚方法。主要适用于经济犯罪、财产犯罪和其他故意犯罪。其他故意犯罪主要是指《刑法》分则第六章规定的妨害社会管理秩序罪。此外，《刑法》分则第四章侵犯公民人身权利、民主权利罪中的部分犯罪也规定了并处或者单处罚金。

2. 剥夺政治权利

剥夺政治权利，是指剥夺犯罪人参加国家管理和政治活动权利的刑罚方法。根据我国《刑法》第 54 条的规定，剥夺政治权利是剥夺犯罪分子下列四项权利：

(1) 选举权和被选举权；

(2) 言论、出版、集会、结社、游行、示威自由的权利；

(3) 担任国家机关职务的权利；

(4) 担任国有公司、企业、事业单位和人民团体领导职务的权利。

根据《刑法》总则第 56 条和第 57 条的规定，附加适用剥夺政治权利的对象，主要是以下三种犯罪分子：

(1) 危害国家安全的犯罪分子；

(2) 故意杀人、强奸、放火、爆炸、投毒、抢劫等严重破坏社会秩序的犯罪分子；

(3) 被判处死刑和无期徒刑的犯罪分子，刑法规定对该类犯罪分子应当剥夺政治权利终身。

根据《刑法》第 55 条至第 58 条的规定，剥夺政治权利的期限有定期与终身之分，具体包括四种情况：

(1) 判处管制附加剥夺政治权利的，剥夺政治权利的期限与管制的期限相等，同时执行，即 3 个月以上 2 年以下；

(2) 判处拘役、有期徒刑附加剥夺政治权利或者单处剥夺政治权利的期限，为 1 年以上 5 年以下；

(3) 判处死刑、无期徒刑的犯罪分子，应当剥夺政治权利终身；

(4) 死刑缓期执行减为有期徒刑或者无期徒刑减为有期徒刑的，附加剥夺政治权利的期限改为 3 年以上 10 年以下。

根据《刑法》和其他有关法律的规定，剥夺政治权利刑期的计算有以下四种情况：

(1) 独立适用剥夺政治权利的，其刑期从判决确定之日起计算并执行。

(2) 判处管制附加剥夺政治权利的，剥夺政治权利的期限与管制的期限相等，同时起算，同时执行。管制期满解除管制，政治权利也同时恢复。

(3) 判处有期徒刑、拘役附加剥夺政治权利的，剥夺政治权利的刑期从有期徒刑、拘役执行完毕之日或者从假释之日起计算。但是，剥夺政治权利的效力当然施用于主刑执行期间。

也就是说，主刑的执行期间虽然不计入剥夺政治权利的刑期，但犯罪分子不享有政治权利。

(4) 判处死刑(包括死缓)、无期徒刑附加剥夺政治权利终身的，刑期从判决发生法律效力之日起计算。

3. 没收财产

没收财产，是将犯罪分子个人所有财产的一部分或者全部强制无偿地收归国有的刑罚方法。

刑法分则规定有没收财产的条文共50余个，主要适用于危害国家安全罪、严重的经济犯罪、严重的财产犯罪和其他严重的刑事犯罪。

4. 驱逐出境

驱逐出境，是强迫犯罪的外国人离开中国国境的刑罚方法。

(三) 刑罚种类与相关概念的区分

1. 刑罚与强制措施

强制措施是刑事诉讼法上的制度，是公安机关、人民检察院或人民法院为了保证刑事诉讼的顺利进行，依法对刑事案件的犯罪嫌疑人、被告人所采取的在一定期限内暂时限制或剥夺其人身自由的一种法定强制方法。包括拘传、取保候审、监视居住、拘留和逮捕五种类型。

(1) 拘传

拘传是对于未被羁押的犯罪嫌疑人、被告人，依法强制其到案接受讯问的一种强制方法。传唤、拘传的时间不得超过12小时。案情特别重大、复杂，需要采取拘留、逮捕措施的，传唤、拘传持续的时间不得超过24小时。不得以连续传唤、拘传的形式变相拘禁犯罪嫌疑人。

(2) 取保候审

取保候审是对犯罪较轻可能未达到判处有期徒刑的程度，或虽可能判处有期徒刑，但如不采取羁押措施不至于发生社会危险性的犯罪嫌疑人或被告人采取的一种强制措施。这种强制措施不对犯罪嫌疑人或被告人采取羁押措施，但为防止其逃避侦查、起诉和审判，责令其提出保证人或者交纳保证金，并出具保证书，保证随传随到。取保候审的时间最长不超过12个月。

(3) 监视居住

监视居住是对犯罪嫌疑人或被告人采用的，命令其不得擅自离开住所或者居所并对其活动予以监视和控制的一种强制方法。监视居住最长不得超过6个月。

(4) 拘留

这里的拘留指的是刑事拘留，是在紧急情况下，依法临时剥夺某些现行犯或者重大嫌疑分子人身自由的一种强制措施。

公安机关对于现行犯或者重大嫌疑分子，如果有下列情形之一的，可以先行拘留：

① 正在预备犯罪、实行犯罪或者在犯罪后即时被发觉的；

② 被害人或者在场亲眼看见的人指认他犯罪的；

③ 在身边或者住处发现有犯罪证据的；

④ 犯罪后企图自杀、逃跑或者在逃的；

⑤ 有毁灭、伪造证据或者串供可能的；

⑥ 不讲真实姓名、住址，身份不明的；

⑦ 有流窜作案、多次作案、结伙作案重大嫌疑的。

拘留后,除有碍侦查或者无法通知的情形以外,应当把拘留的原因和羁押的处所,在 24 小时以内,通知被拘留人的家属或者他的所在单位。对被拘留的人,认为需要逮捕的,应当在拘留后的 3 日以内,提请人民检察院审查批准。在特殊情况下,提请审查批准的时间可以延长 1 日至 4 日。对于流窜作案、多次作案、结伙作案的重大嫌疑分子,提请审查批准的时间可以延长至 30 日。

人民检察院对于决定拘留的犯罪嫌疑人,经检察长或者检察委员会决定不予逮捕的,应当通知公安机关释放犯罪嫌疑人,公安机关接到通知后应当立即释放;需要逮捕而证据还不充足的,人民检察院可以变更为取保候审或者监视居住,并通知公安机关执行。

(5) 逮捕

逮捕是剥夺犯罪嫌疑人人身自由予以羁押的强制措施。对有证据证明有犯罪事实,可能判处徒刑以上刑罚的犯罪嫌疑人、被告人,采取取保候审、监视居住等方法,尚不足以防止发生社会危险性,而有逮捕必要的,应即依法逮捕。对应当逮捕的犯罪嫌疑人、被告人,如果患有严重疾病,或者是正在怀孕、哺乳自己婴儿的妇女,可以采用取保候审或者监视居住的办法。

对犯罪嫌疑人或被告人依法逮捕的,逮捕的期限是由案件的办理期限决定的,不能在刑事诉讼法规定的侦查羁押、审查起诉、一审、二审期限内办结的,对犯罪嫌疑人、被告人应当予以释放;需要继续查证、审理的,对犯罪嫌疑人、被告人可以取保候审或者监视居住。

逮捕犯罪嫌疑人、被告人,必须经过人民检察院批准或者人民法院决定,由公安机关执行。

2. 刑罚与行政处罚

刑罚是对犯罪的处罚,不构成犯罪的不能适用刑罚。如果违犯行政法律法规的,可以适用行政处罚。有些行政处罚措施与刑罚在名称上类似甚至相同,比如刑事拘留与行政拘留都是拘留,又比如罚金与罚款看起来也很相似,但刑事拘留属强制措施,罚金属刑罚,而行政拘留和罚款属行政处罚,其性质、适用条件、具体措施都是完全不同的,应注意区分。

二、刑罚的裁量——量刑

一般情况下,《刑法》分则中规定的刑罚均有一定的幅度。如《刑法》第 232 条规定:故意杀人的,处死刑、无期徒刑或者 10 年以上有期徒刑;情节较轻的,处 3 年以上 10 年以下有期徒刑。这一条规定的量刑幅度很大,对于故意杀人的,在什么情况下应该处死刑?而在什么情况下应处 3 年有期徒刑呢?这些问题涉及的是刑法裁量,亦即量刑问题。

我国《刑法》规定,对于犯罪分子决定刑罚的时候,应当根据犯罪的事实,犯罪的性质、情节和对于社会的危害程度,在刑法所规定的刑罚量刑幅度内判处刑罚。在具体实务工作中,法官在刑法分则规定的量刑幅度内,根据犯罪的基本情况先确定一个基准刑,然后再考虑被告人是否有其他情节,最后确定一个执行的刑期。比如对于抢劫罪,刑法分则规定应处 3 年以上 10 年以下有期徒刑,这个就是法定的量刑幅度,在某个具体的抢劫案件中,被告人的抢劫的数额较大,法官确定他的基准刑期为 6 年,然后再考虑他是否有其他的从轻、减轻或者加重处罚的情节,最后确定一个执行的刑期。

(一) 量刑情节

1. 法定从宽情节

法定情节，是指法律明文规定在量刑时必须予以考虑的情节。它既包括刑法总则规定的对各种犯罪共同适用的情节，也包括刑法分则对特定犯罪适用的情节。分则中对特定犯罪适用的法定情节主要涉及犯罪数额、具体的犯罪情节是否恶劣、后果是否严重等方面，均应从具体的情况出发来讨论。这里主要讨论总则中规定的普遍适用的法定量刑情节，下文中所谓的“减少”或“增加”基准刑的百分比，是我国当下司法实践中惯常掌握的量刑幅度，据此可以感受一下量刑情节的具体适用。

(1) 对特殊主体的法定从宽情节

对于某些犯罪主体，由于自身原因使得其辨别或控制自己行为的能力相对较弱，因此在量刑时应予考虑的情形如下：

① 已满 14 周岁不满 18 周岁的未成年人犯罪，应当从轻或减轻处罚。

在司法实践中，对未成年人从轻或减轻的幅度，应当综合考虑未成年人对犯罪的认识能力、实施犯罪行为的动机和目的、犯罪时的年龄、是否初犯、偶犯、悔罪表现、个人成长经历和一贯表现等情况，予以从宽处罚。

已满 14 周岁不满 16 周岁的未成年人犯罪，减少基准刑的 30%～60%；已满 16 周岁不满 18 周岁的未成年人犯罪，减少基准刑的 10%～50%。

② 尚未完全丧失辨认或控制自己行为能力的精神病人，可以从轻或减轻处罚。

③ 又聋又哑的人或盲人犯罪，可以从轻、减轻或免除处罚。

(2) 对未完成犯罪的法定从宽情节

① 对于预备犯，比照既遂犯从轻，减轻处罚或者免除处罚。

② 对于未遂犯，比照既遂犯从轻或减轻处罚。在司法实践中，对于未遂犯从轻或减轻的幅度，综合考虑犯罪行为的实行程度、造成损害的大小、犯罪未得逞的原因等情况，可以比照既遂犯减少基准刑的 50%以下。

③ 对于中止犯，没有造成损害的，应免除处罚，造成损害的应减轻处罚。

(3) 对于共同犯罪中的法定从宽情节

① 对于从犯，应当从轻、减轻或者免除处罚。对于从犯从轻或减轻的幅度，应当综合考虑其在共同犯罪中的地位、作用，以及是否实施犯罪行为等情况，予以从宽处罚，减少基准刑的 20%～50%；犯罪较轻的，减少基准刑的 50%以上或者依法免除处罚。

② 对于胁从犯，应当减轻或免除处罚。

③ 对于教唆犯，被教唆的人没有犯被教唆的罪，可以从轻或者减轻处罚。

(4) 自首

自首指犯罪人在犯罪以后自动投案，如实供述自己罪行，或者被采取强制措施的犯罪嫌疑人、被告人和正在服刑的罪犯，如实供述司法机关还未掌握的本人其他罪行的行为。

对于自首的犯罪分子，可以从轻或者减轻处罚。其中，犯罪较轻的，可以免除处罚。犯罪后自首又有重大立功表现的，应当减轻或者免除处罚。

对于自首情节，综合考虑自首的动机、时间、方式、罪行轻重、如实供述罪行的程度以及悔罪表现等情况，可以减少基准刑的40%以下；犯罪较轻的，可以减少基准刑的40%以上或者依法免除处罚。恶意利用自首规避法律制裁等不足以从宽处罚的除外。

(5) 立功

立功指犯罪分子投案自首后，在主动交代自己的犯罪事实的时候，揭发他人的犯罪行为，经查证属实，或者犯罪分子提供重要线索，使案件得以侦破的行为。

对于有立功行为的犯罪分子，刑法给予从轻或者减轻处罚，有重大立功表现的，可以减轻或者免除处罚。

对于立功情节，综合考虑立功的大小、次数、内容、来源、效果以及罪行轻重等情况，确定从宽的幅度。一般立功的，可以减少基准刑的20%以下；重大立功的，可以减少基准刑的20%～50%；犯罪较轻的，减少基准刑的50%以上或者依法免除处罚。

(6) 防卫与避险过当

正当防卫与紧急避险不属于犯罪，但是如果防卫和避险行为明显超过必要限度，应当承担刑事责任，但应当减轻处罚或者免除处罚。

2. 法定从严情节

(1) 累犯

累犯是指由于故意犯罪曾受过一定的刑罚处罚的，在其刑罚执行完毕或被赦免以后，在法定期限内又故意犯一定之罪的罪犯。对于累犯，应当从重处罚，但过失犯除外。

对于累犯，应当综合考虑前后罪的性质、刑罚执行完毕或赦免以后至再犯罪时间的长短以及前后罪罪行轻重等情况，增加基准刑的10%～40%，一般不少于3个月。

累犯分为一般累犯和特别累犯。一般累犯是指因故意犯罪被判处有期徒刑以上刑罚的犯罪分子，刑罚执行完毕或者释放以后，在五年以内再犯应当判处有期徒刑以上刑罚之罪的。特别累犯是指因危害国家安全罪、恐怖活动罪、黑社会性质的组织犯罪受过刑罚处罚，刑罚执行完毕或者赦免后，在任何时候再犯危害国家安全罪的犯罪分子。

(2) 教唆犯

教唆不满18周岁的人犯罪的，应当从重处罚。

3. 酌定从宽情节

酌定情节，是指刑法没有明文规定，根据立法精神从审判实践经验中总结出来的，反映犯罪行为的社会危害性程度和犯罪人的人身危险性程度，在量刑时酌情适用的情节。

一般可考虑的酌定情节有：犯罪的手段、犯罪的时空及环境条件、犯罪的对象、犯罪造成的危害结果、犯罪的动机、犯罪后的态度、犯罪人的一贯表现、行为人的犯罪前科等。

根据最高人民法院《关于常见犯罪的量刑指导意见》的规定，对于各种酌定情节的具体量刑幅度，一般按以下标准执行：

(1) 坦白情节

对如实供述自己罪行的，综合考虑如实供述罪行的阶段、程度、罪行轻重以及悔罪程度等情况，确定从宽的幅度。

① 如实供述自己罪行的，可以减少基准刑的20%以下；

② 如实供述司法机关尚未掌握的同种较重罪行的，可以减少基准刑的10%～30%；

③ 因如实供述自己罪行，避免特别严重后果发生的，可以减少基准刑的30%～50%。

(2) 当庭认罪

对于当庭自愿认罪的,根据犯罪的性质、罪行的轻重、认罪程度以及悔罪表现等情况,可以减少基准刑的10%以下。依法认定自首、坦白的除外。

(3) 退赃退赔

对于退赃、退赔的,综合考虑犯罪性质,退赃、退赔行为对损害结果所能弥补的程度,退赃、退赔的数额及主动程度等情况,可以减少基准刑的30%以下;其中抢劫等严重危害社会治安犯罪的应从严处罚。

(4) 积极赔偿损失

对于积极赔偿被害人经济损失并取得谅解的,综合考虑犯罪性质、赔偿数额、赔偿能力以及认罪、悔罪程度等情况,可以减少基准刑的40%以下;积极赔偿但没有取得谅解的,可以减少基准刑的30%以下;尽管没有赔偿,但取得谅解的,可以减少基准刑的20%以下;其中抢劫、强奸等严重危害社会治安犯罪的应从严处罚。

(5) 刑事和解

对于当事人根据《刑事诉讼法》第277条达成刑事和解协议的,综合考虑犯罪性质、赔偿数额、赔礼道歉以及真诚悔罪等情况,可以减少基准刑的50%以下;犯罪较轻的,可以减少基准刑的50%以上或者依法免除处罚。

4. 酌定从严情节

(1) 前科

对于有前科的,综合考虑前科的性质、时间间隔长短、次数、处罚轻重等情况,可以增加基准刑的10%以下。前科犯罪为过失犯罪和未成年人犯罪的除外。

(2) 针对特殊犯罪对象的犯罪

对于犯罪对象为未成年人、老年人、残疾人、孕妇等弱势人员的,综合考虑犯罪的性质、犯罪的严重程度等情况,可以增加基准刑的20%以下。

(3) 特殊情形下的犯罪

对于在重大自然灾害、预防、控制突发传染病疫情等灾害期间犯罪的,根据案件的具体情况,可以增加基准刑的20%以下。

(二) 数罪并罚

如果一个人犯有数罪,应分别就其所犯罪行定罪量刑,比如张某犯抢劫罪被判10年,犯盗窃罪被判6年,都是分别定罪量刑的。但是,对张某最后执行的刑期却并不一定是两个刑期的简单相加,而是按一定原则在10～16年间的幅度内确定最终执行的刑罚。这种情况称为数罪并罚。

根据我国《刑法》规定,数罪并罚执行刑期根据以下情况分别处理:

(1) 数罪中有一罪被判处死刑或者无期徒刑的,执行死刑或者无期徒刑。如蒋某因受贿罪被判处死刑,缓期2年执行,剥夺政治权利终身,并处没收财产人民币100万元,与犯贪污罪、巨额财产来源不明罪判处的刑罚合并,决定执行死刑、缓期2年执行,剥夺政治权利终身,并处没收财产人民币100万元。

(2) 数刑总和刑期以下,数刑中最高刑期以上,酌情决定执行刑期。如李某因拐卖妇女罪被判有期徒刑7年,强奸妇女被判有期徒刑9年,介绍卖淫罪被判有期徒刑3年,该罪犯的数刑中总和刑期为19年，决定执行的刑期为19年以下，数罪中最高刑期为9年，该犯的实际执行期应为9年以上19年以下酌情决定执行期。

(3) 数罪并罚管制最高不超过3年，拘役不超过1年，有期徒刑总和刑期不满35年的，最高不能超过20年，总和刑期在35年以上的，最高不能超过25年。这是数罪并罚最高执行刑期的规定，如数罪都被判处管制，总和管制达到5年，但最高执行刑期不超过3年，也就是说最高执行3年管制。

另外，数罪中被判处有附加刑的，附加刑也应当执行，其中附加刑种类相同的，合并执行；种类不同的，分别执行。

(三) 缓刑

缓刑是指对触犯刑律，经法定程序确认已构成犯罪、应受刑罚处罚的行为人，先行宣告定罪，暂不执行所判处的刑罚。由特定的考察机构在一定的考验期限内对罪犯进行考察，并根据罪犯在考验期间内的表现，依法决定是否适用具体刑罚的一种制度。

缓刑适用于3年以下有期徒刑、拘役、剥夺政治权利的情况，3年以上有期徒刑或无期徒刑、累犯、犯罪集团首要分子，不适用缓刑。被宣告缓刑的犯罪分子，如果被判处附加刑，附加刑仍须执行。

被宣告缓刑的犯罪分子，在缓刑考验期限内必须遵守下列规定：

(1) 遵守法律、行政法规，服从监督；

(2) 按照规定定期向执行缓刑的机关报告自己的活动情况；

(3) 遵守考察机关关于会客的规定；

(4) 离开所居住的市、县或者迁居，应当报经考察机关批准。

对宣告缓刑的犯罪分子，在缓刑考验期限内，依法实行社区矫正，如果没有《刑法》第77条规定的情形，缓刑考验期满，原判的刑罚就不再执行，并公开予以宣告。在缓刑考验期限内，违反法律、行政法规或者国务院有关部门关于缓刑的监督管理规定，或者违反人民法院判决中的禁止令，情节严重的，应当撤销缓刑，执行原判刑罚。

三、刑罚的执行

(一) 我国刑罚的执行制度

人民法院判决生效后，应当将被判处刑罚的人交由执行机关执行。被判处刑罚的人在侦查阶段称犯罪嫌疑人，在审判期间称被告人，判决生效后称为罪犯。

在我国，有期徒刑、无期徒刑、死刑缓期2年执行的刑罚，由司法行政机关管理下的监狱执行；拘役、剥夺政治权利的刑罚由公安机关执行；罚金、没收财产、死刑由人民法院执行；管制、缓刑、假释、监外执行等由社区矫正机构执行。

上述刑罚的执行称为行刑，除行刑外，刑罚的执行制度还包括减刑、假释和刑罚的消灭等制度。

1. 减刑

减刑，是指对原判刑期适当减轻的一种刑法执行活动，适用于在刑罚执行过程中确有悔改或立功表现的犯罪分子。附加刑一般不应适用减刑。

对于被判处无期徒刑的罪犯的减刑，执行机关应当提出监狱减刑建议书，经省、自治区、直辖市监狱管理机关审核同意后，由服刑地高级人民法院裁定；对于被判处有期徒刑（包括减为有期徒刑）、拘役、管制的罪犯的减刑，执行机关应当提出减刑建议书，由中级人民法院裁定；被宣告缓刑的罪犯，在缓刑考验期限内确有重大立功表现，需要予以减刑，并相应缩短缓刑考验期限的，应当由社区矫正机构与提出书面意见，由中级人民法院依法裁定；对于公安机关看守所监管的罪犯的减刑，由罪犯所在的看守所提出意见，并由中级人民法院依法裁定。

根据我国《刑法》第78条的规定，减刑以后实际执行的刑期，判处管制、拘役、有期徒刑的，不能少于原判刑期的二分之一；判处无期徒刑的，不能少于13年；对判处死刑缓期两年执行的罪犯，缓期执行期满后依法减为无期徒刑的，不能少于25年，缓期执行期满后依法减为25年有期徒刑的，不能少于20年。2014年2月，中央政法委发布《关于严格规范减刑、假释、暂予监外执行切实防止司法腐败的意见》规定，职务犯罪、破坏金融管理秩序和金融诈骗犯罪、组织黑社会性质组织犯罪，这三类罪犯判死缓入狱后，执行3年以上方可减刑，可以减为25年有期徒刑；减为有期徒刑后，一次减刑不超过1年有期徒刑，两次减刑之间应当间隔2年以上。

2. 假释

假释是对被判处有期徒刑、无期徒刑的犯罪分子，在执行一定刑期之后，因其遵守监规，接受教育和改造，确有悔改表现，不致再危害社会，而附条件地将其予以提前释放的制度。但累犯和因故意杀人、强奸、抢劫、绑架、放火、爆炸、投放危险物质或有组织的暴力性犯罪被判处10年以上有期徒刑、无期徒刑的犯罪分子不得假释。

根据《刑法》第81条的规定，被判处有期徒刑的犯罪分子，执行原判刑期二分之一以上，被判处无期徒刑的犯罪分子，实际执行13年以上，如果认真遵守监规，接受教育改造，确有悔改表现，没有再犯罪的危险的，可以假释。如果有特殊情况，经最高人民法院核准，可以不受上述执行刑期的限制。这里的特殊情况，主要指有国家政治、国防、外交等方面特殊需要的情况。

根据《刑法》第83条的规定，被判处有期徒刑的犯罪分子，其假释的考验期为原判刑罚没有执行完毕的刑期，即宣告假释时原判刑罚的剩余时期。《刑法》对无期徒刑的假释考验期限作了明确而具体的规定。被判处无期徒刑的犯罪分子，其假释的考验期限为10年。假释考验期限，从假释之日起计算。

对有期徒刑犯的假释，应当由罪犯所在的刑罚执行机构提出假释建议书，提请当地中级人民法院依法裁定。对无期徒刑犯的假释（包括原判死刑缓期执行已经减为无期徒刑的罪犯），应当由罪犯所在的刑罚执行机构提出假释建议书，报请本省、自治区、直辖市的司法厅审查同意后，提请当地高级人民法院依法裁定。

根据《刑法》第84条的规定，被宣告假释的犯罪分子，应当遵守下列规定：①遵守法律、行政法规、服从监督；②按照监督机关的规定报告自己的活动情况；③遵守监督机关关于会客的规定；④离开所居住的市、县或者迁居，应当报经监督机关批准。

对假释的犯罪分子，在假释考验期限内，依法实行社区矫正，如果没有再犯新罪，假释考验期满，就认为原判刑罚已经执行完毕，并公开予以宣告。如果在假释考验期内又犯新罪或被发现还有其他未被判决的犯罪，则撤销假释，依照数罪并罚的规定实行数罪并罚，或者收监执行未执行完毕的刑罚。在假释考验期限内，如果违反法律、行政法规或者国务院有关部门关于假释的监督管理规定的行为，尚未构成新的犯罪的，应当依照法定程序撤销假释，收监执行未执行完毕的刑罚。

3. 刑罚的消灭

刑罚因执行完毕而消灭，此外，还可以超过追诉时效被赦免而消灭。

(1) 追诉时效

追诉时效是刑法规定的司法机关追究犯罪人刑事责任的有效期限。犯罪已过法定追诉时效期限的，不再追究犯罪分子的刑事责任；已经追究的，应当撤销案件，或者不予起诉，或者宣告无罪。

根据《刑法》第 87 条规定，犯罪经过下列期限不再追诉：①法定最高刑为不满 5 年有期徒刑的，追诉时效的期限为 5 年。②法定最高刑为 5 年以上不满 10 年有期徒刑的，追诉时效的期限为 10 年。③法定最高刑为 10 年以上有期徒刑的，追诉时效的期限为 15 年。④法定最高刑为无期徒刑、死刑的，追诉时效的期限为 20 年。如果 20 年后认为必须追诉的，报请最高人民检察院核准后，仍然可以追诉。

在追诉期限以内又犯罪的，前罪追诉的期限从后罪成立之日起计算，即在追诉期限以内又犯罪的，前罪的追诉时效中断，其追诉时效从后罪成立之日起重新计算。例如，行为人于 1980 年 1 月 1 日犯一般情节的抢劫罪，法定最高刑为 10 年有期徒刑，但行为人在 1988 年 1 月 1 日又犯了一般情节的强奸罪。这时，抢劫罪的时效就中断，即先前的抢劫罪的追诉期限从 1988 年 1 月 1 日起重新开始计算，再经过 15 年，才不追诉。

在人民检察院、公安机关、国家安全机关立案侦查或者在人民法院受理案件以后，嫌疑人逃避侦查或者审判的，或被害人在追诉期限内提出控告，人民法院、人民检察院、公安机关应当立案而不予立案的，不受追诉期限的限制。

(2) 赦免

赦免，是指国家以政令的形式，免除或者减轻犯罪人的罪责或者刑罚的一种制度。赦免制度通常由宪法规定，一般不在刑法中规定。赦免的具体时间和对象由国家元首或最高国家权力机关以政令的形式颁布，在我国由最高人民法院执行。所以，赦免制度不是一项刑罚制度。但是，由于赦免的对象是犯罪人，其结果免除或减轻罪与刑，导致追诉权和行刑权归于消灭，而且赦免命令又由司法机关执行，所以，各国都把它纳入刑罚消灭理论加以研究。

赦免包括大赦和特赦。大赦是指国家元首或者国家最高权力机关，对某一时期内犯有一定罪行的不特定犯罪人，一概予以赦免的制度。特赦是指国家元首或者国家最高权力机关对已受罪行宣告的特定犯罪人，免除其全部或者部分刑罚的制度。

依据我国现行《宪法》第 67 条和第 80 条之规定，特赦由全国人民代表大会常务委员会决定，由国家主席发布特赦令。特赦令由中华人民共和国主席根据全国人大常委会的决定颁布实施。

拓展阅读

中华人民共和国成立以来的特赦

中华人民共和国成立以来，我国共实行了七次特赦：第一次是 1959 年在中华人民共和国成立 10 周年庆典前夕，对在押的确已改恶从善的蒋介石集团和伪满洲国战争罪犯、反革命犯和普通刑事犯实行特赦。第二次、第三次特赦分别于1960年、1961年实行,都是对蒋介石集团和伪满洲国罪犯确有改恶从善表现的进行特赦。第四次、第五次、第六次分别于1963年、1964年、1966年实行。与前两次相比,只是在特赦对象上增加了伪蒙疆自治政府的战争罪犯。其他内容完全相同。第七次是1975年,对全部在押战争罪犯实行特赦,给予公民权。从我国已实行的七次特赦中,可以看出我国特赦制度有以下几个特点:

(1) 特赦对象,除第一次包括反革命罪犯和普通刑事罪犯外,都是战争罪犯。

(2) 特赦范围,仅限于全国各地某类罪犯中的一部分人,而不是对某类罪犯全部实行特赦,更不是对个人实行。

(3) 特赦条件,是罪犯经过服刑改造,确已改恶从善的。对尚未宣告刑罚或者刑罚虽已宣告但尚未开始执行的罪犯,不赦免。

(4) 特赦效力,只及于刑罚,不及于罪行。

(5) 特赦程序,一般由党中央或国务院提出建议,经全国人大常委会审议决定,由国家主席发布特赦令,并授权最高人民法院和高级人民法院执行。

(二) 刑罚的目的及对当前刑罚执行制度的反思

刑罚的目的是什么?在大多数人眼里,刑罚的目的在于惩罚犯罪。刑罚的确是一种惩罚,但刑罚的目的并不只是,甚至可以说主要不是惩罚。犯罪者是因为实施了某种行为而受刑事处罚的,但惩罚的却并不是行为,而是行为人。惩罚本身也不是目的,而是通过惩罚实现对犯罪的预防。对本人而言,通过惩罚使其不再犯罪;而对其他人而言,惩罚是一种威慑,通过威慑使普通人对法律心生敬畏,从而起到预防犯罪的作用。

但是威慑对预防犯罪并不总是有效,尤其是对因激情而犯罪或冷静地策划犯罪的人而言,刑罚的威慑基本上毫无作用。意大利刑法学家菲利从根本上否认刑罚的威慑力,他说:

> 对犯罪原因的深入研究表明,人不犯某一罪行,是因为有完全不同的原因,而不是畏惧刑罚,这些强有力的基本原因并非立法者的威吓所具备的。意图犯罪,受激情支配或是受动摇其道德观念的心理飓风所左右的人,绝不是刑罚威吓所能控制得了的,因为火山爆发般的激情不允许他进行思考。在行为人经过预谋和准备之后而犯罪的案件中,刑罚更无力阻止他去实施犯罪,因为他希望犯罪之后能够逃脱惩罚。所有的罪犯都异口同声地说,当其预谋犯罪时,只有一件事在推动他,那就是希望在犯罪之后安全地逍遥法外。如果他们稍微考虑到有可能被发觉、被处罚,也不会犯罪,只有一时感情冲动者除外。如果诸位想获得一个具有说服力的例子,证明威吓在罪犯心理上的无效,那就是伪造货币罪。……到了19世纪,伪造纸币已经司空见惯。犯这种罪的伪造者,必须聚精会神地逐字摹仿纸币上的文字,其中包含有威吓性的一段话:“法律处罚伪造……”等。诸位可以想象伪造者在版上刻下这句话时的心理。别人可以忽视其将受到的惩罚,而他自己却不能。这一例子极富有说服力,因为在其他犯罪场合,人们可以假设,即使行为人并非处于极度冲动之中,也不会考虑到行为的后果。但在伪造货币的场所,犯罪事实本身就提醒他有法律的威胁,而他在犯此罪时却很冷静。
>
> (参见菲利《实施派犯罪学》,中国政法大学出版社,1987年)

菲利(图12-1)还进一步讨论了犯罪的社会因素,他认为,人类社会不完美的社会条件是引起犯罪的重要因素,他甚至说:“财富本身就是犯罪的一个原因”。在此基础上,他认为通过改变社会环境,立法者可以改变自然环境及人的生理和心理状态的影响,由此可控制或减少相当大的一部分犯罪。他说:“一个真正文明的社会,可以不过多地依赖刑法,而是通过社会生活和立法中潜在的救治措施来减少犯罪的祸患。”

图 12-1　菲利(1856—1929)

图 12-2　李斯特(1851—1919)

依据菲利的认识,刑罚的目的显然不在于惩罚,犯罪的原因主要的并非是源于个人,而是社会,因而预防犯罪关键在于如何完善社会政策。菲利将预防犯罪的重心从刑罚本身转移到社会政策上来,其中蕴含着深刻的洞见,但菲利在这条路上走得太远,甚至成为法西斯极权主义的理论根据。

德国刑法学家李斯特(图 12-2)同样强调社会因素对犯罪的重要性,由此他将目光放到了犯罪者个人的具体境遇上。并由此提出了刑罚的个体化原则。他认为,刑罚的目的在于预防犯罪,在确定刑罚的和执行刑罚的时候,均应当充分考虑他犯罪的动因,并在此基础上关注他继续犯罪的可能性。因为犯罪者主观恶性大小之程度以及犯罪动因等均各有不同,故对各个犯罪者来说,在矫治其犯罪性上的方法上亦因人而异。

在李斯特眼里,个别化的依据是犯罪人的人格及其继续实施犯罪的可能性,对不同的人他认为应当区别对待。个别化不仅包括量刑上的个别化,也包括刑罚执行上的个别化。他提出对犯罪者进行分类,以求对可矫正者与那些不可矫正者或很难矫正者的罪犯相隔离。他的著名论断是:“矫正可以矫正的罪犯,不能矫正的罪犯不使为害。”

立足于这样的认识,我们可以说刑罚的目的从根本上说仍在于预防犯罪,但是否能起到预防的作用,主要源于两个方面:对于没有犯过罪的人而言,刑罚的预防作用主要是通过威慑起作用的,但对已经犯了罪的人而言,除了借助于惩罚来威慑以预防再次犯罪外,刑罚执行的目的更多地还在于矫正。遗憾的是,我国当前通过监狱的劳动改造来执行刑罚的方式不仅没有起到矫正并防止继续犯罪的作用,经过监狱中对犯罪经验的交流,反而增加了他们继续犯罪的可能。司法实践中,是否有“前科”常常成为犯罪嫌疑的重要理由,这从一个侧面也反映出我国当前刑罚执行制度所存在的问题。

1. 思考与讨论

(1) 李水平为限制刑事责任能力的精神病人,被害人李建平因患股骨头坏死导致行动不便,两人是亲兄弟,与年逾 80 岁的老母亲钟淑先一起生活。哥哥虽然有语言和精神障碍,但为人憨厚老实,在家勤劳孝顺。虽生活清贫,亦可度日。但弟弟李建平却染上赌博和酗酒的恶习。常常赌输了就回家要钱,在要求得不到满足时,就会大吵大闹砸东西。

2013 年 10 月 16 日,在卧室睡觉的钟淑先听见李建平在辱骂村民何利后,便劝其不要乱骂人。哪知李建平转身便对老母亲谩骂，并手持镰刀去砸母亲房门，扬言要杀死老母亲。李水平听见后，起身从卧室里拿了一把铁铲走向弟弟，并将其打死。

案发后，李水平在老母亲的陪同下向警方自首。案件审理期间，司法机关收到了当地100余名村民要求对李水平从宽处罚的联名信。综合各种因素，法院最后判处李水平有期徒刑4年。(20140822《今日说法》)

你对法院的判决如何评价？

(2) 谈谈你对刑罚目的的认识，并思考目的实现的途径。

2. 课外阅读

(1)《刑罚执行现代化：观念、制度与技术》，王平著；

(2)《规则与惩罚》，[法]福柯著。

第十三讲

诉　　讼

前面所涉及的全部法律都属于实体法内容，实体法的内容主要是用以确定个体的权利与义务，并由此进一步确定责任。比如，刑法规定什么样的行为是犯罪，犯罪应该接受什么样的刑事处罚；民法规定什么样的行为具有法律效力，个体享有何种受到法律保护的权利，承担哪些义务，当违反义务时，又应承担什么样的责任。

这一讲讨论诉讼法，诉讼法是程序法，规定的是权利救济和责任落实的具体实现过程。实体法只规定什么样的行为承担什么样的责任。比如，合同法规定违反合同约定给对方造成损失的，应赔偿损失。这一条款规定了行为——违反约定的行为，规定了责任——损失赔偿责任。在诉讼法中，法院将根据合同法的这一规定来判定某个人的具体行为是否是违反约定的行为；是否造成了损失，具体的损失数额是多少。

可以说，实体法只是现实社会及其社会关系的影射，通过程序法才能与具体的社会现实相联系。在这一意义上，程序法不仅是实体法规定的实现过程，也是联结实体法与现实社会的桥梁。

一、诉讼的制度意义

（一）诉讼与纠纷解决方式

只要是由人组成的社会就会存在争议，就会有纠纷。争议可以是针对事实的，也可以是针对认识的，但是，单纯的事实争议与认识分歧并不受法律关注，因而也不是法律意义上的纠纷。法律纠纷是与权益相关的，一旦争议涉及权益，并且需要对权益进行界定时，争议就不再是单纯的争议，而是形成了纠纷。在此意义上，纠纷可以说是围绕着权益的归属、分割、确认或赔偿等问题而形成的争议。

有纠纷就应当有解决纠纷的方式，纠纷解决方式种类很多，主要可以归纳为以下几类：

1. 和解

和解是纠纷当事各方通过共同妥协让步或者一方单方的妥协让步，从而就争议问题达成一致处理意见的纠纷解决方式。大部分争议不大，或者争议标的不大的纠纷都是通过和解方式解决的。和解是当事人自主意思的表示，体现的是各方当事人共同的意思。通过和解而达成一致处理意见的纠纷一般情况下不会再形成争议。

在利用其他争议解决方式处理纠纷过程中，当事人都可以随时达成和解，如在诉讼过程中，当事人也可以达成和解。对于在诉讼过程中当事人自行达成和解协议的，如果不涉及第三方利益问题，法院一般不会干预。

2. 暴力

当双方无法就纠纷解决达成一致意见，也就是无法进行和解解决的时候，如果没有其他纠纷解决方式，双方就可能会选择暴力方式来解决。暴力解决纠纷的结果是强势一方取得更大的主动，迫使弱势一方做出妥协让步，从而使纠纷得以解决。但是，暴力前提下的纠纷解决只是表面上或者说暂时的解决，弱势一方之所以作出让步，是迫不得已的选择，一旦双方力量对比发生变化，原来作出让步的一方常常会推翻原来的处理方式，迫使对方重新作出处理。因此，暴力解决纠纷的方式不仅本身可能是血腥的，所谓的纠纷解决往往也是暂时的。

暴力解决纠纷的方式无法实现正义，也无法保证纠纷的真正解决，因此暴力解决争议的方式可以说并不是真正的纠纷解决方式，只不过是原始的弱肉强食的"丛林法则"的体现。即使勉强算作是一种纠纷解决方式，也是最不可取的一种纠纷解决方式，而且也是现代文明国家所普遍禁止的方式。

3. 调解

在暴力方式为现代文明国家所普遍禁止，双方又无法就争议达成一致的情况下，只能寻求第三方解决。第三方参与纠纷解决的最普遍的方式是调解。调解是在居中的第三方参与下，由第三方促成双方达成和解的方式。第三方之所以能够促使双方和解协议的达成，一般情况下与该第三方具有某种双方共同认可的权威有关。这种权威可以源于其本人高尚的品质或公正无私的人格，也可以源于其本人丰富的经验或专业知识，甚至还可以源于其在宗族中的辈分或地位。

我国传统社会中的乡土社会，大部分的民间纠纷都是通过宗族的长辈或有威望的乡绅来调解的。现代社会条件下，对于乡邻之间的纠纷，也常常寻求他们共同依赖的人来调解处理。在诉讼过程中，人民法院也可以主持调解，人民法院经调解制作的调解书一经送达双方即生效，具有强制执行的效力。

目前，我国在基层还建立了专门的调解机构——人民调解委员会，该机构在性质上属于调解民间纠纷的群众性组织，一般是在乡镇或街道办事处专门设立，也可在农村村民委员会或城市社区居民委员会设立。人民调解委员会在基层人民政府和基层司法行政部门指导下进行调解工作。

为加强人民调解工作，及时处理基层民间纠纷，2011 年，我国颁布了《中华人民共和国人民调解法》用以规范人民调解活动。

4. 仲裁

仲裁在形式上也是由第三方来居中处理纠纷的方式，同调解一样，这里的第三方在性质上属于民间机构，并不代表任何国家权力。而且，是否仲裁，由哪个仲裁委员会来仲裁均是由当事人自行协商决定的，并不具有强制性。仲裁机构受理案件必须以双方就仲裁问题达成仲裁协议条款为前提，双方没有达成仲裁条款，则无法通过仲裁来解决纠纷。

调解解决纠纷，是通过劝说说服最终使当事人达成和解的纠纷解决方式，纠纷的解决仍取决于当事人自己的意思。而对仲裁来说，仲裁机关在听取了双方举证、质证和辩论的基础上，依据查明的事实和相关法律规定独立作出裁决，并不受当事人自己意思的左右。而且，仲裁机构作出的裁决具有强制执行的效力，可以申请人民法院强制执行。

仲裁委员会根据《中华人民共和国仲裁法》的规定依法设立。目前，我国各地基本上都设有仲裁委员会，可以受理除婚姻、收养、监护、扶养、继承之外的民事财产纠纷。此外，我国还有两个能够受理国际贸易纠纷的仲裁机构，分别是中国国际经济贸易仲裁委员会和中国海事仲裁委员会。

拓展阅读

1. 中国国际经济贸易仲裁委员会

中国国际经济贸易仲裁委员会最初名为“中国国际贸易促进委员会对外仲裁委员会”，是根据1954年5月6日前中央人民政府政务院《关于在中国国际贸易促进委员会内设立对外贸易仲裁委员会的决定》，于1956年4月2日正式成立的。为了适应中国对外经济贸易关系不断发展的需要，1980年2月26日，国务院发出《关于将对外贸易仲裁委员会改称为对外经济贸易仲裁委员会的通知》，决定将对外贸易仲裁委员会改称为对外经济贸易仲裁委员会，扩大其受案范围。1988年6月21日，国务院又批准将对外经济贸易仲裁委员会改名为中国国际经济贸易仲裁委员会，其受案范围扩至为国际经济贸易中发生的一切争议。

中国国际经济贸易仲裁委员会设在北京。仲裁委员会设名誉主任一名、顾问若干名。仲裁委员会由主任一名、副主任若干名和委员若干名组成。主任履行仲裁委员会仲裁规则赋予的职责，副主任受主任的委托可以履行主任的职责。仲裁委员会设秘书局，在仲裁委员会秘书长的领导下负责处理仲裁委员会的日常事务。委员会设立仲裁员名册，仲裁员由仲裁委员会从对法律、经济贸易、科学技术等方面具有专门知识和实际经验的中外人士中聘任。

仲裁委员会现分别在深圳市和上海市设有中国国际经济贸易仲裁委员会深圳分会和中国国际经济贸易仲裁委员会上海分会。仲裁委员会分会设秘书处，在仲裁委员会分会秘书长的领导下负责处理仲裁委员会分会的日常事务。

2. 中国海事仲裁委员会

根据国务院1958年12月21日《关于在中国国际贸易促进委员会内设立海事仲裁委员会的决定》，中国海事仲裁委员会成立于1959年1月，当时名为“中国国际贸易促进委员会海事仲裁委员会”。1988年6月21日，国务院决定将该海事仲裁委员会改名为中国海事仲裁委员会，主要以仲裁的方式，解决海事、海商和物流争议。

1959年1月8日，中国国际贸易促进委员会通过了《中国国际贸易促进委员会海事仲裁委员会仲裁程序暂行规则》。1988年9月12日，经其修改，改称《中国海事仲裁委员会仲裁规则》。现行的仲裁规则是1995年9月4日修订并于同年10月1日起施行的仲裁规则。

中国海事仲裁委员会的总部设于北京，并在上海、天津、重庆设有分会。

5. 行政裁决

行政裁决是指行政机关或法定授权的组织，依照法律授权，对当事人之间发生的、与行政管理活动密切相关的民事纠纷进行审查，并作出裁决的具体行政行为。行政裁决是具体行政行为，但解决的是民事纠纷，因此也属于一种纠纷解决方式。应予注意的是，行政裁决权不是司法权，而是行政权，必须有明确的法律授权，没有法律明文规定，行政机关无权作出裁决。

法律法规对行政裁决的授权常常与行政机关的职权相关。如《水污染防治法》第55条规定，因水污染引起的纠纷，当事人可以请求环境保护部门或者交通部门的航政机关处理；又如《城市房屋拆迁管理条例》第14条规定，拆迁人与被拆迁人对补偿形式和补偿金额、安置用房面积和安置地点、搬迁过渡方式和过渡期限，经协商达不成协议，由批准拆迁的房屋拆迁主管部门裁决。

与国有资产归属相关的争议，往往也由法律授权相关的行政部门裁决。如《土地管理法》第13条规定，土地所有权和使用权争议，由当事人协商解决；协商不成的，由人民政府处理；又如《国有资产产权界定和产权纠纷处理暂行办法》第29条规定，全民所有制单位之间因对国有资产的经营权、使用权等发生争议而产生的纠纷，应在维护国有资产权益的前提下，由当事人协商解决。协商不能解决的，应向同级或共同上一级国有资产管理部门申请调解和裁定，必要时报有权管辖的人民政府裁定，国务院拥有最终裁定权。

6. 诉讼

诉讼是由国家司法权解决纠纷的一种纠纷解决方式。《说文》解：诉，告也；讼，争也。诉讼的意思是提出控告并通过辩论明辨是非。因此，诉讼不过是一种纠纷解决方式，用以解决纠纷，保护权利，维护社会秩序。诉讼是立足于产生纠纷的双方而言的，诉讼中还有受理诉讼的第三方，亦即居中裁判方。裁判方根据双方的讼争来分清是非，作出裁判。裁判方的这一活动称为审判。也就是说，立足于当事人，借助国家司法权解决纠纷的活动称为诉讼，立足于裁判方，诉讼活动称为审判。

从部门法意义上，诉讼分为刑事诉讼、行政诉讼和民事诉讼三类。相应的立法也有三部，即《中华人民共和国刑事诉讼法》《中华人民共和国行政诉讼法》和《中华人民共和国民事诉讼法》。刑事诉讼法主要规范刑事侦查、起诉和刑事审判活动；行政诉讼法规范的是行政管理相对人针对行政机关的具体行政行为提起的诉讼，亦即俗称的"民告官"的诉讼；民事诉讼法规范的是基于私人之间的纠纷而提起的诉讼。

（二）诉讼程序的正义要求

既然是诉讼，首先要先有诉，然后还再有讼，诉和讼体现的是一种程序，通过这种程序，将实体法的规定与现实生活连接起来，在解决纠纷的同时，还完成了法律对社会的调整目标。

如果单纯立足于纠纷的解决或法律的社会调整目标，似乎完全可以忽略诉讼的程序性，或者完全可以大大缩短实体法通过社会现实的路程，也就是说简化程序。比如刑事诉讼程序，如果我们立足于使犯罪行为接受刑事处罚，那么完全没必要经过公安机关侦查、检察机关起诉、人民法院审理这么复杂的程序，由公安机关直接决定不就行了吗？又比如民事诉讼，在诉讼过程中，如果法官得知了真相，法官有必要先进行庭审吗？直接作出判决不是更经济快捷吗？

纠纷不仅要解决，而且要公正地解决。暴力也可以解决纠纷，但可能以牺牲正义为代价。通过诉讼解决纠纷的同时，必须体现纠纷解决的公正性，正义必须在此过程中得到伸张，否则，诉讼就不会受到人们的信赖，人们可能会选择其他途径来解决纠纷，诉讼制度由此就会变得形同虚设，其所追求的目标就无法实现。

通过诉讼解决纠纷，不仅要实现正义，而且必须让人们相信它能够实现正义。尽管在有些情况下，通过诉讼确实作出了客观公正的裁判结果，但如果当事人并不相信它的公正性，同样会影响到个体对行为的选择，当事人仍然可能会以自己的方式来实现他们认为通过诉讼未能实现的正义。在此意义上，在诉讼过程中，正义不仅要实现，而且要以人们能够看得见的方式实现。

以人们能以看得见的方式实现正义、解决纠纷，这就是程序的价值所在，也是我们理解诉讼程序设计的出发点。离开了这一价值目标追求，诉讼程序便偏离了其本身的意义。

正义的实现要看得见，相对于其他国家权力，司法权的行使与普通人的日常生活最接近，因此，司法公正就成为社会公正的晴雨表，最为直接地反映着社会公正与国家权力的运行状况。由此我们也就不难理解，对于评书戏剧等民间文学艺术形式，大多数对社会不公的控诉为什么都是通过冤假错案来表现的。还有人说司法是社会公正的最后一道屏障，如果连这最后一道屏障也不能守护，用以支持社会秩序的基本框架就接近崩塌的边缘了。

（三）不同诉讼程序设计与正义的实现方式

人类历史上曾出现过多种诉讼程序设计，在此大概将其分为四种类型，在能否实现公平正义的问题上，不同的程序设计所存在的问题也有不同的表现。

1. 神裁法

各个国家在历史上都出现过被称为“神裁法”的审判方式，所谓神裁法，即通过一定宗教仪式，借助于仪式中出现的某种现象，亦即神意的“显灵”来作为裁判根据的一种审判形式。神裁法一般出现于国家形成初期，但其遗风一直延续到近代，比如“决斗”就是古诺曼人神裁法影响下的产物，人们认为上帝会眷顾正义的一方，保佑其在决斗中获胜。

从现代理性的视角看，神判法可谓荒谬至极，它不是依据事实证据和法理分析，而是简单地诉诸神灵、上帝的力量，就像掷骰子赌博一样，带有明显的迷信色彩和不可预测性，是一种违背理性的野蛮人的陋习。但是，现代视角下的荒谬观念在当事人眼里并不尽然。人类社会早期，人的知识比较贫乏，对神力的推崇远远超过了人力。在无法找到足够的证据来证明犯罪嫌疑人有罪的情况下，诉诸神灵就是当时人的一种合理选择。如果在神判法中实现了司法公正，人们就将其归功于神，如果在司法审判中造成了一定的“冤案”，同样也是神的意志。这样，民间的纠纷就被转移到宗教问题上，民间的秩序就可以得以维护。

还应注意的是，神裁法不管有没有在事实上实现司法公正，它都对刑事犯罪行为起到了一种威慑作用，使不法者不敢肆意妄为。因此，当时人对神裁法的笃信不能简单地视为是荒唐之举，它在很大程度上反映了当时人们对司法公正的一种呼唤，对原始正义的一种诉求。

拓展阅读

神　裁　法

神灵审判有各种各样的方式，比如，热铁神裁法就是其中一种形式。在被告手掌上喷上一些圣水，让其手捧一块炽热的铁块向前走一定距离，或三步或九步，之后，当众将其双手包扎起来，三天后解开检查，如果这时手上没有水泡，就判其无罪，如果出现水泡或溃烂了，就判为有罪。热铁神裁法的另一种方式是把9个烧红的铁犁头隔一定距离排成一列，把被告眼睛蒙上，让他赤脚向前走，如果他能在踩在铁犁头的间隙中，一点也没伤着，那就是清白的，反之，就被判为有罪。

冷水神裁法是指将被告捆起来，扔进池塘或河流里，如果他能在水中沉几分钟，就说明已被神灵接纳了，就判为无罪；如果漂浮在水面上，则表明遭到了神灵的拒绝，将判其有罪。热水神裁法是将被告一只手臂浸入一桶滚开的热水中，一直伸到胳膊肘下，然后取出包扎，三天后解开查看，如果手臂化脓，就判为有罪，如果手臂所烫之处已经愈合，就判其无罪。

尸体神裁法主要用于杀人嫌疑人，有各种不同的验证方法。在英国，通常是由被告来到死尸躺的棺材上面，在验尸官及见证人的目击下，用手摸一下死者的伤口，如果有罪，“尸体的血将会重新流出来”。莎士比亚在《理查德三世》中对这一神裁法有很好的记载：“啊，先生们看，看！死者亨利的伤口凝合的地方又开口流血了!”

诺曼人把另外一种神裁法带到英格兰,即决斗法。决斗时诉讼双方都持一把特制的斧子和盾,一直斗到有一方喊“胆小鬼”为止,战败的一方将被处死。决斗法最初用于解决所有的争议,后来只局限于比较严重的刑事案件。决斗法通常只适用于自由人,老人、妇女、儿童和病人可以付钱找人代他们决斗。

2. 民众审判

古代雅典实行民众审判的方式,这种审判方式是雅典政治民主化的产物。梭伦改革时期,建立了陪审法庭,最初附属于公民大会。公元前 5 世纪中期,陪审法庭从公民大会中分离出来,成为雅典民主制的核心机构之一。陪审法庭由 10 个部落在 30 岁以上公民中用抽签方式各选出 60 人,共 6 000 人,这些人被分成 10 所高级法院,平均每所 500 人,另加 100 名候补陪审员。陪审员是在开庭时听取原告、被告和证人的口供,当他们弄清案情时,就投票判决,相互之间事先不商议。雅典没有专职的国家公诉人,任何公民都可以提出诉讼和帮助他人诉讼。

尽管人们并不认为当前英美法系的陪审团制度与古代雅典的民众审判制度之间存在历史渊源,而且在诉讼理念上两种制度也存在很大的差别,但不可否认,陪审团制度上在很大程度上也体现了某种民众审判的性质。

拓展阅读

审判苏格拉底

苏格拉底晚年,因不敬神祇和以歪理邪说腐蚀青年之罪被送交陪审法庭审判。

送交审判时,苏格拉底的学生和支持者对于他的最终命运并不操心,因为无论是雅典城还是法庭,真正想置苏格拉底于死地的人并不多,因为谁也不想背上杀贤的罪名。

但苏格拉底似乎太兴奋了,他把法庭当成了自己的演讲场,感觉如同一名政治家在元老院中的演讲。结果在法庭审理的第一阶段,即定罪阶段,陪审员以 280 票对 220 票,裁定罪名成立。

第二次面对陪审团,即决定刑罚阶段,苏格拉底显得更加无礼,甚至可以说是挑衅,他建议:对于他的刑罚应该是宣布他是雅典城的公民英雄,并宣告在他的余生中,有权在市政厅免费享用一日三餐。

第二次投票在一阵愤怒的吵闹声中进行,结果很快出来了,360 票对 140 票,决定对苏格拉底处以死刑。

判决后,苏格拉底被收押进监房。他的一个学生克里多在最后一个晚上见到了他,建议他越狱。苏格拉底拒绝了,他认为必须尊重法庭的判决,哪怕判决是不公正的。

苏格拉底死了,但雅典城并没有因为处死苏格拉底而重焕辉煌,也没有任何文字记载那些法官们在审判后的心路历程。在 500 名法官中,有一些是诗人,也有一些是剧作家,却没有人试图通过诗歌或剧本的方式来演绎这场审判。或许,没有人觉得这场审判是光荣的。

司法权行使的核心内容在于法律规则的适用,判决是一项十分专业化的活动,需要独立而理性的判断,而不是民主表决的产物。以民主的方式不仅不能保证法律的正确适用,反而很容易被人利用而成为“多数人暴政”的工具。古代希腊的民众审判方式不仅没有能给苏格拉底一个公正的审判,而且也没有帮助拥有众多伟大思想家的希腊在法律制度上有任何建树。这种民主式的审判方式转移了庭审的注意力,庭审变成了哗众取宠的演说表演,具体的法律规则反而被抛到一边。

3. 纠问式审判

纠问式审判又称审问式审判，是中世纪后期欧洲大陆国家的君主专制时期和中国古代封建专制社会所普遍采用的一种审判方式。纠问式审判的程序一般只有“诉”，没有“讼”，“讼”几乎完全被法官的“审”所代替。在这种审判活动中，原告只负责提出“诉”，法官集侦查、控诉、审判职能于一身，在侦查审判过程中完全可以不受“诉”的限制。而被告只是被审问、被追究的对象，而且刑讯逼供合法化，在法律上并未赋予其任何诉讼权利。

我国古代行政权与司法权并不作严格区分，行政官员同时也负有司法职权，采取的审判方式是纠问式，常常与严酷的刑讯逼供相伴随，滥用权力的现象也极为普遍。我们不否认这样的审判方式常常也会出现一些令人赞叹的智慧和公正无私的精神，比如古代以色列所罗门的故事和我国宋代包公的故事。但“包青天”不过是传统社会条件下对司法公正的一种想象，我们不仅不能够将司法公正寄托在某个人身上，而且即使有这样公正无私的法官在，其另一面也常常与权力的滥用相联系。

拓展阅读

“包公惩奸”

话说包公离了李家庄，与公人望陈州进发。行了半日，来到一个地名曰枫林渡，望见渡夫不在船上，乃与唐公云：“前面有个小店，可往少坐一时，以等渡夫来到。”唐公应诺，挑行李到茶肆，二人坐下。有茶博士出来，生得丑恶，躬身揖云：“秀才们要吃清茶么？”包公云：“行路辛苦，有热热的，可将二盏来。”卖茶大郎转身入去，不多时持过二盏茶出，与包公二人各吃一盏。包公吃罢茶，乃令唐公取过二百钱还他。

大郎笑道：“秀才好晓不事！吃了两盏茶，即是五百钱，如何只给我二百钱？”唐公云：“茶我曾吃过，只是一百钱一盏，尔店如何过取钱？”大郎怒骂云：“不识高低，人偏要你五百钱！不然吃得我几下拳头。”包公见其要行凶，连忙着唐公取五百钱给他。

走出店来，渡夫正撑过近岸边。二人牵驴上渡，只见管渡来讨钱，包公云：“该几多渡钱？”管渡者云：“尔二人该五百，驴子该二百，共是七百钱。”唐公道：“我二人带乘驴只该五百钱，如何多要我二百钱？”管渡的喝云：“此渡常是依我说讨，你敢来逆我言语，便推落水中，看你们要命否？”包公问云：“此是官渡还是私渡？”管渡云：“虽是官渡，亦要凭我。”唐公云：“既是官渡，目今有个包文拯要赴陈州上任，倘若从此渡经过，知尔逼取渡钱若干，还是如何？”管渡云：“包公不来便罢，纵使知的，亦不过打我几大棒，终不然有个蒸人甑耶？”包公听罢，微微冷笑，即令唐公取过七百钱与他。

上了岸，密问其伙伴：“此渡夫名唤着谁？”其伴云：“莫要说起，此渡夫乃姓黄，兄弟二人，大者唤一郎，小者二郎，大郎现在岸边开茶店骗人茶钱，今成个大家。小郎作渡夫骗人无厌。我虽是他伙伴，一日只趁他几文钱，供家而已，其余都是他得去。”包公听罢，着唐公写记在簿上，因自叹云：“陈州县下只因水旱不调，五谷不登，致百姓饥饿。况各处又有如此顽民，使百姓怎得安生？”及包公到陈州判断了赵皇亲后，径差公牌拘到黄二郎，当厅取问。审得大郎开茶店，欺骗平人，着杖八十，用大枷号令州衙数日，面刺双旗充军，仍将其家财一半没官，赈济饥民。提过二郎问云：“尔恃官渡骗人，近日包老爹来，尔何如也索他重财？今包公新造一甑，且将尔看蒸得熟否？”道罢。即着数名无情汉装起锅来，将二郎放于甑中，扇着火，一伏时，二郎已蒸得皮开肉绽，在甑中死矣。自后奸顽敛迹，畏包公之威严犹如猛虎也。

（摘自[明]安遇时《百家公案》，中国文史出版社，2003 年）

大郎、二郎兄弟二人行为性质与违法情节几乎没有不同，但最终的量刑却相差甚远。之所以相差如此之大，并非因为法律规定，而仅仅是因为二郎多说了一句让包公不高兴的话。包公那一声“微微冷笑”中，透着怎样的冷酷残忍，包含着怎样的任性与恣意。在这样的恣意中，断无正义可言。

4. 现代审判制度

因受法律传统、陪审制度等各种因素的影响，现代国家也采取了不同的审判制度。一般地，人们将之分为两种基本模式，即：英美法系的当事人主义和大陆法系的职权主义。

英美法系的当事人主义是指诉讼的发动、继续和发展主要依赖于当事人。诉讼过程由当事人主导，法官仅处于消极的中立的裁判者地位。当事人要负责证据的调查、准备、提出和证据价值的陈述工作，法官不能在当事人指明的证据范围以外依职权主动收集证据。职权主义和当事人主义一样，都注重公开审判等程序的运用，并强调辩论主义在庭审中的应用。但职权主义认为民事诉讼的目的是真实的发现而主要不是程序公正的实现。为了查明实体的真相，则要充分发挥法官的作用，因此法官有义务对事实进行调查取证，或聘请专家作证。在事实发现的过程中，并不完全依赖当事人。

自20世纪90年代初期以来，我国法院逐渐开始了审判方式的改革，改革的基本思路是强调当事人的举证责任，减少法官依职权收集证据的范围，庭审方式从询问向听审转化，公开审判制和合议庭的职权得到进一步的贯彻落实。从现在情况看，目前我国的审判制度越来越多地吸收了当事人主义的制度经验，弱化了法官的职权和作用，强化了当事人参与诉讼活动的程序权利和作用。

现代审判制度同样不能百分之百地保证不出现错案，但通过程序的设计可以将错案降到所能容忍的程度。在下面的内容中，讨论如何通过程序设计实现正义。

二、诉讼活动的重点问题

(一) 诉讼程序的一般原则

正义实现的过程要想让人看得见，要求诉讼程序必须具有一些外在的形式。这种外在形式并不是单纯的形式，而是体现能让人对公正产生信赖的一般原则。

1. 不作自己的法官

“任何人不得作自己的法官”是对法官的要求，是对作为居中裁判的法官的中立性的基本要求。所谓不得作自己的法官，是指当案件争议的问题与法官有利害关系时，为确保法官的中立性，其不能审理与其有利害关系的案件。

“不作自己的法官”在诉讼法上的体现是回避制度。回避的对象不仅包括审判人员，还包括可能影响案件公正审理的其他人员，如人民陪审员、执行员、书记员、翻译人员、鉴定人员和勘验人员以及刑事诉讼中的侦查人员和公诉人员等。如果上述人员是案件的当事人或者当事人的近亲属，或与该案有利害关系，或担任过该案的证人、鉴定人、辩护人或诉讼代理人的，或有其他关系，如同学关系、战友关系等，可能影响案件公正审理的，本人应当主动提出回避，当事人也有权申请其回避。

2. 不告不理

不告不理是司法权被动性的体现，指如果没有提出“诉”，则诉讼程序不得由法官主动启动。法官的被动性不仅表现在立案阶段，在诉讼阶段，除了程序性问题和对法律的释明外，法官原则上不得主动就实体性问题发表意见并进行调查。

之所以强调法官的被动性，是因为司法活动是一个通过审理逐渐查明事实的过程，如果法官主动启动程序，主动就案件事实展开调查，那么很容易形成先入之见。而且作为中立的法官事实上成为追诉者，在某种意义上具有了与原告相同的地位。如果在审理过程中发现对被告的诉不成立，实际上意味着法官所主动提起的诉的失败。在这种情况下，法官很难做到中立。

历史上"包青天"明察暗访，其不辞辛劳和明察秋毫尽管常为人所称道，却不符合最基本的程序原则。基于被动性原则，以前我们所曾经倡导的"人民法院为……保驾护航"之类的说法也应当予以重新审视。

3. 诉讼双方权利对等

诉讼是原告与被告双方的活动，是由原被告双方共同向法官陈述自己的理由，由法院居中进行评判，并最终决定支持哪一方主张的活动。既然如此，就应确保双方能平等地向法官陈述理由，如果只允许一方说话，另一方的诉讼权利受到限制，则难以保证结果的公平，至少难以使被限制的一方相信裁判结果是公正的。民事诉讼解决的是作为平等主体的私人之间的纠纷，程序的平等性相对较易实现。但在行政诉讼，尤其是刑事诉讼中，是否应当以及如何使诉讼双方诉讼权利对等却是一个非常复杂的问题。

为追究犯罪，赋予侦查机关采取特别措施的权力是必要的，但是，如果侦查机关为追究犯罪可以随意行使手中的权力，根本没有必要制定刑事诉讼法。在这一意义上可以说，刑事诉讼程序的目的在于防止权力的滥用，而防止权力滥用的核心问题在于如何维护被告人权益。由于犯罪嫌疑人常被羁押限制人身自由，完全处于被追诉的地位，一旦侦查机关产生错误的认识，犯罪嫌疑人本人根本无力予以纠正。因此必须在程序的设计上找到一种可以与侦查机关相对抗的力量，才能有效地防止权力的滥用，避免冤假错案的发生。这一制度设计就是辩护制度，律师是防止侦查权恣意的最有效的力量，对平衡双方诉讼地位，促进审判公正，防止冤假错案有着重要的不可替代的意义。

2012 年，《刑事诉讼法》在证据制度、强制措施、辩护制度、侦查措施、审判程序、执行规定和特别程序等方面进行了修订。为保障犯罪嫌疑人获得辩护的权利，对辩护制度也做了关键性的调整。修改前的刑事诉讼法规定，辩护律师会见当事人需经侦查机关批准，并允许侦查人员在场。新刑诉法规定，除危害国家安全犯罪、恐怖活动犯罪和特别重大贿赂犯罪案外，律师会见无须经过批准，而且在会见时不受监听。

4. 程序公开与直接言辞

所谓程序公开，是指诉讼活动要公开进行，不仅诉讼过程要公开，裁判结果也要公开。只有公开才能将整个诉讼活动置于阳光之下，接受当事人及至社会的评判，从而有效地避免暗箱操作。所谓直接言辞，是指诉讼双当事人以及其他诉讼参加人包括证人都应当在法官的面前通过直接言辞的方式进行诉讼活动，而不是通过书面作证或书面审理的方式进行诉讼。法官对案件事实的判断是综合性的，就像中医一样，要"望、闻、问、切"，观察当事人或证人的表情，听他们的陈述、向他们提问、分析他们的心理活动，由此才能得出更为准确的内心判断。同时，当事人与证人到庭有助于接受双方当事人的发问和质证，避免书面证据的断章取义，避重就轻。

目前，民事诉讼中证人出庭率明显提高，但刑事诉讼中书面证言仍是主要证据形式，很少有证人出庭。然而，在民事诉讼中，随着诉讼代理的普遍化，当事人到庭率却越来越低。尽管当事人有权委托代理人，可以不出庭，但在很多情况下，当事人不出庭，代理人面对对自己当事人不利的案件事实，常以"不清楚"搪塞。而且，代理人在作这样的回答时，并不具有当事人基于道义所产生的心理负担，从而不利于案件审理的顺利进行。这一问题应当引起重视，对如何促进诉讼诚信应考虑相应的程序设计。

（二）诉讼程序的基本内容

不同的诉讼有不同的程序规定，刑事诉讼主要分三个阶段，侦查、起诉和审判，民事诉讼和行政诉讼中没有侦查阶段，但都存在诉和审的阶段，所以对诉讼程序也分为诉和审两个阶段，而侦查和执行等程序在下文中作为特殊问题来处理。

1. 诉的程序

（1）诉的提出

民事诉讼和行政诉讼的"诉"都是由原告直接向人民法院提起的。所谓原告，是认为自己的权益受到侵犯从而要求人民法院进行裁判以实现其权益的损害救济的人。诉一般由原告本人提起，但未成年人由其法定代理人代为提起诉讼。对污染环境、侵害众多消费者合法权益等损害社会公共利益的行为，法律规定的机关和有关组织，如人民检察院可以向人民法院提起诉讼。

刑事诉讼的诉有两种提出方式：一种是公诉，是由人民检察院作为公诉机关提起的，因此公诉案件的程序中只有公诉机关，没有原告。被害人以被害人身份参加诉讼，同时也可以以刑事附带民事诉讼原告的身份提起附带民事诉讼。另一种是自诉，法律规定的案件，如暴力干涉婚姻自由、侮辱诽谤、虐待等案件，以及应予追究刑事责任并已提出控告，但公安机关或检察机关不予追究的情况，被害人均可直接向人民法院提起诉讼。

应当注意的是，民事诉讼和行政诉讼中的当事人分别称原告和被告，其代理人称诉讼代理人，而刑事诉讼中的当事各方分别称公诉机关，被害人或刑事附带民事诉讼原告、被告人、被告人的代理人称辩护人。在刑事自诉案件中，提起自诉的人称刑事自诉人，被起诉的人仍然称为被告人。

（2）诉的条件

刑事诉讼是否符合起诉条件由公诉机关审查确定。民事诉讼由原告提起，由人民法院审查是否符合立案条件，对符合立案条件的，应当立案审理。由于立案时案件尚未审理，法院不应就案件的实体问题进行判断，故立案条件原则上只能是形式条件，人民法院的审查只能是形式审查，而不能对案件进行实质判断。

根据《民事诉讼法》第119条，起诉应当具备的基本条件有四个，即：原告是与本案有直接利害关系的公民、法人和其他组织；有明确的被告；有具体的诉讼请求和事实、理由；属于人民法院受理民事诉讼的范围和受诉人民法院管辖。法律有特别规定的，还应符合特别规定。比如，妻子怀孕或哺乳期间，丈夫不得提起离婚诉讼；又比如根据一事不再理的原则，人民法院或仲裁机构已经裁决，不得再行提起诉讼，等等。

（3）诉讼管辖

管辖是用以解决各级法院之间和同级法院之间受理第一审民事案件的分工问题的制度，

其意义在于具体确定特定的民事案件由哪个法院行使民事审判权。但是，管辖问题不是单纯只对法院才有意义的内部分工，在方便当事人诉讼以及避免地方保护主义等方面也有重要意义。根据我国诉讼法规定，管辖主要分为级别管辖和地域管辖，此外还有协议管辖和指定管辖。

级别管辖主要用以解决上下级法院之间的分工。确定管辖的一般原则是，由基层法院审理普通案件，中级人民法院和高级人民法院分别管辖各自辖区内有重大影响的案件。在刑事诉讼中，危害国家安全和恐怖活动案件，以及可能被判处无期徒刑或死刑的案件由中级人民法院一审审理。在行政诉讼中，以县级以上人民政府为被告或以海关为被告的案件由中级人民法院管辖。

上级人民法院有权审理下级人民法院管辖的第一审民事案件；确有必要将本院管辖的第一审民事案件交下级人民法院审理的，应当报请其上级人民法院批准；下级人民法院对它所管辖的第一审民事案件，认为需要由上级人民法院审理的，可以报请上级人民法院审理。

地域管辖按地域确定法院的管辖分工。刑事案件一般由犯罪地的人民法院管辖，如果由被告人居住地的人民法院审判更为适宜的，可以由被告人居住地的人民法院管辖。民事诉讼中地域管辖的确定一般遵循的是被告所在地或合同履行地原则，即由被告所在地或合同履行地的法院管辖。如果诉讼是对不动产、港口作业或遗产而产生的争议，则由不动产所在地、港口所在地或主要遗产所在地的人民法院管辖。

合同当事人也可以协议选择被告住所地、合同履行地、合同签订地、原告住所地、标的物所在地等与争议有实际联系的地点的人民法院管辖，这种称为协议管辖。协议管辖不得违反法律对级别管辖和专属管辖的规定。

两个以上人民法院都有管辖权的诉讼，原告可以选择向其中一个人民法院起诉，原告向两个以上有管辖权的人民法院起诉的，由最先立案的人民法院管辖。人民法院之间因管辖权发生争议，由争议双方协商解决；协商解决不了的，报请共同上级人民法院指定管辖。

当事人向没有管辖权的法院起诉，法院予以立案审理的，对方当事人在收到受理通知书之日起 15 日内有权提出管辖权异议。法院对当事人提出的异议，应当审查。异议成立的，裁定将案件移送有管辖权的人民法院；异议不成立的，裁定驳回。当事人未提出管辖异议，并应诉答辩的，视为受诉人民法院有管辖权，但违反级别管辖和专属管辖规定的除外。

(4) 诉讼时效

在刑事诉讼中，诉的期限称追诉时效，超过追诉时效的，不再进行刑事处罚。在民事诉讼中，当事人要求法院保护其权益的诉讼时效期间称诉讼时效。在诉讼时效届满后提起诉讼的，如果对方提出时效抗辩，人民法院对原告受侵害的权利将不再予以保护。行政诉讼中不存在诉讼时效问题，只有起诉期限问题。

应予注意的是，在民事诉讼中，诉讼时效届满后，义务人虽可拒绝履行其义务，但权利人请求权的行使仅产生法律保护上的障碍，权利本身及请求权并不消灭，当事人自愿履行义务的，法律仍予认可。同时，人民法院并不主动审查诉讼时效，诉讼时效届满后，当事人仍可向人民法院提起诉讼。人民法院受理后，如另一方当事人提出诉讼时效抗辩且查明无中止、中断、延长事由的，判决驳回其诉讼请求。如果另一方当事人未提出诉讼时效抗辩，法院原则上不得依照职权主动适用诉讼时效。

我国《民法总则》规定民事权利的诉讼时效一般为3年，法律有特殊规定的，从其规定。时效期从当事人知道或应当知道自己的权益被侵害之日起计算，但超过20年，人民法院不予保护。有特殊情况的，人民法院可以根据权利人的申请决定延长。在诉讼时效期间，如果权利人向债务人主张权利的，诉讼时效中断，诉讼时效期间重新起算。在诉讼时效期间的最后6个月内，因不可抗拒力或其他障碍不能行使请求权的，诉讼时效中止，中止时效的原因消除后，时效期间继续计算。

在行政诉讼中，对于公民、法人或者其他组织直接向人民法院提起诉讼的，一般应当自知道或者应当知道作出行政行为之日起6个月内提出，这一期限称为起诉期限。与诉讼时效不同，起诉期间不存在中断和中止的问题，而且人民法院可以依职权主动审查起诉期限，超过起诉期限的，人民法院可以不予受理，已经立案的，也可以因超过起诉期限予以驳回。

2. 审的程序

(1) 审判组织

审判组织是指人民法院审理案件的内部组织形式。人民法院审理案件的组织形式通常有两种：独任制和合议制。此外，人民法院的审判委员会也属于审判组织，根据最高人民法院《人民法院五年改革纲要》第22条规定，审判委员会是人民法院内部的最高组织形式。

独任制只有一名审判员审理，一般适用于基层人民法院审理的案情简单、争议不大的案件，独任制程序简单，方便快捷。独任制在我国只存在于刑事诉讼或民事诉讼中，行政诉讼中不存在。

合议制是由3～7人组成的合议庭负责案件的审判，我国合议庭一般由三名人员组成，这三名人员可以是审判员，也可以是人民陪审员，但必须至少有一名是审判员。其中人民陪审员是直接从群众中选举产生，或者由人民法院临时邀请参与案件的审理、行使审判权的非专职审判人员。人民陪审员只在一审中才可以成为合议庭组成人员，二审程序中人民陪审员不能成为合议庭组成人员。

根据人民法院的规定，各级人民法院均设立审判委员会。审判委员会由院长、庭长和资深审判员组成，参加审判委员会的成员称审判委员会委员。各级人民法院的审判委员会委员，由院长提请本级人民代表大会常务委员会任免。审判委员会的任务是总结审判经验，讨论重大、复杂或者疑难的案件，讨论其他有关审判工作的问题。根据《刑事诉讼法》第149条的规定，对于疑难、复杂、重大的案件，合议庭认为难以作出决定的，由合议庭提请院长决定提交审判委员会讨论决定。审判委员会在对案件的实质处理上的职权，决定了它在诉讼中的地位，表明其具有审判组织的性质。

根据最高人民法院司法解释的规定，拟判处死刑的案件、合议庭成员意见有重大分歧的案件、人民检察院提出抗诉的案件以及在社会上有重大影响的案件需要由审判委员会讨论决定。

拓展阅读

对审判委员会制度的批评

近年来，很多人对审判委员会制度提出批评，认为该制度违背了诉讼程序的基本原则，应当予以废除，这些批评主要基于以下理由：

1. 与审判公开、直接审理原则相悖

审判公开、直接审理原则是诉讼程序的基本原则。审判委员会讨论案件是秘密进行的，讨论时除了汇报人和必要的记录人员外，其他人不准进入会议室，更不用说旁听、报道，很显然这是与审判公开原则相矛盾的。此外，审判委员会讨论案件时诉讼当事人并不在场，一般不展示证据，审判委员会委员亦不直接听取当事人的陈述和辩论、辩护，仅仅是听取案件承办人的汇报和根据案件承办人所写的案情报告来作出判决。这又和直接审理原则相悖，对准确判断、分析证据、查明案件事实显然是不利的。

2. 回避制度对审判委员会委员形同虚设

设立回避制度旨在从审判主体中立性的层面确保审判的公正性，审判中立性更为注重诉讼程序结构来确保案件的公正审理，也即法官应当与案件本身以及当事人双方、诉讼代理人无关联而保持中立的诉讼地位，也就是双方当事人保持同等的诉讼距离。审判委员会的秘密审理，当事人无法依照程序提出回避申请。

3. 割裂了审理权和裁判权，出现"审而不判""判而不审"

审判委员会讨论决定案件，审理者是合议庭或独任审判员，判决者则是审判委员会，造成审、判分离，合议庭"审而不判"，审委会则是"判而不审""不审而判"。有人将此种状况比喻为"看病的医生无权开处方，开处方的医生却不看病"。这类现象严重影响了法官的积极性和创新精神，而且会从实质上影响审判的质量。

4. 不利于错案责任追究制的落实

审判委员会制度由于存在较多问题，很难确保案件的质量，一旦出现此类案件被认定为错案的情形，则很难追究审判委员会委员个人的责任。基于审判委员会讨论的案件，合议庭并未实际裁判，若由合议庭成员承担责任，似显不太公平。从理论上来说应由审判委员会集体承担责任，因为审判委员会讨论案件实行民主集中制，集体负责。但在司法实践中，所谓集体负责实际上是往往无人负责。

也有认为审判委员会采取集体决定原则，可以有效地避免人情案，有助于防止个别法官以权谋私的现象，同时，审判委员会在总结审判经验，指导审判活动方面也可发挥相应的作用。如何发挥审判委员会的作用，同时避免制度的缺陷，需要我们进行认真的反思。

（参见国明《审判委员会制度存废的思考》，新疆大学 2011 年硕士论文）

(2) 审级

我国各类诉讼程序均是两审终审制。对于一审判决不服，当事人可提起上诉，刑事案件中的公诉人也可以提出抗诉。案件经上诉或抗诉进入二审程序，二审人民法院作出的裁判属于发生法律效力的终审裁判，当事人不能再向更高一级的法院提出上诉。

审级的确定要考虑公正，同时也要兼顾效率。之所以采取二审终审制，是考虑法院认识能力有限，不一定能作出正确的裁判，允许二审等于给当事人增加了一次机会，同时也有利于听取当事人可能对审判活动产生的怀疑和不满。之所以在二审之后不再允许上诉，主要考虑效率的成本，避免案件久拖不决。

二审终审是一般原则，在二审之外，还存在审判监督程序，又称再审程序。在刑事诉讼过程中，对判处死刑的，还应由最高人民法院进行复核，称为死刑复核程序。死刑复核程序是法定程序，必须进行，不可省略。但审判监督程序原则上只有在符合法律规定的条件的情况下才能够启动，比如，发现新的证据足以推翻原判决的、原审违反法定程序的、原审法官有徇私舞弊行为的，等等。当事人符合法律规定的条件申请再审的，可启动再审程序，人民法院发现已发生效力的裁判存在错误的，也可启动再审程序。人民检察院认为已经发生效力的裁判存在错误，也可通过提起抗诉的形式启动再审。

(3) 审理结果

案件经过审理，最终要有个处理结果。对于民事案件而言，双方当事人可以自行和解，达成和解协议后原告撤诉，由人民法院裁定准予撤诉。当然，如果案件涉及国家、集体或第三人权益，或因其他特殊情况，法院也可以不允许撤诉。双方和解，也可以由法院制作调解书，调解书一经送达，即发生法律效力，不能上诉。双方达不成和解协议，由人民法院依法裁判。对于程序性事项人民法院一般制作裁定书作出裁定，裁定多见于诉讼过程中对程序性事项的处理，如驳回管辖权异议裁定书，先予执行裁定书等。裁定也可以是对案件的最终处理结果，比如因被告不适格而裁定驳回起诉。对于实体事项的处理一般需要制作判决书。

刑事公诉案件是国家针对危害社会的犯罪行为提起的诉讼，被告人和被害人均无权左右诉讼的进程，被害人的谅解和不再追究刑事责任的表示原则上对案件的进程不产生任何影响，最多是在最后量刑时可予酌情考虑的一个从轻情节。同时，刑事案件也不存在和解和调解的问题，人民法院要么作出有罪判决，要么作出无罪判决。刑事诉讼中也存在裁定书，原则上也是在诉讼过程中针对程序问题而制作的文书。

在行政诉讼中，人民法院处理形式与民事案件基本相同，只有一个明显的差别，即：行政诉讼不能适用调解。这是因为行政诉讼的被告是国家机关，如果允许调解，原告很容易受到被告的压力或引诱。一旦原告在威逼或利诱下作出妥协，被告的违法行政就不能及时地得到制止。

(4) 执行

刑罚的执行在第十二讲已经介绍，这里的执行程序主要指民事诉讼和行政诉讼过程中的执行。对于人民法院已经发生法律效力的判决，当事人应当自动履行，当事人拒不履行的，可以申请人民法院强制执行。针对不同情况，对于银行存款，人民法院可以强行划转，对于财产，可以依法拍卖或变卖，对于要求当事人须为特定行为的执行，可以对当事人实施强制，如强制搬迁。

对民事判决申请执行的期间为 2 年，从法律文书判定履行期间的最后一日起计算；法律文书判定分期履行的，从判定的每次履行期间的最后一日起计算；法律文书未判定履行期间的，从法律文书生效之日起计算。申请执行时效的中止、中断，适用诉讼时效中止、中断的规定。

自然人对行政判决申请执行的期间为 1 年，法人或其他组织对行政判决申请执行的期间为 180 日。

执行意味着强制执行，以国家的强制力为后盾。据此，学者们大多认为执行权与司法权的中立性、被动性极不相符，在性质上执行性权力应属于行政权，而不属于司法权，因此不应由人民法院执行，而应由行政机关或专门设立的执行机关来执行。

3. 其他程序

(1) 侦查

侦查是刑事诉讼中的特有活动，所谓侦查，实际上就是调查取证活动。刑事犯罪行为往往是隐秘的，需要专责机关通过侦查活动来确定犯罪嫌疑人，收集犯罪嫌疑人的犯罪证据。在我国，侦查活动一般由公安机关负责，对于贪污贿赂犯罪、国家工作人员的渎职犯罪、国家机关工作人员利用职权实施的侵犯公民人身权利的犯罪以及侵犯公民民主权利的犯罪案件，如非法拘禁案、非法搜查案、刑讯逼供案、暴力取证案、破坏选举案等，由人民检察院立案侦查。

侦查机关可采取的侦查措施相当广泛：有权对犯罪嫌疑人直接采取或经人民检察院批准后采取强制措施；有权讯问犯罪嫌疑人；有权对犯罪嫌疑人的身体和住所进行搜查；有权询问证人和被害人；有权对现场进行勘验和检查；有权扣押书证物证。对在逃的犯罪嫌疑人，还有权发布通缉令实施通缉。

侦查活动的目的在于对犯罪行为进行调查取证，当案件未能破案或事实未查清前，原则上没有期限的限制。但是，如果对犯罪嫌疑人已经批捕羁押的，为防止对犯罪嫌疑人长期羁押不决，法律对羁押期限进行了限制。公安机关或检察机关经过侦查，认为应当追究刑事责任的，应将材料移送公诉机关审查起诉，认为不应追究刑事责任的，应终止侦查，对犯罪嫌疑人采取羁押措施的，应立即释放。

拓展阅读

羁押期限

一般情况下，对犯罪嫌疑人逮捕后的侦查羁押期限不得超过2个月，但这只是对一般刑事案件侦查羁押期限的规定，除此之外，法律还规定了各种可以延长的情况：

1. 案情复杂、期限届满不能终结的案件，可以经上一级人民检察院批准延长1个月。

2. 下列案件在经上级检察院批准延长1个月后仍不能侦查终结的，经省、自治区、直辖市人民检察院批准或者决定，可以延长2个月：

(1) 交通十分不便的边远地区的重大复杂案件；

(2) 重大的犯罪集团案件；

(3) 流窜作案的重大复杂案件；

(4) 犯罪涉及面广，取证困难的重大犯罪案件。

3. 对犯罪嫌疑人可能判处10年有期徒刑徒以上刑罚，经省级检察院批准延长2个月后仍不能侦查终结的，经省、自治区、直辖市人民检察院批准或者决定，可以再延长2个月。

4. 因为特殊原因，在较长时间内不宜交付审判的特别重大复杂的案件，由最高人民检察院报请全国人大常委会批准延期审理。

除了羁押期限的延长外，《刑事诉讼法》还规定了羁押期限重新计算的情况：

1. 在侦查期间，发现犯罪嫌疑人另有重要罪行的，自发现之日起重新计算侦查羁押期限。

2. 犯罪嫌疑人不讲真实姓名住址，身份不明的，侦查羁押期限自查清其身份之日起计算。

3. 对被羁押的犯罪嫌疑人作精神病鉴定的时间，不计入侦查羁押期限。其他鉴定时间则应当计入羁押期间。

(2) 审查起诉

侦查机关侦查终结将案件移送人民检察院后，人民检察院认为犯罪嫌疑人的犯罪事实已经查清，证据确实、充分，依法应当追究刑事责任的，应当作出起诉决定，按照审判管辖的规定，向有管辖权的人民法院提起公诉，并将案卷材料、证据移送人民法院。人民检察院认为犯罪嫌疑人没有犯罪事实，或者认为犯罪情节轻微，不需要判处刑罚或者免除刑罚的，人民检察院可以作出不起诉决定。人民检察院在审查起诉中，发现有事实不清、证据不足或者遗漏了罪行或同案人等情况，可以退回侦查机关补充侦查。对于补充侦查的案件，侦查机关应当在1个月以内补充侦查完毕。补充侦查以两次为限。

人民检察院对于侦查机关移送起诉的案件，一般情况下应当在1个月以内作出决定，重大、复杂的案件，可以延长半个月。对补充侦查的案件，补充侦查完毕移送人民检察院后，审查起诉期限重新计算。

（3）民事特别程序

特别程序是相对于普通程序而言的，指人民法院依照民事诉讼法的规定审理特殊类型案件的一种程序。适用特别程序的案件有两类：一类是选民资格案件；另一类是非讼案件，包括宣告公民失踪、宣告公民死亡案件，认定公民无民事行为能力或限制民事行为能力案件，认定财产无主案件。

按特别程序审理的案件，均不属民事权益争议的案件，只是确定某种权利的状态，或确定某种法律事实是否存在，一般也不存在原告和被告，只是因申请人的申请引起诉讼程序的发生，一般并不存在与申请人对立的对方当事人。特别程序实行一审终审、人民法院所作的判决，自送达判决书之日起，立即发生法律效力，申诉人不得提起上诉。

特别程序审理的目的是为了确定某些法律事实和民事权利的有无。它对稳定人民群众的生活及经济状态，安定社会秩序，维护国家利益具有重要意义。在适用特别程序审理案件过程中，如果发现所审的系民事权益争议案件，应终结特别程序，并告知利害关系人按普通程序或简易程序另行起诉。

（三）诉讼程序的核心问题——事实问题

除民事诉讼的特别程序外，诉讼活动最终基本上都需要分清是非，确定责任。这一目标的实现需要查清当事人是否实施了某种行为，是否存在免责事由，行为造成了什么的损失，只有在查清这些事实的基础上，才能依据相应的法律规定确定当事人的责任。在此意义上，诉讼的核心问题是事实问题，更准确地说，是如何查明案件事实的问题。

1. 事实的来源——证据

案件的事实是当事人自己经历的事实，法官并未经历过，因此对于法官来说，诉讼就是逐渐查清案件事实的过程。如何查清事实？或者说对于从未经历过这些事实的法官来说，事实从哪里来？事实来源于证据，所有与案件争议问题有关、能反映案件事实的根据原则上都可以作为证据。根据我国三大诉讼法的规定，证据可分为以下几类：

（1）语言证据

语言类证据是相关知道案件情况的人的陈述，包括证人就案件事实所作的陈述和案件当事人对案件事实所作的陈述，前者指证人证言，后者在不同的诉讼程序中有不同的称谓。在民事诉讼和行政诉讼中称当事人陈述，在刑事诉讼中称被害人陈述、犯罪嫌疑人和被告人供述与辩解。无论何种称谓，都属于通过语言陈述来再现案件事实，这一类证据容易受本人主观影响，有较大的主观性。

（2）书证、物证

书证、物证是以物品或者文字为表现形式的实物证据。书证是能够证明案件真实情况的文件或其他文字材料，如毒品犯罪分子进行联络的往来书信；贪污犯罪分子涂改的单据、账本等。物证是用于犯罪或与犯罪相关联的，能够证明犯罪行为和有关犯罪情节的物品或痕迹，如作案工具、赃款赃物、血迹、指纹、脚印等。物证的特点是，不具有任何主观的东西，而只以其客观存在来证明案件的事实。

对物证必须妥善地加以保管，以保持物证的原有的形态。如果不能保持原来形态或者物证有可能灭失的，行政机关必须采取措施予以保全。

(3) 电子证据

电子证据是以电子存储方式保存的资料，包括视听资料和电子数据。视听资料是指能够作为证据的录音、录像等，是一种被固定、被保全的证据。它比较可靠，更接近于真实情况。但是视听资料必须经过审查，才能被认定作为证据。电子数据指的是电子化技术形成的文字，数字等，如电子邮件、聊天记录等。网上聊天记录、博客、微博客、手机短信、电子签名、域名等形成或者存储在电子介质中的信息也可以作为证据。

(4) 再现特定场景的笔录

这里的笔录是为再现特定场景而制作的笔录，不包括基于证言而制作的笔录，主要包括现场笔录和勘验、检查、辨认侦查实验笔录。现场笔录是行政诉讼中常见的证据类型，一般是行政机关执法人员在现场，对现场情况所作的记录。如交通民警对违反交通管理的司机进行罚款，交通民警开具的罚款单据；工商管理人员对违反工商管理的个体商贩进行处罚时，现场记明其违法事实、没收商贩的违法物品的数量、质量等情况的记录。现场笔录上应当有执法人员和当事人的签名。

勘验、检查、辨认侦查实验笔录是指侦查机关或侦查机关委托的专门人员为了解案件的事实，对事实发生的现场或者物品进行勘验、检查、辩论、实验的基础上所制作的笔录。

(5) 鉴定结论

鉴定结论是鉴定人运用自己具有的专门知识对案件中专门性问题所进行的分析、鉴别和判断。它是一种独立的证据，如法医鉴定、指纹鉴定、笔迹鉴定、化学物品鉴定、精神病鉴定等。

2. 证据的来源——举证

案件事实来源于证据，但证据不是自行出现的，需要有人负责收集并提交法庭。那么，谁负有收集并提出证据的义务？

(1) 刑事案件的举证义务

刑事诉讼侦查、起诉与审判三个阶段中，侦查是专门的调查取证阶段，侦查的任务在于收集与案件有关的证据。在起诉阶段，检察机关根据侦查阶段所收集的证据向人民法院提出控告。在这样的程序设计中，举证义务完全是由提出控告的一方即公诉方来负担的，被告人没有自证清白的义务，亦即不负举证义务。

被告人的身份决定着其有自我开脱罪责的心理倾向，没有人真正相信他可以自证其罪，所谓的“如实供述”，不过是为刑讯逼供提供的一个借口。法律也不能要求被告人自证清白，如果无法自证清白即可归罪，每一个人都可能成为犯罪嫌疑人。将犯罪的查证义务由普通公众来承担，不仅为侦查机关的侦查不力提供了推卸责任的借口，众多无辜普通人的正常生活也会因此受到破坏。

拓展阅读

不得强迫被告人自证其罪

不得强迫被告人自证其有罪已被很多国家确定为刑事诉讼中的一项基本原则，我国《刑事诉讼法》第50条也明确规定了这一原则，该条规定：“审判人员、检察人员、侦查人员必须依照法定程序，收集能够证实犯罪嫌疑人、被告人有罪或者无罪、犯罪情节轻重的各种证据。严禁刑讯逼供和以威胁、引诱、欺骗以及其他非法方法收集证据，不得强迫任何人证实自己有罪。”

但问题在于该原则的落实需要配套的制度措施来保障，对于这一问题争论最多的是“沉默权”问题。所谓“沉默权”，是指犯罪嫌疑人、被告人在接受警察讯问或出庭受审时，有保持沉默而拒不回答的权利。在西方各国的刑事诉讼中，大都赋予犯罪嫌疑人、被告人享有沉默权，沉默权被认为是受刑事追诉者用以自卫的最重要的一项诉讼权利。但沉默权也受到很多人质疑。他们认为，沉默权非但不能帮助无罪的人，倒是职业罪犯通过律师滥用这一权利，逃避法律制裁。

我国在修改《刑事诉讼法》时，就此问题也产生了激烈的争论，最终我国没有承认沉默权。《刑事诉讼法》第 118 条仍规定犯罪嫌疑人对侦查人员的讯问有“如实回答”的义务。

实际上，除美国的“米兰达”规则外，认可沉默权国家的立法中很少直接使用“沉默权”一词，基本上都是通过“不得自证其罪”的原则来表达的。联合国《公民权利和政治权利国际公约》也是如此，该《公约》第 14 条的表述是：（被指控犯罪的人）“不被强迫作不利于他自己的证言或强迫承认犯罪”；美国《联邦宪法修正案》第 5 条的表述是：“任何人在刑事诉讼中不得被强迫自证有罪。”；日本《刑事诉讼法》第 198 条的表述是：“在进行前项调查时，应当预告知嫌疑人没有必要违反自己的意识进行供述。”可以说，所谓的“沉默权”就是“不得强迫自证其罪”原则的通俗而方便的说法。

尽管上述条文中没有直接使用“沉默权”的表述，但没有人否认上述条款是关于“沉默权”的规定。但这一问题在我国却因《刑事诉讼法》第 118 条的规定而变得颇值思考。但无论如何，在打击犯罪的同时，我们一定也要注意，不能只顾“自己好办事”，而漠视犯罪嫌疑人和被告人的基本权利。否则，冤假错案无法得到有效的遏制。

（2）行政案件的举证义务

行政诉讼中，行政机关是永远的被告，作为行政机关管理对象的行政管理相对人是永远的原告。所谓的行政诉讼，就是行政管理相对人不服行政机关作出的具体行政行为而提起的诉讼。这些具体行政行为既可以是针对原告的处罚措施，也可以是应该履行职责而不履行的不作为；既可以是行政机关对权益作出的确认，也可以是行政机关作出的强加给原告义务的行政决定。总之，行政诉讼以行政机关事先的作为或不作为的某种具体行政行为为前提，诉讼的目的在于确认行政机关作出的具体行政行为是否具有合法性。

行政诉讼的目的决定着诉讼过程中举证义务的分担。对于原告来说，只需证明行政机关实施了某种具体行政行为即可，如果同时要求赔偿损失，另外再证明损失的存在与损失大小即可。对于具体行政行为是否合法，由于行为是作为被告的行政机关的行为，应由被告承担举证义务。只要行政机关不能证明其行为的合法性，就认定其作出的行为不具有合法的根据。

是否具有合法性，应当从三个方面来证明：一是作出具体行政行为的事实依据；二是作出具体行政行为的法律依据；三是作出具体行政行为的具体程序。如果事实不清，或法律依据不明确，或程序不符合法定要求，均可认定具体行政行为不合法。

（3）民事案件的举证义务

民事诉讼是平等的私主体之间的争议而适用的程序，举证义务的分配应考虑双方举证能力的平衡。一般情况下，提起诉讼的一方对自己的诉讼请求有义务提供证据。我国《民事诉讼法》第 64 条规定：当事人对自己提出的主张，有责任提供证据。这就是人们平常所说的“谁主张谁举证”。如果当事人对自己的诉讼主张提供不出证据的，将承担败诉的风险。

但在有些案件中，负有证明责任的一方很难收集到证据，如果让其负担举证义务，基本上意味着其很难甚至几乎不可能赢得诉讼。比如让患者证明医院治疗措施不当，对于没有医学知识也不了解手术现场情况的当事人几乎不可能。为此，法律规定了一些特殊规则来分配举证责任，从而平衡在诉讼中实际存在的不对等。

拓展阅读

《最高人民法院关于民事诉讼证据的若干规定》(节录)

第四条 下列侵权诉讼，按照以下规定承担举证责任：

(一) 因新产品制造方法发明专利引起的专利侵权诉讼，由制造同样产品的单位或者个人对其产品制造方法不同于专利方法承担举证责任；

(二) 高度危险作业致人损害的侵权诉讼，由加害人就受害人故意造成损害的事实承担举证责任；

(三) 因环境污染引起的损害赔偿诉讼，由加害人就法律规定的免责事由及其行为与损害结果之间不存在因果关系承担举证责任；

(四) 建筑物或者其他设施以及建筑物上的搁置物、悬挂物发生倒塌、脱落、坠落致人损害的侵权诉讼，由所有人或者管理人对其无过错承担举证责任；

(五) 饲养动物致人损害的侵权诉讼，由动物饲养人或者管理人就受害人有过错或者第三人有过错承担举证责任；

(六) 因缺陷产品致人损害的侵权诉讼，由产品的生产者就法律规定的免责事由承担举证责任；

(七) 因共同危险行为致人损害的侵权诉讼，由实施危险行为的人就其行为与损害结果之间不存在因果关系承担举证责任；

(八) 因医疗行为引起的侵权诉讼，由医疗机构就医疗行为与损害结果之间不存在因果关系及不存在医疗过错承担举证责任。

有关法律对侵权诉讼的举证责任有特殊规定的，从其规定。

第五条 在合同纠纷案件中，主张合同关系成立并生效的一方当事人对合同订立和生效的事实承担举证责任；主张合同关系变更、解除、终止、撤销的一方当事人对引起合同关系变动的事实承担举证责任。

对合同是否履行发生争议的，由负有履行义务的当事人承担举证责任。

对代理权发生争议的，由主张有代理权一方当事人承担举证责任。

第六条 在劳动争议纠纷案件中，因用人单位作出开除、除名、辞退、解除劳动合同、减少劳动报酬、计算劳动者工作年限等决定而发生劳动争议的，由用人单位负举证责任。

第七条 在法律没有具体规定，依本规定及其他司法解释无法确定举证责任承担时，人民法院可以根据公平原则和诚实信用原则，综合当事人举证能力等因素确定举证责任的承担。

(4) 关于人民法院的查证义务

在普通人的眼里，法官应当像“包青天”那样明察暗访，查清事实，依法裁判。人民法官该不该调查取证？在什么情况下才可以调查取证？

司法权的最为核心的要求即是“中立性”，凡是与中立性相冲突、有可能影响到司法权的中立的，均是不可取的。法官该不该调查取证，关键也要看是否与司法权的中立性相冲突。

如果法官可以直接调查取证，法官很可能更容易相信自己调取的证据，并形成先入之见，从而有可能会影响到对整个案件的综合把握。而且，在诉讼中，尤其是民事诉讼中，是非曲直往往并不是泾渭分明的，双方几乎都有各自的理由，否则也形不成争议。如果法官依据其自己主动调查的证据作为判决的根据，对于败诉的一方而言，他会怀疑判决的公正性。我们说诉讼不仅要实现正义，而且一定要以人们能看得见(或感受得到)的方式来实现正义，因为只有让人们看得见，才会取得信赖，才能避免其他私人暴力的纠纷解决方式。法官的主动调取证据与正义实现的要求可以说并不符合。

但是，法院也不是在任何情况下都不取证，原则上，下述情况，人民法院可以依职权调查取证：一是已经形成并存放于相关机关的证据，如公证文书、与本案相关的其他案卷材料、存放于某机关的档案材料等。这些证据本身的形成过程不会掺杂进任何法官的主观因素，不会影响法官的中立性。二是因特殊原因当事人自己无法取得的证据。三是涉及可能有损国家利益、社会公共利益或者他人合法权益的事实。四是涉及依职权追加当事人、中止诉讼、终结诉讼、回避等与实体争议无关的程序事项。

(5) 无须举证的情况

无须举证的情况主要存在于民事诉讼中。

第一种是当事人自认。在诉讼过程中，一方当事人对另一方当事人陈述的案件事实明确表示承认的，另一方当事人无须举证。但涉及身份关系的案件除外。对一方当事人陈述的事实，另一方当事人既未表示承认也未否认，经审判人员充分说明并询问后，其仍不明确表示肯定或者否定的，视为对该项事实的承认。当事人委托代理人参加诉讼的，代理人的承认视为当事人的承认。但未经特别授权的代理人对事实的承认直接导致承认对方诉讼请求的除外；当事人在场但对其代理人的承认不作否认表示的，视为当事人的承认。

第二种是已经被证明过的事实。如已为人民法院或仲裁机构发生法律效力的裁判所确认的、为有效公证文书所公证的事实。

此外，众所周知的事实、自然规律及定理以及根据法律规定或者已知事实和日常生活经验法则能推定出的另一事实也无须举证。

但应注意的是，上述无须举证的情况并不是绝对免除当事人举证义务，对于裁判或公证文书所证明的事实，有相反证据足以推翻的、有证据证明所谓的众所周知的事实以及根据日常经验法则的推导与实际不符合的，当事人仍负有举证责任。

3. 证据的审查——认证

所有的证据都应当在庭审中当庭出示，并经各方当事人质证。未经当庭出示并质证的证据不能作为定案的依据。但是证据均是当事人立足于自己一方的立场而提交的，并不一定都能反映客观事实，也不一定都是真实客观的，因而证据经过质证后，需要法官根据当事人的质证意见，逐一审查判断是否能够作为裁判的根据。

我国《刑事诉讼法》《民事诉讼法》和《行政诉讼法》均未规定证据的认证方法与认证规则。从某种意义上说，证据的认定本身也是一个综合而系统的过程，过于具体的认证规则也许因过于教条刻板而可能带来负面的效应，因而在法律中不予具体规定也有一定的道理。但在缺乏具体认证规则的情况下，法官多依赖于经验和所谓的自由心证来认证，这一过程很难在判决书中得到体现，从而存在判决书说理不足之弊。2010 年，最高人民法院发布了《关于民事诉讼证据的若干规定》，尽管该规定中的许多内容都受到学者们的诟病，且部分内容与 2012 年修改后的《民事诉讼法》存在不一致的地方，但其毕竟是我国目前唯一就认证规则作出详细规定的法律性文件，其在审判实务中所起的作用还是不容忽略的。

拓展阅读

《最高人民法院关于民事诉讼证据的若干规定》(节录)

第六十三条　人民法院应当以证据能够证明的案件事实为依据依法作出裁判。

第六十四条　审判人员应当依照法定程序，全面、客观地审核证据，依据法律的规定，遵循法官职业道德，运用逻辑推理和日常生活经验，对证据有无证明力和证明力大小独立进行判断，并公开判断的理由和结果。

第六十五条　审判人员对单一证据可以从下列方面进行审核认定：

(一) 证据是否原件、原物，复印件、复制品与原件、原物是否相符；

(二) 证据与本案事实是否相关；

(三) 证据的形式、来源是否符合法律规定；

(四) 证据的内容是否真实；

(五) 证人或者提供证据的人，与当事人有无利害关系。

第六十六条　审判人员对案件的全部证据，应当从各证据与案件事实的关联程度、各证据之间的联系等方面进行综合审查判断。

第六十七条　在诉讼中，当事人为达成调解协议或者和解的目的作出妥协所涉及的对案件事实的认可，不得在其后的诉讼中作为对其不利的证据。

第六十八条　以侵害他人合法权益或者违反法律禁止性规定的方法取得的证据，不能作为认定案件事实的依据。

第六十九条　下列证据不能单独作为认定案件事实的依据：

(一) 未成年人所作的与其年龄和智力状况不相当的证言；

(二) 与一方当事人或者其代理人有利害关系的证人出具的证言；

(三) 存有疑点的视听资料；

(四) 无法与原件、原物核对的复印件、复制品；

(五) 无正当理由未出庭作证的证人证言。

第七十条　一方当事人提出的下列证据，对方当事人提出异议但没有足以反驳的相反证据的，人民法院应当确认其证明力：

(一) 书证原件或者与书证原件核对无误的复印件、照片、副本、节录本；

(二) 物证原物或者与物证原物核对无误的复制件、照片、录像资料等；

(三) 有其他证据佐证并以合法手段取得的、无疑点的视听资料或者与视听资料核对无误的复制件；

(四) 一方当事人申请人民法院依照法定程序制作的对物证或者现场的勘验笔录。

第七十一条　人民法院委托鉴定部门作出的鉴定结论，当事人没有足以反驳的相反证据和理由的，可以认定其证明力。

第七十二条　一方当事人提出的证据，另一方当事人认可或者提出的相反证据不足以反驳的，人民法院可以确认其证明力。

一方当事人提出的证据，另一方当事人有异议并提出反驳证据，对方当事人对反驳证据认可的，可以确认反驳证据的证明力。

第七十三条　双方当事人对同一事实分别举出相反的证据，但都没有足够的依据否定对方证据的，人民法院应当结合案件情况，判断一方提供证据的证明力是否明显大于另一方提供证据的证明力，并对证明力较大的证据予以确认。

因证据的证明力无法判断导致争议事实难以认定的，人民法院应当依据举证责任分配的规则作出裁判。

第七十四条　诉讼过程中，当事人在起诉状、答辩状、陈述及其委托代理人的代理词中承认的对己方不利的事实和认可的证据，人民法院应当予以确认，但当事人反悔并有相反证据足以推翻的除外。

第七十五条　有证据证明一方当事人持有证据无正当理由拒不提供，如果对方当事人主张该证据的内容不利于证据持有人，可以推定该主张成立。

第七十六条　当事人对自己的主张，只有本人陈述而不能提出其他相关证据的，其主张不予支持。但对方当事人认可的除外。

第七十七条　人民法院就数个证据对同一事实的证明力，可以依照下列原则认定：

（一）国家机关、社会团体依职权制作的公文书证的证明力一般大于其他书证；

（二）物证、档案、鉴定结论、勘验笔录或者经过公证、登记的书证，其证明力一般大于其他书证、视听资料和证人证言；

（三）原始证据的证明力一般大于传来证据；

（四）直接证据的证明力一般大于间接证据；

（五）证人提供的对与其有亲属或者其他密切关系的当事人有利的证言，其证明力一般小于其他证人证言。

第七十八条　人民法院认定证人证言，可以通过对证人的智力状况、品德、知识、经验、法律意识和专业技能等的综合分析作出判断。

第七十九条　人民法院应当在裁判文书中阐明证据是否采纳的理由。

对当事人无争议的证据，是否采纳的理由可以不在裁判文书中表述。

关于证据的认证还有一个重要的问题需要进一步讨论。非法获得的证据不得作为定案的根据，这几乎已成为当今各国诉讼法上普遍认同的一项原则，但关于这一问题的引申性问题仍存在争议，其中一个重要的问题就是“毒树之果”问题。由于在民事诉讼和行政诉讼中，当事人双方的诉讼地位与诉讼能力相对较为平等，“毒树”能够“开花结果”的可能性很小，因此在民事诉讼中该问题并不受关注，因此这一问题主要存在于刑事诉讼中。

所谓“毒树之果”，是美国刑事诉讼中对某种证据所作的一个形象化的概括，以刑讯逼供等非法手段所获得的犯罪嫌疑人、刑事被告人的口供是毒树，而以此所获得的第二手证据——派生证据，是毒树之果。“毒树之果”原则作为非法证据排除规则，对遏制办案人员刑讯逼供，保护刑事被告人的基本权利有着进步作用。

我国《刑事诉讼法》有关于“毒树”的规定，并明确规定这类证据应予排除。如《刑事诉讼法》第 54 条规定：采用刑讯逼供等非法方法收集的犯罪嫌疑人、被告人供述和采用暴力、威胁等非法方法收集的证人证言、被害人陈述，应当予以排除。但是对毒树之“果”却无明确的规定，司法实践中常常是：不认“毒树”，仅食其“果”。在很多人看来，这亦是为便于破案定罪的无奈之举。

但是也应认识到，不认毒树，仅食其果，无疑为毒树的“茁壮成长”提供了肥沃土壤。为何刑讯逼供屡禁不止？在很多情况下，刑讯逼供的目的并不是为迫使认罪，而是为获取证据线索，从而发现有罪证据——“果”。如果规定毒树之果不得食，则刑讯逼供不再有任何意义，自然不会再有人去刑讯逼供。

从另一方面看，虽是违法行为在先，但由此发现的证据证明被告人有罪，却因“毒树之果”而不能作为定案依据，从而眼睁睁地看着犯罪人逍遥法外，不利于打击犯罪，也不利于正义的实现。因此，为平衡利弊，很多国家在“毒树之果不得食”的原则基础上，又规定了诸多例外。

拓展阅读

美国"毒树之果"之例外

1. 必然发现情况的例外

所谓必然发现情况的例外是指虽然政府机构的取证行为违法，但按照政府机构处理同类案件使用的方式方法，该证据即使不依靠该违法程序，也必然会被发现或找到。例如犯罪嫌疑人将凶器藏在家中的一个角落，警方已经对该房屋开始地毯式的搜查，但这时在警局内的警察通过刑讯逼供的方式得知了该凶器的具体地点，并找到了凶器。虽然刑讯逼供属于违法，该违法实施人也将得到追究，但就是没有刑讯逼供，这个凶器在搜查中也必然会被发现，这个证据就不属于“毒果”，可以使用。当然，对于这一原则还有学者有异议，认为这削弱了“毒树之果”原则的功能，但这也说明了“毒树之果”原则的适用是很慎重和严格的。

2. 违法被消除的例外

违法被消除的例外是指虽然第一次取证违法，但第二次的合法取证由于其他因素的介入而消除了原来的违法性，则第二次合法取得的证据可以具有证明力。也有人称这一例外为违法状态的中断。例如警方非法拘留犯罪嫌疑人甲，并得到口供，然后释放了甲，几天后甲因为受到家属的开导到警察局自首坦白。这个事件从表面上看是一个连续的状态，但第一次口供属于违法行为，不具有证明力，而甲的自首坦白所做的口供这一证据是合法的，通过自首这一行为消除了这一案件中原来违法行为所造成的污染，可以作为证据使用。

3. 独立来源的例外

独立来源是指针对刑事被告人的证据并非源于违法程序，而是有独立的来源。例如警方没有通过合法手续逮捕了犯罪嫌疑人甲并做了犯罪嫌疑人甲的口供。警方通过口供找到了甲的其他犯罪证据。适用“毒树之果”原则，这些证据属于“毒果”，没有证明力。但不久，在另一案件中，另一犯罪嫌疑人已举报了甲的犯罪事实以及提供了关于这些证据的线索。这样，这些证据的重新取得和原来的违法行为无关，证据有了独立来源，可以具有证明力。

三、程序的局限与程序正义

（一）程序的局限

程序的目的在于发现事实，在查明事实的基础上才能适用法律，才可能实现正义。但是，迄今为止，没有任何一种诉讼程序敢于宣称在事实认定方面不会出现偏差。民众审判和“包青天”无论寄托着人们怎样的情感和想象，事实上它对正义的践踏总是比我们想象的还要严重。现代诉讼制度的程序设计同样不能确保能查明事实，虽然近年来我国大量冤假错案得到了平反，我们为这“迟来的正义”而感到欣慰，但是诉讼程序本身所存在的问题也令我们惊愕不已。就连美国这一直号称最讲法治的国家，程序在事实发现方面的局限同样存在，辛普森刑事审判与民事审判两种截然不同的裁判结果成为法治无法回避的尴尬。

拓展阅读

辛普森案

1994年6月12日夜，尼科尔·布朗·辛普森及其侍应生罗纳德·高曼在家中被杀害。

案发后凌晨，四名警察部侦探来到死者前夫即辛普森的住所，在门外发现其白色福特野马型越野车染有血迹，车道上也发现血迹。按铃无人回应，侦探爬墙而入，其中一名侦探福尔曼在后园找到一只染有血迹的手套和其他证据。

案件主要证人是当时住在客房的朋友基图，他供称客房墙外有像地震一样的响声。此外，一个被电话预约的接辛普森去机场的司机说：10时左右他到辛普森家按门铃无人回应，接近11点时，发现一高大黑人(与辛普森相似)匆匆从街外跑回屋，再按门铃后辛普森回应了，出来说他睡着了，然后辛普森坐车到机场去芝加哥。

6月17日，辛普森的律师准备陪同辛普森回警察局时，发现本来在楼上休息的辛普森已不知去向。随后全国观众在电视上看见了难忘的镜头：天上直升机队，地上巡逻车队全面出动，几小时后终于发现辛普森的白色小车。几十辆警车在洛杉矶公路上展开飞车追逐，最后辛普森被逮捕。

由于现场有辛普森的血迹，辛普森家中血手套和辛普森的脏衣服都有被害人的血，辛普森显然有重大作案嫌疑。但是在庭审辩护时，辩护人对控方证据提出以下质疑：

1. 洛杉矶警察的保管方法不当，可能使血痕受到污染。

2. 在血袜子上发现一种EDPA的化学物质，而这个物质人体中是没有的，说明这个血不是被害人流出的，而是在保管时染上去的。

3. 带有辛普森血迹的手套，辛普森当庭无法戴上。

负责办案和入屋搜查证据的主要警察证人福尔曼，还被辩护律师指控为种族歧视者，这严重地摧毁了福尔曼证词的可信性。最终，在所有人的震惊中，由绝大多数黑人组成的陪审团在分析了113名证人的1 105份证词后，判决辛普森无罪。

案件至此并未结束，更富有戏剧性的是：在刑事审判结束4个月后，高曼的父母弗雷德·高曼和莎伦·鲁弗卢以非正常死亡为由起诉辛普森，民事审判陪审团裁决，判决辛普森向受害人家属支付3 350万美元的补偿性及惩罚性损害赔偿金。

(二) 程序正义

尽管在兼顾成本与效率的情况下，尽可能查明案件事实，并在此基础上实现正义是诉讼程序设计的终极目标任务，但遗憾的是，诉讼程序永远也不可能确保百分之百地查明案件事实，也不可能无期限地、不计成本地等待案件事实的查清。在案件事实无法查清的情况下，正义如何实现呢？

就此，一个颇具寓言意义的“兄弟分蛋糕”的故事也许能给我们有益的启示。母亲要将一个蛋糕分给兄弟二人，母亲无论多么公正地切分蛋糕，兄弟俩总是都觉得对方分得的蛋糕比自己的大。怎么办呢？让其中一个人切，另一个人先挑。采取这种方式，尽管事实上可能没有比母亲分的更公平，但对分配结果兄弟二人却都能接受。这，也许就是程序的另外一层意义。

这一故事可以有以下三点启示：

(1) 公正不仅仅是一种客观评价，还包含着某种程度的主观感受；

(2) 有时候，人们所关注的并不是事实上客观存在的差异，可能更看重被对待的方式，以及由此所形成的心理感受；

(3) 当客观公正无法实现时，程序意义上的公正是可以接受的。

由此，在诉讼法理论上，便产生了两个新的名词："法律事实"和"程序正义"。

法律事实是相对于客观事实而言的，是对案件审理过程中获得的证据根据质证意见和认证规则来认定的事实。由于这种事实是根据证据推定出来的事实，是法律规则的产物，故称"法律事实"。与客观事实相比，法律事实应当尽可能地追求接近客观事实，但法律事实毕竟不同于客观事实，无法百分之百地保证不会出现偏差，在客观事实无法保证，且法官既不能拒绝审判，还不能超过审理期限的情况下，按法律事实进行裁判是不得不为的选择，也是当事人能够接受的方法。更为关键的是，法官采用法律事实作为定案的根据，当新的证据表明原来所认定的法律事实与客观事实不符时，法官得以避免由此所受的责难，司法的权威性也可以得到维护。

程序正义是相对于实质正义而言的，实质正义依据客观事实所获得的正义，程序正义则是依据法律事实所实现的正义。尽管程序正义不能百分之百地保证其就是实质正义，但至少它是人们能够接受的一种正义实现方式。

(三) 程序正义下的诉讼理念

在不牺牲其他目标价值的前提下，如果通过诉讼程序能确保客观事实的查明，那么所有的诉讼理念毫无例外都将是查清事实，实现正义。然而，当事实不能百分之百地确保查明的前提下，我们就必须在不同的价值目标之间作出选择。这样，针对不同的诉讼程序，基于不同的目标追求，便形成了不同的诉讼理念。

1. 刑事诉讼的基本理念——无罪推定

刑事诉讼的目的是追究犯罪，使犯罪的人得到应有的制裁。但是，如果刑事案件办错了，不仅没有使犯罪的人受到追究，而且还使无辜的人受到伤害。而且，如果允许这种错误发生，强大的侦查机关可以随时以打击犯罪的名义对公民采取强制措施。这样一来，每个人的安全都可能会受到威胁，其对社会的危害将是灾难性的。因此，刑事诉讼程序设计的理念是避免国家权力的恣意，防止错案发生，而体现这一理念的基本原则就是"无罪推定原则"。

所谓无罪推定，指任何受到刑事控告的人，在被证实和判决有罪之前，应推定其无罪。在未经法院依法审判确认有罪之前，其身份只能是"嫌疑人"或"被告人"，而不是"罪犯"。只有确立无罪推定原则，被告人才能成为诉讼主体，享有各项诉讼权利。无罪推定包括两方面含义：形式意义上，任何人不经法院判决，不得被视为有罪；在实质意义上，任何人在未被排除可能没有犯罪的合理怀疑的情况下，不得认定为有罪，即"疑罪从无"。

可以说，在刑事诉讼中，宁纵勿错。因此辛普森尽管有重大作案嫌疑，但证据充分排除"不是他所为"的合理怀疑，因此其被判无罪。无罪推定、疑罪从无说起来容易，做起来难。在我国，诉讼程序中的很多制度措施都经不起这一原则的推敲，这一原则如何具体落实仍然有很长的路要走。

2. 行政诉讼的基本理念——权力约束

行政诉讼作为"民告官"的诉讼程序，整个诉讼实际上是对行政机关的具体行政行为是否合法进行的审查活动，体现的是司法权对行政权的审查与制约。因此，整个诉讼程序设计的理念应当定位于对行政权力的审查与约束，以促进行政机关依法行政。行政诉讼中举证责任的分配，调解程序的排斥适用均与"权力约束"的理念有关。

3. 民事诉讼的基本理念——风险自负

民事诉讼的双方当事人均是个体的人，是平等的民事主体，通过诉讼解决纠纷，消除矛盾。这种私人纠纷的处理、平等的诉讼地位，除了司法权的居中裁判外，没有必要介入更多的国家力量。而且，民事诉讼中也不可能像刑事案件那样动用专门的国家机关、并几乎穷尽一切调查手段来查明案件事实。刑事案件的解决涉及社会基本的安全秩序，如果说这样的成本是必须付出的代价的话，在民事诉讼中则找不到这样的理由。

在国家不可能为民事纠纷专门调查取证查清事实的情况下，案件事实的查清更多依赖于当事人自己的举证。如果其无法就自己的主张提出充分的证据，则需承担败诉的风险。法律所能做的，不过是在诉讼程序的设计上尽可能体现双方诉讼权利的对等性。在这种情况下，即使当事人仅仅是因为未能提交充分的证据而使其本来有理的主张未得到支持，那么他只能吃一堑长一智，在以后对法律关系的处理时更加注意证据的保存，而不是抱怨法院的不公正。司法的公正性和权威性也不会因此而受到影响。

1. 思考与讨论

(1) 米兰达于1963年因涉嫌对一名18岁的女性居民抢劫、绑架和强奸而被警察逮捕。他在警局接受了两个小时的讯问并在一份自白书上签名，在其后进行的非常简短的审判中法庭根据米兰达的供词而判其有罪。

其后美国公民自由联盟接受了米兰达的委托进行了上诉，声称米兰达的供述是受到胁迫的，其在被讯问前未知晓其有不被强迫自证其罪的特权，而且警察也未进行告知。1966年联邦最高法院首席大法官沃伦作出裁决，确认米兰达在接受讯问以前有权知道自己的宪法第五修正案权利，警察有义务将它告知嫌疑人。据此将该案发回重审。

随后，法院对米兰达的案子进行了重新开庭。但米兰达仍然再次被判有罪，并入狱11年。

虽然米兰达仍被判有罪，但联邦最高法院的判决却确立了一项规则——米兰达警告，它要求在审讯之前，警察必须明确告诉被讯问者：有权保持沉默；如果选择回答，那么所说的一切都可能作为对其不利的证据；有权在审讯时要求律师在场；如果没有钱请律师，法庭有义务为其指定律师。

如果警察在审讯时没有预先作出以上4条警告，那么，被讯问人的供词一律不得作为证据进入司法程序。米兰达警告确立后遇到了不少阻力和挑战，在是否继续实行米兰达警告的问题上，目前在美国仍存在争议。

你如何看待“米兰达警告”？请对其利弊进行分析，并提出自己的看法。

(2) 你认为“不得强迫自证其有罪”与“嫌疑人应当如实回答”的规定存在冲突吗？你如何认识嫌疑人的如实回答义务？

2. 课外阅读

(1)《中华人民共和国刑事诉讼法》；

(2)《中华人民共和国民事诉讼法》；

(3)《中华人民共和国行政诉讼法》；

(4)《中华人民共和国仲裁法》；

(5)《看得见的正义》，陈瑞华著；

(6)《审判为什么不公正》，[英]萨达卡特·卡德里著。

第十四讲

国家与国家之间

与人与人之间会发生纠纷一样，国家与国家之间也常常出现争端，同时，不同国家的公民和法人在国际交往中也会产生纠纷，如何处理这些争端和纠纷，无法通过一国国内立法来解决，只能通过国际条约来处理。因而属于国际法的范畴。

国际法旧称万国法，由于国际社会中没有凌驾于国家之上的组织独立地行使立法权和司法权，因此国际法在渊源上表现为两国或多国之间的条约和习惯。名义上，国际条约对各个缔约国均具有约束力，但事实上，由于缺乏有效的约束手段，所谓的国际法效力很大程度上只能是依赖于国家之间的制裁与制约手段来实现。

一、国家关系——国际公法

国际社会通过国际公约逐渐形成了一系列调整国家之间关系的规范，这些规范被统称为国际法。由于它并不解决私人之间的关系，故称为国际公法。

国际公法是一个特殊的法律体系，与国内法相比，其主体主要是国家，法律的渊源主要是国际公约和国际习惯，不存在超越国家之上的立法机关来制定法律然后强加于各国，也不存在超越国家的强制实施法律的机关来保证其实施，而是主要依靠国际法主体本身的行为。当国际法遭到破坏、国际法主体的权利遭受侵犯时，国际法主体一般通过自助或集体制裁，以捍卫自己的合法权益。

以主权国家为基础的当代国际法有：国际法的基本原则；关于国家、居民、领土的国际法制度；国际人权法；海洋法；航空法和外层空间法；外交关系和领事法；条约法；国际环境法；国际刑法；国际组织法；国际争端的解决；战争与武装冲突法等。

(一) 处理国家关系的基本原则

处理国家关系的基本原则即国际法上的基本原则，指的是被各国公认，不容违背的原则。基本原则关系到国家之间的基本关系，一旦违反，国家之间的正常关系就会受到破坏。国际法基本原则在国际社会中有不同的表述，但内容上基本上大同小异。

1.《联合国宪章》规定的基本原则

联合国作为当今国际社会最大的政府间国际组织，其纲领性文件《联合国宪章》在国际社会也有着举足轻重的影响。该文件将处理国家关系的基本原则描述为以下几项：

(1) 主权平等原则；

(2) 善意履行国际义务原则；

(3) 和平解决国际争端原则；

(4) 不使用武力解决争议原则；

(5) 集体协作原则；

(6) 确保非会员国遵行宪章原则；

(7) 不干涉别国内政原则。

《联合国宪章》中还确认了民族自决原则。所谓民族自决原则是指在外国奴役和殖民统治下的被压迫民族有自己决定自己的命运、摆脱殖民统治、建立民族独立国家的权利。但应注意的是，对于一个由多民族自愿组成的国家而言，如果它已建立了合法政府并实行有效的统治，任何国家就不得以民族自决为借口，制造、煽动或支持民族分裂，破坏该国的统一和领土完整。

2. 和平共处五项原则

和平共处五项原则是 1953 年 12 月，中国政府同印度政府就两国在西藏地方的关系问题进行谈判时，周恩来总理首次提出的处理国家之间事务的基本原则。和平共处五项原则是中国奉行独立自主和平外交政策的基础和完整体现，被世界上绝大多数国家接受，成为规范国际关系的重要准则。和平共处五项原则包括：

(1) 互相尊重主权和领土完整原则；

(2) 互不侵犯原则；

(3) 互不干涉内政原则；

(4) 平等互利原则；

(5) 和平共处原则。

(二) 国际公法的主要内容

1. 国家、居民和领土法

(1) 国家

国家作为国际法主体，享有充分的主权，法律地位平等，有独立参加国际关系、直接承受国际权利和义务以及独立进行国际求偿的能力。国家违反国际法的行为构成国际不法行为，应承担国际责任，其形式主要有道歉、终止不法行为、赔偿等。

(2) 居民

居民包括本国人和外国人。一个人依国籍而同其国籍国建立法律联系受该国的法律管辖，享有和承担该国法律规定的权利和义务。外国人同时服从居住国的属地管辖权和国籍国的属人管辖权。

(3) 领土

领土由领陆(包括领水的底土)、领水(包括内水和领海)和领空组成。领空是指领陆和领水的上空，直至外层空间的下沿。毗连区、专属经济区和大陆架属于沿海国的管辖区域，但不是一国的领土。领土处于一国的主权之下，是国家行使最高权力的空间范围，其他国家不得侵犯一国的领土主权和领土完整。国家对其领土内的一切人、事、物享有属地管辖权；在行使其属地管辖权时，应尊重他国的属人管辖权。在处理国家领土争端时，一般依照国家之间的条约来作为解决争议的依据，没有条约的，一般考虑依法占有原则和实际有效控制原则。

2. 国际人权法

国际人权法的主要渊源是国际人权条约，主要有《经济、社会和文化权利国际公约》《公民权利和政治权利国际公约》等。《联合国宪章》《世界人权宣言》在国际人权法的形成中起了奠基作用。

根据国际人权条约的规定，所有人，不分性别、种族、肤色、宗教、语言、国籍、社会出身，都有权平等地享有经济、社会、文化、政治权利，缔约国有义务采取立法和其他措施，保证其领土范围内的所有人享有这些权利，在他们的人权受到侵犯的情况下，有权得到行政的和司法的救济。

国际人权法禁止种族灭绝、种族隔离、贩卖奴隶、施行酷刑等严重侵犯人权的行为，其被认为是刑事犯罪，缔约国有义务予以惩罚。

3. 海洋法

海洋法规定各种海域的法律地位，规范各国在各种海域中从事航行、资源开发和利用、海洋科研等活动，并规定海洋环境保护的原则和规则。

1994 年 11 月 16 日生效的《联合国海洋法公约》是当今国际社会最具权威的规范海洋海域地位和海洋行为的规范。主要内容包括：领海和毗邻区、用于国际航行的领海、群岛国、专属经济区、大陆架、公海、岛屿制度、海洋环境保护、海洋科学研究、海洋技术的发展和转让等规定，内容十分详尽，基本上满足了世界不同国家的利益要求。

根据国际法的规定，海洋主要由内海、领海、毗连区、专属经济区、大陆架、公海、国际海底等组成。

(1) 内海。是领海基线以内的海域，包括领港、领湾、领峡等。根据国际法的规定，沿海国对它行使完全的、排他的主书权；各国根据具体情况，各自制定有关港口、领湾、领峡的管理制度。

(2) 领海。是邻接一国陆地领土及其内水并受国家主权支配和管辖下的一定宽度的海域。《联合国海洋法公约》规定，领海宽度不超过 12 海里。沿海国对其领海享有领土主权。

由于国际往来的需要，外国非军用船舶在领海内享有“无害通过权”，即在不损害沿海国的和平、安全和良好秩序的前提下，而无须事先通知或获得许可就可以从其领海通过，外国军用船舶一般必须征得沿海国的同意或许可，才能进入和通过领海。1992 年，第七届人大常委会第 24 次会议通过的《中华人民共和国领海及毗连区法》规定，中华人民共和国的领海宽度为 12 海里。

(3) 毗连区。是指一国在与其领海外缘相毗连的一定范围内，为对海关、财政、卫生、移民等类事项行使必要管制而划定的区域。《联合国海洋法公约》规定，毗连区从测定领海宽度之基线量起，不得超过 24 海里。毗连区与领海不同，不属于沿海国主权的范围。

(4) 专属经济区。是指领海以外并邻接领海的一个区域。沿海国对该区域内自然资源的勘探、开发、养护和管理享有主权权利，并对该区域内人工岛屿、设备、结构的建造使用，海洋科学研究和海洋环境的保护和保全享有专属管辖权。外国在专属经济区内享有船舶航行、飞机飞越和铺设海底电缆和海底管道的自由，但是必须遵守沿海国的有关法律、规章。专属经济区从测定领海宽度之基线量起，不得超过 200 海里。专属经济区既不是公海，也不是领海。

(5) 大陆架。是领海范围以外依其陆地领土的全部自然延伸，扩展到大陆边的外缘的海底区域的海床和底土。如果从测定领海宽度之基线量起，到大陆边的外缘的距离不到 200 海里，则扩展到 200 海里的距离，但不得超过 350 海里或不超过连接 2 500 米深度各点的等深线

100 海里。

沿海国为勘探大陆架和开发其自然资源的目的，对大陆架行使主权权利，大陆架的自然资源是海床和底土的矿物质以及定居着的生物。在大陆架上，所有国家都有权铺设海底电缆和管道；管道路线的划定须征得沿海国同意。

(6) 公海。是指不包括在国家的专属经济区、领海或内水或群岛国的群岛水域内的全部海域。公海是全人类的共同财产，对所有国家开放。任何国家不得将公海的任何部分据为己有，不得对公海行使管辖权。公海自由是公海法律制度的基础。

(7) 国际海底区域。是指国家管辖范围以外的海床洋底及其底土。国际海底区域及其资源是人类的共同财产，任何国家不得对它主张或行使主权。它的管理由国际海底管理局负责。

4. 空间法

空间法是调整各国在利用空间的过程中所发生的各种关系的原则、规则和规章、制度的总称。空间包括空气空间和外层空间。关于空气空间和外层空间的界限，现在尚没有统一的标准，通常以人造卫星的运行高度 110 千米为界，运行轨道以下为空气空间，以上为外层空间。

(1) 空气空间法

根据国际法的规定，国家领陆和领水上空的空气空间是地面国的领空，是构成领土的不可分割的部分。国家对领空具有完全的、绝对的、排他的主权，有权禁止外国航空器进入其领空，对擅自飞越的航行器，国家有权采取警告、驱逐、迫降、紧追等必要的措施。对侵入的外国军用航空器，国家有权将其击落并向有关国家提出抗议，要求其承担责任。

我国于 1974 年承认了 1944 年的芝加哥《国际民用航空公约》，并在同年当选为国际用航空组织的理事国。此外，我国也分别于 1978 年和 1980 年先后加入 1963 年的《东京公约》、1970 年的《海牙公约》和 1971 年的《蒙特利尔公约》，积极参与保护国际航空安全的活动。

(2) 外层空间法

国家主权所及的空气空间以外的空间是外层空间。国际法规定，外层空间属于全人类共有，由国家按照国际法自由探索和使用，不得由任何国家据为己有，探索和利用外层空间也应是为了和平。

联合国于 1959 年成立了和平利用外层空间委员会，并于 1963 年联合国大会通过了《各国探索和利用外层活动法律原则宣言》，此后，外层空间委员会先后拟订了五项有关外空的国际条约。我国也是联合国和平利用外层空间委员会的会员国。

依据五项有关外空的国际条约，外空的法律规定内容主要有：为了人类的共同利益，各国可按照国际法自由地探索和利用外层空间；禁止将载有核武器或者其他大规模毁灭性武器的物体放置在环绕地球的轨道或安置在天体、外层空间；对因意外事故而降落的宇航员，降落地国应立即援救并无条件送回发射国；空间物体在地面或飞行中造成损害时，发射国应负赔偿的责任；月球和其他天体及自然资源，应专用于和平目的，禁止各种军事利用等。

5. 国际条约

国际条约是国际法主体间缔结的用于确定相互权利义务关系的书面协议。

根据国家主权原则，国家在缔结或加入条约时，有权对条约中的个别条款提出保留声明，以排除或改变其对该国适用时的法律效果。条约一般不能约束第三国，如果条约涉及第三国的权利和义务时，原则上必须得到第三国的同意。

6. 国际组织

国际组织是现代国际合作的重要组织形式，是国家间依据条约或协议成立的国际性组织。在维护国际和平、促进国际合作和解决国际争端方面，国际组织发挥着越来越大的作用。国际组织依照活动的性质和范围，可分为一般性的国际组织和专门性的国际组织；从组织构成的性质，可分为政府间的国际组织和非政府间的国际组织；根据地域范围，可分为全球性的组织和区域性的组织。

知识链接

联　合　国

联合国是目前世界上最大、职权范围最广、最具有普遍性的国际组织。联合国成立于1945年，创立时有51个会员国国家，世界上几乎所有的国家都是它的会员国。联合国的宗旨由《联合国宪章》规定，主要内容有：维护国际和平安全；发展各国间以尊重人民平等权利和自决原则为基础的友好关系；促进各国间经济、社会、文化等方面的合作。

联合国设有六个主要机构：大会、安全理事会、经济及社会理事会、托管理事会、国际法院和秘书处。

联合国大会由全体会员国组成，每个会员国的代表不得超过5人。大会主要是一个审议和提出建议的机关，具有广泛的职权，可以讨论宪章范围内或者有关联合国任何机关的职权的任何问题或事项。联合国大会每年举行常会一次，各会员国不论大小，均享有投票权。

安全理事会是联合国体系中唯一有权采取行动来维持国际和平与安全的机关，由中国、美国、俄罗斯、法国、英国5个常任理事国和其他10个非常任理事国组成。安全理事会可以调查任何争端；可以断定是否存在对和平的威胁、破坏或侵略的行为；可以建议调停争端的方法或解决的办法；建议或决定采取包括经济、外交甚至军事行动等措施以维护或恢复国际和平与安全。对“程序问题”，如会议规则、时间、地点等，只要15个理事国中的任何9国赞成即通过；对“实质问题”，5个常任理事国一致赞成和10个非常任理事国中的4国以上赞成方可通过，常任理事国中的任何一国采用“否决权”，提案就不能通过。

经济及社会理事会是在大会之下协调联合国及专门机构的经济和社会工作的机构，由54个理事国组成。

托管理事会负责监督对置于国际托管制度下的领土的管理。到20世纪80年代，原托管的领土已全部独立或自治，因此，托管理事会实际已不发挥作用。

国际法院是联合国的主要司法机关，由不同国家的15名法官组成。受理当事国提起的诉讼和联合国机构提请的咨询。

秘书处是联合国日常工作的机构，为联合国其他机关服务，并执行这些机关的计划和政策。秘书长是联合国的行政首长，也是各种会议的秘书长。秘书长有权随时向会议主席提供意见或法律依据；有权在会员国或国际组织间进行联系；代表联合国出面了解或调停国际冲突和争端；等等。秘书长由安全理事会推荐，然后由大会的到会及投票的会员国的多数赞成票任命，任期5年，可以连任。

7. 外交和领事关系法

外交和领事关系法，是规范外资领事机构及其相关人员的国际法，主要包括国与国之间外交和领事关系的建立，外交和领事机构的设立，外交代表和领事官员和派遣，外交代表和领事的等级、特权和豁免以及对接受国的义务等内容。

使领馆享有的特权和豁免有：悬挂派遣国的国旗和国徽，馆舍和档案文件不受侵犯，自由通讯，免纳一切捐税等。外交代表和领事官员享有的特权和豁免有：人身、寓所和文书、信件不受侵犯，管辖豁免，免纳捐税等。使领馆和外交代表，领事官员应尊重接受国的法律和规章，不干涉接受国的内政。

8. 国际环境法

国际环境法涉及的领域十分广泛，包括空气空间和外层空间环境的保护，海洋环境的保护，水环境和水资源的保护，生物资源的保护，自然文化遗产的保护，南极环境和资源的保护，危险物污染的防治等。

国际环境法的渊源主要是国际条约，但是，联合国大会以及联合国主持下的国际会议通过的许多宣言、决议、宪章，如1972年《斯德哥尔摩人类环境宣言》、1992年《里约环境与发展宣言》、1982年《世界自然宪章》等，在国际环境法的形成上也起了很大作用。

9. 国际刑法

国际刑法是关于防止和惩治国际犯罪的法律，作为国际法的一个分支正在形成。目前，被国际法认定为国际犯罪，应当受到惩罚的罪行有：侵略罪、战争罪、危害人类罪、种族灭绝罪、贩卖人口罪、劫持人质罪、危及海上航行安全罪、危害国际航空安全罪、贩卖毒品或精神药品罪、伪造货币罪、盗窃国家珍贵文物罪等。

(三) 国家之间的争端解决

国家作为一个独立的主权组织，国家与国家之间也存在各种利益冲突和争端。比如我国与日本之间关于钓鱼岛问题的领土争端就是典型的表现。对于国家与国家之间的争端，并不像国内处理纠纷那样存在一个以国家强制力为后盾的中间力量，因此在历史上国家争端大多是借助于武力手段解决。当代国际法禁止使用战争作为解决国际争端的手段，要求各个国家使用和平方法解决各种争端。

1. 和平解决争端的一般方法

和平解决争端方法，是指以武力以外的手段或方法解决国际争端，即用政治的方法和法律的方法来解决国际争端。政治方法是指谈判、协商、调查、斡旋、调解、和解等方法；法律方法是指仲裁和司法解决争端的方法。

(1) 谈判或协商。两个或两个以上的国家为了使冲突、矛盾或争端得到谅解或解决而进行的直接交涉或接触，包括澄清事实，阐明观点，消除隔阂和误会，增进相互了解和信任，以寻求双方都能接受的解决方法。在国际实践中，谈判或协商是解决国际争端最经常使用的和平方法。

(2) 调查。在涉及对事实问题发生分歧的国际争端中，有关争端当事国同意一个与争端没任何关系的第三方，通过一定的方式调查有争议的事实，查明是否存在争端当事国所声称的情势，以有助于合理解决争端的一种方法。

(3) 斡旋或调停。在争端当事国之间不能通过直接或协商解决争端时，第三国善意地主动或应争端当事国的邀请进行有助于促成争端当事国直接谈判、协助争端当事国解决争端的方法。

(4) 和解。争端当事国通过条约或其他形式同意或商定把争端提交给一个由若干人组成的委员会，委员会通过对争端事实的调查和评价，向争端当事国澄清事实，并在听取各方意见和作出促使它们达成协议的努力后，提出包括解决争端建议在内的报告的一种争端解决方法。

（5）仲裁。争端当事国达成协议同意将争端交由自己选任的仲裁员来裁判并承诺服从裁决的一种国际争端解决方法。

拓展阅读

亚拉巴马号案

1872年，英国与美国之间的“亚拉巴马号”案，一般认为是近代仲裁历史上影响较大的一个案例。“亚拉巴马号”是美国内战期间南方叛乱各州在英国订建的一艘船舶，该船经武装后对美国北方的商船进行袭击，造成了很大损失。内战结束后，美国以违反中立法为理由要求英国赔偿损失。两国发生了严重的争执，最后订立条约，将争端提交仲裁。条约中规定了以所谓“华盛顿三原则”作为仲裁法庭判断英国中立义务的准则。仲裁法庭由5名仲裁员组成，英国、美国、巴西、意大利和瑞士各选任一名。仲裁法庭于1872年9月作出裁决，判定英国付给美国1 500万美元赔偿费。

（6）司法解决。一种和平解决国际争端的法律方法，是指争端当事国把它们之间的争端提交给一个事先成立的、由独立的法官组成的国际法院或国际法庭，根据国际法对争端当事国作出具有法律拘束力的判决。

拓展阅读

海牙国际法庭

1899年海牙和平会议通过了《和平解决国际争端公约》，并依该《公约》于1900年在海牙设立了常设仲裁法院，亦称常设公断法院，该法院目前仍然存在，但所起的作用非常有限。目前裁决国际争端的主要机构是联合国所属的海牙国际法庭，其正式名称为国际法院，位于荷兰海牙，是联合国六大机构之一，成立于1946年。

国际法院是目前唯一具有一般管辖权的普遍性国际法院。截至2010年7月31日，海牙国际法庭有192个国家为《国际法院规约》缔约国，其中66个国家根据《规约》交存了承认法院强制管辖权的声明。同时，约有300份双边或多边条约规定，在解决这些条约的适用或解释所引起的争端方面，法院具有管辖权，除此之外，各国也可根据特别协定向法院提交具体争端。

2. 国家争端的强迫解决

强迫解决的方法，是指一个国家为了使另一个国家同意它所要求的争端解决意见，而采用某些带有强制性的解决措施。强迫解决方法一般认为包括战争、反报、报复、平时封锁、干涉等争端解决方法。

（1）战争。传统国际法肯定战争作为推行国家政策的工具的合法性，因而国家间发生争端时，把战争也列为解决争端的合法手段之一。事实上，能够和乐于发动战争去解决与其他国家间的争端的，主要是一些大国或强国。这种强制方法反映了一种强权政治。按照1928年《巴黎非战公约》和1945年《联合国宪章》的规定，在国际法上已否定了战争作为解决国家争端的合法性。

但是，当一国遭到外来武力攻击时，受到攻击的国家有单独的和集体的自卫权。在这种情况下，当需要使用武力时，应立即向联合国安全理事会报告。此外，对于联合国安全理事会为维持国际和平与安全而采取的军事行动，以及殖民地人民为反对殖民统治而进行的民族解放运动，联合国也认可其所采取的武力手段的合法性。

拓展阅读

据不完全统计，在有记载的 5 560 年的人类历史上，共发生过大小战争 14 531 次，平均每年 2.6 次。从 1740 年到 1974 年的 234 年中，共发生过 366 次，平均每年 1.6 次。在第二次世界大战后的 37 年中，包括现在仍在进行着的，就有87 次之多，平均每年 2.3 次。其间，29 次在亚洲，26 次在中东和北非，17 次在中、南部非洲，10 次在中南美洲，5 次在欧洲。

据瑞典、印度学者统计，从公元前 3200 年到公元 1964 年这 5 164 年中，世界上共发生战争 14 513 次，只有 329 年是和平的。这些战争给人类造成了严重灾难，使 36.4 亿人丧生。损失的财富折合成黄金可以铺一条宽 150 千米、厚 10 米、环绕地球一周的金带。

据苏联学者统计，从公元前 1496 年到公元 1861 年这 3 357 年间，人类有 3 130 年在打仗，只有 227 年是和平的。

据匈牙利一位教授统计，第二次世界大战后的 37 年里，世界上爆发 470 余起局部战争。在世界范围内，无任何战争的日子只有 26 天。

据美联社调查报告称，第二次世界大战结束以来，爆发了大约 300 场局部战争，大约有 1 000 万人死于战火。

(2) 反报。一国对另一国某种不礼貌、不善良、不公平或不适当的行为以同样或类似行为作为反击，即以一个有害行为反击另一个有害行为。国际实践中，反报通常是在本国的公民或在外国的本国侨民在贸易、航运、关税政策等经济和法律问题上遭到歧视或不公平待遇的情况下采取的，如一国限制他国的某类商品进口，会招致他国采取相应的回报措施。同时，反报还适用于国家之间的外交或领事关系中，如一国驱逐另一国的外交官，另一国往往也以驱逐对方的外交官作为回报等。

(3) 报复。针对其他国家对于本国的伤害性行为，在外交领域内所进行的一种回应。一般说来，报复是为强行保障和实现国际法有关规定而采取的一种手段，是受害国为回应国际不法行为或寻求补救而采取的一种处罚性行为。所以，正当地采取报复行动，可以使企图不顾后果而采取违反国际法的行为和意欲无端伤害别国的国家在采取行动前有所顾忌，从而减少这种行为的发生。但是，报复行为应当是为了制止不法行为或谋求补救伤害而采取的，同时，报复应当是有节制的，要同原伤害行为的程度大致相等。

(4) 平时封锁。在和平时期，一国或数国，以武力封锁他国的港口或海岸，迫使被封锁国满足封锁国有关争端解决的要求。平时封锁作为《联合国宪章》第 42 条规定的一种集体执行行动，是合法的，但如果是争端一方单方面的行为，则其合法性值得考量。

(5) 干涉。第三国用强制性的方法，特别是以武力手段介入或干预他国内部事务的处理。第三国可以是一个国家，也可以是多个国家。干涉的方式一般表现为：干涉国对争端一方或双方发出文告，专断地要求争端当事国按照某种方式解决争端。因此，干涉是同现代国际法所确立的不干涉原则相违背的，也是现代国际法禁止的方法。

二、跨国民事关系的法律适用——国际私法

所谓国际私法，指的是处理涉外私法关系的法律。由于每个国家的法律规定都不相同，各

个国家也不可能制定出共同遵守的法律，因此所谓的国际私法，不过是各个国家对涉外法律关系应适用哪国法律而制定的规范的总称，又称为准据法或冲突法，甚至有人直接称之为“涉外民事法律适用法”。

涉外私法关系的法律适用一般由一国国内法规定，比如我国《民法通则》中就比较详细地规定了涉及民事法律关系的法律适用问题，此外，国际条约和国际惯例也是国际私法的渊源。国际私法的主要内容是冲突法规范，除此之外，还包括外国人的法律地位、外国判决的承认与执行等问题。

(一) 关于外国人的法律地位

关于外国人法律地位的规范是指赋予或者限制外国人特定的民事权利的法律规定，其涉及的问题是：在内国的外国自然人和法人在什么范围内享有民事权利，承担法律义务。这类规范可以规定在国内法中，也可以规定在国际条约中，如双边贸易协定中，缔约双方相互赋予对方的公司以及贸易组织以最惠国待遇。

外国人民事法律地位规范是产生涉外民事法律关系的前提条件。在国际交往中，只有承认外国人在内国的民事主体资格，并能够承担相应的民事义务，国际民事交往才能得以进行，由此才可能产生适用外国法的问题。

关于确定外国人在国内的民事法律地位的制度主要有以下几种类型：

1. 国民待遇

国民待遇又称平等待遇，是指一国在一定范围内给予外国人与本国国民同等的待遇。一般情况下，内国给予外国人国民待遇，以该外国人所属国给予内国人国民待遇为条件，但也有些国家并不以此为条件，无条件地给予外国人以国民待遇。

外国人与内国人享有同等的法律地位，仅是一般原则，并不意味着外国人与内国人法律待遇完全相同。各国从自身的独立、主权和安全出发，总是把国民待遇控制在一定的范围之内。根据国际实践，给予外国人的国民待遇主要是指民事权利，一般不包括政治权利，相应地，外国人也不承担政治义务，如服兵役的义务。

2. 最惠国待遇

最惠国待遇是指一国给予另一国国民的待遇，不低于现时或将来给予任何第三国国民的待遇。在最惠国待遇中，承担给予最惠国待遇的国家称为授予国，接受最惠国待遇的国家称为受惠国。授予国和受惠国以外的第三国称为最惠国。

最惠国待遇一般是互惠的，由条约确定，条约中关于最惠国待遇的条款称为最惠国条款。最惠国待遇的适用范围主要包括商品关税、捐税和其他费用的征收以及商品进出口、过境、存仓许可证的颁发和海关手续的办理等。一国给予邻国边境贸易和运输方面等的特权和优惠、基于特定历史和政治经济关系而给予的特权和优惠以及特定集团内部成员国相互给予的特权和优惠一般不属于最惠国待遇的范围。

3. 优惠待遇

优惠待遇是指一个国家在某些方面给予外国自然人或法人以特殊的权利和优待。优惠待遇往往由一国内国法或双边条约中规定。内国之所以给外国人以某种内国国民甚至也不能享受的特权，往往是基于特殊的经济或贸易目标。如我国《外资企业法》第 17 条规定：“外资企业依照国家有关税收的规定纳税并可以享受减税、免税的优惠待遇。外资企业将缴纳所得税后的利润在中国境内再投资的，可以依照国家规定申请退还再投资部分已缴纳的部分所得税税款。”这种优惠是出于吸引外资的需要。

4. 普遍优惠待遇

普遍优惠待遇简称普惠制，是指发达国家对原产于发展中国家和地区的制成品、半制成品单方面给予减免进口关税的优惠制度。普惠制于1968年第二届联合国贸易与发展会议上通过，但目前仍缺乏统一的规则，基本上还是由各发达国家自行决定给予哪些国家以普惠制，以及具体的普惠制方案。

5. 不歧视待遇

不歧视待遇又称无差别待遇，是指一国与另一国约定，对其他国家的自然人和法人不适用的限制与约束，也不适用于对方国家；一国仅对个别国家的自然人和法人适用的限制，也不适用于对方国家。不歧视待遇只是保证一国的自然人或法人在另一国家的待遇不比其他大多数国家在该国所享有的待遇更低，但不意味着给予其他国家的优惠待遇，该国的自然人或法人也必须享有。一国给予某个国家的国民特别优惠，如果该国不将该优惠给予不歧视待遇的缔约国家的国民，并不违反不歧视待遇。

(二) 冲突规范

福果是一个非婚生子，具有巴伐利亚国籍，5岁时随母移居法国，1869年死亡，无子女，死亡时也未立遗嘱，他留有动产在法国。此案对法国来说，是一涉外法定继承案件。根据法国法规定，“继承依被继承人的本国法”，本案应适用巴伐利亚法。而根据巴伐利亚的继承法的规定，非婚生子女的旁系亲属可以继承非婚生子女的遗产。但巴伐利亚的冲突法规定，“动产的继承依死者住所地法”。这样，反过来把适用的法律指向了法国法。法国继承的实体法规定，非婚生子的旁系亲属无继承权。在这种情况下，应该按照哪国法来处理呢?

福果案涉及的涉外法律关系的法律适用问题，由于不同国家对同样问题的法律规定并不一定相同，因此采用哪国法律审理对当事人的权益有重大的影响。为解决法律适用问题，各国法律一般都规定涉外案件如何适用法律的规范，这样的规范称为冲突规范，也称为准据法规范。

1. 冲突规范的连结点

冲突规范并不直接规定涉外民商事法律关系当事人的权利义务，而是仅指明某一种涉外民商事法律关系应如何适用法律，它必须与经过其援引的某一特定国家的实体规范结合起来，才能发挥法律规范调整当事人权利义务的作用，只是间接调整的作用。

例如，我国《民法通则》第147条规定：“中华人民共和国公民和外国人结婚适用婚姻缔结地法。”这一规定并没有指明结婚有什么条件和要求，而只是指出，婚姻的条件和要求应当由婚姻缔结地法律来确定。

上述规定中，法律也没有直接规定适用哪国法律，而是规定适用“婚姻缔结地”的法律，也就是说，在哪国结的婚就适用哪国法律。婚姻缔结地由此成为确定法律适用的根据。在国际私法上，用以确定法律适用根据的因素被称为“连结点”。常被作为连结点的标志有很多，人们对不同连结点进行归类，总结出解决法律冲突的一般性原则，主要包括：

（1）属人法

这是指以当事人的国籍、住所或居所作为连结点，解决法律冲突的方法，主要用于解决有关人的能力、身份、婚姻家庭和财产继承等方面的法律冲突问题。

（2）物之所在地法

这是作为民事法律关系客体的物在空间上所位于的国家的法律，常用于解决所有权与其他物权关系方面的法律冲突问题。

（3）行为地法

这是指做出某种民事法律行为时的所在地法律，它源于“场所支配行为”这一古老的习惯法原则，起初主要用于确定行为方式的有效性，后来也用来解决行为内容方面的法律冲突。

（4）法院地法

这是指受理民事案件的法院所在地的法律，主要用于解决涉外民事诉讼程序方面的问题，在某些场合下也用来解决实体法方面的法律冲突问题。

（5）当事人合意选择

这是指双方当事人协商同意将其适用民事关系的法律，即“意思自治”原则，一般用于解决涉外合同的法律适用问题。但近些年来这一原则在侵权、继承等领域也被采用。

（6）最密切联系地法

这是指与涉外民事关系有最密切联系的国家（或地区）的法律，在合同领域采用比较多，一些国家也把它用于侵权行为和家庭关系等方面。

2. 反致

反致是指法院地国在根据本国冲突规范适用外国法的过程中，接受了该外国冲突规范的指定，适用本国实体法或第三国实体法的制度，主要包括以下几种类型：

（1）直接反致

直接反致又称“一级反致”或“反致”，指法院审理某一涉外民事案件时，按照本国冲突规范应适用某一外国法，而该外国法中的冲突规范又指定此案件应适用法院地国的实体法，法院据此适用了本国的实体法。

（2）转致

转致又称“二级反致”，是指对于某一涉外民事案件，依法院地国冲突规范的规定，应当适用某外国法，而依该外国冲突规范的规定，须适用第三国法，如果法院地国最终适用了该第三国的实体法，这种适用法律的过程就叫做转致。

（3）间接反致

间接反致又称“大反致”，指对于某涉外民事案件，依法院地国冲突规范的规定，应当适用某外国冲突规范的规定，但该冲突规范又指向了第三国法律，而依该第三国冲突规范规定，又应适用法院地法。最后，法院地国适用了其内国实体法，这种法律适用过程叫间接反致。

我国对是否适用反致法律规定并不明确。1987 年最高人民法院《关于适用〈涉外经济合同法〉若干问题的解答》规定：当事人协议选择的或者人民法院按最密切联系原则确立的处理合同争议所适用的法律，是指现行的实体法，而不包括冲突规范和程序法。《关于贯彻执行〈民法通则〉若干问题的意见（试行）》第 178 条规定人民法院在审理涉外民事关系的案件时，应当按照《民法通则》的规定来确定应适用的实体法。这些规定一般被认为是我国排除反致的适用。

3. 公共秩序保留

所谓"公共秩序保留"，是指一国法院依据冲突规范本应适用外国法，但是，如果因适用外国相应的法律条款与法院地国的重大利益、基本政策、道德的基本观念或法律的基本原则相抵触，则该国可以排除其适用。

从我国的实际情况出发，在下列情况下可援用公共秩序保留制度排除外国法的适用：

(1) 如果适用外国法违反我国宪法的基本精神，有损于国家统一和民族团结，就应排除；

(2) 如果适用外国法有损于我国主权和安全，就应排除；

(3) 如果适用外国法违反有关部门法的基本准则，就应排除；

(4) 如果适用外国法违背我国缔结或参加的国际条约所承担的义务，或违反国际法上公认的公平正义原则，应予排除；

(5) 如果某一外国法院对同我国有关的案件，无理拒绝承认我国法律的效力，根据对等原则，我国也可以依公共秩序保留排除该外国法的适用。

(三) 外国判决的承认与执行

涉外关系的法律裁决一般都涉及居住在外国的自然人或法人，如果需要强制执行，只能由该外国的有关机关执行，为此，裁决需要首先经该国家承认，并同意执行。一国对外国判决的承认与执行一般按照两国的双边条约或共同缔结或参加的国际条约确定。

我国《民事诉讼法》第 268 条规定："人民法院对申请或者请求承认和执行的外国法院作出的发生法律效力的判决、裁定，依照中华人民共和国缔结或者参加的国际条约，或者按照互惠原则进行审查后，认为不违反中华人民共和国法律的基本原则或者国家主权、安全、社会公共利益的，裁定承认其效力，需要执行的，发出执行令，依照本法的有关规定执行。违反中华人民共和国法律的基本原则或者国家主权、安全、社会公共利益的，不予承认和执行。"

根据上述规定，外国法院的判决要得到我国的承认和执行，必须符合下列条件：

(1) 作出判决的法院所在国家与我国存在条约关系或互惠关系；

(2) 申请或请求我国法院承认和执行的外国法院判决必须是已经发生法律效力的判决；

(3) 申请或请求我国法院承认和执行的外国法院判决不得违背我国法律的基本原则，并且不得损害我国的国家主权、安全和社会公共利益。

此外，我国在与有关国家签订的司法协助条约中，虽然对相互承认和执行法院判决的条件和程序作了具体规定，但有下列情况之一的，对外国法院判决不予承认和执行：

(1) 按照我国法律有关管辖权的规定，判决是由无管辖权的法院作出的；

(2) 根据作出判决的法院所在国的法律，该判决尚未确定或不具有执行力的；

(3) 败诉一方当事人未经合法传唤，因而没有出庭参加诉讼，或者在没有诉讼能力时没有得到合法代理；

(4) 该外国法院判决在我国强制执行有损于我国主权、安全或公共秩序；

(5) 我国法院对于相同的当事人之间就同一事实和要求的案件已经作出确定的判决；或者我国法院已经承认了第三国法院对于相同的当事人之间就同一事实和要求的案件所作出的确定的判决。

判决经审查后如无上述情形，按我国法律规定的程序执行。

三、国际经济与贸易法

（一）国际贸易规范

1. 国际统一实体法规范

在国际贸易中，如果发生纠纷，无论是向有管辖权的某一国家的法院起诉，还是提起仲裁，首先需要确定解决纠纷所依据的法律。通过冲突规范来确定法律的适用是最为传统的方式，但由于各国法律规定均不相同，对外国法律的不了解给当事人带来了很大的负担。为了克服冲突规范的间接调整方式的局限性，一些国家联合发起或由国际组织发起制定统一适用的规则。由于这些规则得到了缔约国的普遍认可，从而具有了国际统一实体法规范的性质，因而这些规则常被称为国际统一实体法规范。

当前国际上比较常用的国际统一实体法规范主要有《国际货物买卖公约》《合同担保统一规则》《保护工业产权巴黎公约》《保护文学艺术作品伯尔尼公约》等。在国际商事仲裁中，当事人可以选择某当事国的法律，也可以选择国际统一实体规范作为解决纠纷的法律依据。

随着世界经济一体化的进程以及国际民商事交往的日益频繁，这类规范的数量逐渐增多，其所起的作用也日趋重要。

2. 国际贸易惯例

国际贸易惯例是国际贸易中的一种行为规则，但这种行为规则不是由哪一国制定的，也不是几个国家以条约形式制定的，而是在国际交往中经过反复实践逐渐形成，并且在国际贸易关系中被普遍认可的。由于国际惯例符合国际商业交往的实际情况，已经在国际贸易中被普遍接受，并且能够满足国际经济交往的需要，因而已成为解决涉外民事关系纠纷争议的重要依据，并成为国际法的一个重要渊源。

国际贸易惯例本来是不成文的，但当前的国际惯例均已被一些国际组织或商业团体归纳成文，给予明确的定义和解释，并为多数国家认可和采用。当前国际贸易中通行的惯例主要有：

(1)《国际贸易术语解释通则》(2000 年)；

(2)《跟单信用证统一惯例》(1993 年)；

(3)《托收统一规则》(1995 年)；

(4)《国际保付代理惯例规则》(1994 年)(国际保理商联合会颁布)；

(5)《见索即付保函统一规则》(1992 年)。

（二）国家对外贸易管制

1. 对外贸易管制的意义

对外贸易管制又称为进出口贸易管制，是对外贸易的国家管制。一国政府从国家的宏观经济利益、国内外政策需要以及为履行所缔结或加入的国际条约义务出发，需要设立相应的机构，并制定相应的法律或政策，对本国的对外贸易活动进行管理和控制。

依照不同的标准，对外贸易管制措施可以有不同的分类：

(1) 按管理目的，可分为进口贸易管制和出口贸易管制；

(2) 按管理手段，可分为关税措施和非关税措施；

(3) 按管制对象,可分为货物进出口贸易管制、技术进出口贸易管制和国际服务贸易管制。

在本讲下面的内容中,我们主要讨论的是关税管制措施和非关税管制措施。

2. 关税措施

关税是指一国海关根据该国法律规定,对通过其关境的进出口货物课征的一种税收。关税在各国一般属于国家最高行政单位指定税率的高级税种,对于对外贸易发达的国家而言,关税往往是国家税收乃至国家财政的主要收入。

关税的征税基数是关税完税价格。进口货物以海关审定的成交价值为基础的到岸价格为关税完税价格;出口货物以该货物销售与境外的离岸价格减去出口税后,经过海关审查确定的价格为完税价格。关税应税额的计算公式:应纳税额=关税完税价格×适用税率。

国家征收关税不仅可以增加财政收入,而且可以通过提高关税来增加外国商品的成本,削弱其竞争力,从而达到限制外国商品进口、保护国内市场的目的。国家还可以通过调整关税税率来调节国内市场的商品价格,从而保证国内市场供求平衡。

3. 非关税措施

非关税措施又称非关税贸易壁垒,指一国政府采取除关税以外的各种办法,对本国的对外贸易活动进行调节、管理和控制的一切政策与手段的总和,其目的是试图在一定程度上限制进口,以保护国内市场和国内产业的发展。非关税壁垒大致可以分为直接的和间接的两大类:前者是由海关直接对进口商品的数量、品种加以限制,其主要措施有:进口限额制,进口许可证制,"自动"出口限额制,出口许可证制等;后者是指进口国对进口商品制订严格的进口条件和标准,间接地限制商品进口,如进口押金制,苛刻的技术标准和卫生检验标准等。

与关税措施相比,非关税措施主要具有下列三个明显的特点:

首先,非关税措施比关税具有更大的灵活性和针对性。关税的制定,往往要通过一定的立法程序,调整或更改税率,也需要通过一定的法律程序和手续,因此关税具有一定的延续性。而非关税措施的制定与实施,则通常采用行政程序,制定起来比较迅速,程序也较简单,能随时针对某国和某种商品采取或更换相应的限制进口措施,从而较快地达到限制进口的目的。

其次,非关税措施的保护作用比关税的作用更为强烈和直接。关税措施是通过征收关税来提高商品成本和价格,进而削弱其竞争能力,因而其保护作用具有间接性。而一些非关税措施如进口配额,预先限定进口的数量和金额,超过限额就直接禁止进口,这样能快速和直接地达到关税措施难以达到的目的。

最后,非关税措施比关税更具有隐蔽性和歧视性。关税措施,包括税率的确定和征收办法都是透明的,出口商可以比较容易地获得有关信息。另外,关税措施的歧视性也较低,它往往要受到双边关系和国际多边贸易协定的制约。但一些非关税措施则往往透明度差,隐蔽性强,而且有较强的针对性,容易对别的国家实施差别待遇。

(三) 国际商事仲裁

1. 国际商事仲裁及其机构

国际商事仲裁指不同国籍的当事人,或营业地在不同国家的当事人基于商事法律关系所引起的争议经协商一致提交仲裁机构予以裁决,从而解决争议的纠纷解决方式。

从性质上说，仲裁机构不享有任何国家权力，属于私力解决纠纷的方式，但是，大多数国家都赋予了仲裁裁决在一定条件下的强制执行的效力。在国际贸易关系中，如果通过诉讼来解决纠纷，只能选择或依照一国法律规定选择某一当事国法院管辖。由于不同国家法律程序方面的规定均不相同，因而即使是同样的情况在不同国家一般会得出不相同的判决结果。因此，对国际贸易关系的当事人而言，他们更愿意选择适用统一规则的仲裁机关来裁决案件。同时，受国际公约支持的仲裁裁决结论，因缔约国负有履行公约的义务，因而相对于一国国内的判决，更容易在他国获得承认并执行。

目前，关于国际上得到普遍认可的仲裁规则主要是联合国国际贸易法委员会(UNCITRAL)于1986年制定的《国际商事仲裁示范法》，一般简称《示范法》。为确保国际仲裁裁决能得到承认与执行，1958年联合国国际商事仲裁会议通过了《关于承认和执行外国仲裁裁决的纽约公约》，一般简称《纽约公约》。截至2017年3月，随着安哥拉的加入，《纽约公约》的成员国已达157个，国际商事仲裁裁决的可执行性基本上得到了保障。

拓展阅读

世界著名的国际商事仲裁机构简介

仲裁并不具有强制性，是否提交仲裁，以及提交哪个仲裁机构进行仲裁，完全是由当事人自己协商确定的。在长期的仲裁实践中，一些仲裁机构因其公正性与权威性获得了普遍的认可。目前，比较著名的国际商事仲裁机构有：

(1) 国际商会仲裁院(The ICC International Court of Arbitration)。该机构设立于1928年，总部在巴黎。为国际商会常设仲裁机构。该仲裁院为目前世界上提供国际经贸仲裁服务较多、具有重大影响的国际经济仲裁机构。

(2) 解决投资争议的国际中心(International Centre for Settlement of Investment Disputes, ICSID)。该机构专门为解决国家契约——国家与外国私人投资者签订的“特许协议”或“经济开发协议”所产生的争议问题而设。该中心为专门性国际组织，具有国际法人地位。ICSID与世界银行关系密切。ICSID仲裁为完全自治的管辖体制，不受制于内国法律和内国法院。在该体制中，缔约国对本国国民和另一缔约国根据公约已同意交付仲裁的协议不得给予外交保护或提出国际要求。内国法院仅限于为ICSID裁决提供便利和给予司法协助。

(3) 瑞典斯德哥尔摩仲裁院(The Arbitration Institute of the Stockholm Chamber of Commerce)。该机构成立于1917年。为斯德哥尔摩商会内部机构，但在职能上独立。瑞典中立国的地位，为其公平性提供了很好的保障，瑞典斯德哥尔摩仲裁院享有很好的国际声誉。该院与中国国际经济贸易仲裁委员会有业务联系。

(4) 美国仲裁协会(American Arbitration Association)。该机构为美国主要的国际商事仲裁机构，于1926年设立，总部在纽约，在全国主要城市设有24家分会。该协会受理的案件多数为美国当事人与外国当事人之间的争议。

(5) 香港国际仲裁中心(The Hong Kong International Arbitration Center)。该机构于1985年设立，受理香港区内仲裁案件和国际商事仲裁案件。该中心无自己的国际商事仲裁规则。实践中，依《联合国国际贸易法委员会仲裁规则》进行操作。

(6) 英国伦敦国际仲裁院(London Court of International Arbitration)。该机构成立于1892年，为英国最有国际影响的国际商事仲裁机构。由伦敦市政府、伦敦商会和女王特许仲裁协会共同组成的联合委员会管理。

（7）中国国际经济贸易仲裁委员会（Chinese International Economic and Trade Arbitration Commission）。该机构成立于1956年4月。前身为“对外贸易仲裁会”及“对外经济贸易仲裁委员会”，总部设在北京，在上海及深圳设有分会。2000年，该委员会启用了一个新名称——中国国际商会仲裁院，并通过了新仲裁规则。受案范围目前为一切国内、国际仲裁。

2. 仲裁协议

仲裁不具有强制性，需要当事方事先就仲裁条款达成一致才能提交仲裁，仲裁以当事人达成仲裁协议为前提。仲裁协议不仅是仲裁双方意思表示的一致，而且也是仲裁庭获得案件管辖权的唯一依据，同时还是当事人通过协商一致排除法院管辖权的依据。除非仲裁协议无效或不能履行，否则法院不得排斥仲裁庭的管辖权而强行干预。

仲裁协议是否有效，一般从两个方面来考察：一是考察当事人的行为能力；二是考察仲裁机构所在国法律规定的仲裁受案范围。关于行为能力的判断标准不同国家的规定并不相同，一般依行为发生地国家的法律规定来判断。仲裁机构的受案范围，各国法律同样也有不同的规定。《纽约公约》规定，仲裁协议所商定的仲裁事项是否属于仲裁受案范围，可由当事人协商确定所适用的法律，没有约定时，依据仲裁裁决作出地国家的法律来认定。在大陆法系国家，一般规定具有某种人身属性的民事行为（如婚姻、收养、监护、继承等）和行政争议不适用仲裁。

仲裁协议除具备上述效力要件外，还必须明确双方所共同同意的具体的仲裁机构，如果仲裁机构不明确，无法确定是哪一个仲裁机构，双方也不能事后协商一致的，则可能导致该协议无法履行。

3. 仲裁程序

（1）仲裁员的委任

尽管仲裁申请是向某个仲裁机构提出的，但仲裁机构并不直接负责案件的审理，而是由基于该案而特别成立的仲裁庭来负责。独任仲裁庭由一名仲裁员组成，一般由当事人共同直接指定，或共同委托第三方来指定。在当事人没有约定的情况下，则根据仲裁规则的规定来指定仲裁员。多人仲裁庭一般由三人组成，可以由当事人协商一致共同委任，也可以共同委托第三方委任。根据我国《仲裁法》规定，当事人约定由三名仲裁员组成仲裁庭的，应当各自选定或者各自委托仲裁委员会主任指定一名仲裁员，第三名仲裁员由当事人共同选定或者共同委托仲裁委员会主任指定。第三名仲裁员是首席仲裁员。当事人约定由一名仲裁员成立仲裁庭的，应当由当事人共同选定或者共同委托仲裁委员会主任指定仲裁员。当事人没有在仲裁规则规定的期限内约定仲裁庭的组成方式或者选定仲裁员的，由仲裁委员会主任指定。

仲裁员一般由相关的专业人员担任，各国的仲裁法一般都规定了担任仲裁员的资格，对符合资格的仲裁员，由仲裁会委员会编制仲裁员名册，组成仲裁庭的仲裁员从名册中指定，经本人同意接受委任后成为仲裁庭组成人员。

为确保仲裁员的公正性，针对特定的仲裁案件而指定的仲裁员，应当就该仲裁员与案件本身以及案件当事人的有关可能影响案件公正审理的事项向当事人披露，对于已经披露的事项，如果当事人未提出异议，则在后续的仲裁程序中不能再就此提出异议。对于未披露事项，出现可能会影响案件公正审理的事由，当事人可随时提出回避。但是有些国家对仲裁员应当回避的事由在法律上作了强制性规定，规定仲裁员在存在法定应予回避的情况时必须回避，并不认同当事人的弃权理论。

(2) 仲裁规则

各国的《仲裁法》是在各国国内适用的法定的仲裁规则，国际公约确定的仲裁规则在成员国可以适用，此外，各仲裁委员会常常有自己的仲裁规则。一般情况下，由于各仲裁委员会或有自己的仲裁规则，或明确声明所适用的仲裁规则，因而，选定了仲裁委员会，也就等于选定了仲裁规则。

近年来，国际商事仲裁出现了向“非地方化”方向发展的趋势。它是指国际商事仲裁不应受到互有差异、有时可能是不适宜的仲裁地国内法的约束，当事人以及仲裁庭均可以适用仲裁地以外的程序规则，其目的在于建立一种不受仲裁地国内法支配和约束的“非当地化”的仲裁体系。随着仲裁制度对当事人意思自治的不断强化，当事人在合意的前提下完全可以并且应当拥有对仲裁程序拥有更多的选择权，而不必拘泥于任何特定的仲裁规则。

目前，我国《仲裁法》以及仲裁委员会的仲裁规则多为强制性规定，不允许当事人对程序的自由选择。仲裁程序的“非地方化”趋势对今后我国仲裁法可能进行的修改具有很大的启示和借鉴意义，通过赋予当事人对仲裁规则的选择权，从而便于更多的当事人运用我国的仲裁机制去解决争议，以充分体现仲裁机制的功能和价值。

(3) 裁决及其执行

仲裁一般是“一裁终局”，不存在上诉程序，仲裁后也不得再行寻求其他的法律救济途径。但是，对于仲裁庭已经作出的裁决，当事人(几乎总是败诉的一方)可以在一定期限内请求仲裁地法院予以撤销。《示范法》规定申请撤销的期限为收到裁决书之日起 3 个月，我国《仲裁法》规定为 6 个月。对于当事人的申请，法院原则上只对仲裁程序的合法性进行审查，而不审查实体部分，但有些国家的《仲裁法》规定法院有权对事实认定和法律适用问题进行审查。法院经审查认为存在应予撤销的法定事由的，有权撤销仲裁裁决。仲裁裁决被撤销后，当事人可以重新协商仲裁条款，协商不一致的，任何一方都可以向法院起诉。

对于未提出撤销申请，或经法院审理驳回申请的，当事人可以申请被执行人住所地或其财产所在地的法院承认并执行裁决。

1. 思考与讨论

(1) 查阅相关资料，并在此基础上论证钓鱼岛的主权归属。

(2) 随着人类科技进步与社会发展，一些社会问题也不再是一国国内的事务，而是成为国际性事务，如碳排放权问题。你认为对于碳排放权问题，发达国家与发展中国家的分歧是什么？如何公平解决这些分歧？请查阅相关资料予以分析。

2. 课外阅读

(1)《国际法的政治与价值》，[美]亨金；

(2)《冲突法及其价值导向》，沈涓著。

第十五讲

法律的解释与适用

“以事实为根据，以法律为准绳”是诉讼法的一项基本原则，但诉讼程序的设计主要是围绕“事实”展开的，几乎没有涉及法律的适用。法律是对社会生活的抽象，面对具体的现实生活，如何使之与法律条文相对应是一个复杂的思维过程，很难通过具体的法律来规定。同时，法律不可避免地滞后于不断发展的社会，因此需要不断地通过解释来使其适应社会现实的要求，在这种情况下，更无法通过具体的法律规定来解决法律的适用问题。从根本上说，法律的解释与适用是一个法律实践中的经验问题，或法学理论上的理论总结问题，而不是一个规范性问题。

法律不是固定和静止的规范，而是不断变化和成长的生命；法官也不应当只是机械适用法律的工具和机器，还应关注法律的体系、理念和目的。这一讲讨论解释和适用中的“活的法律”，来看一看它是如何适应社会的现实要求的。

一、法的冲突与竞合

（一）法的冲突

法律有不同的渊源形式，因此原则上可能出现彼此之间的不一致甚至冲突。我国《立法法》详细规定了各不同渊源的法律法规的效力等级以及它们相互之间发生冲突时的解决办法。归纳如下：

（1）宪法效力最高。宪法具有最高的法律效力，一切法律、行政法规、地方性法规、自治条例和单行条例、规章都不得同宪法相抵触。

（2）效力等级高的优先适用。法律的效力高于行政法规、地方性法规、规章；行政法规的效力高于地方性法规、规章；地方性法规的效力高于本级和下级地方政府规章；省、自治区的人民政府制定的规章的效力高于本行政区域内的较大的市人民政府制定的规章；部门规章之间、部门规章与地方政府规章之间具有同等效力，在各自的权限范围内施行。

（3）变通规定优先适用。自治条例和单行条例依法对法律、行政法规、地方性法规作变通规定的，在本自治地方适用自治条例和单行条例的规定；经济特区法规根据授权对法律、行政法规、地方性法规作变通规定的，在本经济特区适用经济特区法规的规定。

（4）特别法优于一般法适用。同一机关制定的法律、行政法规、地方性法规、自治条例、单行条例和规章，特别规定与一般规定不一致的，适用特别规定；

（5）新法优于旧法适用。同一机关制定的法律、行政法规、地方性法规、自治条例、单行条例和规章，新的规定与旧的规定不一致的，适用新的规定。

（6）冲突裁决。

① 法律之间对同一事项的新的一般规定与旧的特别规定不一致，不能确定如何适用时，由全国人民代表大会常务委员会裁决。

② 行政法规之间对同一事项的新的一般规定与旧的特别规定不一致，不能确定如何适用时，由国务院裁决。

③ 地方性法规、规章之间不一致时，由有关机关依照下列规定的权限作出裁决：同一机关制定的新的一般规定与旧的特别规定不一致时，由制定机关裁决；地方性法规与部门规章之间对同一事项的规定不一致，不能确定如何适用时，由国务院提出意见，国务院认为应当适用地方性法规的，应当决定在该地方适用地方性法规的规定；认为应当适用部门规章的，应当提请全国人民代表大会常务委员会裁决；部门规章之间、部门规章与地方政府规章之间对同一事项的规定不一致时，由国务院裁决；根据授权制定的法规与法律规定不一致，不能确定如何适用时，由全国人民代表大会常务委员会裁决。

拓展阅读

洛阳种子案

2003 年，洛阳市汝阳县种子公司委托伊川县种子公司培育玉米种子，合同约定每公斤 2 元。后因市场种子价格大涨到每公斤 10 元，伊川公司未将培育的种子依合同交付汝阳公司，而是拿到市场上销售，由此发生纠纷。

汝阳公司认为，伊川公司违约应当赔偿，《种子法》规定农作物种子执行市场价格，因此赔偿标准应按玉米种子的市场价执行；伊川公司则认为，应当依据《河南省农作物种子管理条例》确定的政府指导价进行赔偿。当时河南省对玉米种子的政府指导价远远低于市场价格。

时年 30 岁，拥有刑法学硕士学位的承办法官李慧娟在提交审委会讨论后作出判决：“《种子法》实施后，玉米种子的价格已由市场调节，《河南省农作物种子管理条例》作为法律位阶较低的地方性法规，其与《种子法》相冲突的条款自然无效，而河南省物价局、农业厅联合下发的《通知》又是依据该条例制定的一般性规范性文件，其与《种子法》相冲突的条款亦为无效条款。”

2003 年 10 月，河南省人大常委会法制室发文称，经省人大主任会议研究认为，《河南省农作物种子管理条例》第 36 条关于种子经营价格的规定与《种子法》没有抵触，应继续适用。认为“洛阳中院在其民事判决书中宣告地方性法规有关内容无效，这种行为的实质是对省人大常委会通过的地方性法规的违法审查，违背了我国的人民代表大会制度，侵犯了权力机关的职权，是严重违法行为”。并要求洛阳市人大常委会“依法行使监督权，纠正洛阳中院的违法行为，对直接负责人员和主管领导依法作出处理，通报洛阳市有关单位，并将处理结果报告省人大常委会”。洛阳中院随即免去了李慧娟助理审判员的职务并撤销了审判长之职。但在社会各界尤其是法学界的强烈反对下，2004 年李慧娟恢复了工作。

根据《立法法》的规定，李慧娟的判决似乎并不存在错误。但是，在我国，法官对法律法规并无司法审查权，因此李慧娟无权“宣布”《河南省农村物种子管理条例》的条款无效。她在判决书中最多只能说“尽管《种子条例》有关于政府指导价的规定，但《种子法》规定可执行市场指导价，由于《种子法》的效力高于《种子条例》，故本案应适用《种子法》”。

拓展阅读

美国联邦最高法院司法审查权

司法审查权指的是联邦最高法院解释联邦宪法、审查联邦和州法律以及行政机构的行为是否符合联邦宪法的权力。1789 年美国宪法提出了行政、立法和司法三权分立，相互制衡的原则，并且明确规定合众国的司法权属于联邦最高法院以及各级法院。但是，联邦宪法并没有直接明文赋予联邦最高法院司法审查权。司法审查权的做法是在实践中逐步形成的。美国人通过不成文的惯例法支持联邦最高法院的司法审查权。

美国法继承了英国法关于政府有限权力的规定。但是，至于这些规定应该由法庭，还是由人民选举产生的议会来实施，争议很大。1790 年以后，由法庭实施宪法的观念越来越普及。到了 1803 年马伯里起诉麦迪逊一案时，司法审查权的概念才正式形成，而它的形成和联邦最高法院首席大法官马歇尔有很大关系。

1800 年，美国第二任总统约翰·亚当斯竞选连任失败，他的对手托马斯·杰弗逊当选为总统。亚当斯是联邦派，杰弗逊是共和派。联邦派主张建立强有力的中央政府，维护土地所有者、金融家以及商人的利益。共和派则主张给予联邦政府有限的权力，保护和尊重州及个人的权利。在亚当斯离任之前，联邦派控制的国会通过法案，新增加了 42 名法官和政府官员的位置，威廉姆·马伯里就是其中一名法官。但是，共和派总统杰弗逊上任后迟迟不颁发委任状。

马伯里在联邦最高法院起诉了当时的国务卿麦迪逊，要求他颁发委任状。联邦最高法院首席大法官马歇尔在收到控方的起诉状后，以联邦最高法院的名义致函麦迪逊，要求他解释为何扣押委任状不予颁发。但是，麦迪逊对此置若罔闻。虽然美国实行的是行政、立法和司法三权鼎立的政治体制，但在建国初期，联邦最高法院被认为是三权中权力最弱的，再加上联邦宪法没有赋予它向行政和立法机构发号施令的权力，因此强迫总统或国务卿服从法庭的命令和判决几乎是不可能的。

面对这一挑战，马歇尔意识到，如果法庭颁发命令，迫使麦迪逊国务卿颁发马伯里的委任状，杰弗逊总统将不予理睬，这样联邦最高法院的地位和威信就会削弱。但是，如果法庭不这么做，人们就会认为，联邦最高法院是因为胆小怕事才不敢下令政府颁发委任状。

经过审议，联邦最高法院 1803 年就此案作出判决。马歇尔首席大法官解释说，国会 1789 年通过的司法法案的确授予最高法院向行政官员发出执行令的权力，但该法案因违背《宪法》应认定无效。同时，尽管马伯里有要求颁发委任状的权利，而且法院也应当为其权利受侵害提供法律救济，但本案联邦最高法院只有上诉管辖权，没有初审权，因此它无权直接颁布委任令。

这一判决以案子不在其管辖范围之由避免了和总统发生直接冲突，但它同时废除了国会的一项法令，从而确立了联邦最高法院的司法审查权。

司法审查权的发展并不是一帆风顺的。尽管联邦最高法院的司法审查权已经深入人心，但对如何行使这一权力，一直存在很大争议。从司法审查权开始确立起，就有法官提出，即使联邦最高法院有司法审查权，也应该非常谨慎地行使这个权力，例如，它只有在发现明显错误而且是绝对必要的情况下，才能废除国会的某一法案。但是，也有法官指出，司法审查权的范围很广，联邦最高法院有义务保护每个公民的自由权，并且在政府各个机构中起到公断的作用。因此，联邦最高法院应该广泛地运用这一权力。

（参见 https://baike. baidu. com/item/美国司法审查制度/5069212，访问日期：2019 年 9 月 30 日）

（二）法律竞合

不同渊源的法律之间不仅可能会出现冲突，不同渊源或同一法律中的法律条款之间还可能存在条款的竞合。所谓竞合，是指同一事实或行为既可适用 A 条款，也可适用 B 条款的情形。法条竞合常常是法律不可避免的现象，当出现竞合时，一般按照下列原则处理：

(1) 刑法上的竞合。在刑法上，一个犯罪行为常常同时符合数个法条规定的犯罪构成。例如，《刑法》第 264 条规定的盗窃罪，其犯罪对象是“公私财物”，第 127 条规定的盗窃枪支、弹药、爆炸物罪，其犯罪对象是“枪支、弹药、爆炸物”。盗窃枪支显然也属于盗窃公私财物，因而构成盗窃枪支罪必然同时构成盗窃罪。在这种情况下，一般处理原则是重罪吸收轻罪，按照较重的罪定罪处罚。

(2) 民法上的竞合。在民法上同样也存在竞合，最为常见的是违约责任与侵权责任的竞合。比如买卖合同中，因卖方交付的标的物有缺陷给买方造成的损害，买方即可以要求卖方承担违约责任，也可以要求其承担侵权责任。一般处理原则是，当构成竞合时，当事人有权选择请求权行使方式，但一旦当事人选择了其中一种请求权，即丧失另一种请求权。

(3) 民法、刑法和行政法之间的竞合。当一个行为既构成犯罪，又给他人造成损害，同时也违反行政法上的规定时，应分别承担相应的责任，一种责任的承担原则上并不免除其他责任。

二、法的解释

(一) 为什么需要解释

由于法律在制定时无法预见到现实生活中所有可能发生的情况，不可能完全与现实生活的具体情况相对应，同时，社会也是不断发展的，需要根据不断发展的社会现实需要对法律条文作出解释。比如《婚姻法》规定父母有抚养子女的义务，这一条款现在看起来非常明确，并不需要解释，但何为“子女”却值得讨论，有些国家或某些历史时期，“子女”也许并不包括“非婚生子女”。即使在现在，“子女”的认定也不是没有问题。如用精子库里的精子培育的试管婴儿是谁的“子女”，是决定试管婴儿手术的那个父亲还是生物学意义上的父亲？又比如代孕而生育的子女是谁的子女？上海曾出现过一个案例，母亲甲购买乙的卵子与丈夫的精子培育成试管婴儿植入了丙的子宫，最后生育出一对双胞胎，这对双胞胎是谁的子女？在抚养义务问题上应如何适用《婚姻法》的规定？

可见，即使是一个看起来非常简单的条文在司法实践中也可能会面临非常复杂的问题，因此需要根据现实需要对法律作出解释，以决定是否能适用于案件所面对的事实。

拓展阅读

火车是不是机动车？

刘瑛在上海铁路局南京东机务段公寓里做服务员，2004 年 4 月 21 日，在下班回家时，她像往常一样穿过铁道抄近路回家，但就在跨越铁道时，被突如其来的货运火车撞倒死亡。

根据当时的《工伤保险条例》的相关规定，职工在上下班途中，受到机动车事故伤害的，应认定为工伤。刘瑛母亲裘枫据此为刘瑛申请工伤死亡认定。然而，南京市人力资源和社会保障局却以“火车不属于机动车”之由，认定不属于工伤。

认定的依据是《道路交通安全法》第 119 条，该条规定：“机动车是指以动力装置驱动或者牵引，上道路行驶的供人员乘用或者用于运送物品以及进行工程专项作业的轮式车辆。”工作人员认为，火车是在轨道上行驶而不是在道路上行驶，显然不属于机动车。

此后，裘枫老人经过行政认定，法院一审、二审、两次再审、四次判决，历经三载都未能讨到说法。

但裘枫不愿接受这个结果，她申请省高院再审。江苏省高院接待人员对她说，除非有新的证据或者有新的法律依据，否则省高院不会再审，即使省高院再审，也很难改判。

2010年初的一天晚上，裘枫在《现代汉语词典》找到了“机动”的释义：“机动就是利用机器开动的。”第二天一大早，她带着词典，再次来到江苏省高级法院，以找到新的关于机动车的解释为由，向省高院申请再审。

省高院审监一庭的法官经过研究后，决定组成合议庭，于2010年4月2日上午，由省高院再审。

合议庭经评议认为，《道路交通安全法》调整范围仅限于道路交通领域。该法第119条在对“机动车”用语进行定义时将火车、轻轨、地铁等在专用轨道行驶的交通工具排除在外，实际是根据该法的调整范围作了限缩性界定。该定义只适用于该法及其配套法规。《工伤保险条例》的立法目的是为保护因工作原因遭受伤害的职工合法权益，该法的调整范围是工伤保险行政法律关系，故对条例中的“机动车”应当作通常意义上的符合客观实际的理解和合理解释，即不仅包括道路上行驶的机动车，还应包括轨道交通中的火车、轻轨、地铁等符合机动车技术特征的交通工具。原审判决依据《道路交通安全法》的规定，以火车不属于机动车范畴为由，作出刘瑛被火车撞伤致死不属于条例规定的“受到机动车事故伤害”的认定，属适用法律错误，应予纠正。

最后江苏省高院作出终审判决：撤销一审、二审法院的行政判决；撤销南京市该局于2005年3月4日对刘瑛作出的不是工伤的认定；责令该局于本判决生效后30日内重新作出具体行政行为。

（二）解释类型

根据解释主体不同，可以将解释分为立法解释、司法解释和学理解释三种类型。

1. 立法解释

立法解释是制定法律规范的机关对其所制定的法律规范所作的解释，全国人大常委会作为立法机关，有权对法律作出解释，其对法律作出的解释与法律有同等的效力。根据《立法法》的相关规定，法律规定需要进一步明确具体含义或者法律制定后出现新情况需要明确适用法律依据的情况下，由全国人大常委会作出解释。全国人大常委会对法律作出的解释属于狭义上的立法解释，也是我们一般情况下所说的立法解释。行政法规、地方性法规的制定机关也可以对其制定的法规进行解释，在广义上也可以称为是立法解释。

立法解释一般是对法律概念的含义以及法律条款的适用范围进行的解释，法定规定是本来就存在的，解释不是创立新的规范，而是对原来的规范的解释，在未对时间效力作出特别说明的情况下，解释一经作出即产生效力，并且可适用于解释前发生的现在尚未审结的案件。立法解释虽然是立法机关作出的解释，仍然应当对解释进行严格的限制，尤其是对刑事法律规范，解释不能随意扩大法律的适用范围，不能随意作出超出人们对法律条文的字面文义的解释，不能以解释代替法律的制定和修改，否则就可能与刑法的“罪刑法定”原则产生冲突。

2. 司法解释

司法解释是最高人民法院和最高人民检察院针对法律在适用过程中出现的问题而对法律作出的解释。两高的解释权来源于1981年6月全国人大常委会《关于加强法律解释工作的决议》规定中的授权，司法解释具有普遍效力，如果没有对时间效力作出特别的说明，与立法一样也是一经作出即生效，并可适用于以前发生的、现在尚未审结的案件。

理论上讲，司法解释的解释权是由司法机关行使的，应当比立法解释有更加严格的限制，应当严格限定于对已生效正在适用的法律条款的适用问题，对于没有法律规定的事项，两高无权作出解释。然而，两高的解释实际上已远远超出了“解释”的范围，在很多情况下已不再是解释，而成为具有立法性质的“规定”。“解释”的表述方式一般是“对于《……法》第……条中所说的……，是指……”，但很多司法解释并非如此，如最高人民法院《关于民事诉讼证据的若干规定》，很多规定并无法律的根据。在这种情况下，司法“解释”已不再是“解释”一词的原意，它不仅包括对法律条文的说明性解释，还包括解释者根据立法目的及自己对正义价值的认识，对法条内容作进一步修改、完善和补充。在我国当前的法治环境下，这种性质的司法解释满足了法院实现裁判的基本需要，在很大程度上弥补了立法工作之不足，在司法实践中发挥着积极的作用。然而，司法解释毕竟只是司法权，以司法解释来代替立法，是权力的僭越。因此对司法解释应当如何规范的问题还需要通过法律进一步明确。

3. 学理解释

学理解释是非官方主体（主要是法学学者）对法律条款根据自己的理解所作的阐明。学理解释不具有法律效力，但是学理解释，尤其是一些较高专业权威的人士所作的解释往往对法律的适用有着重要的影响。尤其重要的是，一切案件在法律适用过程中，都必然面临对法律条文的理解与解释，否则无法将法律条文与具体的社会现实相结合，而学理解释通过学术理论研究总结出的一系列解释方法在法律适用过程中的指导作用更是不容忽略。

法律的适用是一个极为复杂且极为专业性的活动，离不开法学理论。法律规范中的很多概念在条文中并没有明确的界定，实际上都是依赖于法学理论予以界定的。很多国家的民事法律规范中甚至明确将法理作为一种法源，规定在没有法律明文规定的情况下，可以适用法理。

总之，学理解释尽管不是具有法律效力的官方解释，但是对于法律学人而言，法学理论上对不可计数的法律概念的含义所形成的共识，对法律方法的共同法学教育背景基础的训练，已经使学理上的共识进入到他们的思维方式，渗透进他们的骨髓，因而实际上对法律的适用起着不容忽视也不可替代的作用。

（三）解释方法

法律在适用过程中需要解释，但是，解释不能随意解释，应当遵循一定的原则或方法，否则，法律的意思就可能被曲解。法律的解释方法一般有以下几种：

1. 文义解释

法律条文是由文字词句写成的，适用法律首先要了解法律条文的文义，而了解法律条文的文义就要进行文义解释。

进行文义解释时，一般应按照法律条文所使用词句的通常意义解释，但某些词句在法律上有特殊意义的，则应按照该词句在法律上的特殊意义解释。

比如，《物权法》中的两个条文：

第二十四条　船舶、航空器和机动车等物权的设立、变更、转让和消灭，未经登记，不得对抗善意第三人。

第一百零八条　善意受让人取得动产后，该动产上的原有权利消灭，但善意受让人在受让时知道或者应当知道该权利的除外。

两个条文中都使用了“善意”一词，什么是善意？按照一般的的理解，“善意”指的是心肠慈善，而在上述条文中却不是这意思，而是指“不知道而且根据一般经验判断也不应当知道”。

第一讲已提到，法律形成了其自身独有的概念和知识体系，这些概念对普通人而言，很难准确把握其含义。上面两个条文，即使我们解释了什么是“善意”，对一般人来说仍很难明白其含义，几乎每个词都需要解释：什么是“善意第三人”和“善意受让人”？“不得对抗”是什么意思？“物权”和“原有权利”指的是哪些权利？

可见，对于专门的法律概念，我们要从其特定的法律含义来进行解释。由于法律条文很少明确解释这些词句的含义，因此法学理论的学习就非常重要，因为这些词句的意义蕴含在法学理论中。

但是，在很多情况下，文义解释并不能解决法律适用问题。比如上面所举的“火车是不是机动车”的例子。其中所涉及的两个法律条文分别为：

(1) 修订前的《工伤保险条例》第 14 条：在上下班途中，受到机动车事故伤害的，应当认定为工伤。

(2) 修订前的《道路交通安全法》第 119 条：机动车是指以动力装置驱动或者牵引，上道路行驶的供人员乘用或者用于运送物品以及进行工程专项作业的轮式车辆。

这两个条文的文义有分歧吗？如果单纯按文义解释的话，火车似乎怎么都不是机动车。法律为什么这样规定呢？汽车撞人是工伤，立法者显然并没有有意将“火车撞人”排除在工伤认定之外的意思，显然是在立法过程并未考虑到所有可能出现的情况。南京中院那位法官立足单纯的文义解释，无法得出“火车就是机动车”的结论。他的意思显然是说：“我没权力修改法律，只能按现在的法律办，法律有问题，我也没办法，你找全国人大修改法律去。”

法官这样说，似乎是振振有词，但他自己没有意识到，这样说暴露了他不懂什么是法律解释，在他的认识里，法律的解释方法只有一种，就是文义解释。

但是，文义解释在这种情况下解决不了问题，还得依靠其他解释方法。

2. 目的解释

目的解释是指如果可以确定一项具体的法律规定或者其所在的整个法律的一般目的，那么在个案中对该规定的解释适用应当与其一般目的保持一致。这种解释方法的基本预设是，在可供选择的解释方案中，有一种解释能更好地服务于制定法的最终目的。

适用目的解释时，应当遵循以下原则：

(1) 如果立法者的目的较为明确，直接按目的进行解释；

(2) 如果立法者的目的并不明确，应考虑是否有令人信服的证据证明立法者有意排除某种情况的适用，如果没有这样的证据或理由，则应属于立法者的疏漏，需要通过解释来补足。

比如在“火车是不是机动车”案中，《工伤保险条例》规定上下班途中受机动车事故伤害的应认定为工伤，其立法目的是什么？是为了更好地维护劳动者的权益，而对工伤认定范围的扩大。一般情况下，工伤是指“在工作时间、工作地点、因工作原因”而受到的伤害，下班途中受到伤害虽不是在工作时间和工作地点因工作原因受到的伤害，但劳动者上下班是工作的准备和延续，法律如此规定的目的是扩大工伤认定的范围，更好地保护劳动者的权益。为什么限定

"机动车事故"损害呢？因为在上下班途中最容易受到机动车事故伤害。

但是，是不是所有人上班都是沿道路去上班呢？有人可能坐地铁，有人可能需要乘轮渡。而刘瑛在铁路部门上班，每天最常遇到的是火车。是不是立法有意排除这些情况在认定工伤时的适用呢？显然不是，即使判决裘枫老人败诉的法官也没有这样认为，因为他本人也说"你让人大修改法律吧"。所以，在这种情况下，即使"火车不是机动车"，也应对"机动车"作扩大解释，因为这样更为符合立法的目的。

但是，这样的解释是不是与《道路交通安全法》的规定相冲突了呢？

《道路交通安全法》对机动车定义的立法目的是什么？因为在处理道路交通事故时，机动车一方应当负有更大的责任，尤其是根据第76条规定，当机动车与非机动车驾驶人、行人之间发生交通事故，非机动车驾驶人、行人没有过错的，由机动车一方承担赔偿责任；有证据证明非机动车驾驶人、行人有过错的，根据过错程度适当减轻机动车一方的赔偿责任；机动车一方没有过错的，承担不超过百分之十的赔偿责任。在这种情况下，确定责任必须首先要确定什么是机动车。而《道路交通安全法》的调整对象仅仅是调整道路上发生的交通事故，并不调整火车事故问题，因此在对"机动车"进行定义时，立法者没有必要考虑火车和轮船等其他不在道路上行使的交通工具的情况。而且，《道路交通安全法》的立法者对机动车进行定义时，显然并不是为了解决工伤认定问题的，更不是为了将火车事故排除在工伤认定之外。

因此，将"火车"认定为"机动车"同样不与《道路交通安全法》的立法目的相违背。

在法律解释实践中，目的解释常常与其他解释方法并用，比如本案中，基于目的解释而应当对《工伤保险条例》第14条作扩大解释就是使用了两种解释方法。

应当注意的是，立法目的尽管原则上应探求立法者的意图，但随着社会的发展，立法者的意图也可能不再与社会的发展相适应，因而立法目的的探求并不一定要拘泥原立法者的意图，而是应推定现在的立法者应如何认识这样的问题。

3. 扩张解释与限缩解释

扩张解释，指某个法律条文所使用的文字词句的文义过于狭窄，将立法本意中本应可适用该条的案件排除在适用范围之外，为正确适用该条文，即扩张条文的文义，将文义外的案件也纳入其适用范围之内。

限缩解释与扩张解释正好相反，是指某个法律条文所使用的文字词句的文义过于宽泛，超过了该法律条文或法律制度的立法本意，将本不应适用的包括进去了，因此应将它的文义范围缩小到符合立法本意，将不应当适用的案件排除出去。

扩张解释和限缩解释主要用于解释法律条文的适用范围。例如，《刑法》第252条规定："隐匿、毁弃或者非法开拆他人信件，侵犯公民通信自由权利，情节严重的，处一年以下有期徒刑或者拘役。"其中的"信件"按字面含义理解是书信和递送的文件。但是，随着手机、电脑等电子设备的普及，电子邮件、手机信息等成为人交流的主要方式，在解释时应将电子邮件，甚至手机短信息纳入其中，这种解释即属于扩张解释。

又如，我国《婚姻法》第15条规定："父母对子女有抚养教育的义务；子女对父母有赡养扶助的义务。"该条款中两次提及的"子女"在适用上应限缩其适用范围：前者应理解为"未成年子女"或"丧失劳动能力的子女"；后者应理解为"成年子女"或"具有劳动能力的子女"。不作这样的限定，就有可能从这条法律规定中推出不恰当的结论。

4. 体系解释

体系解释又称逻辑解释或系统解释，是指将被解释的法律条文放在整部法律中乃至这个法律体系中，联系此法条与其他法条的相互关系来解释法律。之所以如此，是因为每个法律规范都是统一的法的整体的一部分，也是某一法律部门的一部分，其功能发挥或实现是以与其他规范相互配合为条件的。因此，为正确理解和适用该法律规范，就必须同其他法律规范联系起来，以便更好地了解其真实内容和含义。

知识链接

《公司法》第 72 条规定：有限责任公司的股东之间可以相互转让其全部或者部分股权。

股东向股东以外的人转让股权，应当经其他股东过半数同意。股东应就其股权转让事项书面通知其他股东征求同意，其他股东自接到书面通知之日起满 30 日未答复的，视为同意转让。其他股东半数以上不同意转让的，不同意的股东应当购买该转让的股权；不购买的，视为同意转让。经股东同意转让的股权，在同等条件下，其他股东有优先购买权。两个以上股东主张行使优先购买权的，协商确定各自的购买比例；协商不成的，按照转让时各自的出资比例行使优先购买权。

公司章程对股权转让另有规定的，从其规定。

假如某有限责任公司章程规定，股东不得向股东以外的人转让股权，其他股东不同意购买的，不得转让。这样的规定是不是有效呢？

从公司自治的角度，股东有权在章程中规定股权的转让方式。而且，有限责任公司具有人合的性质，向股东以外的人转让股权有可能会影响股东之间的关系，从而不利于公司的管理。因此，章程对股权转让作出一定的限制应当是公司自治的表现，法律原则上不得干预。

但是，股东撤回投资也是其基本权利，如果限制股东向股东以外的人转让股权，同时又没有为股东转让股权提供其他可以操作的途径，而是完全依赖于其他股东的意愿。这种情况下，欲转让股权的股东的意志实际上已为其他股东所"绑架"，这种绑架侵害的是股东最基本的投资自由，与公司法的基本理念不符合。因此这样的规定应认定为无效。

在进行法律解释的时候，需要注意的是，无论运用何种方法进行法律解释，应该掌握两条原则：一是要符合立法原意和法律规范的基本精神；二是解释结果不能损害和破坏法律体系的完整性及统一性。

三、社会因素的考量

法律的适用是通过解释将法律规范适用于已查明的事实的活动。但是，法律的适用绝不是单纯的规则与事实的分析，在有些情况下，单纯的规则分析可能会偏离法律的目标追求，导致人们无法接受的结果。因此，在通过规则确定法律的适用之后，还需要再进一步考量通过规则得出的结论是否与法律的目标追求相一致，以及是否会对个体的行为选择产生积极的引导而不是消极影响。如果不考虑后两个层次，法律适用再准确，也常常难免过于机械。

（一）法律调整目标的实现

任何法律规范都有其特定的社会调整目标，法律的适用目标也应指向其调整目标的实现。如果法律的适用偏离了调整目标甚至背离了调整目标，则这种情况下的法律适用就是不当的，甚至是错误的。这时候，就需要立足于法律调整目标回过头来反观法律的适用过程，重新考虑法律条文的含义及其调整目标，并在此基础上重新对法律的解释和适用进行调整。

案例回顾

2002 年 8 月 18 日晚 11 时许，延安市宝塔公安分局万花派出所民警称接群众举报，新婚夫妻张某夫妇在位于宝塔区万花山乡的一所诊所中播放黄碟。三名民警称从后面的窗子看到里面确实有人在放黄碟。即以看病为由敲门，住在前屋的张某父亲开门后，警察即直奔张某夫妻住屋，试图扣押收缴黄碟、VCD 机和电视机。张某阻挡，双方发生争执，张某抡起一根木棍将警察的手打伤。警察随之将其制服，并将张某带回派出所留置，同时扣押收缴了黄碟、VCD 机和电视机。第二天，在家人向派出所交了 1 000 元暂扣款后张某被放回。

10 月 21 日，即事发两个月以后，宝塔公安分局以涉嫌“妨碍公务”为由刑事拘留了张某。10 月 28 日，警方向检察机关提请逮捕张某，检察院以事实不清、证据不足为由退回补充侦查。11 月 5 日，张某被取保候审，次日，张某到医院检查，被诊断为多处软组织挫伤（头、颈、两肩、胸壁、双膝），并伴有精神障碍。

12 月 5 日，宝塔公安分局撤销此案。12 月 31 日，张某夫妇及其律师与宝塔公安分局达成补偿协议，协议规定：宝塔公安分局一次性补偿张某 29 137 元，公安宝塔分局有关领导向张某夫妇赔礼道歉，并承诺处分有关责任人。

本案中，张某夫妇在家中看黄碟的事实是清楚的，关键是，这一行为本身是否触犯了法律并应受到法律制裁。关于“放黄碟”的行为，我国《治安处罚法》第 69 条有“组织播放淫秽音像的，处 10 日以上 15 日以下拘留，并处 500 元以上 1 000 元以下罚款。”张某夫妇播放确实播放了淫秽录像，但该条规定的是组织播放行为。如何理解组织播放呢？组织是指对观看人员的组织呢？还是指对单纯的播放这一操作行为的组织呢？两人相约观看是不是组织？三人呢？单纯地从文义上似乎难以确定其具体的含义，需要结合其他因素来综合考虑。从立法目的上看，该条规定所维护的是社会管理秩序，在《治安处罚法》中的定位也是妨害社会管理秩序的行为。立足于这样的角度，本案涉及的问题是，夫妻二人完全私密性且未影响到其他任何人的行为对社会管理秩序构成妨害吗？如果夫妻私下播放观看性行为的音像应受处罚，夫妻二人亲自实施的性行为又该如何对待呢？

问题还不止此，关键是这样的行为如果纳入法律的调整范围，法律有得到有效执行的可能吗？私下里播放淫秽物品如果是违法行为，这样的违法至少在形式上是没有被害人的。既无被害人，又是隐蔽性的，只能通过举报、盯梢等方式在付出巨大的社会成本的情况下才可能会发现这种违法犯罪行为，而且，即使如此，也许 90%以上的行为因为没有被抓获而可能逃避法律的制裁。这样，违法行为得到追究不过是一种小概率的晦气，也许没有人真正地把这样的法律当回事，法律的严肃性会因此而消失殆尽。

在本案中，对张某的行为实施处罚，显然已经背离了法律的社会调整目标。在此基础上，对《治安处罚法》第 68 条的适用范围也会有更为准确的理解。

（二）对个体行为方式的引导

法律不仅规范着个体的行为方式，还影响着个体的行为选择。在法律的适用过程中，如果法律的适用对个体行为选择的引导作用是积极的，则这样的法律适用效果就是有效的、积极的。反之，如果法律适用对个体行为选择的影响是消极的、负面的，那么这样的法律适用就是有问题的，需要回过头来对法律的适用过程进行重新审视。

对这一问题，我们以彭宇案为例展开讨论。

案例回顾

2006年11月20日，南京市民彭宇陪同一名在路上跌到的徐姓老太太前往医院检查，检查结果表明徐姓老太太股骨骨折，需进行人造股骨头置换手术。徐姓老太太随即向彭宇索赔医疗费，彭宇自称是乐于助人，怎么反倒被指成是肇事者，拒绝了老人的要求。后在各种调解失败后，于2007年1月4日在鼓楼区法院提出民事诉讼。

据彭宇本人称，当时其在公共汽车站发现一名老太太跌倒，马上跑过去将其扶起并送其去医院检查。而据徐老太太称，"我当时亲眼看到他撞到我的！"并表示，"我们老两口都有退休金和医保，儿子在公安局工作，不是说承担不起医药费，只是要讨回一个公道。"

2007年9月5日，南京市鼓楼区法院主审法官王浩对彭宇案做出了一审判决，称"彭宇自认，其是第一个下车的人，从常理分析，他与老太太相撞的可能性比较大"，并判断"如果被告是做好事，根据社会情理，在老太太的家人到达后，其完全可以说明事实经过并让老太太的家人将她送到医院，然后自行离开。但彭宇未作此等选择，他的行为显然与情理相悖"。对此案的结论是"本案中，发生事故时，老太太在乘车过程中无法预见将与彭宇相撞；同时，彭宇在下车过程中因为视野受到限制，无法准确判断车后门左右的情况，故对此次事故，彭宇和老太太均不具有过错。""本案应根据公平原则合理分担损失，本院酌定被告补偿原告损失的40%较为适宜。被告彭宇在此判决生效的10日内一次性给付原告人民币45 876元；1 870元的诉讼费由老太太承担1 170元，彭宇承担700元，裁定彭宇补偿原告40%的损失，即45 876元，10日内给付。"

双方均不服提起了上诉，二审情况一直未公开披露。但2007年10月15日下午，江苏省委书记李源潮在十七大江苏省分组讨论会上发表讲话时，专门提到了彭宇案，以其为案例介绍江苏省"大调解"机制，这似乎表明彭宇案二审已以庭外"和解"告结。

事件最大的争议来自一审法院的判决书，由于判决中大量使用"常理推定"等词，运用"自由心证"的逻辑推理分析判定彭宇应承担责任。为彭宇作证的陈先生在得知结果后激动地说"朋友们，以后还有谁敢做好事？"

该案已经过了十余年了，我们不讨论网络对该案的后续信息，也不管事后彭宇是不是明确承认他确实撞了人，我们只是根据判决当时的情况，来分析当时条件下对法律的适用所引致的社会影响。

本案所存在的争议主要是事实争议，而不是法律争议。如果事实清楚，法律的适用也不成为问题。一般情况下，对于事实无法查清时，应当根据举证义务的分配由负有举证义务的一方承担不利的后果。本案中老太太负有证明其伤害是由彭宇将其撞倒所致的举证义务，当其不能证明这一事实时，将承担败诉的后果。

但是，举证义务不仅仅是一种举证义务分配，还涉及证明标准问题，到了何种程度才算完成了举证义务了呢？在刑事诉讼中，证明标准要求必须排除一切合理怀疑，只有完全排除了合理怀疑的情况下才算是完成了证明义务。而在民事诉讼中，并不要求如此高的证明标准，因此法官的所谓"自由心证"就起着非常大的作用。虽然我国司法实践中并不使用"自由心证"这样的概念，但没有人会否认，法官在认定案件事实中的自由裁量权在任何情况下都是存在的。同时，2002年最高人民法院《关于民事诉讼证据的若干规定》第64条也给法官的这种自由裁量提供了法律和方法论上的根据，该条规定，审判人员应当"运用逻辑推理和日常生活经验，对证据有无证明力和证明力大小独立进行判断。"

那么，南京法官是如何运用逻辑推理和日常生活经验进行判断的呢？判决书这样写道："如果被告是做好事，根据社会情理，在老太太的家人到达后，其完全可以说明事实经过并让老太太的家人将她送到医院，然后自行离开。但彭宇未作此等选择，他的行为显然与情理相悖"。这样的判断过程单纯地立足于逻辑和经验似乎并没有问题，但是，个体的行为方式选择是一种心理问题，对同样的事情，不同的人在不同的情况下可能会有不同的反应，在案件审理过程中，法官能依据逻辑和经验对个体行为选择的倾向进行判断吗？如果法官可以按照"常理"对个体的行为选择倾向进行判断并据此判决，这样的做法对个体行为选择会起怎样的引导作用呢？会不会使每个人在处理与他人的关系时都尽可能地选择一种所谓的"依据常理的行为方式"呢？

彭宇案引起最大争议的也在于此，南京法院的这一判决最受诟病的地方也在于此，对于"扶不扶何以成为社会问题"，很多人认为彭宇案的判决具有不可推卸的责任。无论彭宇案的真相到底是什么，南京法院"依照逻辑和日常生活经验对个体行为选择倾向进行推断"的做法在对个体行为方式的引导作用上都是消极的、负面的。

因此，对《证据规定》第64条的规定的运用逻辑推理和日常生活经验判断所适用的范围，应限于对某种行为或事件是否发生的客观方面进行判断，而不应包括对人的主观心理倾向的判断，更不宜通过所谓的逻辑推理和日常生活经验对人进行道德判断。

1. 思考与讨论

黄某和蒋某都是泸天化集团公司404分厂的职工，1963年结婚。婚后，蒋某一直没有生育，他们只得抱养了一个儿子。1996年，50多岁的黄某认识了33岁的张某，此时的张某已经是一个10岁男孩的母亲，离婚后带着儿子做烧烤生意。1997年，黄某和张某同居。1998年，张某生育一女。

2001年4月18日，黄某立下遗嘱并经公证，愿将其所得住房补贴金、公积金、抚恤金和卖房所获款的一半4万余元及自己所用手机等共计6万元的财产赠给张某。4天后，黄某因肝癌晚期医治无效去世。此后，张某向蒋某索要黄某的遗产时遭拒绝，遂将蒋某告上了法庭。

2001年10月11日，纳溪区法院一审宣判：驳回原告张某的诉讼请求，案件受理费2 300元由原告张某负担。一审判决之后，张某上诉到泸州市中级人民法院，跟蒋某再一次对簿公堂。

2001年12月28日，泸州市中院以"公民的民事行为不得违反公共秩序和社会道德，黄某与张某在非法同居关系下所立遗嘱是一种违反公序良俗、破坏社会风气的违法行为，且该遗嘱虽是黄的真实意思表示，虽形式上合法但实质赠与财物的内容上存在违法"为由，终审判决驳回了张某的诉讼请求。

6月13日，本已心灰意冷的张某在澳门律师方立、广州法学硕士庄若雯的资助下再燃讼烟，张以其5岁女儿系她与黄某之女名义再次告上法庭，要求蒋某给付被计划生育罚款的6 000元，返还黄欣抚育费(计至18岁)及应继承的遗产5万元等。

法院认为，张某违反计划生育受到的行政处罚与蒋某无任何法律关系，故对张某要求蒋某给付6 000元计划生育罚款不予支持；其女儿黄某要求蒋某给付抚养费的请求因蒋某对黄某没有法定抚养义务，法院也未予支持；张家母女要求蒋某给付黄某的遗产，因女儿黄某的真实身份不能确认，故这一请求也不能予以支持。纳溪区人民法院遂一审驳回了张家母女的一切诉讼请求。

你同意法院的判决意见吗？你认为本案应当如何处理？

2. 课外阅读

(1)《裁判的方法》，梁慧星著；

(2)《理论法学的迷雾——以轰动案例为素材》，桑本谦著。